一体两翼三沟通

语文教学研究

◎ 戴红顺 著

吉林大学 出版社

图书在版编目（CIP）数据

一体两翼三沟通语文教学研究/戴红顺著. -- 长春：
吉林大学出版社,2017.7
ISBN 978-7-5692-0095-9

Ⅰ.①一… Ⅱ.①戴… Ⅲ.①语文课－教学研究－中
小学 Ⅳ.① G633.302

中国版本图书馆 CIP 数据核字（2017）第 157178 号

书　　名：一体两翼三沟通语文教学研究
YI TI LIANG YI SAN GOUTONG
YUWEN JIAOXUE YANJIU

作　　者：戴红顺　著
策划编辑：邵宇彤
责任编辑：邵宇彤
责任校对：韩蓉晖
装帧设计：优盛文化
出版发行：吉林大学出版社
社　　址：长春市朝阳区明德路 501 号
邮政编码：130021
发行电话：0431-89580028/29/21
网　　址：http://www.jlup.com.cn
电子邮箱：jdcbs@jlu.edu.cn
印　　刷：三河市同力印刷有限公司
开　　本：787mm×1092mm　　1/16
印　　张：21.5
字　　数：460 千字
版　　次：2017 年 9 月第 1 版
印　　次：2021 年 1 月第 2 次
书　　号：ISBN 978-7-5692-0095-9
定　　价：75.00 元

版权所有　　　翻印必究

内容提要

　　本书在新一轮基础教育课程改革的背景下，全面、系统、深入地阐述了一体两翼三沟通语文教学的结构范式、四维课程、理论基础、课堂教学、单元教学、作文教学、口语交际教学、综合性学习、学习方法、教学评价、教师专业发展等重点问题。本书对语文教学实践当中出现的新问题和新现象提出了应对措施，阐明了自己的观点，既有宏观层面问题的整体把握，又有微观层面问题的操作探究；既有理论的探索，又有实践的行动。语文教学以课堂教学为主体、以文学社和读书会活动为两翼，实现语文教学的三个沟通，建构语文教学的四维课程，是本书的立足点。

    本书是"一体两翼三沟通语文教学研究"课题研究的深入和扩展。"一体两翼三沟通语文教学"研究过程是一个漫长的过程，到本书完稿为止，"一体两翼三沟通语文教学"的研究跨度有 27 年的时间。1990 年 2 月，我担任曲靖市（县级）教育局教研室中学语文教研员，受徐文博老师"开放性小学语文教学"的影响，提出了"三沟通语文单元教学研究"，并列入教研室研究工作计划，先后成立了市、校课题组，制订了研究方案，围绕课题开展了一系列研究活动，对单元教学、文学社、读书会、环境语文等问题进行了初步探索，并取得了一些实践经验。这一时期是"一体两翼三沟通语文教学"的起步阶段。2000 年 3 月"一体两翼三沟通语文教学研究"被云南省教育科学规划领导小组办公室正式立项，2003 年 1 月研究项目结题。这一时期是"一体两翼三沟通语文教学"的建构阶段。2002 年，我调任教师进修学校校长，从事教师培训与学校管理工作，但"一体两翼三沟通语文教学"研究并没有就此搁置，这一课题始终萦绕着我，激励着我，我也一直关注着它，思考着它，研究着它。2012 年，我卸去了校长职务，潜心研究放不下的教育问题。这一时期是"一体两翼三沟通语文教学"的发展阶段。

    通过本书的写作，对多年来的思考和心得体会进行梳理和总结，苦耶？乐耶？愚耶？个中滋味，作者自知。

戴红顺

2017 年 4 月

目录

多层次多层面的探索（代序） / 001

第一章 一体两翼三沟通语文教学的结构范式 / 012

　　第一节 一体两翼三沟通语文教学的主体 / 012

　　第二节 一体两翼三沟通语文教学的两翼 / 023

　　第三节 一体两翼三沟通语文教学的三个沟通 / 032

第二章 一体两翼三沟通语文教学的四维课程 / 044

　　第一节 一体两翼三沟通语文教学的学科课程 / 044

　　第二节 一体两翼三沟通语文教学的活动课程 / 048

　　第三节 一体两翼三沟通语文教学的校本课程 / 052

　　第四节 一体两翼三沟通语文教学的环境课程 / 058

第三章 一体两翼三沟通语文教学的理论基础 / 068

　　第一节 一体两翼三沟通语文教学的方法论基础 / 068

　　第二节 一体两翼三沟通语文教学的心理学基础 / 075

　　第三节 一体两翼三沟通语文教学的教育学基础 / 080

　　第四节 一体两翼三沟通语文教学的社会学基础 / 089

第四章 一体两翼三沟通语文教学的基本理念 / 101

　　第一节 一体两翼三沟通语文教学以全面育人为根本宗旨 / 101

　　第二节 一体两翼三沟通语文教学以提高核心素养为目的 / 108

　　第三节 一体两翼三沟通语文教学以提高学生能力为基础 / 118

第四节　一体两翼三沟通语文教学以发展学生思维为核心　/　122

第五章　一体两翼三沟通语文教学的课堂教学　/　134

　　第一节　课堂教学研究　/　134
　　第二节　课堂教学改革　/　140
　　第三节　课堂教学艺术　/　149

第六章　一体两翼三沟通语文教学的教材运用与单元教学　/　157

　　第一节　一体两翼三沟通语文教学的教材运用　/　157
　　第二节　一体两翼三沟通语文教学的单元教学　/　176

第七章　一体两翼三沟通语文教学的作文教学　/　185

　　第一节　一体两翼三沟通语文教学的写作过程　/　185
　　第二节　一体两翼三沟通语文教学的写作训练　/　201
　　第三节　一体两翼三沟通语文教学的作文指导　/　208

第八章　一体两翼三沟通语文教学的口语交际与综合性学习　/　213

　　第一节　一体两翼三沟通语文教学的口语交际教学　/　213
　　第二节　一体两翼三沟通语文教学的综合性学习　/　223

第九章　一体两翼三沟通语文教学的学法指导　/　239

　　第一节　一体两翼三沟通语文教学的学习常规　/　239
　　第二节　一体两翼三沟通语文教学的学法指导　/　248
　　第三节　一体两翼三沟通语文教学的习惯培养　/　259

第十章　一体两翼三沟通语文教学的教学评价　/　268

　　第一节　一体两翼三沟通语文教学的教师能力要求　/　268
　　第二节　一体两翼三沟通语文教学的课堂教学评价　/　280
　　第三节　一体两翼三沟通语文教学的学生素质评价　/　290

第十一章　一体两翼三沟通语文教学的教师发展　/　301

　　第一节　一体两翼三沟通语文教学的师德师风要求　/　301
　　第二节　一体两翼三沟通语文教学的教师观念更新　/　312
　　第三节　一体两翼三沟通语文教学的教师专业发展　/　319

后　记　/　333

多层次多层面的探索（代序）

——"一体两翼三沟通语文教学研究"结题报告

"一体两翼三沟通语文教学研究"自 2000 年 3 月被云南省教育科学规划领导小组办公室立项以来，历时三个年头。三年来，在曲靖市麒麟区教育局教研室的支持下，在课题组各位老师的精心耕耘下，"一体两翼三沟通语文教学研究"课题的研究取得了预期的效果。

一、课题研究的背景

《中学语文教学大纲（修订本）》指出："语文是最重要的交际工具，是人类文化的重要组成部分。语文学科是一门基础学科，对于学生学好其他学科、今后工作和继续学习、对于弘扬民族优秀文化和吸收人类的先进文化，提高民族素质，都具有重要意义。"为贯彻"教学大纲"的这一精神，中学语文教育界上上下下作了艰苦的探索，开展了许多专项研究，取得了非常丰硕的成果，推动了语文教育改革的深入发展，在一定程度上促进了中学语文教学质量的提高。但是就总体而言，我国中学语文教学质量不尽如人意。由于受"应试教育"的长期影响，语文教学受考试的指挥：你怎么考，我怎么教；你考什么，我教什么。"考纲"变成了"教学大纲"，语文学科为考试而设，语文教师为考试而教，广大学生为考试而学，语文教学形成了功利性非常强的、长期封闭的、线性的、单一的模式。这种脱离社会生活的语文教学，造成了语文教学的缺氧病和贫血症；语文教学重视课内学习，忽视课外活动，限制了学生的个性发展。语文教师孤立地进行语文教学，忽视了语文学科与其他学科的联系，不利于学生健康地、全面地、生动活泼地发展。封闭的、线性的、单一的语文教学，是大面积提高语文教学质量，全面提高学生语文素质的重要障碍。随着社会的不断发展，从大处着眼，改革语文教学，成了当代中学语文界最迫切的需要。1997 年由《北京文学》发端，引发的语文教学大讨论，进一步推动了语文教学的改革探索。正是在这一背景下，我们从曲靖市麒麟区的实际出发，开展了"一体两翼三沟通语文教学研究"的课题研究。

二、课题研究的理论依据

美国教育家华特·B·科勒涅斯指出："语文学习的外延和生活的外延相等。"这一命题充分说明，语文就是生活，生活就是语文。《语文教育初中语文课本》在"说明"中指出："进行语文基本训练必须与生活密切联系。语文是交际工具，是用来反映生活并服务于生活的，联系生活进行基本训练，既'导流'，又'开源'，有利于学生生动活泼地主动学习，有利于学以致用和学文育人。"在这种思想的指导下，我们广泛吸取了全国各地的教学经验，开展这一课题的研究，特别是河北省张孝纯先生的"大语文"教学经验。

这就是"一体两翼三沟通语文教学研究"课题的学科理论依据。同时，课题研究自觉以教育学、心理学、社会学和马克思主义哲学为理论基础。

三、课题研究的目标及要求

（一）构建教学模式

通过课题研究，探索语文学科落实素质教育的路子，构建"一体两翼三沟通语文教学"模式。即构建以单元教学为主体的课堂教学模式，以"读书会"为基本组织形式的课外阅读模式，以"文学社"为基本组织形式的课外写作模式。

一体：以单元教学为主体的课堂教学，包括阅读教学、作文教学和口语交际的教学。

两翼：以课外写作为主要内容的"文学社"活动和课外阅读为主要内容的"读书会"活动。

三沟通：通过"一体"和"两翼"，实现语文教学与社会生活相沟通，课内语文教学与课外语文活动相沟通，语文学科与其他学科相沟通。

（二）提高语文素养

通过"三个沟通"，克服长期以来语文教学与社会生活相脱离的现象，引来语文教学的源头活水。通过"两翼"，丰富语文教学的内容，拓宽语文教学的渠道，开阔学生的视野，培养学生的读写兴趣，提高学生的读写能力，发展学生的个性特长，整体地提高学生的语文素质。

（三）促进教师发展

伴随着"一体两翼三沟通语文教学"模式的实施，树立新的教学理念，不断改进语文教学的方式方法，在全面提高语文教学质量的过程中，培养一批骨干教师。

（四）不断总结完善

实验结束后，进行认真总结、完善，在以后的推广过程中，争取在校本课程开发方面有所进展。

四、课题研究的过程

本课题的实验研究，周期为三年，具体过程分别为四个阶段。

（一）准备阶段

1999年12月至2000年3月，是课题研究的准备阶段。这一阶段主要做了三件事：

一是对曲靖市麒麟区语文教学工作作了认真地调查研究，摸清了全区中学语文教学的现状。

二是对曲靖市麒麟区中学语文教学工作作了认真地分析，全面总结了麒麟区中学语文教学研究工作的经验和存在的问题，提出了"一体两翼三沟通语文教学研究"课题。

三是制订了课题研究实施方案，成立了课题组。

（二）起步阶段

2000年3月至2000年8月，是课题研究的起步阶段。在这一阶段主要完成了以下任务：

1. 确定了实验学校和实验班

分城区学校与乡镇学校，完全中学与初级中学四个层次，确定了5所学校为实验点。即：曲靖市麒麟区第七中学、曲靖市麒麟区第六中学、曲靖市麒麟区第四中学、曲靖市麒麟区沿江乡第一中学、曲靖市麒麟区西山乡第一中学，并且在5个试验点选定了初一、初二共26个实验班，同时又设立了26个对比班。

2. 建立了课题研究的指导网络

为了确保课题研究的落实，成立了由各实验学校领导为成员的课题研究指导组，在课题指导组的领导下，各试验点成立了具体的实验组。实验组组长由课题指导组成员（学校领导）担任，具体负责该试验点的组织领导工作。实验组成员为实验班的任课教师，具体负责实验班的实验工作。

3. 召开了课题实验研究培训会

实验班的全体实验教师和课题组成员参加了培训会，交流了各实验学校的实验方案。培训会进行了理论培训，明确了实验任务。

4. 实验班与对比班进行了语文能力测试，同时对实验班的学生家长进行了问卷调查

（三）实施阶段

2000年8月至2002年8月，是课题研究的实施阶段。在这一阶段，5所实验学校、26个实验班，按照实验方案开展实验。

1. 为了确保实验工作的顺利实施，各学校采取了一系列措施

（1）各试验点学校领导亲自抓。例如曲靖市麒麟区第七中学，为了加强读书会的工作，校长余文达亲自担任读书会的会长，各年级组组长担任副会长。由于校长重视，加强了读书会的领导，保证了读书会工作的正常开展。又如曲靖市麒麟区第六中学，为了搞好实验，学校领导多次到语文教研组进行讨论，通过研讨，大家充分领会了课题内容。为了加强配合，学校成立了以主管教学的副校长为领导，教研组直接负责，初一、初二和高一、高二四个年级各两个班为实验对象，教研室、图书室有关人员及各科任教师为主体的课题小组。再如，西山乡第一中学校长动员教师参与实验，挑选骨干教师参加课题组，要求实验教师自觉撰写心得体会，每学期写一篇实验总结报告。

（2）各学校围绕课题开展了一系列研究活动。例如曲靖市麒麟区第七中学，在实验过程中，开展不同层次的公开课研究活动，王老师、刘老师为课题组作课题研究专题讲座及公开课教学，对整个实验工作起到了很好的促进作用。卢老师在以课堂教学为中心的单元教学研究中，尤其注重学生表达能力的培养提高工作，把"说"和"写"作为语文教学的突破口，以"说"和"写"带动学生的"听"和"读"的能力的提高，具体做到：① 重视课堂教学，充分发挥学生的主体作用；② 每月都安排两节课进行"说"；③ 每周专门安排一至二节课进行课外阅读；④ 要求每个同学都要学会积累；⑤ 向全班同学推荐并发表班上的优秀作文。又如曲靖市麒麟区第四中学，为了加强作文教学，确定了以"素质教育背景下的课堂作文教学模式"为中心议题，同一课题——"材料与中心"在初一

至初三3个年级中各选两名教师，用一个月的时间进行课堂教学对比研究，有效地促进了作文教学水平的提高。再如曲靖市麒麟区西山乡第一中学，除了进行单元教学研究外，每周安排一节阅读课，带领学生到图书室自由阅读；有组织、有计划地带领学生参加社会实践活动；认真开展班级图书角活动；组织开展各种竞赛活动。

（3）各学校成立了相应的课外读书和写作组织。所有实验学校都成立了"读书会"和"文学社"，并且开展了一系列有意义的活动。例如曲靖市麒麟区沿江乡第一中学开展实验后，于2001年10月成立了"小荷文学社"和"读书会"，同时编辑《小荷》文学社刊物，刊物设有"校园风采""习作园地""文苑漫步""八面来风""心语"等栏目。小荷文学社的建立和《小荷》期刊的面世，切实展示了一批内容真实感人、语言生动形象、构思巧妙且有一定哲理的文章，涌现出了一群有一定文学才气的同学。他们把"读书会"活动的主要内容形式确定为：以班为单位，每周开展一次读书活动；教师推荐作品，同学交换读物，作读书笔记，交流读书心得。

在这一阶段，各实验学校开展的一系列研究活动，丰富了实验研究的内容。

2. 为了进一步加强对5个试验点的工作指导，"一体两翼三沟通语文教学研究"课题组分别与曲靖市麒麟区教育局（教育委员会）教研室、曲靖市麒麟区中学语文教学研究会联合举行了一系列活动。

（1）开展了两次作文（征文）竞赛活动

——举办中学生社会实践征文活动。2000年8月，为配合"一体两翼三沟通语文教学研究"实验课题研究，曲靖市麒麟区教育委员会教研室与曲靖市麒麟区中学语文教学研究会共同举办了"中学生社会实践征文活动"。征文活动共有18所中学参加，收到文章315篇（其中初中组244篇，高中组71篇），经过认真评选，初中组有15篇获一等奖（其中实验学校8篇),24篇获二等奖(其中实验学校15篇),70篇获三等奖；高中组有5篇获一等奖，11篇获二等奖，27篇获三等奖。对中学生社会实践征文活动，各学校给予了高度重视，保证了这一活动有目的、有计划、有组织地进行。征文活动是在学生参加社会实践、开展社会调查的基础上进行的，这对培养学生创新精神和实践能力，对培养学生实事求是的科学态度，对学生了解社会、认识社会，对学生树立科学的世界观和人生观都具有重要的意义，是实践语文教学与社会生活相沟通的极好形式。

——举办初中生现场作文竞赛活动。2001年3月31日，27所中学的129名初中生参加了现场作文竞赛，有20名获一等奖（其中实验学校7名），有43名获二等奖（其中实验学校11名）。

（2）召开了两次专题研讨会

——为了进一步搞好"一体两翼三沟通语文教学研究"课题研究的指导工作，总结曲靖市麒麟区各学校文学社团活动的经验，规范文学社团的活动过程，曲靖市麒麟区教育委员会教研室、曲靖市麒麟区中学语文教学研究会和"一体两翼三沟通语文教学研究"课题组，于2001年12月14日，在西山乡第一中学联合召开了"曲靖市麒麟区中学生文学社团活动研讨会"。会议总结了曲靖市麒麟区文学社团活动的经验，印发了曲靖市麒麟区教育委员会和曲靖市麒麟区中学语文教学研究会制定的《关于积极做好中学生文学社团工作的意见》。曲靖市麒麟区西山乡第一中学、曲靖市麒麟区第六中学等实验学校交流了经验，曲靖市麒麟区第四中学的文学社刊物《青橄榄》获一等奖，曲靖市麒麟区第七中学的文学社刊物《丑石》、曲靖市麒麟区西山乡第一中学的文学社刊物《源源》获二等奖，曲靖市麒麟区第六中学的文学社刊物《钟声》、曲靖市麒麟区沿江乡第一中学的文学社刊物《小荷》获三等奖；曲靖市麒麟区西山乡第一中学的"翠峰"文学社被评为先进文学社。

——2002年6月13日，曲靖市麒麟区教育局教研室（2002年5月"曲靖市麒麟区教育委员会"更名为"曲靖市麒麟区教育局"）、曲靖市麒麟区中学语文教学研究会和"一体两翼三沟通语文教学研究"课题组，在曲靖市麒麟区沿江乡第一中学联合召开"曲靖市麒麟区'一体两翼三沟通语文教学研究'暨中学语文单元教学研讨会"。全区20所中学的语文教研组长和5所实验学校的实验教师参加了会议。会议总结了"一体两翼三沟通语文教学研究"课题研究的阶段性成果，编印了论文集，5所实验学校交流汇报了实验工作情况。

（3）举行了两次读书竞赛活动

——为了培养学生"多读书，读好书"的良好习惯，不断丰富学生的课外生活，不断提高学生的文化素养，课题组与曲靖市麒麟区教育委员会教研室、曲靖市麒麟区中语会于2000年8月联合举办了曲靖市麒麟区首次"中学生读书笔记展览评选活动"，共收到64名同学的读书笔记。经过认真评选，有5名同学获一等奖（其中实验学校4名），有8名同学获二等奖（其中实验学校4名），有20名同学获三等奖（其中实验学校10名）。

——2001年6月2日，课题组与曲靖市麒麟区教育委员会教研室、曲靖市麒麟区中语会联合举办了第二次读书竞赛活动。这次读书竞赛有所发展，设立了两个项目：一是读书笔记评选，二是读书知识竞赛。各学校从初一到初三年级各派2名同学参加竞赛，结果实验学校获个人一等奖5名（占1/3），获二等奖8名（占1/5），所有实验学校的团体成绩都很高。

（4）举行了两次初中生诗文背诵默写比赛活动

2000年12月，为配合《义务教育初中语文教学大纲（试用修订本）》的贯彻使用，加强学生语言积累，提高学生文化修养和文化品味，课题组与曲靖市麒麟区教育委员会教研室、曲靖市麒麟区中语会联合举办曲靖市麒麟区首届初中生诗文背诵默写比赛。2002年5月，为推动语文教师认真学习《义务教育语文课程标准（实验稿）》，贯彻新课程标准的精神，我们又联合举办了第二次初中生诗文背诵默写比赛。从两次竞赛的情况可以看出，广大中学生认真读书，积极竞争的良好习惯正在形成。

（四）总结阶段

（2002年8月—2002年12月），这是课题研究的验证总结阶段。这一阶段主要做了3个方面的工作：

1.对三年多的实验成果进行验证；

2.各实验学校对实验工作进行自我评价，进一步修正完善"一体两翼三沟通语文教学"模式，整理资料，撰写实验报告；

3.举办课题研究汇报会，做好课题成果的推广工作。

五、课题实验研究的结果

通过实验研究，我们取得了丰硕的成果。

（一）建构了"一体两翼三沟通语文教学"模式

各实验学校根据实验方案，进行了三年的研究，建构了"以单元教学为主体的课堂教学，以读书会和文学社活动为两翼的课外活动，实现语文教学与社会生活相沟通，课内语文学习与课外语文活动相沟通，语文学科与其他学科相沟通"的"一体两翼三沟通语文教学"模式。这是一个开放的、立体的、全方位的语文教学体系。

1. 以单元教学为主体的课堂教学

单元教学既是一种教育思想观念，又是一种教学过程模式。说它是教育思想观念，是因为现行教育的材料——语文课本，基本上都是按照单元来编排的。各册书、各套教材的不同点，在于取材的不同，在于组元（单元）编排的方式不同，在于编者对语文训练方式理解的不同，在于编者对语文学科的认识不同。这些不同，实质上是编者的教育思想观念的不同。说它是一种教学过程模式，指的是在具体的教学过程中，单元教学表现为一种教学程序，即先干什么，再干什么，最后干什么。对于广大教师来说，一般是把单元教学看成一种教学模式。在这一思想指导下，我们开展了以提高课堂教学效率为中心的单元教学实验研究。通过几年的实验研究，总结归纳出一个基本的结构：整体感知，明确目标——精读辐射，自学内化——总结反馈，完善结构——课外扩展，实践应用。与基本结构相适应的有五种基本课型：单元起始课、单元教读课、单元自读课、单元总结课、单元实践课。这一基本结构和基本课型，简称为"四步五课型单元教学"。

"整体感知，明确目标。"就是在教师的指导下，学生通读整个单元，从整体上把握单元的知识结构和能力结构，明确学习目标。这是单元教学的第一步。与这一阶段相适应的是"单元起始课"。

"精读辐射，自学内化。"对学生来讲，就是深究一篇，自学多篇；对教师来说，就是教学一篇，带动多篇。这是单元教学的核心阶段。精读，就是认真上好教读课，在教读课中打好知识基础、方法基础和能力基础。学生有了学习基础，对课文的独立阅读产生跃跃欲试的心理势能，教师适时加以引导、点拨，帮助学生将这种心理势能转化为持久的学习动能。这就发挥了教读课的辐射功能，即由教读课文向自读课文辐射。从教读课到自读课，学生的学习完成了一个单元之内的第一个迁移，实现了单元之内的第一次飞跃。与这一阶段相适应的课型是"单元教读课"和"单元自读课"。

"总结反馈，完善结构。"从信息论的角度看，教师和学生都必须在单元教学中及时回收每一课、每一节教学活动结果的信息，作为下一步教学与活动的依据。这种反馈越及时，越有利于排除干扰，实现预定的教学目标。学生在一个单元的学习过程中，学到的知识比较零散，对课文的把握还停留在表面的感性认识上，学习课文的方法还不能很好地迁移应用，往往只会就事论事。只有及时地通过分析、归纳、总结，把感性的认识上升为理性的认识，使所学的知识条理化、系统化、结构化，才具有辐射功能，才能迁移运用。与这一阶段相适应的课型是"单元总结课"。

"课外扩展，实践应用。"单元教学这一整体，不仅包括课内多种知识的教学和多种能力的训练，而且还包括与单元相互配合的语文课外活动。"单元实践课"是"课外扩展，实践应用"这一阶段的课型。通过单元实践，实现了一个单元内的第二个迁移，完成了一个单元内的第二次飞跃，达到"教是为了不需要教"的目的。

在各学校实验研究的过程中，实验教师根据他们自己的特点，也相应地提出了几种单元教学的模式。

一是曲靖市麒麟区第七中学概括的"整体—部分—整体"单元教学模式。在教学过程中从整体到部分，再由部分到整体，对各个教学阶段，每个学年，每个学期，每个单元都有一个整体的感知和认识，再通过对部分的深入分析研究，从不同侧面、不同角度，一课一得，得得积累，形成知识结构的网络，再回归到整体阶段总结对照，并完成整个知识的归纳，使学生对知识点形成系统的、完整的印象。

二是曲靖市麒麟区第四中学总结概括的"启领—教读—自读—总结—迁移"单元教学模式。"启领"是单元教学的起始和引导阶段。引导学生阅读整个单元或整册教材，使学生对整册内容和单元教学内容及要求形成整体印象。"教读"是单元教学的关键阶段。师生共同研读本单元一至二篇课文，为下一部分的学习提供范例，达到举一反三的目的。"自读"，自读课的主要任务是指导学生将在教读课中获得的知识、能力，应用在自读实践中。"总结"，总结课的主要目的是引导学生再一次比较全面地复习本单元所学内容，对单元教学中的重点目标和课文教学具体目标进行进一步的巩固和加深，梳理本单元的知识点，作反馈式的检测练习。"迁移"，迁移课的学习材料，既可是配套的自读课本，又可是名家精品、时文新作。

三是曲靖市麒麟区沿江乡第一中学，他们把单元教学归纳为"整体感知—具体认识—自读迁移—归纳比较--区同别异"的基本操作模式。

曲靖市麒麟区第七中学、曲靖市麒麟区第四中学和曲靖市麒麟区沿江乡第一中学的单元教学模式，实际上是"四步五课型单元教学"模式的几种变式。

2.以文学社和读书会活动为两翼

阅读和写作，是语文教学这驾大车上的两个轮子，是飞机上的两只机翼。这两个轮子正常运转，这两只翅膀没有任何功能障碍，这驾语文教学大车才能不断前进，这架语文教学战机才能安全起飞。我们就是通过文学社和读书会这两个学生组织，有组织、有目的、有计划地活动，来驱动语文教学这驾大车，来推动语文教学这架战机，为语文教学装上双轮，为语文教学插上双翼。

（1）广泛开展文学社活动，不断提高学生写作水平

中学生文学社团是一个有组织、有计划、有指导的学生组织，在丰富学生课外活动内容，发展学生个性特长中，有着不可替代的作用。为了搞好这项活动，我们先后召开了几次研讨会，制订了《关于积极做好中学生文学社团工作的意见》，进一步规范了文学社团的活动，提高了文学社团活动的水平，培养了一批文学少年。

文学社团活动的主要内容有：

① 办社刊社报。这是文学社活动的重要内容。曲靖市麒麟区所有的文学社团都有自己的阵地，有的办月刊，有的办双月刊。例如曲靖市麒麟区第七中学的丑石文学社主办《丑石》期刊，曲靖市麒麟区第四中学的青橄榄文学社主办《青橄榄》期刊，曲靖市麒麟区第六中学的钟声文学社主办《钟声》期刊，曲靖市麒麟区西山乡第一中学的溪源文学社主办《溪源》期刊，曲靖市麒麟区沿江乡第一中学的小荷文学社主办《小荷》期刊，等等。

② 开展写作练笔活动。文学社制订了章程，要求同学们每学期每人必须投稿2篇，同时还举办习作展评等活动。

③ 举办文学讲座。根据活动需要和教师特点，文学社定期举办各种专题讲座活动，开阔学生视野。

④ 进行社会实践，开展社会调查。组织学生走出校门，面向农村、企业、工厂，面向社会，让同学们在社会实践中发现生活的闪光点，讴歌改革开放中的新人新事，挖掘家乡的优秀文化遗产，开发丰富的社会教育资源，使学生在活动过程中不断受到教育。

⑤ 开展各种竞赛活动。这是比较普遍的常规活动。文学社通过这些内容丰富、形式多样的活动，扩大了课外活动的空间，实现了语文教学的三个沟通，这远远超出了"文学"的范围，在学校课外活动中，客观上起到了示范作用和龙头作用。

（2）认真开展读书会活动，进一步提高学生文化素养。

如果说文学社是同学们写作练笔施展才华的自由天地，那么读书会则是每个学生课外阅读，吸取知识的加油站。通过读书会，组织学生开展读书活动，丰富精神生活，提高阅读能力，增强文化素养。读书会的活动主要有以下五类：

① 开列书目，介绍图书，向同学们推荐优秀作品，引导学生阅读中外名著；

② 开展图书评论活动，进行阅读指导。对校园流行的热点书刊，教师必须高度关注，进行适时引导；

③ 组织阅读演讲，提高阅读兴趣；

④ 举办读书笔记展览评比及读书知识竞赛，促进学生养成良好的阅读习惯；

⑤ 配合教学进度开展读书活动。这也是实现课内学习与课外活动沟通的很有意义的渠道。

3. 实现语文教学的三个沟通

所谓三个沟通，就是语文教学与社会生活相沟通，课内语文学习与课外语文活动相沟通，语文学科与其他学科相沟通。在实验过程中，我们充分利用文学社和读书会这两个学生组织，开展社会实践活动，充分利用、挖掘社会环境的教育资源，对学生进行语文教育。课内与课外的沟通主要是课堂教学与课外活动的互相协调问题。在课外活动中，文学社和读书会就是实现课内与课外相互沟通，语文教学与社会生活相互沟通的重要途径。"语文是学习和工作的基础工具，语文学科是学习其他各门学科的基础。"（《九年义务教育初中语文教学大纲（修订本）》）语文学科必须与其他学科相沟通、相联系、相协调，才能充分体现语文学科的基础地位和工具作用。语文学科与其他学科相沟通，一是进一步明确和巩固语文学科的地位和作用，消除重理轻文的思想；二是指导学生把学到的语文知识和培养的语文能力运用到其他学科的学习当中；三是吸收其他学科的知识、内容，丰富语文学科教学。

语文教学过程中的三个沟通，打开了语文教学对外开放的所有环节，拓展了语文教学的空间，增强了语文教学的生机与活力，构成了一个开放的、立体的、有机的"大语文"教学新体系。整体地提高了学生的语文素质。

（二）提高了语文教学质量

实验的开展，活跃了语文教学，激发了学生学习语文的兴趣，提高了学生的语文能力，培养了一批"文学幼苗"。从实验的统计分析上看，主要表现在三个方面。

1.培养了学生学习语文的兴趣

"兴趣是最好的老师"，学生对语文有浓厚的兴趣，这是提高语文能力的前奏。通过实验，大家共同反映，学生学习语文的兴趣比以前更浓了。沿江乡第一中学在总结中写道："'一体两翼三沟通语文教学'课题的研究及实验表明，它有效地培养了学生良好的语文学习习惯，拓宽了语文教学的渠道，开阔了学生的视野，培养了学生的读写兴趣，活跃了课堂气氛，创造性思维得到培养。教师上课感到轻松愉快，就像倒啃甘蔗，渐入佳境，感觉较好。"

2.学生语文水平和能力有了进一步地提高

曲靖市麒麟区第六中学在课题实验研究中，在各个实验班建立了读书会，以读书小组为单位定期举行读书交流和各种形式的作文活动。或侧重能力培养，或侧重兴趣激发，或侧重思想的陶冶、激励，有力地提高了作文水平。他们在单元教学中，结合教学内容，又组织读书会进行民间故事比赛，名言警句、歇后语的搜集，配乐诗朗诵会等活动，尤其是在"我最想生活的朝代（地方）"的大型读书写作活动中，学生把历史、地理、环保、文化等方面的知识作了一次大收集大整理，学生在这次活动中，既锻炼了思维的条理性，又是对我国人文环境进行的一次审视，对生活状态进行的一次观照。从结果看，学生的语文表达能力、思维的广度、深度都有了较大的提高。

曲靖市麒麟区西山乡第一中学经过几年的研究和探索，实验班的语文成绩有了较大的提高，特别是优秀率逐年增多，后进生率一直为0。每学年期末统考，实验班成绩在同科同级中一直名列前茅，推动了全校语文教学整体水平的提高，切实促进了素质教育的推进。例如：2001年学年末，曲靖市麒麟区西山乡第一中学初一实验班与对比班的成绩为：平均分：两个实验班分别为76.28和77.2，两个对比班分别为70.52和69.41；及格率：两个实验班分别为100%和97.7%，两个对比班分别为83%和82.2%；优秀率：两个实验班分别为34.1%和53.49%，两个对比班分别为19.51%和17.78%；非后进率都为100%；标准分：两个实验班分别为79.16和83.17，两个对比班分别为69.96%和69.06%。以上数据说明，实验班明显优于对比班，实验研究效果明显。

3.尖子生较多

提高课题的实验研究，发展了学生的个性特长，优秀生、尖子生逐渐增多。例如曲靖市麒麟区第七中学在一两年内,学生在各级报刊上发表文章,参加语文学科竞赛中成绩十分显著。在多种报刊上发表习作,其中《珠江源》杂志 10 多篇,《曲靖教育》杂志 10 篇,《曲靖日报》6 篇,《云南经济日报》30 篇。参加区以上竞赛获奖 122 人次,其中获省级奖 11 人次,两名同学参加"新世纪"云南省中小学作文大赛,两人均获一等奖,作品收入本次活动优秀文集,学校荣获"优秀育才奖"金杯奖。

(三)教师素质得到了进一步地提高

1.更新了教师的教学观念,更新了教师的教学方法

在实验过程中,参加实验研究的教师激发了教育教学改革的积极性和主动性,增强了教师提高自身素质的要求,更新了教师的教育思想和教育观念。曲靖市麒麟区西山乡第一中学在实验总结中写道:近年来对"一体两翼三沟通语文教学"的艰难探索,促使教师不断地更新了教育观念,不断地加强了自身业务素质的提高,不断地在实践中丰富了教学方法,不断地改革甚至抛弃了一些陈旧的、束缚自己个性发展的教学方法,使自己能够轻松自如地展现自我,逐步摸索了一些适合个人、适合农村学校学生实际的教学方法。例如"情景教学法"和"点滴教学法"的移植使用,充分说明了这一点。

2.提高了教师的自身能力

通过这一课题的实验研究,教师们不断地改进教学方法,不断地加强教育科研,不断提高自己的水平。这种水平的提高主要体现在两个方面。

（1）教学能力得到提高。教学能力的提高主要体现在教学质量的提高上。这在上文已有论述。

（2）教育科研能力得到提高。参加课题实验研究的教师,教育科研能力的提高,这是理所当然的事。实验教师参加的是省级课题的实验研究,这本身就是正在进行的教育科研活动,在实验过程中不断探索不断学习,与其他未参加这一科研活动的教师相比,他们进行有组织、有目的、有计划、有步骤、有指导的科研活动,在实验研究过程中,要定期学习,定期总结,在认识上、能力上、方法上当然要有所提高,这是必须的也是应该的。例如曲靖市麒麟区第六中学在实验研究总结中写道:"实验班的学生硕果累累,校园文化也在读书活动中更加丰富多彩,教师们由原来的怕写论文到爱写论文,并且他们的研究论文质量较好。如龚老师的《师生互动,激励创新》,王老师的《语文教学中的情感艺术》,李老师的《心理教育在语文科的实施》等文章获得学校教师的好评,曹老师参加曲靖市麒麟区首届中青年语文教师说课竞赛获得一等奖。在课题实验研究中,我们真正感到了团结协作的力量。"

六、讨论

任何一项研究活动,都是一个不断探索的过程,一个不断认识的过程,一个不断发展的过程,一个不断提高的过程,一个不断完善的过程。"一体两翼三沟通语文教学研究"课题的实验研究也不例外。在这一过程中,我们也发现一些问题需要进一步探索。

(一)课题研究与国家课程改革如何结合的问题

随着面向 21 世纪基础教育课程改革的推进,"一体两翼三沟通语文教学"如何适

应新的语文课程标准，是一个需要认真研究的问题。课题涉及的内容还没有深入研究，比如：一体两翼三沟通语文教学的教学思想观念问题、课程结构问题、校本课程的开发问题、作文教学问题、口语交际教学问题、综合性学习问题……，有待以后作进一步的研究。

（二）文学社和读书会健康发展的问题

在文学社和读书会这"两翼"的活动中，教师在处理质与量的关系中把握不好。上面不抓下面不动，有的学校没有认真开展活动，没有形成学校、教师、学生的自觉需要，文学社、读书会活动不正常。

（三）文学社刊物的经费问题

在创办文学刊物过程中，学校领导的支持和经费的投入，是能否持续进行的关键。有的学校刊物办得很好，质量较高，装帧精美，但花费较大，不是长久之计，应着眼于未来，从长计议。任何语文教学改革，都要着眼于语文教学的可持续发展。

总之，要保持改革能够持久进行，需要各方面的努力。既需要领导的支持，也需要教师的努力；既需要经费的投入，也需要无私的奉献；既需要理论的指导，也需要实践的探索。只有这样，"一体两翼三沟通语文教学"才能得到不断地发展和完善。

课题主持人 戴红顺

2002 年 12 月 5 日

第一章 一体两翼三沟通语文教学的结构范式

一体两翼三沟通语文教学，就是以课堂教学为主体，以文学社和读书会活动为两翼，实现课内语文学习与课外语文活动相沟通，语文学科与其他学科相沟通，语文教学与社会生活相沟通，建构学科课程、活动课程、校本课程和环境课程的四维课程结构。一体两翼三沟通，使语文课程成为一个开放的、立体的四维课程结构。

第一节 一体两翼三沟通语文教学的主体

就目前来说，学校的基本特点仍然是班级授课制。课堂教学是教学工作的基本组织形式，教学活动的主要部分是在课堂教学中进行的，学校工作的绝大多数时间是被课堂教学所占据，学生一天的大部分时间是在课堂教学中度过的。上好每一节课，是提高教学质量的中心环节。因此，大面积提高语文教学质量，关键在于确立课堂教学的主体地位，迅速提高课堂教学质量，改革课堂教学结构，提高课堂教学效率。一体两翼三沟通语文教学以课堂教学为主体。

一、课堂教学是一体两翼三沟通语文教学的主体

（一）课堂教学是语文教学的基本形式

课堂教学是学校教学工作的基本组织形式，这是教育学中的一个基本命题，也是沿至今日的中小学教学工作的客观事实。现行的教学体系就是以班级授课制为基础，以课堂教学为基本形式的。《九年义务教育初中语文教学大纲》指出："课堂教学是语文教学的基本形式"。课堂教学是实施素质教育的主渠道，是学生获得知识的主要途径。语文教学任务主要是通过课堂教学实施完成的。课堂教学的班级有固定的人数，是一定年龄的学生的班集体。课堂教学是在规定的时间内（小学 40 分钟，中学 45 分钟，有的学校也有所变动）对全班进行的教学活动。上课有课程表，课程表排好了上课的内容，课与课之间有规定的休息时间，作息时间划分着上课与休息的间隔。课程表使学校生活在时间与空间上得以有机结合，有序运行。

课堂教学是学生获取知识，形成能力的基本途径，在提高教学质量中有极其重要的作用。班级授课制下的课堂教学的出现是教育史上一个重大的进步。17 世纪捷克教育家 J.A. 夸美纽斯总结了前人和自己的实践经验，并在其所著的《大教学论》（1632）中加以论证，从而奠定了课堂教学的理论基础。此后，课堂教学在欧洲许多国家的学校逐步推

广。中国采用课堂教学最早的雏型，是始于同治元年（1862）清朝政府在北京开办的京师同文馆。20世纪初废科举、兴学校以后，逐步地在全国采用课堂教学的组织形式。课堂教学的主要优点是：① 课堂教学的这种组织形式，有利于进行基础知识的传授和基本技能的训练。教师一步一步地教，学生一步一步地学，可以学得很扎实，练得很充分。传统教学的各项原则，如循序渐进原则，掌握知识的巩固性原则，教学内容的可接受性原则等，都可以很好地体现出来。而这些原则制定的前提条件就是班级授课制的课堂教学。② 课堂教学的这种组织形式，有利于发挥教师的主导作用，便于教师课堂教学的组织管理，有利于实现教师教学方案的实施，教学秩序比较稳定。③ 课堂教学这种组织形式，把相同或相近年龄和知识程度的学生编为班级，使他们成为一个集体，可以相互促进和提高。④ 在课堂教学中，教师按固定的时间表同时对几十名学生进行教学，扩大了教育对象，加快了教学进度，提高了教学工作效率。⑤ 在教学内容和教学时间方面有统一的规定和要求，使教学能有计划、有组织地进行，有利于提高教学质量和发展教育事业。⑥ 各门学科轮流交替上课，既能扩大学生的知识领域，又可以提高学习兴趣和效果，减轻学习疲劳。

正是课堂教学的这些优点，把教师、教材和学生紧密地结合在一起，成为传统教学的三个中心。实践证明，课堂教学的这种组织形式，培养了大量的人才，包括那些最优秀的人才。正是这些优点，使课堂教学成为教学工作基本组织形式的依据。

（二）课堂教学活动分析

课堂教学过程中有两种活动，一种是教学活动，一种是管理活动。这两种活动都是教师和学生的双边活动。

1. 教学活动

教学活动分为两个方面，一个方面是认知活动，另一个方面是意向活动。

课堂教学的认知活动。对于教师来说，是向学生传授知识，并在传授知识的过程中培养学生的能力。教师传授知识培养能力必须要选择一定的方式方法，这种方式方法就是课堂教学的组织活动。所以，认知活动是教师的教学与组织活动。对于学生来说，认知活动则是领会和理解教学内容，掌握和巩固知识技能的活动，是识记、思考和推理的活动。

课堂教学的意向活动。对于教师来说，意向活动是引起学生的兴趣，激发学生的学习动机，形成学习的情景与氛围。也就是说，意向活动是教师在教学过程中采用各种方式和手段，营造学生的学习氛围，激发学生的学习兴趣。对于学生来说，意向活动则是有兴趣与动机产生的学习积极性、主动性和持久性，能够保持一种紧张亢奋富于创造性的生动活泼的精神状态。这种状态对于学生的学习是一个十分重要的非智力因素的条件。

2. 管理活动

课堂教学的管理活动就是通常说的组织教学，它是教学活动顺利进行的基本保证。课堂教学的管理是由组织教学和实施教学的具体要求组成的。教师在教学过程中要对课堂教学的进程加以计划、组织、管控，学生在课堂教学中要遵守课堂教学纪律，服从教师的要求，才能保证教学的认知活动和意向活动得以顺利进行，才能保证教学任务和学习目标的顺利达成。

课堂教学管理有四种功能：

（1）组织功能。这是课堂管理最基本的功能。课堂教学要有效进行，教师必须对教学设备、教材、学生以及教学活动进行有效地组织，这样，学生才能由分散的个体变成有效的学习集体，教材、教学设备才能充分发挥作用，教学活动才能系统、有序地进行。

（2）促进功能。这一功能是指良好的课堂管理可以最大限度地满足课堂中学生个体和集体的合理需要，形成积极、和谐的课堂学习环境，激励学生的参与精神，激发学生潜能的释放，从而促进教学活动的顺利进行和教学效率的提高。

（3）协调功能。协调功能是由课堂管理对象的特点决定的。由于课堂是由人、物、信息、时间等要素组成的复杂系统，就其中的主要因素人来说，几十、上百个学生在一起活动，没有行动上的协调一致，教学就无法进行。要发挥课堂系统的整体功能，取得良好的教学效果，必须充分发挥课堂管理的协调功能。

（4）维持功能。维持功能是指教师通过一定的管理手段，较持久地维持课堂教学的基本秩序以形成比较稳定的教学环境，保证教学活动的顺利进行。

（三）课堂教学的组织形式与交流互动

1.课堂教学的组织形式

课堂教学的组织形式主要有三类。一类是全班教学，一类是分组教学，一类是个别教学。

全班教学就是班级授课，它是学校教育最基本的教学组织形式。在全班教学过程中，教师面向全班学生授课，组织全班学生开展整齐划一的同步教学活动，目标一致，要求一致，步调一致，进程一致。这种教学组织形式使班级授课制的各种特点得到最充分最全面地体现。

分组教学是指按学生智力水平或学习成绩分成不同的组进行教学的一种教学组织形式。分组教学是现代教育常用的教学组织形式。在分组教学过程中，教师把学生分成若干小组，一般是四人或两人一组（因为座位邻近，便于实施），通过指导小组成员展开合作，形成"组内成员合作，组间成员竞争"的学习模式，发挥群体的积极功能，提高个体的学习动力和能力，达到完成特定的教学任务的目的。小组活动活跃了课堂气氛，增加了学生练习的机会，是一种可行的方法，如果运用得好，可以取得很好的效果。分组教学出现在19世纪末。由于工业生产迅猛发展和资产阶级自由竞争的需要，不仅要求教育培养大批人才，而且要求教育适应学生个别差异，于是出现了按能力、按成绩分组的教学形式。由于这种形式往往导致了对差生的歧视，被认为不民主，在20世纪40年代开始受到尖锐批评。20世纪50年代后期，由于国际间科技竞争加剧和培养尖端人才的需要，分组教学在美、英、法等发达国家再度受到重视。现在由于片面追求升学率的影响，一些学校打着"分层教学，因材施教"的旗号，打破班级限制，将学生人为地分成三六九等，组成尖子班、重点班，配备最好的教师，进行差异化管理。这种现象违反了教育的公平原则。

　　个别教学。个别教学是适应学生个别差异，发展学生个性特长，进行因材施教的教学组织形式。它要求教师从学生的个别差异出发，对教学所涉及的各种因素、各个环节进行重新组织和调整。从重视个体发展的角度看，个别化教学是真正意义上的教育机会均等。中国古代的私塾和欧洲古代学校主要采用个别教学的形式，学生的年龄和知识程度都不相同，无固定的修业期限和上课时间，教师分别对个别学生进行不同内容的讲授，教学效率很低。欧洲中世纪末期，由于资本主义经济的发展和文化科学技术的进步，需要扩大教育规模，增加教学内容，个别教学已经不能适应这种要求，从而出现班级教学。20世纪50年代以来，为适应经济和科学技术迅猛发展的需要，工业发达国家强调培养高级科学技术人才，个别教学又重新受到一些教育家的重视。中华人民共和国成立后，学校教学一般仍是以班级教学为主要形式，辅助以个别教学，以便既可以按教学大纲完成一定教学要求，又可以加强对少数有才能学生的培养和对后进学生的辅导。实施个别教学一般是通过个别指导、指定不同作业等方法进行的。在实际的教学过程中，教师在教室中走动，谁有问题就在跟前停下来进行个别指导，这也是个别教学。

　　2.课堂教学的交流互动

　　课堂教学通常由三个因素组成，即教师、学生、教学内容。教学是由这些要素相互作用、相互制约、相互影响而形成对立统一的整体。三种因素的相互作用形成了三种关系，即教师与学生之间的关系，教师与教学内容的关系，学生与教学内容关系。三种关系构成了教学过程中的三个矛盾。在三个矛盾的运动中，教师的教和学生的学是教学过程中的主要矛盾，其他则为次要矛盾。教与学之间的矛盾，对其他矛盾起决定、制约、支配的作用。教学过程，其实就是教师的教与学生的学之间一个个的矛盾不断得到解决的过程，教学内容是师生关系的中介，是连接二者之间的纽带。教学内容虽然关系到每个教师的教学工作，教师在教学过程中对教学内容的把握也会因人而异，会带有主观的、个性化的色彩，但教学内容具有一定的统一性、稳定性和权威性，教师和学生自主选择的余地不大，在教学中难以起到关键和决定性的作用。教与学的关系，实质上是教师的教与学生的学的对立统一，这种对立统一的实质就是课堂教学中师生的交流与互动。

　　课堂教学中师生之间的交流与互动形式主要有三种：一种是单向式，另一种是双向式，最后一种是多向式。

　　单向式。这是一种比较传统的教学交流形式，它一般是教师讲学生听，学生没有外在的活动。教师负责教，学生负责学，教学就是教师对学生的单向传输活动，没有师生间的交流互动，教师是信息源，学生是信息宿，信息由教师始，到学生终。单向交流式表现为："教师→学生"。教师以教为中心，学围绕教转。教师是知识的占有者和传授者，没有教师对知识的传授，学生就无法学到知识。对于学生来说，教师就是知识的宝库，是活的教科书，学习就是被动地接收。教学关系成为我讲你听，我问你答，我写你抄，我给你收。那种"作报告"式的讲课，那种"注入式"和"满堂灌"的教学方式，在交流形式上也是这种单向式。

　　双向式。它是在教师讲学生听的单向式的交流形式上，增加了学生发表意见，可以和教师对话的活动，由"教师→学生"变为"教师←→学生"的交流形式，由"单边活动"变为"双边活动"。双向式交流互动的教学，是教与学的交流、互动，是师生双方的相互交流、相互沟通、相互启发、相互补充。在这个过程中，教师与学生分享彼此的思考、经验和见识，交流彼此的情感、体验与观念，不断地碰撞出智慧的火花，不断地获得新的发现，不断地丰富教学内容，从而实现师生的共识、共享、共进，实现教学相长和共同发展。

多向式。在这种交流互动形式中，不仅教师和学生有相互的呼应，有信息的交流，而且学生与学生之间也有相互的交流与呼应。比之双向式交流与互动，多向式交流与互动大大增加了交互的信息流，使课堂教学信息更丰富，交流更频繁，互动更充分，碰撞更激烈，认识更全面，发展更同步。对教学而言，交流与互动意味着人人参与，意味着师生、生生的平等对话，意味着合作学习的重新构建。对学生而言，交流与互动意味着主体性的凸显、个性的张扬、创造力的显现。对教师而言，交流与互动意味着观念的更新、角色的转换、专业的发展。

课堂教学的交流互动，各有特点。单向式的优点在于学习专注，缺点在于气氛沉闷；双向式的优点在于互动交流，缺点在于单调扁平；多向式的优点在于共生发展，缺点在于管控不易。所以，课堂教学的交流互动，运用之妙，因人而异，因课而异，因时而异。

二、课堂教学效率是一体两翼三沟通语文教学提高质量的关键

（一）影响课堂教学效率的因素

近几年来，语文教学改革不断深入发展，取得了可喜的成绩，产生了一些成功的教学经验，涌现了一批著名的教师，对提高语文教学质量，产生了不可忽视的积极影响。但是尽管这样"法"那种"式"产生了不少，就大面积而言，语文教学的质量依然不能令人满意，特别是广大的农村地区尤其如此。这种现象，早在1978年3月，吕叔湘先生就在《人民日报》上撰文批评我国中小学语文教学少、慢、差、费的程度严重："十年的时间，2700多课时，用来学本国语文，却是大多数不过关，岂非咄咄怪事！"（"三老"《语文教育论文选》，开明出版社1995年第1版153页。）这话虽是多年前说的，现在看来也有针对性。

由于语文教学的"少慢差费"，以致形成了一个堵塞教育质量继续提高的"瓶颈"。导致这种"瓶颈现象"的因素固然很多，但当前最主要最核心的因素，乃是课堂教学效率不高。最近，我们对本地课堂教学现状作了认真地调查，发现有5种现象影响课堂教学效率的进一步提高：一是我讲你听满堂灌，教师忽视学生的主体活动，学生被动地接受知识。二是目标模糊，教学重点不突出，课堂教学容量小。三是千人一面，课堂教学程式化。四是课堂设计普遍较差，课型特点不突出，整个课堂缺乏整体安排，讲到哪里算哪里。五是架空分析，语言文字的训练落实不够。即使经济比较发达，教育基础条件较好，教育质量一直处于领先水平的乡镇，多数教师的课堂教学还是灌输式，教师的讲述繁杂巨细，上课虽然有教案，但对"课程标准"、教材的理解还很粗糙。由于这些因

素的影响，课堂教学效率低下，教师们在规定的时间内完不成教学任务。由于升学压力的驱使，掀起了一浪高过一浪的补课潮。课内损失课外补，学生负担不仅减轻不了，反而越来越重。把学生捆绑在课堂上，限制在学校里，严重地阻碍了学生个性特长的发展，影响着学生素质的全面提高，从长远看，影响着现代化建设的进程。因此，认真落实素质教育，全面提高学生语文素质，大面积提高农村中学的语文教学质量，关键在于迅速提高课堂教学效率。

（二）提高课堂教学效率的对策

1.增大有效教学的时间量

课堂教学效率，是指有效教学时间与实际教学时间的比率。有效教学时间与实际教学时间的比值越大，课堂教学效率就越高，反之则越低。一般地，课堂实际教学的时间是一个不变量——45分钟（小学40分钟），而有效教学时间则是一个可变量。所谓有效教学时间，是指在课堂上除去学生一无所获的白白浪费掉的时间之外，对学生学习知识，形成能力，发展个性，提高素质真正起作用的时间。所以，提高课堂教学效率，实际上是增大有效教学时间的量。

所谓有效教学，是指在师生双方的教学活动中，通过运用适当的教学策略，使学生的基础性学力、发展性学力和创造性学力得到很好的发展。有效教学，就是在符合时代和个体积极价值建构的前提下其效率在一定时空内不低于平均水准的教学。《基础教育课程改革纲要（试行）解读》指出：所谓"有效"，主要是指通过教师在一段时间的教学之后，学生所获得的具体的进步或发展。也就是说，学生有无进步或发展是教学有没有效益的唯一指标。我们运用否定之否定理论学说来界定，也可以得到这样的认识，去掉无效的教学就是有效教学，那么，单调的缺乏情趣的使学生注意力不集中的教学要去掉，灌输式的作秀式磨时式的教法必须去掉，有效的教学提倡老师少说精讲优释，提倡学生有较多的自主学习时间和空间，有良好的学习习惯和学习方法，有较浓的合作学习和探究学习的兴趣，"教"的不苦"学"的不累，学生的整个生命体得到真实的进步和成长。

有效教学的核心就是教学的效益，即什么样的教学是有效的？是高效、低效还是无效？怎样才能增大有效教学时间的量？这要从影响有效教学时间的因素来考虑。前面所说的"有效教学时间"是一个理想值。在课堂上，学生一无所获的时间趋向于零，凡是课堂教学，学生总有所获，只是多少而已。因此，增大有效教学时间的量，就是增大单位时间内学生掌握学习内容的量。针对农村中学的实际，我们认为增大单位时间内学生掌握学习内容的量，最重要的是处理好教师、学生与学习内容（教材）的关系。而不是简单地加大教学密度。

2.正确处理教师、学生和教材的关系

课堂教学过程，是一个辩证统一的过程，是在教师指导下学生特殊认识和实践的过程，教师、学生和教材是这个过程的基本要素。这三个基本要素在教学过程中虽然功能和地位各不相同，但他们又有着紧密的联系。对教材来说，它是知识的载体，是教师教学的依据，是学生认识的对象，它处在客体的地位。对教师来讲，教材是教师认识的对

象，学生是教师施教的对象，教材和学生处于客体地位，教师处于主体地位。教师通过备课，将教材的知识、观点转化为自己的知识和观点，然后通过教学再转化为学生的认知，教师的任务就是提高这"两个转化"的速度。教师在教学内容的选择，教学方向的把握，教学策略的实施，教学方法的运用，教学进程的推进诸方面起着主导作用。对学生来讲，教材是学生认识的对象，学生是认识的主体，教师是学生认识教材的中介，通过教师这一中介的催化作用，提高学生认识的速度。在教学过程中，教材自始至终处于客体地位，而教师与学生主客体地位的更替、变换和发展，演化出一种种鲜活的教学方法和一个个缤纷的教学模式。三个要素的矛盾运动，推动着教学的进程，其中教师与学生在运动起着主要作用，是矛盾的主要方面。如何抓住主要矛盾，使矛盾的运动朝着有利于不断深化教学的方向发展，不断地扩大有效教学时间的量，不断提高课堂教学效率。吕叔湘先生在十多年前就明确指出："在课堂当中，教师起主导作用，这个没错；学生的学习要有主动性，这也没有错。教师的主导作用跟学生的主动性怎么结合？要偏于哪一方面就不妥当了。"（"三老"《语文教育论文选》，开明出版社1995年第1版第131页。）在教学过程中，正确处理教师与学生这对矛盾，成了提高课堂教学效率的关键。

3. 以学生为教学设计的立足点

正确处理教师与学生的关系，关键又在于教师设计教学的立足点。教学设计的立足点不同，体现了不同的教育思想。以教师为立足点的教学设计，是"教师中心论"的具体体现，其教学的出发点是教师怎样顺利讲完一节课，教学的目的是如何把预定的知识告诉学生，硬灌给学生，把学生当作一个接收知识的容器，至于学生究竟有多少受益则很少考虑。教师为了达到"效果"而不时地掀起几个"高潮"，千方百计地将学生诱入自己殚精竭虑预设的"陷阱"，为了让学生"准确"地说出某个词语而左一个提问，右一次启发。有的老师还专门总结了所谓"掀高潮艺术""设陷阱艺术"。这种表演性质的教学，说好听点是作秀，说严重点是哗众取宠，表面上热热闹闹，实际上收效甚微！这种单纯强调学生是教学的对象而无视其主体地位的教学，从哲学上看是陷入了机械唯物论的泥淖，从心理学上看则是典型的行为主义，从语文学科的特点来看，则完全背离了通过"体味涵泳"来训练学生语言感受能力的基本规律。这样的课堂教学，其效率必然是低下的。

如果我们换一种思路，倒过来设计教学，把着眼点放在学生上面，结果将是另一回事。接受美学的创始人尧斯认为："读者决定一切"。这里讲的"一切"就是指作品的意义、内涵、影响、文学史上的地位、作家的再创作，等等。（参见《接受美学新论》马以鑫著，学林出版社1995年第1版第17页。）"读者决定一切"论虽然有些言过其实，但他重视读者的接受则给我们语文教学以很好的启示：教学活动的一切是为了学生。在这一思想指导下，我们在课堂教学中，要充分考虑学生的心理特点，使之处于最佳的接受状态；充分调动学生的多种感官参与活动，使之在较短的时间内接受较多的信息。"使用语文是一种技能，……技能的获得要通过学生的活动，教师是无法包办代替的。"（"三老"《语文教育论文选》，开明出版社1995年第1版第145页）教学设计必须以学生为立足点。

以学生为立足点，教师所考虑的问题是：学生在这一节课里应该学会哪些知识？已有的知识与所要学习的知识是否能顺利对接？学生怎样才能掌握这些知识？学生应该形成哪些技能？教师应该给予学生哪些帮助？采取何种措施？……这样的教学设计与"教育过程不应该由教师直接进行，而应该放手让学生自己经验或体验"的学生中心论（参见《教学论》，李秉德主编，人民教育出版社1991年出版第110页。）是截然不同的，体现了教师主导与学生主体的辩证统一。一方面把学生放在教学过程的主体地位上，重视学生的主动性，重视学生的接受对教学进程的影响，体现了学生是学习的主人；另一方面，学生在教师的指导下，有计划、有步骤、有目的，主动、自觉地学习，学生的自主性得以充分发挥，使不同层次上的学生都有收获。教师与学生关系的正确处理，从而扩大了单位时间内有用信息的接受面，使学生在较短的时间内接受较多的有效信息，提高了课堂教学的效率。

4.打破僵死的教学模式

提高课堂教学效率，还要打破僵死的教学模式。这在农村中学应是当务之急。由于受传统教育的影响，语文课堂教学形成了僵死的模式，不论什么样的课文，不论其教学要求有何差异，不论学生的年龄差异，都按照"时代背景—作者生平—解释词语—段落大意—中心思想—写作特点"一个模式，一成不变的教学，并且由老师一讲到底。这种低效的教学模式，至今在农村中学中仍然十分普遍，严重地影响着教学质量的提高；这种低效的教学模式，让许多教师误以为语文课就是如此，以至于学生觉得语文课不过如此，多上几节少上几节没有关系，即使不上一个学期，考试也没有多大影响！

在课堂教学中，我们并不排斥老师的讲，问题是老师讲什么？怎么讲？讲多少？对于课文写作背景、作者生平等知识的介绍，目的是为了更好地帮助学生理解课文。对理解课文没有帮助或帮助不大的，或者点到为止，或者干脆不讲；而课文的写作特点一般就是训练重点，这必须在教学过程中认真落实，何必在课文教学结束时再来一番画蛇添足的归纳。在无用处反复纠缠，白白地浪费了时间，有什么效率可言！

现行人教版初中语文课本，主要有两类课文，一是"教读课文"一是"自读课文"。顾名思义，教读课文重点在"教读"，教会学生阅读；自读课文重点在于"自读"在教师指导下学生自己阅读。但在教学实践中，很多教师将两类课文不加区分，混为一谈，一个模式，一个要求地教学。一篇自读课文，规定一课时内完成教学任务，结果用了两课时，有的更多，教学效率怎么提高？即使是教读课文，许多教师也是从开头到结尾，一句一句，一段一段地细细地串讲，全篇课文平均用力，教学重点不突出，训练重点不落实，同样造成时间上的浪费。

教读课文重在打基础，自读课文重在促进知识的转化和技能的巩固。从教读到自读是一个迁移过程。如果说自读课文是一种学生自觉、自主训练语文能力的场所，那么进入这个场所的锁钥就是在教读课文中获得的知识、技能和方法。教读课文的教学要紧扣教学目标，进行重锤敲击，突出训练重点，使学生确有所得。自读课文则要因文而异，突出课文个性。例如鲁严的《听潮》，这篇自读课文非常适合朗读，我们就应该指导学生将自读课的重点放在朗读训练上，通过朗读训练来加深对课文的理解，通过深入理解课文来提高朗读质量，进而提高阅读水平。这样就把朗读训练与学习课文统一了起来。再如《回声》这篇自读课文，可以指导学生通过制作知识卡片来掌握课文，使学生既学会了卡片的制作方法，又理解了课文内容。这样的教学，充分发挥了自读课文的优势，使学生在教读课文中学到的知识得到进一步巩固、深化和扩展，同时使学生感到语文课不再是一副永远不变的面孔，激发、提高了学生学习语文的兴趣，增强了学生主动、自觉学习语文的内驱力，进一步扩大有效信息的接受量，从而提高课堂教学效率。

课堂教学效率提高了，学生可以从补课的阴影中走出来，去遨游知识的海洋，去抒发胸中的激情，去享受自然的恩赐，去锻炼坚强的体魄，去参加社会的实践……总之，提高课堂教学效率，为学生的进一步学习赢得了时间，为学生的个性发展提供了条件，为全面提高学生的语文素质打下了坚实的基础。

（参见《落实素质教育要在提高课堂教学效率上下功夫》，作者戴红顺。原载《中国教育改革论丛》。）

三、课堂教学内容的选择——从《大自然的语言》同课异构说开去

提起说明文，教师们普遍认为说明文枯燥乏味，教师不感兴趣教，学生没有兴趣学。但是，说明文是初中二年级文体教学的重点，我们不得不给予应有的重视。对于说明文教什么？专家们总结了顺口溜："抓特征、理顺序、明方法、讲语言"，教师们也深以为然。但是，是不是所有的说明文教学都应该遵行"抓特征、理顺序、明方法、讲语言"这一公式？为此，我们以《大自然的语言》为内容，开展了一次同课异构活动，目的是对于"说明文教什么——初中说明文教学内容的选择"进行进一步研究。在曲靖市麒麟区各中学进行自主研究的基础上，挑选三所中学的三位老师做课展示，研究初中说明文教学内容的选择。活动结束后，教师们对教学内容选择的巨大差异性，引起了我们的关注。

（一）教学内容的选择与确定

就《大自然的语言》这篇课文来说，可以作为教学内容的至少有：说明的对象及特征，说明的方法及作用，说明的顺序，课文的结构特点，课文的语言特色，课文的字、词、句，作者注重观察的科学态度，课文主要内容的概括（课文主要信息的提取），物候现象的理解（课文内容的理解），课文涉及的谚语的理解……。但是，在有限的课时内，把上述内容全部作为教学内容是不可能的，怎么办？只能进行选择，有选择地教。

但是，在实际的教学过程中，老师们是怎样进行的呢？请看三位老师确定的教学内容是什么？

教师 A 将教学重点内容设定为："筛选相关信息并概括文章要点，理清文章的说明顺序。体会本文语言生动优美的特点，增强语言感悟力。"课堂教学分为 5 个环节：诗歌导入；默读课文，整体感知；梳理结构，理清顺序；精析语言，合作探究；课后演练，学以致用。各个环节用时如下："诗歌导入"用时 1 分钟；"默读课文，整体感知"用时 8 分钟；"梳理结构，理清顺序"用时 3 分钟；"精析语言，合作探究"用时 35 分钟；"课后演练，学以致用"用时 0 分钟。

教师 B 将教学重点内容设定为："训练学生快速筛选信息的能力，体会说明的条理性，理清课文的说明顺序。"课堂教学分为 5 个环节：图画导入，积累词语，整体感知，课堂回顾，欣赏歌谣。各个环节用时如下："图画导入"用时 1 分钟，"积累词语"用时 3 分钟，"整体感知"用时 30 分钟（整体感知又分为两步，一是"筛选重要信息"，用时 16 分钟；二是"理清说明顺序"，用时 14 分钟。），"课堂回顾"用时 2 分钟，"欣赏歌谣"用时 3 分钟，其他用时 6 分钟。

教师 C 将教学重点内容设定为："了解相关的物候知识，掌握说明文的相关知识。"课堂教学分为 4 个环节：谚语导入，整体感知，闯关活动，课堂小结。各个环节用时如下："谚语导入"用时 1 分钟，"整体感知"用时 3 分钟，"闯关活动"用时 40 分钟（其中第一关"填写课文提纲"8 分钟，第二关找出说明方法 17 分钟，第三关找出说明顺序 2 分钟，第四关品味文章语言特点 14 分钟。），"课堂小结"用时 1 分钟。

在教学实践中，教师预设的教学重点内容和实际的教学重点内容往往有差距。在实际的课堂教学中，可以从教学用时来判定教学重点内容在哪里？三位老师课堂导入简洁，都只用了 1 分钟，说明大家对"导入新课"的理解和操作都是一致的。但对于"教学重点内容"就有很大的区别。教师 A 确定 2 个重点内容：将"精析语言"作为教学重点内容，用时 35 分钟，"理清结构"作为次重点内容，用时 8 分钟。教师 B 确定 2 个重点内容：将"筛选重要信息"和"理清说明顺序"作为教学重点内容，分别用时 16 分钟和 14 分钟。教师 C 确定 3 个重点内容：将"找出说明方法"作为第一重点内容，用时 17 分钟；"品味文章语言特点"作为第二重点内容，用时 14 分钟；"填写课文提纲"作为第三重点内容，用时 8 分钟。

显然，教师 A 确定的教学重点内容是比较恰当的；教师 B 的两个教学重点内容实际上是一个；教师 C 的三个教学重点内容只有两个可以算作重点内容，列为第一重点内容的"找出说明方法"不能作为重点内容。

（二）教学内容确定的依据

《义务教育语文课程标准》（2011 年版）（以下简称"语文课标"）在"实施建议"中指出："阅读教学是学生、教师、教科书编者、文本之间对话的过程。"这就是说，教学的内容确定的依据应该是：学生的学习水平，教师的教学能力，教材编者的编写意图，课文的特点四个方面。换句话说，初中说明文阅读教学的内容确定就是：教科书编者想让你教什么，课文文本提供了什么让你教，学生能够学什么，教师能教什么。我们认为还应该加上"语文课程标准"要求教师教什么。

1.语文课程标准要求教什么

"语文课程标准"是国家教育意志的体现，是教师教学和评价的依据，是指导语文教学的纲领性文件。《义务教育语文课程标准·学段目标与内容·第四学段（7—9 年级）》中，关于"说明文"的条文是："在阅读中了解叙述、描写、说明、议论、抒情等表达方式。""阅读新闻和说明性文章，能把握文章的基本观点，获取主要信息。阅读科技作品，还应注意领会作品中所体现的科学精神和科学思想方法。""写简单的说明性文章，做到明白清楚。"这表明，在初中阶段，说明文的教学重点是"把握基本观点，获取主要信息"，"领会作品中所体现的科学精神和科学思想方法。""说明顺序""说明方法"已不是教学的主要内容（至少不是教学的重点）。

2. 教科书编者想让你教什么

说明性文体（包括科技小品文）在第四学段（7—9 年级）的六册教材中只安排了 3 个单元（七年级上册第四单元有一篇说明文《看云识天气》，单元要求是：在理解课文内容的基础上，练习概括课文的内容要点；练习用较快的速度默读课文，记住主要内容）。一是八年级上册第三单元，几篇主要课文都是"说明事物"的文章。单元要求是：注意课文怎样抓住特征来介绍事物，理清说明顺序，了解常用的说明方法，体会说明文准确、周密的语言。二是八年级上册第四单元。单元要求是：培养注重观察、讲究实证的科学态度，求真创新的科学精神，学习正确的科学方法。注意说明的顺序和方法；学会默读，有一定的速度；能按照要求筛选信息。三是八年级下册第三单元（"科技小品文"单元）。单元要求是：要在理解课文内容、熟悉科学文艺作品特点的同时，树立环保意识。

《大自然的语言》这篇课文是八年级上册第四单元的第一篇。与后面几篇文章相比，《大自然的语言》是"注重观察"的文章，后几篇文章是"讲究实证"的文章。课后"研讨与练习"设计了 3 道题。第一题是课文信息的筛选（概括要点），第二题是课文词语、句子的理解，第三题是对物候现象和物候知识的进一步理解和拓展。课后练习比较准确地贯彻了"语文新课标·学段目标与内容·第四学段（7—9 年级）"的要求。

3. 课文文本提供了什么让你教

《大自然的语言》是一篇介绍物候学知识的科普文章。对于一般读者，尤其是文化层次较低、科学知识较少的读者来说，物候学不是一门容易懂得的科学。而文章正是要写给这样的读者看的。在这种情况下，作者充分考虑读者对象，采取了以下策略：第一，抽象的事物尽量形象化，把丰富的、不易理解的物候现象比做"大自然的语言"，使读者容易接受。文章取名"大自然的语言"，本身表明这是一篇寓抽象于形象的科普文章。第二，作者在行文中尽量少用专门术语，而用大众都能理解的词句来表达，并在阐述每一个问题时都有举例，把物候学知识介绍得一清二楚，便于读者掌握。第三，大量运用优美词语、描写性语句和修辞手法，使本来枯燥的事情变得生动形象。总之，这是一篇科学性、知识性和趣味性很强的科普佳作。这篇"说明事理"的课文有三个最显著的特点：一是思路清晰，层次分明。二是说明事物生动形象，用词典雅。三是课文内容所蕴含的注重观察的科学态度。

4. 学生能够学什么

语文应该有所教有所不教，无所不教就是无所教，一定要考虑"学生能够学什么"。说白了，就是"学生需要教什么"和"学生应该学什么"的问题，教师要考虑学生有什么问题需要教，有什么语文能力需要培养，学生当前的语文能力能学些什么。初中语文教师一定要"上挂下联"。上挂，就是了解高中语文要学什么，初中就要为此打下基础，高中的学习内容，初中就不要拔高去学；下联，就是了解小学学过什么，初中就不必重复学习，浪费时间。用一句老话说，就是充分掌握"学情"。

《义务教育语文课程标准·学段目标与内容·第三学段（5—6年级）》中，关于"说明文"的条文是："阅读说明性文章，能抓住要点，了解文章的基本说明方法。"小学语文课本安排了许多说明文，比如：《鲸》《太阳》《冬眠》《松鼠》《赵州桥》《海的颜色》《新型玻璃》《黄河是怎样变化的》《蝙蝠和雷达》《各具特色的民居》《假如没有灰尘》，等等。在小学阶段，学生已经学过了许多简单的说明文。学生对简单的说明顺序、说明方法已经有所了解。初中阶段的说明文教学不能重复小学的内容，要在小学教学内容上进一步深化。例如，初中课文也有说明顺序、说明方法，在教学中不能简单地满足于学生能"找出"说明顺序和说明方法，而要着重帮助学生理解说明顺序的意义和说明方法的作用。

总体说来，太容易的不需要教，学生自会解决；太难学的也不需要教，教了学生也不可能理解就没有意义；非语文的也不需要教，不必抢人饭碗自有各科在教。

5. 教师能教什么

现在的初中语文教师，绝大多数是大学专科以上的学历，他们的语言文学素养对于读懂现代文来说是不会有问题的，选择什么样的教学内容，关键在于教师。在"课程标准"、教材、课文、学生、教师这五个环节中，教师是关键，教师发挥着主导作用。所以教师应该认真备课，吃透教材，吃透学生，准确把握教材编者的意图，准确理解"语文课程标准"的要求。这样，教学不会偏离方向。教师准确地把握了教学方向，就保证了有效教学的底线。

教学是一种科学，也是一种艺术。教学的科学性，保证了有效教学的底线，教学的艺术性，保证了学生学习的愉悦。教师的教学是一种创造性活动，教学的艺术性体现在教师教学的创造性上。在教学过程中，虽然以学生为主体，但教师对事物的认知思维方式、语文能力和经验、情感价值观、个人气质、个人教学能力等，都会对教学产生影响。所以教师的教学是否受学生欢迎，是否具有个性，是否形成教学风格，是否具有艺术性，需要老师们刻苦地修炼！

第二节　一体两翼三沟通语文教学的两翼

阅读和写作，是一体两翼三沟通语文教学这驾大车上的两个轮子。这两个轮子正常运转，语文教学才能不断前进。我们就是通过文学社和读书会这两种有组织、有计划的活动，来驱动语文教学这架大车，为语文教学插上双翼。通过文学社和读书会这两翼，来促进一体两翼三沟通语文教学质量的全面提高。

一、语文教学和中学文学社团活动

中学生文学社团是一个有组织、有指导、有目的、有计划的语文课外活动的实体。认真搞好中学生文学社团的工作，对于大面积提高语文教学质量，全面提高学生语文素质，充分发挥学生个性特长有重要的作用。不仅如此，对语文学科课外活动的形式和内容也是一个有益的探索，对深入全面理解"人的全面发展"亦有深刻地启示。

（一）中学生文学社团，是在文学方面有兴趣、有特长的学生自觉、自愿组织的群众团体。文学社的群众性，要求它从组成到活动都必须以学生自我活动为主体。文学社是一个小社会，文学社的健康发展和学生个体的提高，必然要求学生个体与这个小社会高度协调统一。这种活动的社会化要求，与"人的全面发展"的三个层次要求相吻合，具有深刻的理论启示。

人的全面发展，是马克思主义教育理论的基本观点之一，它主要包括三个层次：第一个层次是指人的心智的全面发展。心智的全面发展是从人的心理素质角度概括的全面发展。心理学把人的心理素质划分为智力、道德、情感三个方面，教育可以通过智育、德育和美育等不同渠道来促使个体心理素质的和谐、全面地发展，塑造出真、善、美统一的理想个性。第二个层次是指人的身心的全面发展。身心的全面发展是将人的生理和心理素质统一起来把握的全面发展。生理素质是心理素质的物质承担者或载体，健康的体魄是个体全面发展的物质基础和前提条件。第三个层次是个体和社会的协调统一的全面发展。个体和社会的协调统一的全面发展，是在更广阔的社会背景中具体地、历史地把握人的全面发展。人从出生之后就不是抽象的、孤立的个体，他是在社会中存在的个体。社会是人在劳动过程中创造并不断发展的，是人的本质的外在表现，是人类发展水平的客观标志。同时，特定的社会条件作为每个时代的人的存在的基础和前提，既促进了个体的发展，又制约着个体的发展。因此，人的发展和社会发展不仅是同步的，而且是同一问题的两个不同的侧面，二者互为因果，又互为条件。

在这三个层次中，前面的层次较为抽象，后面的层次较为具体，后一层次总是内在地包含了前一层次的全部内容。因此，要系统地、深入地理解人的全面发展，就必须立足于最后的层次，把三个层次统一起来把握。但是，目前的教育从理论到实践都还不同程度地围绕、停留在前两个较抽象、浅表层次上寻找如何使受教育者在心智和身心方面获得全面发展。由于没有将其同第三个层次（个体和社会的全面发展）统一起来把握，致使教育工作孤立地在课堂内、学校内的狭窄范围内寻找使受教育者获得全面、和谐发展的手段和途径，结果既无法了解在现实社会条件下人的全面发展所能达到的水平，也不可能找到使受教育者在可能的条件下获得全面发展的现实道路。

（二）中学生文学社团活动的社会化，不仅对全面发展理解"人的全面发展"有深刻的启示，而且它以丰富多彩的内容，打破单调、固定的教学格局，冲破封闭式的教育模式，把校内与校外、课内与课外、学科与学科、语文学习与社会生活之间有机地、自然地联系起来，打破学生从书本到作业本的训练方式，开拓了手脑并用、整体发育的新途径。

活动课程是课程体系的重要组成部分，是学校教育中一个相对独立的系统。没有活动课程的教育是残缺不全的教育。活动课程对于提高学生自我教育和推进学生的社会化进程，对于实现学生的全面发展和发展学生个性特长，对于全面提高学生素质，有着独特的功能。为了培养 21 世纪的建设者和接班人，《九年义务教育全日制小学初级中学课程计划（试行）》规定："根据九年义务教育小学阶段、初中阶段的培养目标和儿童、少年身心发展的规律设置课程。课程包括学科、活动两部分，主要由国家统一安排，也有一部分由地方安排。"这是语文课程整体改革的具体体现，是教育思想的重大变革。中学生文学社团，以它有组织、有指导、有目的、有计划的活动，突破了当前重视课内活动，忽视课外活动的平面，具有重要的意义。这种意义主要体现在以下五个有利于：一是有利于促进课外活动的全面开展；二是有利于培养学生的能力；三是有利于充分发展学生的个性特长；四是有利于创造良好的校园文化，优化育人环境；五是有利于实现课内与课外、学科与学科、学校与社会的相互沟通。

（三）中学生文学社不仅以其重要的价值推动教育思想的转变，而且还以其独特的组织形式、丰富多彩和卓有成效的活动，从内容到形式、从理论到实践，为语文课外活动开辟了一条新路。

文学社的活动是丰富多彩的，主要形式有以下几种：

1.创办社刊或社报

文学社都有自己的阵地，通过辛勤的耕耘结出丰硕的果实。通过这块阵地去影响学生，提高学生，发展学生，教育学生。这是文学社在学校教育中的独到之处。

2.组织专题读书活动

利用各种图书馆、资料室、文化站等社会资源，组织、倡导专题读书活动，是非常及时的。

3.进行写作活动

文学社对成员明确要求，必须给社刊写稿 2 篇以上，期末进行考评。为了不断提高学生的写作能力，有的文学社还举办习作展评。

4.开展专题讲座

文学社根据活动需要，组织各种专题讲座。这些活动，对普及文学理论和写作知识，指导学生学习，讨论当代文学走向，了解各种文艺现象和文艺思想有重要作用；对于学生了解社会、认识家乡、热爱家乡、服务家乡、献身家乡有重要意义。

5.进行社会调查

组织学生走向农村，走向工厂，面向社会生活，让同学们在社会实践中发现社会生活的闪光点，讴歌改革开放中的新人新事，挖掘家乡的优秀文化遗产，使学生在活动过程中受到自我教育。这种将课内与课外、校内与校外相互联系的活动，是练笔育人的好形式。

6.开展各种竞赛

通过竞赛来激发学生的写作热情是一种行之有效的好方法。文学社还可以结合实际，组织朗读比赛、演讲比赛、书法比赛，故事大王比赛，等等。通过各种竞赛活动，丰富学生学习内容，拓展学生视野，进一步激起学生的创作热情，培养学生的竞争意识。

这些丰富多彩的活动，在内容上和形式上扩展了语文课外活动的时空，充当了学校课外活动的龙头。通过文学社团这一龙头作用，使整个语文课外活动"活"了起来，这对语文学科活动课的内容和形式也是一个很好的探索。

（参见《语文教学和中学生文学社团活动》，作者戴红顺，刊载中国武汉华中师范大学《语文教学与研究》，1993年第11期，第8-9页。）

二、一体两翼三沟通语文教学发挥文学社的龙头作用

未来社会对人才的需要是高规格、高素质的。语文教学在人才培养中具有特殊的作用。如何使广大中学生的语文能力得到进一步加强，个性特长得到充分发展，语文素质得到全面提高，引起了广大语文教育工作者的广泛重视。随着新的课程方案的实施，课外活动被越来越多的人们所重视，但由于许多原因，课外活动没有得到真正的落实，作用没有得到充分地发挥，严重地影响着学生素质的全面提高。为了改变这一现状，我们自1992年初在全市范围内，有计划、有步骤地开展"中学生文学社团"活动。

（一）树立典型，推进文学社团活动的开展

文学社团活动，这不是新生事物。我国古时就有这方面的组织，有各种名目的"诗社"，20世纪20年代，在我国大学校园中非常盛行。但那些文学社团大多数是以文学流派、师承关系相联系的。20世纪80年代初，中学生文学社团大量涌现，活跃了中学生的文化生活。我市中学生文学社团出现在20世纪80年代末期，由于没有具体指导，活动很不正常，时断时续，处于自生自灭的状态。1991年下半年，我们开始有计划地探索文学社团活动的工作，对仅存的6个文学社进行了逐个分析研究，帮助他们总结经验，进行一些新的探讨，取得经验后，于1992年11月召开了"曲靖市中学生文学社团活动研讨会"，35所中学的语文教研组长参加了会议。会议总结交流了山泉文学社（曲靖市第三中学）开展多层次竞赛，增强学生竞争意识的经验，交流了无名草文学社（曲靖市第九中学）组织学生参加社会实践，开展社会调查，进行"练笔育人"的经验，学习讨论了《曲靖市中学生文学社团活动意见》。通过研讨，加深了对文学社团的了解，与会者纷纷表示要尽力争取成立文学社团。此后，文学社团迅速发展，到1993年底发展为25个，1994年底增加至45个，辖区内90%的中学成立了文学社团。文学社团的迅速发展，在广大师生、学校领导中产生了很大的影响，引起了各级领导的重视，曲靖市教育委员会副主任胡跃生同志亲自参加学校文学社团的活动，承担专题讲座。1994年1月，曲靖地区行署教育委员会发出文件【曲署教通字（1号）】，推广曲靖市"在中学生中开展文学社团活动"的经验。

（二）注重活动质量，丰富课外活动内容

活动是文学社团存在的生命，没有活动的文学社团是名存实亡的。因此，我们非常重视文学社团的活动。其活动的主要形式有：

1.办社刊或社报

这是文学社活动的重要内容，是文学社的重要阵地。到1996年底，曲靖市所有中学

的文学社团都有自己的阵地，各校根据自己的实际，有的办成月刊，有的为双月刊，有的为季刊，还有半年刊，等等。比较有特点的如山泉文学社（曲靖市第三中学），先办《山泉》板报，后改为《山泉》油印期刊，现在已成为发行上千册的胶印刊物；麒麟风文学社（曲靖市第七中学）创办《麒麟风》期刊，学校党政领导为之题词。文学社刊物内容丰富，并且都有明确的办刊宗旨。如乐土文学社（曲靖市播乐乡中学）的《春笋》期刊，以"丰富生活，陶冶情操，开阔视野，培养能力"为宗旨。《春笋》期刊辟有"习作园地"为同学们提供练笔场所；"学习指南"帮助学生提高学习效率；"校史点滴"引导学生寻觅革命者的足迹；"风范录"反映身边的"雷锋"；"知识窗"引导学生了解世界，了解未来；"第二课堂"丰富学生活动，溶进无穷情趣；"团的知识"提高学生的思想素质；"小记者"报道校园最新消息；"读者信箱"为学生排忧解难，反馈教与学的信息。通过这些极具吸引力的刊物去影响学生，教育学生，提高学生，发展学生，这是文学社的独到之处。

2. 组织专题读书活动

由于许多原因，中学生"无书可读"，无好书可读，各种习题集、练习册、复习资料，占据了学生宝贵的时光，影响了学生的全面发展。在这种情况下，充分挖掘社会文化资源，利用文化单位、组织，倡导专题读书活动是很有必要的。比如丑石文学社（曲靖市第十一中学）组织学生每学期"读一本好书"活动；晓芽文学社（曲靖市第二中学）组织学生阅读中外名著，读书之后开展读书心得交流，举办读书笔记展览和演讲活动，调动了学生的读书积极性，开阔了视野，扩大了知识面，提高了鉴赏能力。

3. 开展写作练笔活动

文学社向社员提出明确要求，每学期除了完成语文课的"两记"（周记、日记）和8篇大作文外，必须给社刊写稿2篇以上，期末进行考评。为了不断提高学生写作能力，有的文学社还举办习作展评。如无名草文学社（曲靖市第九中学）对每学期社刊刊载的文章进行评讲，让学生写社刊读后感。

4. 举办专题讲座活动

文学社根据活动需要，组织各种专题讲座活动。山泉文学社（曲靖市第三中学）为了办好手抄报，举行了手抄报知识讲座；为了在普通教育中渗透一点职业技术教育因素，邀请了本校毕业的致富能手介绍果树改良技术，请当地政府领导讲解区域经济、社会发展规划。这对于学生了解社会、认识家乡、热爱家乡、建设家乡、献身家乡有重要的意义。再如丑石文学社（曲靖市第十一中学）邀请大专院校、文联等有关专家，作"语文与文学""曲靖地区文联概况""诗歌创作谈"等讲座。这些活动普及了文学理论和写作知识，对激发学生写作兴趣，提高学生写作能力有重要作用。

5. 进行社会实践，开展社会调查

组织学生走向农村，深入工厂，面向社会，让同学们在社会实践中发现生活的闪光点，讴歌改革开放中的新人新事，挖掘家乡的优秀文化遗产，开发丰富的社会教育资源，使学生在活动过程中受到自我教育。这是"练笔育人""学文做人"的好形式。山泉文学社（曲靖市第三中学）开展"知国情，爱家乡"调查活动，组织文学社社员到各地调查、访问。

无名草文学社（曲靖市第九中学）组织同学们到朗目山寺、珠街八塔古墓群遗址等地考察，到沾益造纸厂、沾益化肥厂、解放军某部雷达站参观。这些活动既丰富了学生的社会生活，又使他们写出了具有真情实感的好文章。

6. 开展各种竞赛活动

这是比较普遍的活动，其中有特色的如山泉文学社（曲靖市第三中学），他们开展了"民间故事"征文比赛、"对联"征集比赛等，组织语文知识竞赛、词语听写比赛、诗歌朗诵比赛等，还举办了"消灭错别字"活动。有的文学社还组织书法比赛、演讲比赛，召开故事会，编演课本剧等活动。通过这些活动，进一步激发了学生的学习热情，培养了学生的竞争意识。

文学社团的这些活动，在内容和形式上远远超出了"文字"的范围，扩展了课外活动的空间，在学校课外活动中，客观上起到了示范作用和龙头作用。

（三）加强研究指导，规范文学社团活动

文学社团有效地、丰富地活动，活跃了学生的课外生活，带动了课外活动的全面开展，但由于发展比较快，部分学校经验不足，使文学社团活动的质量受到一定影响。为此，我们先后开展了两次评比展览活动，进行了三次研讨，在研讨中举办专题讲座，进行经验交流。1994年底，成立了"曲靖市中学生文学社联合会"，目前正着手开创自己的阵地，专门指导各文学社团的活动。通过不断地探讨，我们在理论与实践上同时向前推进了一步。

1. 进一步明确了文学社团的性质

中学生文学社团，是指在文学方面有兴趣、有特长的学生自觉、自愿组织的群众团体。文学社团的群众性，要求其从组成人员到活动，都必须以学生为主体。文学社的领导成员必须是学生，社刊、社报的编辑必须是学生，教师只能当高参，作好指导工作，不能越俎代庖。从制订活动计划，到每次活动的具体实施，都由学生承担。这样，使学生的主体性得以充分发挥，才干、个性、特长等方面在活动中得到充分锻炼。

2. 进一步认识到文学社团活动的重要价值

中学生文学社团，以它有组织、有指导、有目的、有计划的活动，突破了当前重视课内教学，忽视课外活动的平面，将课内与课外，语文学科与其他学科，校内与校外，语文教学与社会生活有机地联系起来，表现出重要的理论价值和实践价值。主要体现在五个方面：一是促进了课外活动的全面开展；二是在培养学生的综合能力方面，表现出独特的作用；三是在发展学生个性特长方面，有着不可替代的作用；四是有利于营造良好的校园文化，优化育人环境。五是有利于形成开放性、立体型的语文教学格局，形成"大语文教育"。

3. 文学社团的活动必须规范

规范化的工作才能获得效益，才能产生更大的价值。通过不断地实践，我们认为：第一，文学社团必须有规章，要制定"章程"；第二，文学社团必须有组织机构，领导文学社团的工作；第三，文学社团活动必须有工作计划，按计划开展活动。活动可以形成系列，力求形式多样，但要有自己的特点；第四，文学社团必须有自己的阵地，或办社刊，或办社报（手抄报、黑板报、壁报等）；第五，文学社刊物必须有明确的办刊宗旨。

4.文学社团应该建立专门的工作小组，建立必要的规章制度

如源源文学社（曲靖市茨营乡第一中学）建立了四个专门的工作小组：文学组，负责刊物稿件的修改；书法组，负责刊物的誊写；出版发行组，负责刊物的印制、发行；通讯组，负责稿件的采编工作。有的文学社还成立了评论组、朗读组、宣传组，有的文学社与校园广播联系起来。再如丑石文学社（曲靖市第十一中学）制定了"丑石文学社章程"，具体规定了文学社的性质、宗旨、组织机构、活动、社员的权利和义务，在各个年级建立工作组，文学社理事担任工作组组长。这些各具特色的组织，保证了活动的正常开展。

文学社团不仅以其重要的价值，丰富着学生的生活，积淀着学生的文化素养，而且还以其独特的组织形式，丰富多彩和卓有成效地活动，从内容到形式，从理论到实践，为语文课外活动开辟了一条新路，为学校教育注入了新的活力。

（参见《发挥文学社团的龙头作用》，作者戴红顺。原载中国昆明云南教育学院《语文教学阵地》，云南省中学语文教学研究会会刊，1996年第4期，第20-21页。）

三、一体两翼三沟通语文教学通过读书会培养学生的阅读能力

（一）加强阅读指导

阅读是从视觉材料中获取信息的过程，是一种理解，领悟，吸收，鉴赏，评价和探究文章的思维过程。《义务教育语文课程标准（2011年版）》指出："阅读是运用语言文字获取信息、认识世界、发展思维、获得审美体验的重要途径。"阅读可以增长知识，去除无知；提高素养，去除愚昧；充实生活，丰富精神；滋润心灵，减少空虚；淡定从容，明辨是非。阅读能使人时时闪烁着生命的光辉，让人欣赏到不同的生命风景，从而使自己灵魂欢畅，精神饱满而丰盈。阅读是语文教学中最基本、最重要的训练之一。学生的课外阅读既能巩固和扩大课堂教学成果，又能提高学生的阅读能力和写作水平，所以在教学中教师应有意识地加强对学生课外阅读的指导，加强课外阅读从某种意义上来讲比课内阅读更重要。

随着对外开放的逐步扩大，各种芜杂、低级趣味的文艺书刊、音像制品大量出现，处于世界观将要形成而尚未定型的少年儿童，还没有足够的鉴别力和免疫力，往往由于好奇而良莠不分，不加选择地阅读、吸收，造成了学生发展上的缺氧病和贫血症，这对他们的健康成长极为不利。因此，加强对中学生的阅读指导是非常必要的。

（二）培养学生良好的阅读习惯

良好的阅读习惯可以终身受用，成为个人的宝贵财富。学生养成了良好的阅读习惯，就能提高阅读能力，提高阅读效率，达到良好的阅读效果。良好的阅读习惯是在坚持不懈地反复练习中养成，光说不练是不行的，没有耐心和恒心也是没有好的效果。要教育学生，良好习惯的培养要从一点一滴做起，知道一点做一点，知道多少做多少，不断积累，良好的阅读习惯自然而然就形成了。教师还要以身作则，让学生在潜移默化中养成良好的阅读习惯。

1.培养认真读书的习惯

教师在阅读指导中要求并训练学生聚精会神地去读，全身心去读书，善于抵制外界环境因素的干扰，克服心不在焉的不良习惯。

2.养成作读书笔记的习惯

在阅读过程中，要指导和训练学生勤于动笔，发现疑问或问题要及时作批注；一些好词好句要做好摘录，不断积累。读书笔记不应该只写下你所读的书的书名和作者，如果可能的话还应该写下读书的起止日期。更好的做法是在其后写下你对此书的感想，几个月之后，再返回来看记录，回顾自己的阅读经历，真是一种绝佳体验。

3.主动克服阅读困难的习惯

在阅读过程中，遇到困难时能主动地克服，在读中理解，在读中储存。如果你真想多读书，就要减少耗在看电视，上网方面的时间，这对很多人来说会比较困难。但是，你在电视网络上所省下的每一分钟，都能用在读书上，这会带来好几小时读书的时间。

4.养成定时阅读的习惯

每天至少抽出 5-10 分钟雷打不动的读书时间，这是无论每天发生什么事情都不会受到影响的时间。每天总空出一小段时间来读书，哪怕就读那么几页，坚持下来就是一本了。例如，养成在早餐或午餐时间阅读的习惯，如果你每次用坐在马桶上的时间读书，在睡觉之前读书，那么你就拥有每天四次，每次 10 分钟也就是每天四十分钟的阅读时间。这是一个良好的开端，它有助于养成良好的每日读书习惯。

5.培养阅读的兴趣

"兴趣是最好的老师"。阅读兴趣是学生主动积极阅读的基础。学生中主动阅读课外读物的人还是少数，要提高学生语文素养，就要激发学生的阅读兴趣。心理学研究表明，在任务驱动下，人能积极启动其思维、动作等。通过开展激发兴趣阅读和布置一定阅读量阅读，双管齐下，互相促进，持之以恒，养成习惯，逐步提高语文素养。

（三）通过读书会的活动培养学生的阅读能力

《义务教育语文课程标准（2011 年版）》要求："要重视培养学生广泛的阅读兴趣，扩大阅读面，增加阅读量，提高阅读品位。提倡少做题、多读书、好读书、读好书、读整本的书。关注学生通过多种媒介的阅读，鼓励学生自主选择优秀的阅读材料。"学校建立读书会是指导阅读的好办法，是提高学生阅读能力的有效途径。

读书会也是一个学生群众组织。如果说文学社是写作练笔的自由天地，那么读书会则是每个学生课外阅读活动的好场所。古人说得好："读书破万卷，下笔如有神。""读万卷书，行万里路。"这都是金玉良言。通过读书会，加强对课外阅读的指导，开展各种课外阅读活动，创造展示与交流的机会，营造人人爱读书的良好氛围，让学生在阅读过程中丰富精神生活，提高阅读能力，开阔视野，提高文化素养。

读书会活动的主要内容有：

1.开列书目，介绍图书

向同学们推荐优秀作品，引导学生阅读中外名著。例如，有的学校规定，每学期必须阅读规定书目内的 3 至 5 本书，有的学校开展暑假、寒假各读一部名著活动，要求每个同学作读书笔记，写读书心得，以此作为一份假期作业。

2. 开展图书评论活动进行阅读指导

近几年来，在中学生阅读中的"琼瑶热""金庸热""梁羽生热""汪国真热"，等等，对学生的成长极为不利。首先是阅读动机不对。由于好奇心强及从众心理，大家都是赶时髦，你读我也读，使中学生的阅读成了"追星阅读"。其次是阅读目的不对。阅读主要是追求故事情节。特别是里面的三角恋爱关系，神奇的武功，离奇的故事，往往为青少年所痴迷，以至于白天读，晚上读，上课读，下课读，既耽误学习，又影响身体。为了改变这一现状，读书会针对各个时期的阅读走向，及时开展图书评论活动对学生进行阅读指导，以改变中学生阅读的盲目性。如组织讲座，对台湾作家琼瑶作品进行分析，在肯定其语言优点的同时，指出其作品在结构上、情节上的公式化毛病，使学生对琼瑶作品有一个比较正确的认识，有效地降了中学生的"热"。

3. 组织阅读演讲，提高阅读兴趣

为了提高学生的阅读兴趣，组织学生开展读书演讲比赛活动，在阅读的基础上撰写读书心得体会，或图书小评论。每次演讲比赛都确定一个主题，学生围绕主题读书，撰写演讲稿。演讲稿内容可以是心得体会，也可以是图书评论。演讲比赛先以班为单位进行，然后以年级为单位进行选拔，组成代表队参加全校的比赛，这样做到人人关心、人人参与，既提高了学生的阅读兴趣，又有效地引导了学生的阅读方向，提高了阅读的效率。学生的写作能力和口头表达能力也在演讲活动过程中得到提高。

4. 举办读书笔记展览评比活动

俗话说："好记性不如烂笔头"。为了进一步提高中学生课外阅读的质量，积极鼓励学生爱作读书笔记、会作读书笔记，我们定期举办读书笔记展览评比活动，有效地促进了中学生课外阅读活动的开展，明显地提高了读书笔记的质量。一方面促进了学生良好的阅读习惯的养成，一方面又丰富了学生知识宝库，提高了学生的文化素养，而且增强了学生的写作能力。

5. 配合教学进度开展读书活动

配合教学进度开展读书活动也是四步五课型单元教学的重要内容。例如在教学初中语文第四册第四课"读后感两篇"时，可以结合第五单元的"作文训练·写读后感"的要求，组织学生阅读与课文有关的书籍、作品等。再如初中语文第二册第一单元，完成教学后，可以将课文作者魏巍的散文集《谁是最可爱的人》和长篇小说《东方》介绍给同学们；也可以将《挺进报》这篇课文有关的长篇小说《红岩》介绍给同学们。这类案例举不胜举。组织学生读一些文学作品，可以开阔学生视野，提高他们的文化素养。此外，还组织学生开展影视节目评论活动，扩展学生的阅读空间，提高学生的影视欣赏能力。

通过读书会这些活动，有效地推动着学生的课外阅读，使中学生的课外阅读变无序为有序，变自由为自觉，变低效为高效，有效地提高了学生的文化修养。

（参见《一体两翼三沟通语文教学初探》，作者戴红顺，刊载中国曲靖《曲靖市麒麟区首届单元教学研讨会论文集》，1998 年 7 月曲靖市麒麟区教委教研室、"一体两翼三沟通语文教学"课题组编。）

第三节　一体两翼三沟通语文教学的三个沟通

《义务教育语文课程标准（2011 年版）》在课程理念当中要求："努力建设开放而有活力的语文课程。"并进一步指出："语文课程应该是开放而富有创新活力的。要尽可能满足不同地区、不同学校、不同学生的需求，确立适应时代需要的课程目标，开发与之相适应的课程资源，形成相对稳定而又灵活的实施机制，不断地自我调节、更新发展。"长期以来，封闭的、线性的、单一的语文教学脱离社会生活，使语文教学成了无源之水、无本之木，造成了语文教学的缺氧病、贫血症；语文教学重视课内学习，忽视课外活动，限制了学生的个性发展；语文教师孤立地进行语文教学，忽视了语文学科与其他学科的联系，不利于学生健康地、全面地、生动活泼地发展。封闭的、线性的、单一的语文教学，是大面积提高语文教学质量，全面提高学生语文素质的天敌。打破封闭的、线性的、单一的语文教学，建立开放的、立体的、系统的语文教学，努力实现语文教学与社会生活相沟通，语文学科与其他学科相沟通，课内语文学习与课外语文活动相沟通，成了语文教学改革的当务之急。一体两翼三沟通语文教学很好地实现了三个沟通。

一、课内语文学习与课外语文活动相沟通

课堂教学是语文教学的主要方式。但也存在着一些缺点，最显著的主要是不能充分地适应学生的个别差异，照顾每个学生的兴趣、爱好和特长；同时又难以充分照顾优、差生的学习和发展。齐步走、一刀切，不利于因材施教，不利于发展学生个性和特长，再加上"应试教育"的影响，许多教师只重视课堂教学，整个教学过程闭门造车，把学生成天关在教室里，困在课堂上死读书、读死书，严重限制了学生个性、特长的发展。鉴于此，我们主张课内与课外沟通，课内打基础，课外求发展，课内造骨架，课外长血肉。

课内与课外的沟通，主要是通过开展课外活动来实现的。

（一）课外活动与课堂教学相辅相成

课外活动与课堂教学是一个完整的教育系统，课外活动是课堂教育的必要补充，二者相互作用，相辅相成，对完成教育任务、实现教育目的具有同样重要的作用。它对解决受教育者的全面发展与因材施教，一般发展与特殊发展，间接经验与直接经验等矛盾具有重要的意义。在中国古代，已经出现了课外活动这一教育形式。《学记》中记载："大学之教也，时教必有正业，退息必有居学。"所谓"正业"就是指的课堂教学，"居学"就是指课堂教学以外的活动，即是说，受教育者在课堂学习之外，还要进行与课堂学习有关的课外活动。这样，才能使受教育者"安礼""乐学"从而实现"安其学而亲其师""乐其友而信其道""虽离师辅而不反"的目的。

课外活动是整个教育体系中一个组成部分，具有与普通学校相同的教育目的，是培养全面发展的一代新人的重要途径之一。它有利于因材施教，有利于学生的兴趣、爱好和特长的培养，有利于培养学生的创造精神和创造才能。课外活动又可以分为校内活动和校外活动，二者的区别在于组织指导的不同。校内活动是由学校领导，教师组织指导的活动；校外活动是由校外教育机关组织指导的活动。这里应注意的是，校内活动并不仅仅限于学校范围之内，也可以是在校外组织活动，它与校外活动的区别只是在组织和领导方面的不同。在这里，我们把校内活动和校外活动统称为课外活动。

（二）课外活动的特点和意义

1.课外活动的特点

课外活动与课堂教学虽然都是实现教育目的的重要途径，但由于课外活动在活动内容、组织形式、活动方式上等又不同于课堂教学，因此，又具备了它自身的特点：

（1）课外活动具有很高的自主性。课外活动是在课堂教学以外进行的活动，组织者根据教育教学的实际需要，可随时随地的经常组织形式多种多样、内容丰富多彩的活动，课外活动有时是学校或校外教育机关统一组织地活动，还有很多时候是在学校或校外教育机关的指导下，受教育者根据自己的兴趣、爱好、特长以及实际的需要，自愿地组织、选择和参加的活动。这样，不仅能发挥受教育者的积极性和主动性，而且能使受教育者的才能、个性得到充分发展，有利于受教育者的优良个性品质的培养。

（2）课外活动的形式具有很大的灵活性。课外活动的开展，可以根据学校的实际情况和受教育者的身心发展状况等来确定。活动规模的大小、活动时间的长短、活动内容的选择等都可以灵活掌握，没有固定模式，生动活泼，灵活多样。

（3）课外活动的内容具有很强的伸缩性。进行课外活动可以根据本地区、本学校的实际情况，或受教育者的不同愿望，开展内容丰富多彩的活动。不像课堂教学那样，要按照统一的教学大纲、教学计划和教科书的要求去做。活动内容可由学校或校外教育机构根据实际需要自行决定，内容可深可浅，可多可少，还可以不断变动，具有很强的伸缩性。

（4）课外活动的过程具有很强的实践性。课外活动与课堂教学相比，具有很强的实践性。课堂教学中，受教育者可以获得知识，培养思想品德，提高审美能力等。在课外活动中，受教育者有直接动手的机会，在其亲自参与、组织、设计的各项实践中，获得了实际知识，提高了思想品德和身体素质，各方面的能力都在实践活动中得到了发展。

2.课外活动的意义

课外活动具有区别于课堂教学的自身所具有的特点。在整个教育活动中，它的影响是广泛而深刻的。作为教育途径中一条十分重要的途径，它在人的身心发展中有着重要的意义和作用。

（1）课外活动不仅能加深、巩固和扩大课堂上所学到的间接知识，而且能不断地获得新的知识。受教育者可以把在课堂上获得的知识运用于实际，从而加深对知识理解。在已获知识的基础上，进行实际操作，并能不断地发现新的知识，掌握新的技能。内容丰富多彩、形式多种多样的课外活动，还可以激发受教育者的学习动机，推动受教育者不断地去探求知识，刻苦地学习，并且能够培养和发展受教育者的创造才能以及手脑并用的能力。

（2）课外活动可以培养教育者的良好的思想品德，丰富和活跃受教育者的精神生活。社会主义的教育就是要培养全面发展的劳动者，在课外活动中，通过进行多种形式的政治教育、革命传统教育活动，提高受教育者的思想政治觉悟，培养受教育者热爱祖国、热爱人民的情感；通过参观访问，学习现实生活中的先进人物、先进事迹等，使受教育者对照自己，找到差距，不断提高；参加社会公益劳动，争做好人好事，可以提高受教育者的良好道德品质；课外阅读、参观、访问、讲演、竞赛等活动，还可以不断地丰富受教育者的精神生活，使其健康活泼地发展。受教育者参加一些社会主义物质文明和精神文明的建设活动，可以得到多方面的锻炼，更加有利于自身的发展。

（3）课外活动可以发展受教育者的体力、审美能力、劳动能力。通过课外体育活动，可以发展受教育者的体力。受教育者通过创造美、鉴赏美、感受美等活动，可以发展其审美能力。通过参加有益的公益劳动等，可以发展受教育者的劳动能力，并掌握基本的生产技能。受教育者多方面能力的发展，使他们能愉快地生活，健康地成长，成为合格的社会主义建设者。

（4）课外活动还可以使教育者能从中及早地发现人才，促进人才的早期培养。课外活动内容丰富，形式多样。受教育者个人的志趣、爱好、特长以及各种才能都可以在活动中得到充分地发挥和表现。因此，教育者可以从中发现在某一方面有特殊才能的人，并及时培养和训练，防止人才的埋没。

（5）课外活动有利于受教育者个性的形成和培养，并防止受教育者走上歧途。课外活动是受教育者个性得以充分施展的最好途径。通过课外活动，不仅使受教育者的业余时间得以利用，而且使他们获得了知识，发展了能力，并且防止了他们从事不利于身心健康发展的活动，使其愉快而有意义地度过课余生活，同时，还是锻炼他们独立自主生活能力的一个极好机会。

（6）课外活动可以训练教育者社会交往能力。受教育者生活在一个关系丰富而复杂的社会环境里，每一个人都应该学会如何去认识他人，评价他人，都应该学会与人交往。社会交往能力的学习与训练，能为受教育者在未来的工作、家庭、社会生活中，接触各种人，应付各种环境做好准备，为受教育者走向社会、适应社会和认识社会打好基础。

（7）课外活动也是训练受教育者善于利用闲暇时间的一种有效方式。通过多种多样、丰富多彩的课外活动，使受教育者能够合理地安排闲暇时间，发挥自己的爱好、特长、聪明才智，发展自己，锻炼自己，完善自己。这种好的习惯一旦形成，将来走上社会，步入工作岗位时，也仍然会坚持下去，受益终生。

（8）课外活动也是培养良好公民的一种手段。课外活动应从开始就培养受教育者做一名良好的社会公民。培养他们热爱祖国、遵纪守法，热情赞助公共事业，爱护名誉，诚实、公正等品质。在对其进行公民训练时，受教育者还可以从中获得许多公民的道德知识以及良好公民的知识等。

（三）课外活动的形式与内容

课外活动主要有群众性活动、小组活动、个人活动和特别活动四种形式。各种形式的内容如下：

1. 群众性活动

（1）报告和讲座。如时事报告、科普讲座、各行各业的先进人物的事迹介绍等。

（2）庆祝会。如在儿童节、青年节、教师节、校庆日、国庆节、新年组织庆祝会。可用报告会形式，可用晚会形式，还可用游园会等形式。要把庆祝会和平时课外小组活动结合起来，作为平时活动成绩的汇报，要使学生了解活动的意义，要把准备过程当成教育过程来组织，且把这种活动当作学校的传统保持下去。

（3）各种学科活动。这种活动从内容到形式都是多种多样的。可以组织各种文艺晚会，也可以组织各种比赛、智力竞赛及科学技术表演，还可以组织体育运动方面的各种比赛和表演等。这种活动要充分发挥学生各方面的特长、兴趣和爱好，激发他们热爱科学、热爱生活的热情，发展其创造力和创造精神。

（4）参观、访问和旅行。这是一种学生实地学习的活动。参加这些活动可以使学生受到多方面的教育和锻炼。如参观现代的工厂和农村，游览伟大祖国的名山大川，采集动植物、矿石标本，访问各条战线的英雄模范人物等。通过这些活动，使学生广泛地接触社会和自然，丰富知识，扩大眼界，发展能力，促进身心健康。

（5）公益劳动和社区服务。学校除了按照教学计划组织学生参加生产劳动之外，还要在课外和校外组织青少年参加他们力所能及的公益劳动和社区服务。如参加植树造林活动、支农、帮助烈军属及孤寡老人做家务、宣传"五讲四美"等，以培养学生为人民、为集体服务的精神，提高他们的社会责任心和工作责任感，培养他们的劳动观念、劳动习惯及最基本的劳动技能。在这些活动中学会亲近自然、联系社会、关爱他人、完善自我。

（6）墙报和黑板报。举办墙报和黑板报是课外活动的重要形式之一。它是学校的一个重要的宣传工具，也是学生练习写作，汇报课内课外生活的园地。办好墙报和黑板报，可以巩固集体组织，树立正确的公共舆论，促进学生努力学习，指导学生正常生活，并在活动过程中，发挥其创造才能和创造精神。

此外，群众性活动还包括参观展览会，看幻灯、电视、电影、戏剧等。

2. 小组活动

（1）政治时事小组。把对于政治理论和时事政策特别有兴趣的学生组织起来，编成小组学习马克思主义的初步知识和时事政策，以提高他们的政治水平和思想觉悟。

（2）学科小组。学科小组的活动内容与课堂教学的联系最为密切，但它不是课堂教学的重复，也不限于教学大纲范围以内。学科小组是按照学科性质来划分的，如文学小组、数学小组、物理小组、化学小组、生产小组、历史小组、地理小组、天文小组、音乐小组、绘画小组、体育小组等。

（3）技术小组。技术小组的主要任务是提高学生对技术活动的兴趣并使学生掌握一定范围的科学技术知识，培养其实际操作能力。技术小组一般按专业来组织，如无线电、电工、化工、原子能、火箭、航空模型、电脑、天文、气象、栽培、饲养小组。

（4）艺术小组。艺术小组包括音乐、舞蹈、曲艺、乐器演奏、戏剧、绘画、雕刻等。以练习、排演、创作等实践活动为主，辅之以观摩、欣赏等活动，不仅培养学生的欣赏和艺术创作能力，形成正确的审美观点和健康的思想感情，同时进行思想政治教育。

（5）体育小组。体育小组是将某些对体育活动有特别兴趣和爱好的学生组织起来，进行体育技巧的训练。如田径队、体操队、篮球队、足球队、排球队等。它可以增强学生体质，也可以满足学生对各种运动的爱好，提高他们的技术水平。

3.个人活动

个人活动的主要内容是：在教师和辅导员及家长的指导下，学生独立地完成各种作业，**阅读各种书籍**，写读书心得和报告，观察或实验，调查，采集和收集各种实物标本，制作模型，集邮，进行体育锻炼，练习唱歌、演奏和美术等。如果发现某方面有特殊才能的学生，应加以专门指导和培养。

4.语文学科的特别活动

作为语文学科来说，可以组织学生开展各种竞赛活动，组织各种兴趣小组等，但更重要的是我们有指导、有组织、有计划的开展文学社和读书会活动。实践证明，开展文学社与读书会的活动，有利于促进学生个性、特长的发展，有利于全面提高学生的语文素质。

（1）文学社团活动。文学社是一个学生群众组织。通过这个团体有目的、有计划、有组织的活动，大大地激发了学生的写作兴趣，提高了学生的写作能力，培养了一批文学幼苗，发展了学生的个性，丰富了课外活动的内容，有效地推动了语文课外活动的全面开展，发挥了文学社在课外活动中的龙头作用。

（2）读书会活动。读书会也是一个群众组织。通过读书会，组织学生开展读书活动，丰富精神生活，提高阅读能力，开阔视野，提高文化素养。通过读书会有计划地活动，培养学生良好的阅读习惯，提高学生的文化素养和审美能力。

二、语文学科与其他学科相沟通

（一）语文学科的地位与特点

1.语文学科的地位

语文是口头语言和书面语言的简称。（钱威、徐越化《中学语文教学法》，华东师范大学出版社 2000 年 6 月）。语文也是语言文字或语言和文学的简称。语文这二字，单看字面上，语文的"语"，意为"自己及他人的言论"（通俗点说就是你说话时运用的语言），"文"意为"文字""书面言论"。语文二字连起来的意思则为自己及他人的言论与文字。

语文，人文社会科学的一门重要学科，是人们相互交流思想的汉文及汉语工具。它既是语言文字规范的实用工具，又是文化艺术，同时也是用来积累和开拓精神财富的一门学问。"语文"一词出现的历史并不长。1905 年，清朝在废除科举制度以后，开始开办新学堂。当时的课程以至教材，都是从西方引进的，只有语文一科，教授的仍是历代古文，当时称为"国文"课。"五四"运动爆发以后，提倡白话文，反对文言文，国文课受到了冲击，小学于是改设"国语"，教材具有鲜明的口语特点，选用的都是白话短文或儿歌、故事等。中学仍设国文课，白话文的比重也明显增加，选用了鲁迅、叶圣陶、冰心等新文学作家的作品。在 20 世纪 30 年代后期，叶圣陶、夏丏尊二人提出了"语文"的概念。新中国成立后，叶圣陶先生再次提出将"国语"和"国文"合二为一，改称"语文"。这一建议被华北政府教育机关采纳，随后推向全国，从此，"语文"成了中小学甚至扩张到其他国家的一门主课。

语文是基础教育课程体系中的一门科目，其教学的内容是言语文化，其运行的形式也是言语文化。语言是思维工具和交际工具。它同思维有密切的联系，是思维的载体和物质外壳、表现形式。语言是符号系统，是以语音为物质外壳，以语义为意义内容的，音义结合的词汇建筑材料和语法组织规律的体系。语言文字是一种社会现象，是进行思维和传递信息的工具，是人类保存认识成果的载体，是人类文化的重要组成部分。语言文字的运用，包括生活、工作和学习中的听说读写活动以及文学活动，存在于人类生活的各个领域。

《义务教育语文课程标准（2011 年版）》指出："语文课程致力于培养学生的语言文字运用能力，提升学生的综合素养，为学好其他课程打下基础；为学生形成正确的世界观、人生观、价值观，形成良好个性和健全人格打下基础；为学生的全面发展和终身发展打下基础。语文课程对继承和弘扬中华民族优秀文化传统和革命传统，增强民族文化认同感，增强民族文化认同感，增强民族凝聚力和创造力，具有不可替代的优势。语文课程的多重功能和奠基作用，决定了它在九年义务教育中的重要地位。"语文是现代公民社会生活实践必须的最重要的交际工具和思维工具，是人类认知世界、传承和发展人类文化的最重要的工具，是人类文化的重要组成部分。学生通过语言文字这个载体，领悟内涵，受到感染与熏陶；通过语言文字所承载的各类信息（各学科、各领域）的收集、筛选、分析、整合等，学得现代公民自主学习和生存发展的本领。同时，人是一个整体，人的言语能力与他的整体素质——思维、情感、意志、文化素养、个性品格等等，有着不可分割的联系。因而，语文学科既具有工具性，又具有思想性、人文性和知识性等；在语文教学中，思想教育、审美教育、文学教育、知识教育等紧密相连又各有其位，这些教育不是"事实知识"的简单累加，也不是各种因素的随意混合，而是有机联系，共生共长，共为现代合格公民的生存与发展奠基。

2.语文学科的特点

（1）基础性和工具性。语文学科的任务就是既要培养学生听、说、读、写的语文能力，还要传授并使学生掌握一定的语文知识。学生一旦有了一定的语文知识和具备了一定的语文能力以后，对于学好其他学科和走向社会都奠定了良好了基础。

（2）人文性和思想性。培养学生的爱国主义精神、社会主义思想道德品质和激发热爱祖国语文的感情之外，还要开拓学生视野，培养创新精神，提高文化品位等。人文性与思想性，二者紧密相联，密不可分。两者只是对一样东西的不同表述。基于这种认识，语文教学就要在进行听、说、读、写等语文训练的同时，充分渗透和体现其"人文性、思想性"的特点。

（3）开放性和多样性。语文教学的课堂，上下数千年，纵横数万里，海阔天空，百川汇聚。不但内容上具有开放性，教学方式上也具有多样性。语文教学还不仅仅限于课堂。多少语文教师在开辟"第二课堂"，引导学生进行着课外的语文活动，大大促进了学生语文水平的提高。

（4）实践性和应用性。实践出真知。读书、写字、作文、讲话、听话、写信等等，都是语文实践活动，也是语文的应用。传统的教学方式，老师讲，学生听，比较机械，效率不高。

（5）时代性和超前性。语文学科像其他社会科学一样，不仅和人们的思想意识紧密联系，紧跟时代步伐，与时俱进。语文反映历史，也反映现实，具有很强的时代性，语文又属于先进文化的内容。先进的文化既是一个时代的精神财富，又是引导人们前进的动力，还必须具有超前性。语文学习的内容，同样既有时代性、超前性。

（二）语文学科与其他学科沟通的依据

1.从语文学科地位来看

语文学科的基础地位和特殊作用，决定了语文学科必须与其他学科相沟通、相联系、相协调，才能充分体现语文学科的多重功能和奠基作用，才能体现它在基础教育中的重要地位。语文作为人文性和工具性的学科，如何立足于促进学生的创造意识、实践能力的培养，为他们的终身学习奠定基础呢？只有更新观念，立足现实，面向未来，从培养跨世纪人才的高度着眼，树立大语文观，打破封闭单一的语文教学系统，建立开放式、多渠道、全方位的大语文体系，做到课内与课外沟通、校内与校外沟通、特别是加强语文学科与其他学科沟通，为学生学语文、用语文开辟广阔的时空领域，全面提高学生的语文素质，切实落实语文学科素质教育，促进学生全面发展。

2.从教材内容编排来看

中小学语文教材中的文章，都是经过教育专家在大量优秀文章中筛选出来的精品，具有较强的思想性、科学性和艺术性。很多课文内容同思想品德、常识、音乐、美术、体育等学科有着非常密切的关系。因此，要培养学生的综合能力，具备创新精神，中小学语文教学应加强各学科间的联系，使各学科在教学内容、背景知识、实践应用等方面相互渗透。通过融合，使学生学得主动、轻松，个性特长得到自由发展，素质得到普遍提高。

3.从心理学的角度来看

人在发展的过程中，无论是小孩还是大人，都有一种独立的需要，很多时候想摆脱别人的控制。传统的教学忽略人自身发展的需要，怕学生"独立"后失败，也不敢超越学科，怕学生"展开"后无法收场。其实，从心理角度出发，学生在学习过程中渴望自己尝试与各种资料打交道，与各门学科交朋友，以便获取更丰富的知识。

（三）语文学科与其他学科沟通的意义

语文学科与其他学科相沟通，可以激发学生学习语文的兴趣，增强语文教学的活力。

《义务教育语文课程标准（2011年版）》指出："语文课程丰富的人文内涵对学生精神世界的影响是广泛而深刻的，学生对语文材料的感受和理解又往往是多元的。因此，应该重视语文课程对学生思想情感所起的熏陶感染作用，注意课程内容的价值取向，要继承和发扬中华优秀文化传统和革命传统，体现社会主义核心价值体系的引领作用，突出中国特色社会主义共同理想，弘扬以爱国主义为核心的民族精神和以改革创新为核心的时代精神，树立社会主义荣辱观，培养良好思想道德风尚，同时也要尊重学生在语文学习过程中的独特体验。"语文学科是一门思想性很强的学科，中小学语文教学更有着知识传授与思想品德教育相统一的特点。我们只有将"教书"与"育人"有机结合起来，才能达到真正的目的。因此要找准进行思想品德教育与知识传授的最佳结合点，使课堂教学闪现出思想品德教育的火花。

语文课本中有许多课文都与自然科学知识有紧密的联系。如小学语文教材中的《鲸》《冰花》《蒲公英》《小动物过冬》《小蝌蚪找妈妈》等课文，中学语文教材中的《春》《济南的冬天》《南州六月荔枝丹》《神奇的极光》《＜物种起源＞导言》等课文，仅靠语文知识才是不够的，只有与自然知识相结合来学习才会收到好的效果，从而也使学生的探究意识更强烈。

语文与自然学科的融合还可体现在观察日记、实验作文的指导和训练上。比如：学习了《种子的发芽》后，老师就可让学生回家（班级生物角）观察一粒豆子是怎样发芽的，把这一过程写下来。又比如：老师在进行《烧纸船》《乒乓球又变圆了》《神奇的纸桥》等实验作文的指导和训练时，先为学生做一次实验，或让他们自己亲自做，使学生探索奥秘的劲头十足，既丰富学生的自然知识，培养了学生的科学精神，又在兴趣中实实在在地锻炼提高了学生的写作能力，可谓一举两得。

艺术学科（音乐、美术）对塑造学生完美的人格、促进学生身心健康和谐地发展起着重要的作用。语文与艺术是两门不同的学科，却有很多相通点。两者有机融合，是培养学生审美创新意识、能力的有效途径，这是语文教学的价值取向，也是新一轮语文课程改革的要求和目标。

（四）语文学科与其他学科沟通的任务

语文学科与其他学科沟通主要有三个任务：

1. 通过相互联系使学生明确语文学科的地位，消除重理轻文的思想

中小学阶段开设的各门学科都是构成学生整体素质不可缺少的部分，如果知识缺陷，势必影响学生未来的深入发展。因此各种知识、各门学科要互为所用，协调发展。

2. 指导学生把学到的语文知识、能力应用到其他学科的学习当中

比如指导学生撰写生物小论文、历史小论文、政治小论文，编写地理知识"三字经"、手抄报、顺口溜等。也可以利用文学社社刊来指导、吸引其他学科的学习，如刊登其他学科的学习心得、小论文等。

3. 吸收其他学科的内容，丰富语文学科教学

一般地说，思想品德政治课教材是很好的议论文教学内容，而历史、地理、数学、物理、化学等教材则是很好的说明文教学内容。对定理、定义的表述，一要科学，二要简明，

而表达的科学与简明，正是语文教学的内容之一。

三、语文教学与社会生活相沟通

"语文学习的外延和生活的外延相等。"美国教育家华特·B·科勒涅斯的这句名言，给语文学习作了一个很好的注释——语文学习即是生活，生活即是语文学习。《义务教育语文课程标准（2011年版）》在开篇中指出："语言文字是人类最重要的交际工具和信息载体，是人类文化的重要组成部分。语言文字的运用，包括生活、工作和学习中的听、说、读、写活动以及文学活动，存在于人类生活的各个领域。"

（一）通过语文教学内容实现语文教学与社会生活相沟通

《义务教育初中语文课本》在使用"说明"中强调："进行语文基本训练必须与生活密切联系。语文是交际工具，既'导流'，又'开源'，有利于学生生动活泼地、主动地学习，有利于学以致用和学文育人。"在这一思想指导下，初中语文课本从不同的角度，不同的层面，使语文训练与生活密切联系起来。为此，我们十分重视对教材的研究，在教材的使用中力图体现编者的意图，充分发挥教材的优势，提高学生的语文素质。

有些课文的内容，是反映自然风光的，我就尽量创造一切条件，利用一切契机让学生到自然中去观察，或调动自己的生活积累，打开记忆的闸门，插上想象的翅膀，去体验，去学习。比如在教授《春》这一课时，可以让学生到自然中去观察和体验，去感受那像"母亲的手"一样的春风温柔的抚摸，在"嫩嫩的，绿绿的"草地上嬉戏，欣赏那"红的像火，粉的像霞，白的像雪"的桃花、杏花、梨花，还有那"像星星，像眼睛"似的野花，领着他们在雨中漫步，享受春雨的浓浓爱意，缕缕深情，在自然中他们充分享受了作者笔下生机盎然的春天，也充满希望和力量，所以他们再大声朗读"春天像健壮的青年，领着我们上前去"就不再是单纯的读了，他们的思想已经和作者引起了共鸣，好像作者一声召唤，他们就会跟上去，走到更美好的人生春天里去。此类的课文有很多，例如何其芳的《秋天》，老舍的《济南的冬天》，都可以采用这样的方法教学。

（二）通过社会实践实现语文教学内容与社会生活相沟通

1.社会实践活动的任务

社会实践是课堂教学的延伸和补充，它帮助学生实现理论和实践的结合。理论联系实际是党的优良传统和作风，教育与生产劳动和社会实践相结合是党的教育方针的重要内容。中学生社会实践活动的指导思想是，坚持"以育人为中心"。通过社会实践教育活动，丰富活跃中学生课外生活内容，增强中学生思想品德教育的吸引力，提高中学生思想品德教育的针对性和实效性。

中学生实践教育活动的基本任务是，通过丰富多彩的实践活动，加强对中学生的思想教育和劳动技术教育，带动中学生确立正确的成才观，增强劳动观念，提高劳动技能发展智力，掌握一定的生产经营技术，成长为有理想、有道德、有文化、有纪律、有技能、懂技术、会管理，适应我省经济建设和社会主义发展需要的合格未来建设者。开展社会实践活动、组织中学生进行社会调查、社会服务、考察访问、军训、结合社会调查或科学考察的远足活动等。通过社会实践活动，引导学生了解社会、了解改革、了解当地经济文化状况，发展规划和各类人才的需要情况，认清当代青年学生的社会使命，培养正确的人生观，树立远大理想，确定成才目标。

2.社会实践活动的内容

（1）开展科技实践活动。组织中学生涉足校内、外各类型的科技实践，积极开展小发明、小制作、小创造、小设计、小论文等创造发明活动。通过科技实践，扩大中学生知识视野，提高理论与实际结合、动脑思维和创造才能。

（2）开展生产劳动实践活动。商业、服务业劳动和公益劳动等。通过生产劳动实践活动，培养学生的劳动习惯和劳动观念，养成吃苦耐劳、勤俭节约、艰苦奋斗的良好品德。

（3）开展学习实用技术实践活动。组织中学生根据本地经济文化发展需要，学习农作物种植、农副产品加工、农机具修理、水产养殖、畜禽饲养、林果栽培、环保生态平衡、家电维修、第三产业服务、乡镇企业管理、劳动保护、安全生产等方面的技术，进行集中的实用技术培训，帮助中学生在校期间就学习掌握一至几项生产实用技术，增强适应社会需要的能力，培养他们的职业理想，为毕业后迈入社会做好准备。

（4）开展文化体育实践活动。组织中学生组成记者团、艺术团、文学社与集邮协会等各种社会团体组织，开展各种文化体育活动，强健学生体魄、陶冶学生情操，提高文化素质，增强各方面的能力。

（5）开展社会实践征文活动。我们通过组织学生社会实践活动，让学生在社会实践过程中，用他们那敏锐的、充满希望和稚气的眼光去观察社会，去感受生活，去发现生活中的美点、闪光点，去讴歌改革开放中涌现出来的新人新事。为了搞好这项活动，我们多次组织了"麒麟杯"中学生社会实践征文活动。这项活动得到了学校领导、广大教师和学生的热烈响应，每个学校每年都安排一周的时间，组织学生参加社会实践，进行社会调查活动。学生在社会实践中，充分感受到了时代的脉搏，亲眼看到了改革开放的稳定成就。社会实践中耳闻目睹的新人新事叩击着同学们的心灵，激发了他们强烈的、如喉鲠骨不吐不快的表达欲望。这样，"学文育人""练笔育人"得到了很好的贯彻。

（三）通过开发语文课程资源实现语文教学内容与社会生活相沟通

1.语文课程资源的内容

《义务教育语文课程标准（2011年版）》要求："充分利用学校、家庭和社区等教育资源，开展综合性学习活动，拓宽学生的学习空间。"

语文课程资源包括课堂教学资源和课外学习资源。

语文教学课堂学习资源有：课本、教辅资料、教学挂图、卡片、工具书、电子版材料、网络材料、多媒体教学辅助软件（电影、电视、广播）等。

语文教学课外学习资源有：报纸杂志、书籍、各种标牌广告、布告栏、报廊、网络等；

语文教学学习活动资源有：报告会、演讲会、辩论会、研讨会、戏剧表演、课文剧表演、展览、参观等。

语文教学社区资源有：图书馆、博物馆、纪念馆、展览馆、文物古迹、自然风光、民俗风情、家庭生活、国内外重要事件、各种教育基地等。

语文教学自然社会资源有：自然风光、文化遗产、风俗民情、方言土语，国内外的重要事件，日常生活的话题等。

语文教学家庭教育资源有：家庭文艺、家庭藏书、家庭文化、家风家教等。

2.语文课程资源的开发

（1）要增强语文课程资源的开发与利用意识。语文课程资源的开发与利用对学生学习语文有积极的作用。一方面能拓宽学生学语文、用语文的领域，有利于学生改变以往被动的学习局面，转变学习方式。学生面对多姿多彩的语文课堂资源所构成的学习空间，会对语文学习产生极大的兴趣，调动他们参与语文实践活动的积极性与主动性，在不同的学习内容和不同的实践方法的相互交叉、相互渗透和相互整合中开阔视野，增强学语文、用语文的意识，提高语文学习的效率和质量。另一方面，能丰富学生观察写作的素材。学生的活动圈子分为三大块：家庭、学校与社会。家庭中有幸与不幸；有瓶瓶罐罐，磕磕碰碰；有悲欢离合，生离死别；有希冀，有得失。孩子对父母的情感，有仰慕、敬佩、尊重；有讨厌乃至憎恨。以上这些，信手拈来，皆可成文。学校的环境、纪律、校风、校训及教师等都影响着每一个学生，碰撞每一个幼小的心灵，迸出种种火花。如学生心目中的老师，性格、工作、讲课如何，对学生怎样，衣着是否考究，何其丰富。学生之中有的孤芳自赏，自怜自爱；性格或热情如火或冷漠似冰；或活泼好动或喜静独处，或深沉或直率。细细道来，多如牛毛。社会是一个万花筒，小到花草虫鱼，邻里琐事，大到国家大事，社会焦点，凡此种种，都可以成为学生观察写作的对象。

（2）要主动地、充分地利用社会环境的语文教育资源。一方面，我们可以利用政府有关部门开展的文化活动来丰富我们的语文教学。例如，"全民阅读"活动。开展"全民阅读"活动，是中央宣传部、中央文明办和新闻出版总署贯彻落实党的十六大关于建设学习型社会要求的一项重要举措。自2006年活动开展以来，在中宣部、中央文明办、新闻出版总署、文化部、国家广电总局、教育部、解放军总政宣传部、共青团中央、全国总工会、全国妇联等部门的共同倡导下，全民阅读活动在全国各地蓬勃发展，活动规模不断扩大，内容不断充实，方式不断创新，影响日益扩大。再如"书香中国"活动。2017年2月，曲靖市文明办、曲靖市新闻出版广电局、曲靖市教育局、共青团曲靖市委、曲靖市少工委共同策划主办此次"校园书香，伴我成长"曲靖市新华杯红领巾读书活动。旨在积极推进书香曲靖建设，促进少年儿童阅读和书香校园建设，让每一位学生在读书中感受学习的快乐，体验成长的乐趣，不断提升自我阅读品味，养成良好的读书习惯，让每一位学生能与好书交朋友，营造浓郁的"书香校园"氛围。活动将开展校园读书、家庭读书、主题阅读、读书心得演讲比赛等项目。通过读书心得的展示，充分展现学生的阅读能力和丰富的内心世界，引导学生与书为伴，变"阅读"为"悦读"，营造书香校园的良好氛围。通过丰富的阅读活动，培养孩子阅读习惯，以孩子带动家庭，以家庭带动社会，在曲靖营造起阅读氛围，促进形成全民读书的风尚和潮流。另一方面，主动与文化单位、大专院校挂钩联系，充分挖掘社会语文环境中丰富的教育资源，对学生进行语文教育。如学校与文化单位建立校外教育基地；请知名学者、文化人士讲学；带领学生参观考察文化建筑设施或文化遗址；利用图书馆、文化室开展专题读书活动；组织进行文化监督，对社会上不规范的语文现象进行搜集、评论、纠正活动；组织学生深入社会进行文化采风活动，等等。这样，不仅有效地利用了社会教育资源，而且还培养了学生学习语文的兴趣。

广义地说，学校教育是社会生活的一个部分。学校教育是一种优化的特殊的社会生活，语文教学实质上是社会化的过程，教育的根本目的就是实现人的社会化。三个沟通的实质就是正确处理人的社会化问题。语文教学与社会生活相沟通，使学生在学习语文中认识生活，在社会生活中学习语文，把学习语文与学习做人很好地统一起来。"三沟通语文教学"，从语文到生活，从学科到学科，从课内到课外，打通语文教学对外开放的所有通道，建立了一种开放的、立体的语文课程结构范式，打破了长期封闭的、线性的、单一的语文教学模式，拓展了语文教学的空间，引来了语文教学的源头活水，开阔了语文教学的视野，丰富了语文教学的内容，增强了语文教学的生机，整体地提高了学生的语文素质。

（参见《一体两翼三沟通语文教学初探》，作者戴红顺，刊载中国曲靖《曲靖市麒麟区首届单元教学研讨会论文集》，1998 年 7 月。）

第二章 一体两翼三沟通语文教学的四维课程

课程是指学校学生所应学习的学科总和及其进程与安排。课程是实现培养目标的手段。每门课程的结构形式，决定着这门学科的体系特征。一体两翼三沟通语文教学的目标是全面提高学生的语文素质。为了实现这一目的，必须进行课程结构的改革，构建与之相适应的课程体系。一体两翼三沟通语文教学的课程体系是一个四维结构，主要由学科课程、活动课程、校本课程和环境课程构成。

第一节 一体两翼三沟通语文教学的学科课程

学科课程是一体两翼三沟通语文教学的基本课程，是提高语文教学质量，发展学生语文能力，提高学生语文素养的基本形式。

一、学科课程的概念

（一）学科课程的缘起

学科课程也称分科课程，是一种主张以学科为中心来编定的课程。主张课程要分科设置，分别从相应科学领域中选取知识，根据教育教学需要分科编排课程，进行教学。中国古代的"六艺"、西方古代的"七艺"，大概是最早形态的学科课程。近代以来，像夸美纽斯所倡导的"泛智课程"，赫尔巴特根据人的"六种兴趣"设置的课程，斯宾塞根据功利主义原则设置的课程，都属于学科课程。在西方英语世界里，课程一词最早见于英国教育家斯宾塞《什么知识最有价值？》（1859）一文中。它是从拉丁语"Currere"一词派生出来的，意为"跑道"（Race-course）。根据这个词源，最常见的课程定义是"学习的进程"，简称学程。在我国，"课程"一词始见于唐宋期间。唐朝孔颖达为《诗经·小雅·巧言》中"奕奕寝庙，君子作之"句作疏："维护课程，必君子监之，乃依法制。"但这里课程的含义与我们今天所用之意相去甚远。宋代朱熹在《朱子全书·论学》中多次提及课程，如"宽着期限，紧着课程""小立课程，大作工夫"等。虽然他对这里的"课程"没有明确界定，但含义是很清楚的，即指功课及其进程。到了近代，由于班级授课制的施行，赫尔巴特学派"五段教学法"的引入，人们开始关注教学的程序及设计，于是课程的含义从"学程"变成了"教程"。中华人民共和国成立以后，由于凯洛夫教育学的影响，到 20 世纪 80 年代中期以前，"课程"一词很少出现。

（二）学科课程的弊端

学科课程的特点在于：它是依据知识的门类分科设置的；它是将人类活动经验加以抽象、概括、分类整理的结果；它往往是相对独立的、自成体系的；它通常按特定知识领域内在的逻辑体系来加以组织。逻辑性、系统性和简约性是学科课程最大的特点。

学科课程有在实施素质教育中有不可替代的作用，但也有一些弊端，主要有以下几点：

1. 科目繁多的学科课程导致总体课程体系臃肿不堪，同时也会加重学生的课业负担。

2. 学科课程以分门别类的方式组织和编排，而学生的现实生活却是完整的，这种课程上的人为的割裂，造成学生认知结构的支离破碎，不利于学生综合能力的培养和发展。

3. 由于学科划分过细，造成知识面过窄，内容偏深偏难。

4. 各学科相互分离，彼此孤立，造成学习内容相互分离甚至脱节。

5. 具体的某门学科课程对于该学科的一位未来专家或专业工作者来说是必备的，但对于其他学生来说也许是多余的，因为它们与日常生活和学生的经验缺乏联系。

6. 学科自身的需要与学生的需要和兴趣往往有冲突，学科教师面临这种冲突时，往往容易牺牲学生的利益，迫使学生服从学科的要求。

二、学科课程的相关理论

20 世纪 60 年代以来，关于学科课程的理论主要有：美国教育心理学家布鲁纳的结构主义课程论、德国教育学家瓦根舍因的范例方式课程论、苏联教育家赞科夫的发展主义课程论。

（一）布鲁纳的结构主义课程论

布鲁纳的结构主义课程论主张：课程内容以各门学科的基本结构为中心，学科的基本结构是由科学知识的基本概念、基本原理所构成的；在课程设计上，主张根据儿童智力发展阶段的特点安排学科的基本结构；提倡发现学习。布鲁纳很多思想体现了很强的时代精神，对当前学校教育仍具有很强的现实意义。不足之处是：片面强调内容的学术性，致使教学内容过于抽象；将学生定位太高，好像要把每一个学生都培养成这门学科的专家；同时在处理知识、技能和智力的关系上也不很成功。但布鲁纳的思想对今天我们的课程研究仍具有重要的借鉴意义。

（二）瓦根舍因的范例方式课程论

瓦根舍因的范例方式课程论强调，课程的基本性、基础性、范例性，主张应教给学生基本知识、概念和基本科学规律，教学内容应适合学生智力发展水平和已有的生活经验，教材应精选具有典型性和范例性的内容。主要特色有四点：一是以范例性的知识结构理论进行取材，其内容既精练又具体，易于举一反三，触类旁通；二是范例性是理论同实际自然地结合的；三是能解决实际问题的内容都是综合的，不是单一的；四是范例教学能更典型、具体、实际地培养学生分析问题和解决问题的能力。现在的教材内容突出范例性，例如语文的课文选择要有典范性，数学、物理、化学的例题选择要有典范性。

（三）赞科夫的发展主义课程论

赞科夫把"一般发展"作为其课程论的出发点和归宿，称为"发展主义课程论"。所谓"一般发展"，是指智力、情感、意志、品质、性格的发展，即整个个性的发展。发展主义课程论的主要观点：第一，课程内容应有必要的难度；第二，要重视理论知识在教材中的作用，把规律性的知识教给学生；第三，课程教材的进行要有必要的速度；第四，教材的组织要能使学生理解学习过程，即让学生掌握知识之间的相互联系，成为自觉的学习者；第五，课程教材要面向全体学生，特别要促进差生的发展。赞科夫的发展主义课程论对我国中小学的影响是非常深远的。

三、学科课程的发展趋势

（一）学科课程的发展伴随着综合

在学科课程的发展中，人们注意到，学科分化过细，就难免过多、过繁、过杂，既不能很好识别哪些是儿童必须要学的最基本的学科，也势必增加学校和学生的学习难度。所以，20世纪以来杜威始，学科课程没有少受批判。但我们也必须看到，学科课程由知识而学科的历史演进路线本身透射出学科课程所蕴涵的"综合化"的内在动力机制。学科分化是一种历史趋势，人类却从来没有让它成为一种自然的演变。特别是当代，人们开始大量合并学科，并出现一些专门的诸如"综合课程、广域课程、核心课程"等理论研究和实践探讨。

所谓综合课程、融合课程似乎是与学科课程相对的指称，但却不是作为学科课程的对立形态出现的，可以说是学科课程的改进形态。因为学科合并后组成的课程仍以学科为中心。事实如此，逻辑更是如此，所谓综合必然是以分化为前提的，没有分化就没有综合，综合往往意味着另一种形式的分化，再精细的分化也总是伴随着分属不同学科的知识间的交叉和融合。分化、综合具有相互转化、相互渗透的辩证统一的关系，就像一枚硬币的两面，观念认识上可以区分，事实上却半点也分不开，过分强调综合，试图以综合课程取代学科课程，失去的却恰恰是综合。分化、综合只是学科知识量上、学科门类上及其相互间结合方式和程度的差异，绝没有质的区别。在这个意义上，我们对时下一些把学科课程视为分科课程的看法并不认同，因为这导致人们过于看重学科课程的分化一面，甚至可能把分化误为学科课程的本质，而看不到学科课程所蕴涵的综合的本质一面。

（二）学科课程的综合化趋势

1. 从人类认识发展规律上看

人类对客观世界的认识，是螺旋式上升的，总要经历一个否定之否定的辩证过程。在古代社会，人们是把客观世界作为一个整体来研究和认识的；到了近代社会，人们对客观世界的认识经历了以分化研究为主的时期；进入现代社会，人类的认识则又呈现为以整体化为主进行研究的阶段。

2. 从现代学科发展的特点来看

一方面学科越分越细，门类越来越多，知识总量的增长越来越快；另一方面学科之间的联系日益紧密，相互交叉日益加剧。在这两方面趋势并存的情况下，如何以有限的时间去掌握和运用无限增长的相互联系、相互交叉的知识，是现代教育面临的严峻挑战。

3. 从学生学习能力的发掘来看

现代社会的一个突出特点，是科学技术渗透到社会生活的各个方面，人们面对所有社会问题，都需要具备运用多门学科知识的综合能力。正是在这一时代背景下，为适应科学社会化、社会科学化的进程，有人提出"综合就是创造"的命题。

（三）正确把握课程综合化趋势

1. 当前学科课程综合化的大趋势，并不特指某种形态的综合课程的开设，也不是从根本上取消学科分类，而是要从以学科为中心进行分解知识教学，转到以学科为基础或支撑，进行整合知识教学，着重培养学生自主拓展知识的能力。

2. 无论是分科形态的课程还是综合形态的课程，都面临重新构建体系的任务。"分类是科学的起点"，这一命题仍然是正确的，综合的基础是分类，综合的过程是再分类，综合的结果是更高层次的分类。正是从这个意义上讲，综合课程的构建不同于分科课程，其整合过程具有新的学科课程生成的意义。

3. 课程综合化，作为课程改革的基本思路，将贯穿于课程改革的所有环节。就此而言，无论是综合课程还是分科课程，概莫能外。从这个意义上讲，综合课程的开设又不意味着增设新的学科课程。它不是分科课程的补充或扩展，也不是分科课程的改进形态，更不是按领域重新划分学科群体，而是现有部分学科课程的替代形态。

4. 从文化价值的取向来看，在中国传统文化中，素有整体化思维的特点，如天人合一、政史合一、文史合一等。而综合在西方现代科学的发展中之所以受到关注，与其说是对科学分类的否定，倒不如视之为对科学文化价值功能的反思。因此，在文化价值的视野中看席卷全球的综合声浪，更不宜笼统地归结为对学科分类的否定，而要把分类与综合很好地结合起来。

5. 正确面对课程综合化的趋势。一方面，学习或教学采取分学科的方式是必然的选择；另一方面，分门别类的教育，在一个学生身上最终应该发生整合的作用。基于这样的认识，如何既减轻学生的负担，又提高教学的质量，这就出现了源于学科综合化趋势的课程综合化要求。这也是基础教育面临的重大课题。

四、一体两翼三沟通语文教学的学科课程

学科课程是实现语文教育目标的重要手段。通过学科课程的教学，系统地对学生进行语文基本知识和基本能力的训练，完成一体两翼三沟通语文教学的主要任务。一体两翼三沟通语文教学的学科课程包括必修课、选修课和乡土教材。必修课和选修课由国家安排，乡土教材由地方教育部门、基层教育部门或学校自主安排。

（一）必修课

通过必修课的教学，对学生进行全面、系统的基本训练，达到"语文课程标准"规定的基本要求，为今后的继续学习打下必备的语文基础。我国在义务教育阶段开设的语文课程都是必修课，在高中开设语文必修课和选修课。

（二）选修课

以扩大学生的视野，提高学生的文学修养为目的，开设选修课。目前，国家课程方案规定，高中开设选修课，义务教育没有要求，但各地区、各学校可以根据实际情况开

设文学课、写作课、文化常识课等，供学生选择学习。

（三）乡土教材

内容主要是介绍家乡的历史沿革，建设成就，未来展望。介绍风土人情、传说故事、人物掌故。学习民间文学，农村各种实用文的写作等。通过乡土教材的教学，让学生了解家乡，热爱家乡，立志建设家乡。

第二节　一体两翼三沟通语文教学的活动课程

一体两翼三沟通语文教学的活动课程是学科课程的延伸和发展。学科课程为活动课程打好基础，学生在活动中体验学科课程里的认识，发展深化这一认识。活动课程反过来又促进学科课程的学习。如此的循环，推动着学生的认知发展。

一、活动课程的概念

活动课程有时也叫"活动课"，是相对于系统的学科知识而言，侧重于学生的直接经验的课程。这种课程的主要特点就在于动手"做"，在于手脑并用，在于脱离开书本而亲身体验生活的现实，以获得直接经验。活动课程是指以儿童的主体性活动的经验为中心组织的课程，也叫做生活课程、兴趣课程、儿童中心课程。活动课程是一种主张以儿童从事某种活动的兴趣和动机为中心来组织，通过儿童的亲身体验来获得直接经验的课程。

活动课程的思想可以追溯到法国思想家、教育家卢梭的"自然教育思想"，他主张教育应使儿童从社会的束缚与压抑下解放出来，回归人的自然状态，倡导自然教育，认为教育必须要适应儿童自然发展的过程，教育的作用不是告诉学生某个真理，而在于教他怎样去发现真理，主张将儿童放归大自然，在自然界中通过锻炼、劳动、观察事物来发现和学习。

杜威是活动课程的代表人物。他认为：传统的学科分得过细，同实际生活的距离较远，更忽视了儿童的兴趣和需要，主张"教育即生活""学校即社会""教育即生长""儿童中心""做中学"分科课程，强调通过游戏、活动、作业、手工、烹调、表演和实验等来获得与社会相适应的经验、教师知识学习的参谋和顾问。

活动课程的主要观点有：课程设置应当以儿童的活动为中心，而不是以学科为中心；应当以儿童的直接经验作为教材内容；教材编排应注意儿童的心理结构。杜威认为儿童有四种本能，并相应地表现为四种活动：语文和社交的本能和活动；制造的本能和活动；艺术的本能和活动；探究的本能和活动。课程设置就应当以这些本能为基础，并尽量满足这些本能的要求。他主张教材应当心理化，应当把各门学科的教材或知识恢复到原来的经验，通过教学把它变成儿童个人的直接经验。

学科课程的主要价值在于，通过课程让学生掌握、传递和发展人类系统的文化遗产，活动课程的主要价值在于让学生活动，获得对现实世界的直接经验和真实体验。二者可以相互补充，相得益彰。20 世纪 70 年代以后，随着终身教育思想的普及和课程理论来建立的教育心理学等的发展，活动课程被赋予了新的涵义。学科课程和活动课程二者不断趋于融合已成为一个发展趋势。

在目前的课程改革中，活动课程有着比以往任何时候都更重要的意义。

二、活动课程的特点和意义

（一）活动课程的特点

1.经验性

注重通过经验的获得与重构来学。主张一切学习都来自于经验，而学习就是经验的改造或改组。

2.主体性

尊重学生的主动精神并以此作为教学的出发点与目标，主张学习必须和个人的特殊经验发生联系，教学必须从学习者已有的经验开始。

3.综合性

主张打破严格的学科界限，以生活题材为学习单元，有步骤地扩充学习单元和组织教材，强调在活动中学习，而教师从中发挥协助作用。

4.乡土性

可以结合不同地区的特点选择课程开展活动。

（二）活动课程的意义

1.强调直接经验的价值与意义

活动课程是作为学科课程的对立面而出现的，其目的就在于克服学科课程固有的缺陷。而学科课程主要的缺陷就在于过分强调间接经验而忽视了学生个人的直接经验，把对文化遗产的传承视为课程的主要宗旨，并认为通过间接经验的学习就可以高效率地促进学生的发展，而忽视对学生个人直接经验的改造。为此，活动课程则强调学生自身直接经验的价值与意义，强调应把直接经验作为课程目标的主要来源，致力于促进学生直接经验的改造。并认为只有把间接经验还原为学生的直接经验，把种族经验与学生个人的直接经验联系起来，实现"教材的心理学化"，学习才会更容易，学习对学生来说也才更有价值与意义。

2.强调儿童自主学习（关注需要与兴趣）

强调学生自主学习，充分发挥学生的自主性，不仅是活动课程的本质体现，也是活动课程与分科课程的重要区别之一。活动课程关注学生的兴趣爱好、个性特征，强调学生通过亲身实践来探索解决问题的方法，获得直接经验，从而使学生在活动中不断自主选择并积极主动地建构起自己的知识体系，而非消极被动地接受知识。学生成为了活动过程的主体，自主调节着自己的活动，充分发挥自己的潜力，实现了自我设计，自我调节和自我发展。

3.注重"过程"的教育价值

由于活动课程注重学生在活动过程中获得的经验，因此，活动课程的教育目的蕴藏在整个活动过程中，注重整个活动对学生身心发展的影响，而非最后的考试成绩。这就克服了学科课程一般只重视学生学习结果，通过量化、可操作性的手段进行评价的弊端。活动课程更重视的是整个课程的实施过程以及学生在整个过程中获得的经验。重视的是使学生在活动中通过发现问题、设计方案、亲身实践以解决问题，从而促进他们的身心发展，增进他们对社会的了解，学会与他人合作，形成主动探索问题，思考与反省的习惯，并最终了解自我、发展自我。即使学生最终没有能够完满地解决问题，他们也能从中吸取经验和教训，感受成长的过程。这才是活动课程的主要目的。可以说，活动课程的价值就在于它整个的过程之中。

同时在实施活动课程中，教师关注的不仅仅是学生在活动中掌握了多少知识，而是要对学生的态度、情感、学习能力、学习方法以及人际关系等等各方面的素质进行全方位、多角度地考察。在评价的过程中，并不要求学生达到某种统一的、标准的目的，而是更多地关注学生的个性化发展，使每一位学生在活动中都能获得发展。

4. 注重课程与现实生活的联系

学生生活于现实社会中，毕业后也将走向社会，学生与社会生活是统一的，"教育不能让学生远离现实世界，课程不能成为隔离学生与世界交往的屏障"。因此，活动课程致力于克服学科课程的封闭性，力求更多向社会，向生活开放，为学生开辟一条与社会交互作用的渠道。活动课程的内容具有社会性。尽管活动课程也要求学生在学习的过程中掌握知识，但是它的内容更多地是与现实生活，与社会实际相联系，并且力求突破原有学科课程封闭的知识体系，处于一种多元的、动态的环境中，使学生通过活动课程更好地了解社会，更多地参与社会实践，从中获得发展。活动课程强调"课程是生活世界的有机构成，而不是孤立于生活世界的抽象存在"。活动课程的空间具有开放性。学科课程的学习地点局限于学校里、教室中和课堂上，活动课程的空间则具有开放性，既可以在学校和教室中进行，也可以走向社会、走向大自然。学校、家庭、社会、工厂、商店、乡村，等等，都可以成为开展活动课程的场所。开放的空间开辟了通向社会的渠道，加强了活动课程与社会的联系。

三、一体两翼三沟通语文教学的活动课程

《九年义务教育课程方案》指出："课程包括学科课程、活动课程两部分""活动课程在实施全面发展中同学科课程相辅相成""学校在教育教学中，要充分发挥学科课程和活动课程的整体功能，对学生进行德育、智育、体育、美育和劳动教育，为学生全面发展打好基础。"活动课程有多方面的功能，特别是对发展学生个性特长，发挥学生主体作用方面，有着其他课程不可替代的特殊作用。相对于学科课程而言，活动课程具有以下优点：第一，重视学生的需要与兴趣，尊重学生的主体性，有利于学生学习的主动性、积极性的发挥；第二，强调教材的心理组织，有利于学生在与文化、与科学知识的交互作用的过程中，获得人格的不断发展；第三，强调实践活动，重视学生通过亲身体验获得直接经验，有利于培养学生解决实际问题的能力；第四，重视课程的综合性，主张以社会生

活问题来统合各种知识，有利于学生获得对世界的完整认识。

（一）一体两翼三沟通语文教学活动课程的类别

1.校内语文活动课

包括课外阅读活动、写作活动、听话说话活动、写字活动等。可以组织读书报告会、朗读会、故事会、演讲会；可以编演课本剧，进行读书心得展评，举办各种文艺节；可以办墙报、手抄报、文学刊物；还可以组织各种语文兴趣小组、读书协会、文学社团等。

2.校外语文活动课

校外语文活动课可以采取集中与分散、大集体与小小组的方式开展。可以组织社会实践，进行社会调查，开展采风活动；可以参加校外文化单位、社会团体组织的各种活动；也可以进行校际间的协作活动，等等。

（二）一体两翼三沟通语文教学活动课程的主要内容

1.开展文学社团活动，提高学生的写作水平

文学社是一个有计划、有组织、有指导的学生群众组织，在丰富课外活动内容，发展学生个性特长方面有很高的价值。为了搞好这项活动，曲靖市（县级）先后召开了两次研讨会，制定了《关于做好中学生文学社工作的意见》，"意见"要求每所中学都要成立文学社，创办文学社刊物，认真开展活动。文学社有指导教师，有组织机构。每年举办一次"文学社社刊（报）展评"活动，成立了"曲靖市中学生文学社联合会"。这些措施，有力地推动着文学社团活动的开展，全市45所中学成立了文学社，创办了刊物，有目的、有计划、有组织地开展了一系列活动。这些活动，远远地超出了"写作"的范围，带动了语文活动全面地开展，也带动了其他学科课外活动的开展。

2.建立读书协会，开展读书活动

开展读书活动，扩大学生阅读量，有利于培养学生良好的阅读习惯，有利于开阔学生的视野，丰富学生的知识，有利于提高学生的阅读能力和审美能力，有利于提高学生的文化素养。中学生处于世界观正在形成过程的关键时期，课外阅读的无序化、自然态，对学生的成长极为不利，为了消除这种负面影响，加强阅读指导是非常必要的。学校建立读书协会是阅读指导的好方法，它将课外阅读的无序状态有序化、规范化、常态化。读书协会要动员全体同学参加，以教学班成立分会。活动方式可以多种多样，如：

（1）开列书目，向学生推荐一些名著。

（2）开展图书评论活动，进行阅读指导。

（3）组织读书经验交流，提高阅读效益。

（4）配合单元教学开展阅读。

（5）开展专题读书活动。曲靖市第十一中学，曲靖市第二中学在这方面有很好的经验。

3.进行社会实践

为了推动学生的社会实践活动高质量地开展，我们开展了每年一次的"中学生社会实践征文活动"，要求各学校组织学生到农村、工厂，开展社会实践，进行社会调查，让学生了解社会、体验生活。学生在火热的生活中，发现、感受改革开放的巨大成就；发现、

感受社会生活中的新人新事；发现、感受生活中的新鲜点、闪光点。学生在如火如荼的生活中，深切地感受时代跳动的脉搏，感受时代的召唤，从而受到心灵的激荡。在这种情形下，学生心中积蓄着千言万语，产生了如喉鲠骨不吐不快的表达欲望。学生笔端流出的是心灵的呼喊，是热血的奔涌。

4. 开展兴趣活动

根据学生的爱好，组织各种兴趣小组，定期开展活动。例如，组织书法组、故事演讲组、诗歌朗诵组、课本剧编导表演组、板报手抄报编辑组、新闻采访组，等等。这些活动，对激发学生的学习兴趣，开发学生潜能，发展学生个性特长，有重要的作用。

第三节 一体两翼三沟通语文教学的校本课程

校本课程由学校全体教师、部分教师或个别教师编制、实施和评价的课程。地方课程介于国家课程与校本课程之间，指由国家授权，地方根据自身发展需要开发的课程。一体两翼三沟通语文教学的校本课程是学科课程和活动课程的有益补充，对于加强学生爱家乡、爱祖国的教育有特殊的意义。

一、校本课程的概念

校本课程就是以学校为本位、由学校自己确定的课程，它与国家课程、地方课程相对应。"校本"的含义是什么？从英文字面来理解校本课程：是"以学校为本""以学校为基础"，华东师范大学郑金洲教授在《走向校本》中这样解释：所谓校本，一是为了学校，二是在学校中，三是基于学校。为了学校，是指要以改进学校实践、解决学校所面临的问题为指向；在学校中，是指要树立这样一种观念，即学校自身的问题，要由学校中的人来解决，要经过学校校长、教师的共同探讨、分析来解决，所形成的解决问题的诸种方案要在学校中加以有效实施。

在基础教育课程改革的背景下，校本课程成为了新课改的重点。在刘旭东、张宁娟和马丽等人编著的《校本课程与课程资源开发》一书中指出，校本课程的出现在国际上有三种看法：其一认为，校本课程的历史几乎和学校教育的历史一样悠久，在古代时期学校的课程在较大范围内和一定程度上是由学校自己决定的，那时在课程中占主导地位的是校本课程（这是从校本课程的存在形式来考察的）；第二种看法认为校本课程的思想源自于20世纪70年代西方发达国家，认为校本课程实质上是一个以学校为基地进行课程开发的民主决策的过程，即校长、教师、课程专家、学生以及家长和社区人士共同参与学校课程计划的制定、实施和评价活动（这是从校本课程的思想产生来看的）；最后一种观点认为，校本课程真正出现在1973年爱尔兰阿姆斯特丹大学召开的"校本课程开发"国际研讨会上（这是从校本课程概念的出现为依据的）。

"校本课程"是一个外来语，最先出现于英、美等国。20世纪70年代在英、美等发达国家，校本课程开始受到广泛重视。开发校本课程，其意义不仅在于改变自上而下的长周期课程开发模式，使课程迅速适应社会、经济发展的需要，更重要的是建立一种以学校教育的直接实施者（教师）和受教育者（学生）为本位、为主体的课程开发决策机制，使课程具有多层次满足社会发展和学生需求的能力。

按照现代课程分类理论来考察，校本课程并不是一种课程类型，而是属于课程管理方面的一个范畴，是正在形成之中的同我国三级课程管理体制相适应的基础教育新课程体系中一个组成部分，即中小学新课程计划中不可缺少的一部分。我国的校本课程是在学校本土生成的，既能体现各校的办学宗旨、学生的特别需要和该校的资源优势，又与国家课程、地方课程紧密结合的一种具有多样性和可选择性的课程。这一界定试图反映校本课程的三种基本属性，即关联性、校本性和可选择性。校本课程主要分为两类：一是使国家课程和地方课程校本化、个性化，即学校和教师通过选择、改编、整合、补充、拓展等方式，对国家课程和地方课程进行再加工、再创造，使之更符合学生、学校的特点和需要的课程；二是学校设计开发新的课程，即学校在对该校学生的需求进行科学的评估，并充分考虑当地社区和学校课程资源的基础上，以学校和教师为主体，开发旨在发展学生个性特长的、多样的、可供学生选择的课程。

长期以来，我国一直采用国家统一的课程设置，全国中小学基本上沿用一个教学计划、一套教学大纲和一套教材，缺乏灵活性和多样性。20世纪80年代末和90年代初，中国课程改革的步伐日益加快，1996年原国家教委颁发的《全日制普通高级中学课程计划（试验）》规定，学校应该"合理设置本学校的任选课和活动课"。近年来，课程多样化的趋势进一步加快，在基础教育课程改革中，国家根据教育目标规划课程计划，按照这一计划制定必修课的课程标准，把选修课的决策权交给地方和学校，并颁发了与之相配套的《地方和学校课程开发指南》，旨在建立自上而下和自下而上相结合的管理政策。《基础教育课程改革纲要》明确提出：实行国家、地方、学校三级课程管理。按照新课程计划，学校和地方课程占总课时数的10%至12%。这就意味着学校课程将由国家课程、地方课程和学校课程三部分组成。这一决策的实施，将会改变"校校同课程、师师同教案、生生同书本"的局面。

二、校本课程的开发

一体两翼三沟通语文教学的校本课程是学校自主决定的课程，它的开发主体是教师。教师可以与专家合作，但不是专家编写教材，由教师用。教师开发课程的模式是实践—评估—开发，教师在实践中，对自己所面对的情景进行分析，对学生的需要做出评估，确定目标，选择与组织内容，决定实施与评价的方式。目前，校本课程开发的主体是教师小组，而不是单个教师。

校本课程开发是学校课程管理的组成部分，它需要有领导的支持，专家的指导，教师的努力和参与，需要得到全社会的理解、支持和评价。

（一）校本课程开发的程序

1.前期评估

前期评估是设计校本课程时首先必须要做的研究性工作。主要涉及明确学校的培养目标，评估学校的发展需要，评价学校及社区发展的需求，分析学校与社区的课程资源等。

2.确定目标

确定目标是学校对校本课程所做出的价值定位。它是在分析与研究需要评估的基础上，通过学校课程审议委员会的审议，确定校本课程的总体目标，制定校本课程的大致结构等。

3.组织实施

组织实施是学校为实现校本课程目标开展的一系列活动。根据校本课程的总体目标与课程结构，制定"校本课程开发指南"。对教师进行培训，让教师申报课程。学校课程审议委员会根据校本课程的总体目标与教师的课程开发能力，对教师申报的课程进行审议。审议通过后，编入"学生选修课目录与课程介绍"。学生根据自己的志愿选课，选课人数达到一定的数量后，才准许开课。在此基础上，学校形成一份完整的"校本课程开发方案"；教师在课程实施之前，编写"课程纲要"，供教师教学使用。

4.课程评价

课程评价是指校本课程开发过程中的一系列价值判断活动，它包括对"课程纲要"的评价、学生学业成绩的评定、教师课程实施过程评定以及"校本课程开发方案"的评价与改进建议等。评价的结果向有关人员或社会公布。

（二）校本课程开发的意义

校本课程开发的意义有三个：促进学生个性发展，促进教师专业发展，促进学校特色形成。其中学生的个性发展是校本课程开发的终极目标。

1.促进学生个性发展

教育作为培养人的活动就是要使每个人的个性得到充分而自由健康的发展，从而使每个人都具有高度的自主性、独立性和创造性。校本课程关注每一个学生的不同需求，给学生一个自由发展的空间。具体体现在课程的设置及课程内容的选择和设计上的多样性、课程内容的可选择性和丰富性。

（1）以人为本。传统的课程强调学科知识，忽略了学生作为一个活生生的人的真实体验。校本课程的开发注重学生的生活体验和学习经验，课程实施中强调学生发展的主体性、主动性。关注每一个学生发展的差异性，让每一个学生都成为与众不同的主体，满足每一个学生不同的发展需要。

（2）给学生留下空间。个性的发展需要一定的自由空间。要尊重学生的兴趣与经验，让学生根据自己的需要进行选择，为学生的个性发展留下了一个空间。学生作为校本课程开发的主体之一，有课程决策的权利。课程开发是一个动态的、不断完善的过程，课程内容和结构都在师生互动中完成。

（3）差异性教育。国家课程强调人才规格的整齐划一，忽略了学生之间的个体差异。校本课程开发为学生提供了自我个性张扬的实现条件，每一个学生都可以对自己要学的内容作系统安排，根据自己的发展需要形成具有独特性的个别化课程。教师作为课程的组织者与指导者，要研究学生的需要和发展的可能性，注重个别指导，尽可能满足学生不同的需要，从学生经验出发，提供差异性课程，做到因材施教。

（4）课程以学生为中心。校本课程的开发从学生的需要出发，是为了学生的发展而存在的。学生实际需要什么，成人不一定清楚，校本课程的开发要吸收学生参与，听取学生的意见，以学生为中心，从学生的需要出发，精选对学生终身学习必备的基础知识与技能。

2.促进教师的专业发展

在国家课程的模式下，教师处于权力结构的最底层，教师按照规定的时间和进度，完成规定的教学内容。这无疑扼杀了教师的创造潜能。校本课程的开发赋予了教师的课程决策权。教师成为课程的编制者、实施者和评价者。

（1）提高教师的参与意识和能力。执行者的角色使教师习惯于服从于上级的指令，不需要关心参与课程的决策，也不知道该怎么参与。校本课程的开发可以使他们形成参与课程决策的意识，行使课程决策的权力，并在参与过程中提高参与的能力。

（2）增强教师的课程意识和课程开发的能力。校本课程的开发帮助教师们认识到自己所教的科目与学校整体的教育目标和前景的关系以及与其他学科之间的关系，从而形成整体的课程观和结构的课程观，形成整体的课程意识而不是狭隘的学科意识。多少年来，教师并不负责教材的改编或重组，长期处于课堂的具体教学设计角色当中，没有形成选择学习主题，设计教学内容的能力。校本课程的开发无疑可以帮助教师在课程专家的帮助和指导之下获得这种能力。

（3）增强教师的研究意识和能力。校本课程开发要求教师研究自己的学生，研究教学内容，研究和思考学校发展的远景和文化的创生。在与课程专家共同开发校本课程中，教师以课堂师生互动的自然情景为研究对象，进行行动研究。在这种研究过程中，教师的研究意识和能力将会大大增强。

（4）增强教师的合作意识。校本课程主张以学校为整体，集体协作共同决策和开发，要求教师们相互学习，共同研究问题并找出解决问题的方案。教师们在合作过程中增强了合作意识，提升了合作能力。

（5）完善教师的知识结构。知识可以分为本体性知识、条件性知识、实践性知识。本体性质是指教师所具有的特定的学科知识，一般可以在高校学习中获得。只是本体性知识增加到一定的程度后就不再是影响学生的学习质量的显著因素。条件性知识指教师具有的教育学和心理学知识。可以通过系统的学习获得，但更多的是在课程实施过程中逐渐了解和习得，需要动态的去把握和领会并在实践中加以发展和加深。实践性知识是指教师面临实际的课程开发和课程事实所具有的关于客观现实的背景知识。这类知识只能在具体的实践中才能获得。而教育情景总是处于不断变化之中的，所以要求教师在实践中不断地反思。对教师而言，最重要的知识只能在实践中获得。教师参与课程开发，不仅能够加深自己对本体知识的理解。而且能丰富条件知识，累积实践性知识，使自己的知识结构更趋合理与完善。

3. 学校特色的形成

一个学校有没有特色，首先要看它有没有自己的教育理念。三级课程管理体制的确立就是在保证基本的教育质量的前提下，给学校一个空间，让学校根据自己的客观现实确定自己的办学理念，确立学校独特的发展方向。特色化课程的建构是实现办学特色的重要载体。

（1）学校功能的重新定位。传统的教育理念认为，学校必须顺应现存的社会价值规范和文化传统，学校的任务就是传承文化。校本课程的理念认为，学校除了传承文化之外，同时肩负着改造现存社会的弊端，冲破不合时代的落后的文化传统的任务。

（2）学校权力的重新组合。校本课程的开发会使整个教育系统内部的权利重新分配和权力结构重新调整。传统的国家课程所依附的是一个金字塔似的权力结构，学校及教师处于最底层。校本课程开发强调以学校为本，政府下放一部分课程开发决策权，重新调整课程决策的权限和职能。就学校内部而言，教师、学生、家长也应该分享课程决策权，冲破学校内部复制的社会权力机构及官僚体制，建立民主开放的决策机制。

（3）学校内部结构的重新调整。在传统的课程开发模式下，学校只是国家课程的执行单位，校长的任务只是上情下达，教师只是完成规定的教学任务，学生必须完成规定的学习任务。学校在课程管理上的主要任务实际上也就是确保课堂教学按计划进行。校本课程的开发以学校整体发展为目标和学校所有学生的整体学习为基础，需要校长、教师、学生、家长、社区代表及课程专家共同探讨、研究、审议。学校原有的教育管理机构已很难适应校本课程开发的需要。因此学校内部的组织结构需要重新调整，原有的不适应的部门应该精简，成立专门的课程委员会，负责管理课程的开发、实施、评价等事务。与校本课程相适应的组织应该具有以下的特性：研究性，以一种研究的态度尊重差异，处理事实；学习性，鼓励教师集体学习和创作；发展性，学校要建立一种可持续发展的组织机构，支持教师个人发展，为每一个人的发展创造机会和空间；开放性，教师之间，学校之间要向其他人开放，养成一种开放的心态，在合作交流中共同进步。

4. 促进教育事业的发展

（1）弥补国家课程的不足。国家课程强调共性和统一性，容易忽略个性和差异性。课程开发的时间周期长，缺乏灵活性，严重地滞后于社会的变革，尤其不能及时反映科技进步和当地社会发展需求的实际变化。学科专家处于课程开发的中心位置，导致狭隘的专家课程目标和决策渠道，缺乏多层次、多途径、全方位满足学生发展和社会发展的课程体制与能力。课程开发的专家与课程实施的教师之间缺乏联系，闲置了广大教师的独立判断和参与课程开发的积极性和创造性，降低了课程改革的实际影响。造成了教育资源的浪费和教育效益的下降。校本课程的开发以学校自身的资源、条件为基础，具有灵活性和差异性，通过资源的调整和优化配置可以提高教育的效益，通过教育内部权利的重新分配提高教育的适应变革的能力。

（2）推进教育民主化进程。中央集权的课程体制，教师和学校都习惯于听从外部的指令，缺乏主动决策的机会和能力，极大地损伤了学校和教师的积极性，扼杀了广大教育工作者的创造性。校本课程开发通过组织的重新建立和权利的重新分配，使各个层次的参与者分享权力，承担责任。让从事教育事业的基层工作者有机会参与决策，分担责任，极大地调动了他们的积极性，激发了他们的创造性，从而推进教育民主化进程。

（3）有利于教育的交流合作。校本课程开发需要与外部环境合作，得到大学研究者的帮助，有助于促进中小学与大学的联系与合作。校本课程开发需要借助于他校的经验，促进校级之间的合作与交流。校本课程开发需要与社区密切合作与交流。校本课程的开发将中小学与高校、其他兄弟学校、社区及其他社会单位联系起来，促进共同的交流与发展。

（4）有利于学校更好的适应市场需求。教育作为一项基础性的投资的概念已被多数家长接受，中国家长特别重视孩子的教育，让孩子享受优质的教育已成为普遍的教育需求。校本课程开发强调自主决策、自主开发，有利于形成品牌效应，更好的适应教育市场的需求，逐步提升学校在市场中的位置，扩展学校生存和发展的空间。

三、校本课程与校本教材和综合实践活动的区别

（一）校本课程与校本教材的区别

1.校本课程与校本教材的内涵有本质的不同

校本课程的内涵指由学生所在学校的教师编制、实施和评价的课程，它的本质内容主要表现在三个方面：一是在课程的权力方面，学校拥有课程自主权；二是在课程开发的主体方面，教师是课程开发的主体；三是在课程开发的场所方面，具体学校是课程开发的场所。校本教材的内涵指以学校的校长和教师为主体，为了有效地实现校本课程目标，达到教育学生的目的，对教学内容进行研究，并共同开发和制定一些基本的教与学的素材，作为校本课程实施的媒介，这些素材构成了校本教材。可见，校本课程与校本教材在内涵上的主要区别在于前者是课程，后者是课程实施的媒介，二者在某种程度上体现着目的与手段的关系。

2.校本课程与校本教材在存在范围方面有明显不同

校本课程是基于我国幅员辽阔，各地的自然条件、风土人情、教育环境等存在很大差异，而我国这种统一管理又往往不能关照各地的差异性，在一定程度上削减了学校的教育效果，在此基础上作出的一项课程政策。校本课程要求每所学校都必须做到，但校本教材则不同，它是校本课程开发后，有些学校根据自己的实际由校长和教师编制的教材，而非所有学校都必须具备。换言之，校本课程是落实新课改要求的国家、地方、学校三级课程管理标准，是所有学校的必须，校本教材则不一定是所有学校的必备，即便是有些学校编写了一部分校本教材，也因为校本课程的时效性、变化性等特点，使校本教材的使用范围、使用周期和使用效率都受其限制，更何况考虑到教师的时间、学校和学生的经济负担以及课程的成本等因素，不可能使所有的校本课程都配有校本教材。所以，校本课程与校本教材在存在范围方面有着明显的不同。

3.校本课程与校本教材在政策的合法性上有根本不同

1999年6月13日党中央、国务院颁布的《中共中央国务院关于深化教育改革全面

推进素质教育的决定》就明确提出："试行国家课程、地方课程与学校课程。"2001 年 6 月 8 日国务院颁布的《基础教育课程改革纲要（试行）》中更明确规定："改变课程管理过于集中的状况，实行国家、地方、学校三级课程管理，增强课程对地方、学校及学生的适应性。"这两个文件中有关课程方面的规定，无疑为这种新生的，顺应了国际课程改革和课程决策民主化潮流的校本课程，提供了课程政策上的合法性。但与之相比的校本教材则不然，尽管目前我国教材本身是一个政策性很强的概念，特别是按照教育部颁布的《中小学教材编写审定管理暂行办法》要求的"编写教材事先须经教材审定结构审定后才能在中小学使用""教材的编写、审定实行国务院教育行政部门和省级行政部门两级管理。"但目前学校编制的校本教材都不具备上述的审定条件，因为校本教材的出现，主要依附于校本课程的开发与实施，而校本课程自身的时效性、变化性和动态生成性等特点，使校本教材的编写必要、使用范围、使用周期、使用效率等方面都极其有限，所以目前出现的校本教材很少要经过行政部门的审批。从这个意义上讲，校本教材是不具备教材政策的合法性。所以，校本课程与校本教材在政策的合法性上是有根本不同的。

（二）校本课程与综合活动课的区别

校本课程开发可以以系统知识为主，以长周期、教师讲解为主。而目前大部分学校开发的校本课程都是短期的，以研究性学习和开放性学习为主，在性质和形式上与综合实践活动课都非常相似，所以造成了校本课程就是综合实践活动课，综合实践活动课就是校本课程的印象。

校本课程与综合实践活动的区别：

1. 开发权限的区别

综合实践活动课是国家规定的必修课程，校本课程则是学校自主开发设计的课程。

2. 设计目标的区别

综合实践活动课是达到国家规定基本教育目标的课程，特别强调学生基本学习能力的培养，校本课程也考虑学生的个性发展，但更考虑学校办学理念和学校特色。

3. 设计过程的区别

综合实践活动课是根据国情来设计的，校本课程是学校层面根据学校办学理念与学校实际开发和设计的。

4. 在实施上的区别

综合实践活动课依赖于学校实施，也依赖于地方管理。校本课程完全依赖于学校的开发与实施。

第四节　一体两翼三沟通语文教学的环境课程

环境课程是一体两翼三沟通语文教学的背景。一体两翼三沟通语文教学在社会环境的大背景中充分吸取社会环境中的营养，丰富学生的语文知识，发展学生的语文能力，

提高学生的语文素养，同时又净化社会语文环境。

一、环境课程的概念

　　一体两翼三沟通语文教学的环境课程就是环境语文教育，它是一种隐性的、潜在的语文课程，简称环境语文。环境语文是指环境中隐含的语文事物及语文因素。环境语文对学生的语言情感、语言风格、思想观念产生潜移默化的影响，对学生语文素质的提高有重要的价值。

　　环境语文教育包括家庭语文教育、学校语文教育和社会语文教育。家庭虽然是社会的一个组成部分，但它有着自己的特殊性，所以我们把它单独与社会环境语文教育相并列。学校语文教育与家庭语文教育和社会语文教育相比，它是有计划、有目的、有组织、系统地、全面地语文教育活动。

　　环境课程是在课程方案和学校计划中没有明确规定的教育实践和结果，但属于学校教育经常而有效的组成部分，可以看成是隐含的、非计划的、不明确或未被认识到的课程。环境课程是广义课程的重要组成部分，主要特点是潜在性和非预期性。它不通过正式的教学进行，对学生的知识、情感、信念、意志、行为、价值观等方面起潜移默化的影响作用。环境课程通常体现在学校和班级的情景中，包括物质环境，人际关系，文化环境。

　　环境课程是非学术性的学习结果，它对学生的影响主要是无意的、隐含的和非预期的。环境课程包括学校文化方面的教育、学习和生活环境的建设、良好的人际关系的建立等。学生在学校各种人际交往中受到的影响，如思维方式、价值观念和行为方式等；学校、班级中长期形成的制度与非制度文化的影响，如学校与班级的传统、风气、舆论、仪式、规章制度等；学校物质环境所构成的物质文化的影响，如学校建筑、校园环境、教室布置等。

　　环境课程概念拓宽了原来的课程定义，打破了原来课程有计划、有目的的界限。环境课程概念的提出，发现了学生经验的新领域，有利于教育者对学生经验的指导。环境课程概念为课程影响效果中显性课程无法解释的部分提供了新思路。环境课程概念发展了学校教育的课程类型。

二、环境课程的资源

（一）学校环境语文

1.教科书中的语文教育

　　（1）教科书中的显性因素。教科书载体可以是纸质印刷品，也可以是电子产品。教科书是在依据课程标准编写的教学实施的主要凭借，是教师学生教与学的主要依据。无论是纸质的还是电子的，所有教科书都离不开语言文字的显性表达。语文课程是语文教育的专门课程，其他课程也是语文教育的资源。凡是应用语言文字的地方，都有语文教育的因素，都可以作为语文教育的内容，都是语文教育的资源。

　　（2）教科书中的隐性因素。教科书是"从一定社会文化里选择出来的材料"，是经过特殊筛选，并加以定式化、组织化的社会共同经验。在选择和组织的过程中必然会融进社会的主流意识，编者的价值观、情感、思想等内容。作为课程具体表达形式之一的教科书，除了外显的知识、技能的载体功能之外，同时也是社会观念、规范、价值观等的载体。可以说任何一本教科书都有外显的价值和内隐的价值两个方面。如我国古代童蒙教材《三字经》蕴藏有丰富的封建伦理化和道德规范。再如我们使用的教材中的故事性课文及其插图，男性角色明显多于女性，而且承担的角色也明显不同。女性以小学教师、护士、保育员、营业员、纺织工、服务员等为多。在角色塑造上一般男性总是知识渊博、志向高远、顽强进取、独立自主，而女性则无知低能、目光短浅、温和美丽、寻求同情和保护，同时还兼有一些不良品德，如吝啬、虚伪、不明是非等；反面角色多为男性，且多为獐头鼠目、尖嘴猴腮或尖下巴、秃脑壳、塌肩膀之类。这些都是教科书中内含的隐性课程因素。

2. 教学活动中的环境语文

教学是在教师指导下，在掌握知识过程中发展能力的活动。就其实施场所看，又可分为两个方面：课堂教学活动和课外教学活动。课堂教学活动是人类文化传递的主要形式，也是个体社会化的基本途径。在课堂教学过程中，课堂环境、教学组织、教法的选择与运用、师生互动关系、教学效果测评等都隐藏无数的教育影响因素，润物无声地陶冶着学生的心灵，像一只无形的手操纵着学生的言行和思维。课外教学活动泛指在课堂(教室)之外进行的一切在教师指导下的在掌握知识的过程中以发展学生能力的活动。例如，兴趣小组活动、参观访问活动、社会调查活动、见习实习活动等。由于从事活动的人，从事活动的环境，组织活动的方式，活动的目的等，均不相同，必然会给学生带来一些非预期的学习经验。

3. 教学活动之外的环境语文

这包含一个极为宽泛的内容。泛指学校内除教学活动之外的所有的物理环境、制度环境、心理环境，给学生带来的影响。这些因素有意或无意地对学生的某些方面产生一些影响。

以上是从静态的、水平的角度对环境语文的结构进行的分析，如果从动态的、立体的角度对隐性课程进行分析，则可以构建一个环境课程的三维结构图。

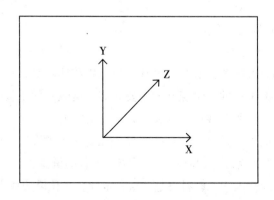

X：地点维：指环境课程存在的地点，如教室等。

Y：内容维：指环境影响的具体内容，如知识、价值观、情感、态度等。

Z：对象维：指施加环境影响的主体，如教师、教材、教具等。

X、Y、Z每一维中的任何一个变量组合在一起，就构成了环境课程的一个因子。如果X维取教室，Y维取创新意识，Z维取教师，则形成教室环境对学生创新意识的影响这一课程因子。

（二）家庭环境语文

家庭是社会的基本细胞，是人生的第一所学校。不论时代发生多大变化，不论生活格局发生多大变化，我们都要重视家庭建设，注重家庭、注重家教、注重家风，紧密结合培育和弘扬社会主义核心价值观，发扬光大中华民族传统家庭美德，促进家庭和睦，促进亲人相亲相爱，促进下一代健康成长，促进老年人老有所养，使千千万万个家庭成为国家发展、民族进步、社会和谐的重要基点。

1.家庭成员对学生的影响

家庭教育，是大教育的组成部分之一，是学校教育与社会教育的基础。家庭教育是终身教育，它开始于孩子出生之日，甚至可上溯到胎儿期，婴幼儿时期的家庭教育是"人之初"的教育，在人的一生中起着奠基的作用。其教育目标应是：在孩子进入学校之前接受集体教育，保证孩子身体和心理健康地发展，为接受幼儿园、学校的教育打好基础。孩子上了小学、中学后，家庭教育既是学校教育的基础，又是学校教育的补充和延伸。家庭教育是人生整个教育的基础和起点，是对人的一生影响最深的一种教育，它直接或者间接地影响着一个人人生目标的实现。

家庭成员是指相互负有扶养义务的一定范围内的直系亲属或旁系亲属。在一个家庭内共同生活的具有血缘关系、姻亲关系或法律上的继、养关系的人都是家庭成员。家庭成员主要指夫妻、父母、子女，有时也包括自己的母亲的兄弟姊妹和父亲的兄弟姊妹，还有祖父母、外祖父母、外孙子女及兄弟姊妹等。家庭是人们的避风港，也是最温暖的地方。家庭成员的学识、爱好、行为、举止、习惯等方面，对学生产生示范作用和潜移默化的影响。这些影响是终身的，不可磨灭的。我国出现的武术世家、绘画世家、文学世家、书法世家、梨园世家等，这些各种各样的世家，既是家庭教育的内容，又是中华文化的传承。例如，父母当中有书法爱好者，其子女的字一定写得不坏；父母当中有作家，其子女很可能是读书爱好者。再如，家庭成员都是沉默寡言者，其子女大多是不喜欢讲话的人。

2.家庭文化对学生的影响

家庭文化是指家庭的物质文化和精神文化的总和。家庭文化属于社会科学范畴，指的是一个家庭世代承续过程中形成和发展起来的，较为稳定的生活方式、生活作风、传统习惯、家庭道德规范以及为人处世之道等。家庭文化是建立在家庭物质生活基础上的家庭精神生活和伦理生活的文化体现，既包括家庭的衣、食、住、行等物质生活所体现的文化色彩，也包括文化生活、爱情生活、伦理道德等所体现的精神情操和文化色彩。

（1）家庭文化建设的意义。家庭文化是家庭的"精神世界"，是传播文明、传播文化的"第一课堂"，无时无刻不在熏陶着、影响着、培育着、丰富着、充实着人们的精神世界，潜移默化影响着人们的精神道德、价值取向、文明素质和行为举止，乃至影响着人们的人生道路、人生价值。可以说，家庭文化对每个人，尤其是对青少年的成长有着至关重要的影响；良好的家庭文化氛围，又能有效地抗衡各种消极不良社会现象对人们的诱惑与腐蚀；同时，重视家庭文化建设，提高家庭精神文明水平，也是促进社会主义精神文明建设，提高国人文明水平和国民素质的重要环节与基础性工作。但不能不看到，在诸多"环境文化"中，家庭文化是相对比较薄弱的，这种现象应该引起我们的高度关注。

（2）家庭文化的教育特点。家庭文化教育有三个明显的特点：

① 家庭文化有明显的时代性。家庭受时代的影响，每个家庭都带有强烈的时代烙印。比如中国封建社会的家庭，就带有浓厚的封建主义色彩，在封建的宗法制度下的家庭，由家长管制一切，而作为家长的，只能是男人。《礼记》上说，嫁女之家，三夜不熄烛，思相离也。意思是说，嫁女儿的家庭，三个晚上都点着蜡烛，让女儿和家人互相多看几眼，因为他们要永远分别了。《列女传》《女诫》成为封建社会规范女子行为的准则。

② 家庭文化具有明显的社会性。东方社会和西方社会的家庭就有明显的民族、区域差别，从思想方式、行为方式、服饰、饮食到家居布置等，都明显地存在差异。比如西方社会比较注重对孩子个性和独立能力的培养，尊重孩子自己的意愿和选择。而东方社会更注重对孩子的关心，有些时候甚至是包办代替。

③ 家庭文化具有自发性和凝聚性。家庭成员之间有着密切的联系，他们根据各自的爱好和不同的特点，自发地开展活动，如摄影、观赏戏剧、音乐、郊游等，自得其乐，有利于家庭成员之间融洽感情，增强家庭的凝聚力。家庭文化的形式多样、灵活，家庭成员的年龄、文化、职业、兴趣等，决定了家庭文化的形式，这种形式可以随着家庭成员年龄、兴趣的改变而改变。

（3）家庭文化建设的要求。家庭文化建设最重要的是两个方面：

① 家庭要有"书香气"。家庭书香气是一种书卷文化气息与环境氛围，也是一种"文脉气场"，直接影响着家庭及其家庭成员的精神世界、精神境界与文明素质。一个家庭有没有"书香气"，其效果大相径庭。不能不看到，时下城市不少家庭，看重家庭物质文明建设，舍得投资，这当然没有错，但却轻视与忽视家庭精神文明建设，其中一个突出表现，便是不愿花钱买书。有调查资料显示，我国人均购书消费水平偏低，且又呈下降趋势。在一些家庭，"物质丰富，精神苍白"现象非常突出，有的家庭甚至看不到一本有价值的书籍。这种家庭建设"一手硬一手软"的现象亟待改变。所以我们要重视培育家庭"书香气"，让家人沐浴在书香气息中，浸润其中，天长日久，不但会丰富知识学养，积淀文化素养，更会熏陶出一种美好的精神修养与精神气质，这是弥足珍贵的人生精神财富。

② 要强化"家风"建设。家风是一个家庭或家族长期以来形成的能影响家庭成员精神、品德及行为的一种传统风尚和德行传承。家风建设就是传承民族优秀传统文化。民族优秀传统文化，是我们中华民族的文化宝藏。民族传统文化的内涵非常丰富，积淀十分厚

重。家庭则要珍重和传承民族优秀传统家庭文化。家风建设最重要、最宝贵的，便是家庭伦理观念、伦理道德。一个家庭或家族的家风要正，首先是要注重以德立家、以德治家。毋庸置疑，在现代社会，我们仍然应该继承和发扬传统的家庭伦理观念、伦理道德，因为这是一种家庭美德。在现代社会、现代家庭，家庭伦理道德主要应该体现在家庭伦理道德观念、家庭责任意识，对家庭的忠诚，长幼有序、尊老爱幼、孝敬赡养老人、抚养培育孩子，家庭和气、和睦、和谐，家人之间宽容谦让、邻里之间谦和礼让互助，崇尚勤俭持家、清明处世，戒除贪图享乐、奢侈庸惰，知廉耻明是非，远离丑陋、丑恶、邪恶、罪恶，等等。

3.家庭语文教育的特点

（1）家庭语文教育的早期性。家庭是儿童生命的摇篮，是人出生后接受教育的第一个场所，即人生的第一个课堂；家长是儿童的第一任教师，即启蒙之师。所以家长对儿童所施的教育最具有早期性。一般来说，孩子出生后经过三年的发育，进入幼儿时期，从3岁到6岁是学龄前期，也就是人们常说的早期教育阶段，这是人的身心发展的重要时期。儿童发展有许多关键期。关键期或敏感期是指在某一特定的年龄阶段，儿童对某种知识或行为十分敏感，表现出高度的积极性和兴趣，学习起来非常容易，错过了这个时期，学习起来就会比较困难，甚至影响终生。

（2）家庭语文教育的连续性。孩子出生后，从小到大，几乎三分之二的时间生活在家庭之中，朝朝暮暮都在接受着家长的教育。这种教育是在有意和无意、计划和无计划、自觉和不自觉之中进行的，无论是以什么方式、在什么时间进行教育，都是家长以其自身的言行随时随地的教育影响着子女。这种教育对孩子的生活习惯、学习习惯、道德品行、谈吐举止等都在不停地潜移默化的给予影响和示范，其作用不可估量，伴随着人的一生，可以说是活到老学到老，所以有些教育家又把家长称为终身教师。

（3）家庭语文教育的权威性。家庭教育的权威性是指父母长辈在孩子身上所体现出的权力和威力。家庭的存在，确定了父母子女间的血缘关系、抚养关系、情感关系，子女在伦理道德和物质生活的需求方面对父母长辈有很大的依赖性，家庭成员的根本利益的一致性，都决定了父母对子女有较大的制约作用。

（4）家庭语文教育的感染性。父母与孩子之间的血缘关系和亲缘关系的天然性和密切性，使父母的喜怒哀乐对孩子有强烈的感染作用。孩子对父母的言行举止往往能心领神会，以情通情。在处理发生在周围身边的人与事的关系和问题时，孩子对家长所持的态度很容易引起共鸣。在家长高兴时，孩子也会参与欢乐，在家长表现出烦躁不安和闷闷不乐时，孩子的情绪也容易受影响，即使是幼儿也是如此。如果父母亲缺乏理智而感情用事，脾气暴躁，都会使孩子盲目地吸收其弱点。家长在处理一些突发事件时，表现出惊恐不安、措手不及，对子女的情绪也会有影响；如果家长处变不惊、沉稳坚定，也会使子女遇事沉着冷静，这样对孩子心理品质的培养起到积极的作用。

（5）家庭语文教育的及时性。家庭教育的过程，是父母长辈在家庭中对孩子进行的个别教育行为，比幼儿园、学校教育要及时。常言道：知子莫若父，知女莫若母。家长与孩子朝夕相处，对他们的情况可以说是了如指掌，孩子身上稍有什么变化，即使是一个眼神、一个微笑都能使父母心领神会。父母通过孩子的一举一动、一言一行，能及时掌握此时此刻他们的心理状态，发现孩子身上存在的问题，及时教育，及时纠偏，不让问题过夜，使不良行为习惯消灭在萌芽状态之中。

（6）家庭语文教育的示范性。常言道，身教重于言教。父母的行事风格、兴趣爱好对孩子的影响至关重要。父母是爱学习、爱读书的人，孩子一定会受其影响，与书为伴。如果父母爱看电视、爱玩手机，孩子也一定是个电视迷手机迷。现在提倡的"书香家庭"，要求家庭有书香气息，有阅读氛围。如果一个家庭没有几本书，孩子怎能喜欢书。

（三）社会环境语文

社会教育的基本涵义有广义和狭义之分。广义的社会教育，是指旨在有意识地培养人、有益于人的身心发展的各种社会活动；狭义的社会教育，是指学校和家庭以外的社会文化机构以及有关的社会团体或组织，对社会成员所进行的教育。我们讨论的是狭义的社会教育。社会环境语文教育是指社会文化环境的影响。社会文化环境又称"文化内环境"，指相互交往的文化群体凭借从事文化创造、文化传播及其他文化活动的背景和条件。

1. 社会环境教育的作用

社会教育是一种活的教育，它的深刻性、丰富性、独立性、形象性远非学校教育可比。协调社会教育力量可培养学生积极参加社会活动的能力，能将分散的、自发的社会影响纳入正轨。社会教育的好坏依赖于国家法律法规的建设程度和整个社会教育大气候的形成，这需要全社会较长时间的努力。社会教育是现代社会教育体系中不可忽略的部分，具有其他教育形态不可比拟的特殊作用，它的作用主要表现在四个方面：

（1）社会教育直接面向全社会，又以社会政治经济为背景，它比学校教育、家庭教育具有更广阔的活动余地，影响面更为广泛，更能有效地对整个社会发生积极作用。

（2）社会教育不仅面对学校，面对青少年，更面对社会的成人劳动者。这不仅可以弥补学校教育的不足，满足成年人继续学习的要求，有效促进经济发展，还可以通过政治、道德教育，促进社会安定与进步。

（3）社会教育形式灵活多样，没有制度化教育的严格约束性。它很少受阶级、地位、年龄资历限制，能很好体现教育的民主性。

（4）现代人的成长已不完全局限于学校，必须同社会实践相结合。通过社会教育更有利于人的社会化。

2. 社会组织对学生的影响

社会组织在社会科学中社会组织有广义、狭义之分。广义的社会组织是指人们从事共同活动的所有群体形式，包括氏族、家庭、秘密团体、政府、军队和学校等。狭义的社会组织是为了实现特定的目标而有意识地组合起来的社会群体，如企业、政府、学校、医院、社会团体和一种新型的社会组织形式、个人媒体群等等，它是人类的组织形式中的一部分，是人们为了特定目的而组建的稳定的合作形式。按照组织成员之间关系的性质可将社会组织划分为正式组织和非正式组织。正式组织中组织成员之间的关系由正式的规章制度作出详细和具体的规定，如军队、政府机关；而非正式组织中组织成员之间的关系则无这种规定，比较自由、松散，如业余活动团体。

社会组织对学生的影响是通过组织的目标来实现的。例如中央政府为了实现国家的教育目标，制订了教育的方针、政策，选择了恰当的教育制度，采取了一系列措施。学校为了实现工作目标，制订了工作规范和工作纪律，进行了资源的合理分配。

3. 社会文化对学生的影响

（1）文化的本质与功能。

文化有狭义与广义之分。广义的文化可以理解为人类创造的一切物质财富和精神财富的总和；狭义的文化可以理解为包括语言、文学、艺术及一切意识形态在内的精神财富。人们往往把广义的文化称为"大文化"，把狭义的文化称为"小文化"，介于两者之间的称为"中文化"。"中文化"可以理解为人类的思想道德建设和科学文化。文化的本质上是意识形态。毛泽东在《新民主主义论》中指出："一定的文化是一定社会的政治和经济在观念形态上的反映。"

文化的社会功能主要主要表现在四个方面。一是信息功能，即文化实施着传递社会经验从而维持社会历史持续性的功能；二是教化功能，即人创造的文化又反过来影响人、塑造人的功能；三是发展功能，即文化作为人与自然、人与人之间关系的中介形式推动社会前进发展的功能；四是认识功能，是指文化在提供人的认识背景时，它作为各民族既得的思维传统制约着人的思维过程，因此，文化也成为各民族自我认识的重要途径。

（2）社会文化教育机构。社会文化教育机构主要有以下几种：

文化馆(站)。文化馆是县和相当县一级所设的社会文化事业单位。县以下的称文化站。文化馆（站）是人民政府为开展群众文化工作，活跃文化生活而设立的事业机构。工人文化宫、工会俱乐部等和文化馆性质相似，只是主办单位和服务对象有所不同。农村俱乐部则是农民在自愿基础上建立的业余性质的群众文化组织。

少年宫。少年宫是适应青少年和儿童文化生活的多种需要而设立的青少年和儿童校外教育机构。它的任务在于配合学校培养青少年和儿童的优良道德品质，帮助他们巩固课堂知识，丰富文化生活，发展多方面的兴趣和才能，使他们得到全面发展。

图书馆。图书馆是收集、整理、保管并利用图书情报资料为社会政治、经济服务的文化教育机构。按其性质和服务对象可分为：公共、学校、科学、专业、儿童、工会、部队、机关、厂矿、街道、农村等图书馆。

博物馆。规模较大者也称博物院（如故宫博物院），是陈列、保护、收藏、研究物质文化和精神文化的实物以及自然标本的文化教育事业机构，以社会全民为施教对象。中国的博物馆，主要有革命、军事、历史、民族、地理、自然、艺术、医学、科技等各种类型，它们根据不同性质和任务，系统地陈列实物、模型、标本和其他陈列品。至于用固定或巡回方式，展出工农业产品、手工业产品、艺术作品、图书、图片及各种实物、标本、模型等，供群众参观、学习、鉴赏的临时性组织，叫展览会。

纪念馆。纪念馆是纪念重大革命事件或有重大贡献的历史人物的文化教育事业机构，以事件发生的地点或人物出生、居住、工作的地方为馆址，保存和恢复历史原状，说明事件发生经过或人物活动情况，向人民群众进行直观教育。

广播电台与电视台。运用无线电广播和电视对广大人民群众和青少年、儿童有计划地播送专题节目进行教育，是现代化业余学习教育的有效手段。这种教育方式，一般都开展单科教学活动，也有按高等学校课程设置进行系统播讲的。

远程教育平台。是指使用电视及互联网等传播媒体的教学模式，它突破了时空的界限，有别于传统的在校住宿的教学模式。使用这种教学模式的学生，通常是业余进修者。由于不需要到特定地点上课，因此可以随时随地上课。学生亦可以通过电视广播、互联网、辅导专线、课研社、面授（函授）等多种不同渠道互助学习。是现代信息技术应用于教育后产生的新概念，即运用网络技术与环境开展的教育。招生对象不受年龄和先前学历限制，为广大已步入社会的群众提供了学历提升的机会。

此外，电影院、剧院也都具有鲜明的以社会全民为对象的教育职能。业余体育学校则是培养合格运动员的校外教育机构。

4.社会文化教育的特点

社会教育同学校教育、家庭教育相比有许多自身的特点。

（1）终身性。社会教育对任何人来讲都具有终身性，活到老学到老对任何人来讲都是不以人的意志为转移的，你有意无意都必须接受终身受教育这个现实，而积极的接受和无意识接受以及消极接受的效果是不同的。

（2）广阔性。社会教育涉及到社会生活的方方面面，各个角落；凡是有人的地方，社会教育就到什么地方，这就是任何教育所不具备的也不可能实行的。但也是对专门教育最具冲击力的。

（3）层次性。从人的年龄段来分，有婴幼儿；小学；中学；大学和成人。从人的地位和级别来分，有中央级；省部级；市级；县级。

（4）多样性。社会教育的多样性是社会教育最清楚明显的特点，而清楚明显到了被忽视的地步，这不能说是社会教育的悲哀之所在，行业的不同，地位的差异，党政军社团之别等等所带来的工作.职责.任务的不同而形成社会道德品质上的不认同是最大的悲哀。

（5）多变性。社会教育的多变性是影响社会教育质量的罪魁祸首。是导致社会思想混乱的根源之所在，特别是频繁的社会动荡和社会激变，对社会成员健康思想和良好品德形成是灾难性的。真所谓，乱哄哄，你方唱罢我登场，一个和一个说的不一样，甚至前后相反，昨天和今天也在大的方面是背道而驰，这种特点对社会发展的影响是绝对不容忽视的。

（6）复杂性。社会教育的多变性体现了社会教育的复杂性；而具体导致社会教育复杂性的是社会教育不同形式的教育在思想品德教育上的不能殊途同归上；从本质上说，还是教育对象人是复杂的这一根本原因所决定的。即人的复杂性决定了社会教育的复杂性，在任何时候都不能回避社会教育的这一特点，回避了这一特点，社会教育必然是虚伪的，失败的。

（7）相长性。在社会教育中，人人都是施教者，又都是受教育者；在人们的学习.生活.工作中，任何人的一言一行，一举一动，无不影响着你周围的人们，而你本身也无时无刻的受着别人的影响。头头脑脑.专家权威们总以施教者甚至教训者的姿态出现，是社会的倒退。

（8）德育性。德育为首从来没有被怀疑过，真正被放在首位也不是很容易的，育人是社会教育的终极目的，只有切实落实德育为首的地位，才能还社会教育于本源。才会有和谐社会。

（9）统领性。社会教育的统领性是通过国家来实现的，只有通过国家才能对社会教育实行统领。而国家具体施行是政府以及政府所设立的所有工作部门和机关，因而，政府及其部门和机关是社会教育的主体，对整个社会教育的质量的作用和影响是无可替代的。

第三章 一体两翼三沟通语文教学的理论基础

没有革命的理论，便没有革命的实践。一体两翼三沟通语文教学是一种教育教学探索活动，更是一种教育实践活动。这种实践活动必须有理论的指导，才能在实践中不至于迷失方向。一体两翼三沟通语文教学以马克思主义哲学的认识论为指导，将心理学理论、教育学理论、社会学理论作为自己研究的理论基础，自觉应用心理学、教育学、社会学、系统论、信息论的知识和理论指导研究工作。这是一体两翼三沟通语文教学研究的本质要求。

第一节 一体两翼三沟通语文教学的方法论基础

马克思主义是我们一切工作的指导思想。学生的学习是一种特殊的认识活动，教师的教学也伴随着认识。语文教学过程，就是推动学生认识不断发展的过程。认识要讲究方式方法。马克思主义哲学的方法论和认识论，是一体两翼三沟通语文教学的指导思想和理论基础。

一、马克思主义哲学的方法论和认识论

（一）马克思主义哲学方法论

方法论，就是人们认识世界、改造世界的一般方法，是人们用什么样的方式、方法来观察事物和处理问题。概括地说，世界观主要解决世界"是什么"的问题，方法论主要解决"怎么办"的问题。人们关于世界是什么，怎么样的根本观点是世界观，用这种观点作指导去认识世界和改造世界，就成了方法论。世界观，通俗地讲，就是"观世界"，是人们对世界的总体看法和根本观点。

唯物辩证法是马克思和恩格斯在唯物主义基础上，改造黑格尔唯心主义辩证法所创立的唯一科学的方法论。它是在概括总结各门具体科学积极成果的基础上，根据自然、社会、思维的最一般的规律引出的最具普遍意义的方法论。唯物辩证法是对客观规律的正确反映，它要求人们在认识和实践活动中一切从实际出发，实事求是，自觉地运用客观世界发展的辩证规律，严格地按客观规律办事。

唯物辩证法认为，世界上的一切现象都处于普遍联系和永恒运动之中，事物普遍联系的最本质的形式和运动发展的最深刻的原因，是矛盾着的对立方面的统一。因此，孤立地、静止地看问题的形而上学思维方法是错误的，而矛盾分析法是最重要的认识方法。

唯物辩证法认为，实践是主观和客观对立统一的基础，脱离实践必然会导致主客观的背离，产生主观主义，所以必须坚持实践以保持主观和客观的一致性。在认识过程中，

要用实践检验人们的认识，要善于正确地运用多种多样的科学实验和典型试验的方法。

唯物辩证法认为，整个客观物质世界以及其中的每一个事物、现象都是多样性的统一。各自都有自身的结构，包含有不同的层次、要素，组成一个个系统；各个事物、现象、系统都有自身的个性；同时，它们之间又有着某种共性，共性存在于个性之中。多样性与统一性、共性与个性都是对立的统一。由此产生了认识中的归纳法和演绎法、分析法和综合法、由感性具体到思维抽象和由思维抽象到思维具体的方法等等。这些不同的方法也都是对立的统一，因而不能片面地抬高其中一种方法而贬低另一种方法，而要把它们各自放在适当的地位。既要反对片面强调归纳法的经验论，又要反对片面强调演绎法的唯理论、独断论和教条主义，而应当把归纳和演绎辩证地结合起来。

世界中每个事物、现象都有其自身产生、发展、灭亡的历史规律，在认识中还必须贯彻历史方法和逻辑方法的统一。列宁曾对认识事物的基本逻辑方法作了概括：① 力求全面性，必须把握、研究事物的一切方面、联系和中介；② 从事物的发展、运动、变化中观察事物；③ 必须把人的全部实践包括到事物的完满的"定义"中去；④必须注意真理的具体性。

随着人们对客观规律的认识不断丰富和发展，马克思主义方法论也将不断地得到丰富和发展。

（二）马克思主义哲学认识论

认识是主体收集客体知识的主动行为，是认识意识的表现形式。外部世界的客观存在是认识的最终源泉，外部世界的可知性是认识的可能性的根据。认识的主体是社会的人，是在社会中生活并利用社会形成的认识活动的各种手段、形式以及思想资料的人。认识活动的手段和形式包括工具、仪器、语言、逻辑、范畴等等。认识论是探讨人类认识的本质、结构，认识与客观实在的关系，认识的前提和基础，认识发生、发展的过程及其规律，认识的真理标准等问题的哲学学说。

马克思主义哲学认识论是关于认识的来源、本质及其规律的学说。是辩证唯物主义的重要组成部分，是关于人类的认识来源、认识能力、认识形式、认识过程和认识真理性问题的科学认识理论。客观实在性和外部世界可知性是马克思主义哲学认识论的重要观点。

首先，它是可知论。认为客观物质世界是可知的。人们不仅能够认识物质世界的现象，而且可以透过现象认识其本质。人类的认识能力是无限的，世界上只有尚未认识的事物，没有不可认识的事物，从而与不可知论划清了界限。

其次，它的基本前提是反映论。认为物质世界是不依人的主观意志而独立存在的，人的意识是物质长期发展的产物，是人脑的机能，是对物质世界的反映。坚持从物到感觉和思想的唯物主义认识路线，和从思想、感觉到物的唯心主义认识路线划清了界限。

再其次，它是实践论。在人类认识史上，第一次把科学的实践观引入认识论，认为实践是认识的基础、认识的来源、认识发展的动力、认识的目的和检验认识真理性的唯一标准。

最后，它把辩证法应用于认识论，强调人的认识是一个不断深化的能动的辩证发展过程。认识的辩证法，表现在认识和实践的关系上，认识来自实践，又转过来指导实践，为实践服务。表现在认识过程中，人对世界的认识不是一次完成的，而是一个多次反复、无限深化的过程。

（三）马克思主义的实践观

实践就是人们能动地改造和探索现实世界的一切社会性的客观物质活动。实践是认识的基础，实践对认识具有决定作用。实践的基本特征是客观性、能动性和社会历史性。实践的基本形式是实践、处理社会关系的实践和科学实验。

1.实践是认识的来源

实践为认识的产生提出了需要。人的认识活动是适应实践的需要，为解决和完成实践提出的问题和任务而产生的。科学研究的任务，科学工作的课题是由实践的需要提出的，并且围绕着人类实践的需要这个中心来展开的。实践为认识的形成提供了可能，并把这种可能变成现实。实践把主体和客体直接地、现实地联结起来，使主体能从客体中获得真实可靠的信息。客观事物只是由于实践的中介才转化为主体的认识对象和认识内容。主体用以加工客体信息的各种思想模式，也是来源于实践。实践作为一种客观物质活动，是按照一定规律进行的，这种符合规律的活动，久而久之，会在人们头脑中积淀下来，形成各种思想模式，如逻辑格式等等。

2.实践是认识发展的动力

实践的发展不断地提出认识的新课题，推动着认识向前发展。实践为认识发展提供必要的条件。一方面，实践的发展不断揭示客观世界的越来越多的特性，为解决认识上的新课题积累越来越丰富的经验材料；另一方面，实践又提供日益完备的物质手段，不断强化主体的认识能力。最后，实践锻炼和提高了主体的认识能力。

3.实践是检验认识是否具有真理性的标准

人用自己的思维模式在头脑中重建客体模型，并根据这个客体模型推导出应当具有的未知性质，然后再用实践加以检验，当理论预言与对客体的实践结果一致时，就证明头脑中精神重建的客体模型与客体自身相一致。

4.实践是认识的目的

认识活动的目的并不在于认识活动本身，而在于更好地去改造客体，更有效地指导实践。认识指导实践，为实践服务的过程，就是认识价值的实现过程。

实践的观点是马克思主义认识论的第一的和基本的观点。学习马克思主义认识论，就要坚持实践第一的观点，树立实践的应有权威，尊重实践，一切从实际出发。尊重实践，就能从根本上保证我们的思想和行动符合客观世界规律，有效地改造世界。只有尊重实践，才能有力克服主观主义，防止用空想代替现实、用抽象的原则裁剪实际生活。

二、系统方法论

一体两翼三沟通语文教学是一个系统，这个系统包含着一体、两翼、三个沟通及四

种课程等子系统，子系统又包含着若干小系统。例如，课堂教学这一主体这一个子系统，包含着教师、学生、教材等下位系统。通过系统的方法，使一体两翼三沟通语文教学系统内部各个子系统协同配合，形成最优结构。

（一）系统论

1.系统论的概念

系统论是研究系统的一般模式，结构和规律的学问，它研究各种系统的共同特征，用数学方法定量地描述其功能，寻求并确立适用于一切系统的原理、原则和数学模型，是具有逻辑和数学性质的一门科学。系统论认为，开放性、组织性、复杂性、整体性、关联性，等级结构性、动态平衡性、时序性等，是所有系统的共同的基本特征。这些特征既是系统所具有的基本思想观点，也是系统方法的基本原则。系统论不仅是反映客观规律的科学理论，还具有科学方法论的含义，这正是系统论这门科学的特点。

系统一词，来源于古希腊语，是由部分构成整体的意思。今天人们从各种角度上研究系统，对系统下的定义不下几十种。一般系统论则试图给出一个能描述各种系统共同特征的一般的系统定义，通常把系统定义为：由若干要素以一定结构形式联结构成的具有某种功能的有机整体。在这个定义中包括了系统、要素、结构、功能四个概念，表明了要素与要素、要素与系统、系统与环境三方面的关系。系统思想源远流长，但作为一门科学的系统论，人们公认是美籍奥地利人、理论生物学家贝塔朗菲创立的。他在1932年发表"抗体系统论"，提出了系统论的思想。1937年提出了一般系统论原理，奠定了这门科学的理论基础。但是他的论文《关于一般系统论》，到1945年才公开发表，他的理论到1948年在美国再次讲授"一般系统论"时，才得到学术界的重视。确立这门科学学术地位的是1968年贝塔朗菲发表的专著《一般系统理论基础、发展和应用》，该书被公认为是这门学科的代表作。

宇宙、自然、人类社会，由于人类设定的参照系不同，而分属于不同的子系统。如果把世界上所有的存在，划分为物质与精神世界的话，那么宇宙、自然、人类社会就通通属于物质与精神世界这个复杂系统。如果这样来看全宇宙，系统论就是具有哲学价值的世界观，所以可以说，宇宙是由具有组织性和复杂性的不同子系统构成的，这就是宇宙系统观。同时系统论又有很多类似数学模型的具体方法，来面对具体的子系统，从科学工具的角度来看系统论，系统论又是具有哲学价值的方法论。总之系统论在具备系统科学的个性化属性的同时，又有别于具体的数学方法、物理方法或化学方法等等具体科学门类的技术方法，从而具有普遍意义上的哲学属性，像宗教观、物质观、信息观一样，具有世界观和方法论意义。

2.系统论的思想和意义

系统论的基本思想方法，就是把所研究和处理的对象，当作一个系统，分析系统的结构和功能，研究系统、要素、环境三者的相互关系和变动的规律性，并优化系统观点看问题。世界上任何事物都可以看成是一个系统，系统是普遍存在的。大至渺茫的宇宙，小至微观的原子，一粒种子、一群蜜蜂、一台机器、一个工厂、一个学会团体……都是系统，整个世界就是系统的集合。系统论将世界视为系统与系统的集合，认为世界的复杂性在于系统的复杂性，研究世界的任何部分，就是研究相应的系统与环境的关系。它将研究和处理对象作为一个系统即整体来对待。在研究过程中注意掌握对象的整体性、关联性、等级结构性、动态平衡性和时序性等基本特征。系统论不仅是反映客观规律的科学理论，也是科学研究思想方法的理论。系统论的任务，不只是认识系统的特点和规律，反映系统的层次、结构、演化，更主要的是调整系统结构、协调各要素关系，使系统达到优化的目的，系统论的基本思想、基本理论及特点，反映了现代科学整体化和综合化的发展趋势，为解决现代社会中政治、经济、科学、文化、教育和军事等各种复杂问题提供了方法论基础。

系统论的核心思想是系统的整体观念。贝塔朗菲强调，任何系统都是一个有机的整体，它不是各个部分的机械组合或简单相加，系统的整体功能是各要素在孤立状态下所没有的性质。他用亚里士多德的"整体大于部分之和"的名言来说明系统的整体性，反对那种认为要素性能好，整体性能一定好，以局部说明整体的机械论的观点。同时认为，系统中各要素不是孤立地存在着，每个要素在系统中都处于一定的位置上，起着特定的作用。要素之间相互关联，构成了一个不可分割的整体。要素是整体中的要素，如果将要素从系统整体中割裂出来，它将失去要素的作用。正像人手在人体中它是劳动的器官，一旦将手从人体中砍下来，那时它将不再是劳动的器官了一样。

系统论的出现，使人类的思维方式发生了深刻地变化。以往研究问题，一般是把事物分解成若干部分，抽象出最简单的因素来，然后再以部分的性质去说明复杂事物。这是笛卡尔奠定理论基础的分析方法。这种方法的着眼点在局部或要素，遵循的是单项因果决定论，虽然这是几百年来在特定范围内行之有效、人们最熟悉的思维方法。但是它不能如实地说明事物的整体性，不能反映事物之间的联系和相互作用，它只适应认识较为简单的事物，而不胜任于对复杂问题的研究。在现代科学的整体化和高度综合化发展的趋势下，在人类面临许多规模巨大、关系复杂、参数众多的复杂问题面前，就显得无能为力了。正当传统分析方法束手无策的时候，系统分析方法却能站在时代前列，高屋建瓴，综观全局，别开生面地为现代复杂问题提供了有效的思维方式。所以系统论，连同控制论、信息论等其他横断科学一起所提供的新思路和新方法，为人类的思维开拓新路，它们作为现代科学的新潮流，促进着各门科学的发展。

（二）系统方法

系统方法是以对系统的基本认识为依据，应用系统科学、系统思维、系统理论、系统工程与系统分析等方法，用以指导人们研究和处理科学技术问题的一种科学方法。系统方法是把对象作为系统进行定量化、模型化和择优化研究的科学方法。这种方法经历了从哲学到科学、从定性到定量的过渡，它是在现代科学、特别是系统论和控制论得到发展时建立的。其根本特征在于从系统的整体性出发，把分析与综合、分解与协调、定性与定量研究结合起来，精确处理部分与整体的辩证关系，科学地把握系统，达到整体优化。

系统方法主要包括以下几个方面：

1.系统的分析和综合

首先要识别某一领域是全称集合 U，了解系统 S 是 U 的子集。明确 S 的补集是环境 E；其次，要把 S 从 U 中分离出来，定出 S 与 E 的界面，再分离出 S 的主要成分，从中研究系统结构与功能的特性，找出成分之间以及成分与环境之间的相关性，描述系统中物质、能量和信息三者的相互关系；最后，还要综合分析它们如何组合成有机的整体。

2.建立系统的模型

它要求把系统的各个要素或子系统加以适当的筛选，用一定的表现规则变换成简明的映像。系统的模型可以用说明系统的构成和行为的数学方程和图像，甚至用物理形式表达。通过模型可以有效地求得系统的设计参数和确定各种制约条件。模型建立以后，还要采用一定的仿真方法（借助于计算机）或物理方法测试和计算模型，并根据测试和计算结果，进而改进模型。在一定程度上做到确切反映和符合系统的客观实际，消除定性分析中的主观臆测成分，以便确切掌握系统的各个功能及功能之间的关系，了解并确定系统存在的价值以及价值之间的关系。

3.系统的择优化

择优化即选择一个优化的系统，使之有效工作，功能优良。从数学上讲，优化是指在若干约束条件下选择目标函数并使它们得到极大值或极小值。就大系统而言，要想求得总体优化是相当困难的。因为大系统结构复杂、因素众多、功能综合，不仅评价目标有很多，甚至彼此还有矛盾，所以不可能选择一个对所有指标都是最优的系统。如果采用局部优化的办法，一般不能使总体优化，甚至某一局部的改进反而使总体性能恶化（例如过分追求分数使教育陷入困境，甚至走向反面）。因此，需要采用分解和协调方法，以便在系统的总目标下，使各个子系统相互配合，实现系统的总体优化。所谓分解，就是把一个大系统分解为许多子系统；而子系统再将信息反馈给大系统，并在大系统的总目标下加以权衡，然后大系统再将指示下达给各个子系统，这就是协调。在大系统与子系统之间如此反复交换若干次信息，就可以求出系统的优化解。

2.系统方法的优势

在科学研究中，系统方法把研究对象如实地当作一个整体来对待，并着重研究该系统的整体功能；同时，从物质、能量和信息三个方面来认识和控制系统运动，使系统达到人们能确定的最佳状态；此外，它充分运用数学手段对系统进行定量描述，建立系统的模型以便进行模拟实验。因此，运用系统方法来思考和处理问题时，应先从整体出发，进行系统综合，形成可能的系统方案，再系统分析系统各要素及其相互关系，建立模型，然后进行系统选择（最优化）并重新综合成整体。在思维方式上，系统方法把综合作为出发点和归宿，并把分析和综合贯穿于过程的始终，这正是系统方法在科学思维方式上的重大突破。

在传统的科学研究方法中，确定目标的方法是比较薄弱的，主要依靠经验判断和逻辑分析，实现目标的方法有观察、实验、假说和逻辑方法等。而系统方法则是通过一系列科学的方法和步骤，把确定目标和实现目标这两个认识过程有机地统一起来。它首先通过摆明问题、目标选择、系统综合、系统分析、系统选择等步骤，为确定目标提供可靠的依据；然后，它还通过程序设计、具体规划以及研究、生产、安装和运行等阶段来实现既定目标。可见，系统方法兼有确定目标和实现目标这两方面的功能。传统的研究方法总是把研究对象分成若干部分，在分析的基础上进行综合，以简单分解和简单相加的观点来说明整体的性能，认为局部性能好，整体性能也自然好；局部性能不好，整体性能也自然不好。这种分析综合的方法在科学发展过程中曾经发挥过重要的作用，直到今天，对一些简单现象和过程的研究还是十分重要的。但是，对于像人口控制、粮食和能源的供应、生态平衡、环境保护等等这样一些复杂的研究对象来说，这种传统的研究方法就显得无能为力了。

三、信息论

信息论认为，系统是通过获取、传递、加工与处理信息而实现其有目的的运动的。信息论能够揭示人类认识活动产生飞跃的实质，有助于探索与研究人们的思维规律和推动与进化人们的思维活动。学生的学习是一个信息的获取、加工与处理的过程，一体两翼三沟通语文教学的过程就是一个信息的获取、传递、加工与处理过程。语文教学研究的意义，就是探索信息获取与传递的效率。

（一）信息论的概念

信息论是运用概率论与数理统计的方法研究信息、信息熵、通信系统、数据传输、密码学、数据压缩等问题的应用数学学科。信息论是研究信息的产生、获取、变换、传输、存贮、处理识别及利用的学科。信息论还研究信道的容量、消息的编码与调制的问题以及噪声与滤波的理论等方面的内容。信息论还研究语义信息、有效信息和模糊信息等方面的问题。

信息论有狭义和广义之分。狭义信息论即美国数学家、信息论的创始人克劳德·艾尔伍德·香农早期的研究成果，它以编码理论为中心，主要研究信息系统模型、信息的度量、信息容量、编码理论及噪声理论等。广义信息论又称信息科学，主要研究以计算机处理为中心的信息处理的基本理论，包括评议、文字的处理、图像识别、学习理论及其各种应用。广义信息论则把信息定义为物质在相互作用中表征外部情况的一种普遍属性，它是一种物质系统的特性以一定形式在另一种物质系统中的再现。广义信息论包括了狭义信息论的内容，但其研究范围却比通讯领域广泛得多，是狭义信息论在各个领域的应用和推广，因此，它的规律也更一般化，适用于各个领域，所以它是一门横断学科。

（二）信息论的研究范围

信息论的研究范围极为广阔。一般把信息论分成三种不同类型：

一是狭义信息论，是一门应用数理统计方法来研究信息处理和信息传递的科学。它研究存在于通讯和控制系统中普遍存在着的信息传递的共同规律，以及如何提高各信息传输系统的有效性和可靠性的一门通讯理论。

二是一般信息论，主要是研究通讯问题，但还包括噪声理论、信号滤波与预测、调制与信息处理等问题。

三是广义信息论，不仅包括狭义信息论和一般信息论的问题，而且还包括所有与信息有关的领域，如心理学、语言学、神经心理学、语义学等。

信息就是一种消息，它与通讯问题密切相关。1948 年贝尔研究所的香农在题为《通讯的数学理论》的论文中系统地提出了关于信息的论述，创立了信息论。维纳提出的关于度量信息量的数学公式开辟了信息论的广泛应用前景。1951 年美国无线电工程学会承认信息论这门学科，此后得到迅速发展。20 世纪 50 年代是信息论向各门学科冲击的时期，20 世纪 60 年代信息论不是重大的创新时期，而是一个消化、理解的时期，是在已有的基础上进行重大建设的时期。研究重点是信息和信源编码问题。到 20 世纪 70 年代，由于数字计算机的广泛应用，通讯系统的能力也有很大提高，如何更有效地利用和处理信息，成为日益迫切的问题。人们越来越认识到信息的重要性，认识到信息可以作为与材料和能源一样的资源而加以充分利用和共享。信息的概念和方法已广泛渗透到各个科学领域，它迫切要求突破克劳德·艾尔伍德·香农信息论的狭隘范围，以便使它能成为人类各种活动中所碰到的信息问题的基础理论，从而推动其他许多新兴学科进一步发展。人们已把早先建立的有关信息的规律与理论广泛应用于物理学、化学、生物学等学科中去。一门研究信息的产生、获取、变换、传输、存储、处理、显示、识别和利用的信息科学正在形成。

第二节　一体两翼三沟通语文教学的心理学基础

一体两翼三沟通语文教学，就是促进学生的语文心理发展。所以心理学是指导一体两翼三沟通语文教学的基本理论。

一、心理学的概念

心理学是一门研究人类及动物的心理现象、精神功能和行为的科学，既是一门理论学科，也是应用学科。包括理论心理学与应用心理学两大领域。心理学研究涉及知觉、认知、情绪、人格、行为和人际关系等许多领域，也与日常生活的许多领域——家庭、教育、健康等发生关联。心理学一方面尝试用大脑运作来解释个人基本的行为与心理机能，同时，心理学也尝试解释个人心理机能在社会行为与社会动力中的角色；同时它也与神经科学、医学、生物学等科学有关，因为这些科学所探讨的生理作用会影响个人的心智。

心理学一词来源于希腊文，意思是关于灵魂的科学。灵魂在希腊文中也有气体或呼吸的意思，因为古代人们认为生命依赖于呼吸，呼吸停止，生命就完结了。随着科学的发展，心理学的对象由灵魂改为心灵。直到 19 世纪初，德国哲学家、教育学家赫尔巴特才首次提出心理学是一门科学。而原先，心理学、教育学都同属于哲学的范畴，后来才各自从哲学的襁褓中分离出来。科学的心理学不仅对心理现象进行描述，更重要的是对心理现象进行说明，以揭示其发生发展的规律。早期的心理学研究是属于哲学的范畴，称为哲学心理学。哲学心理学的研究可以追溯到中国、埃及、希腊和印度等古代文明。中国古代认为人的性情思想是由一定的器官承担的，并且其活动会在器官上反映出来，如"心之官则思"（《孟子》），"人精在脑""头者神之所居"（《春秋元命苞》）。"神形合一""形神相印"等思想在《黄帝内经》等涉及医学心理的著作中有很多阐述和应用。在古希腊语中，心理学由"灵魂"和"研究"所组成。柏拉图提出过二元并存的理念，有人认为亚里士多德《论灵魂》是西方最早的一部论述心理学思想的著作。经由长久的演变，慢慢的产生各式各样不同的学科，包括了现在人所了解的心理学。

人的心理，从汉语字面上解释，心理就是心思、思想、感情等内心活动的总称。用现代心理学的语言解释，心理是脑的机能，是客观现实的反映，是感觉、知觉、记忆、思维、想象、注意、情感、意志、动机、兴趣、能力、气质、性格等心理现象的总称。感觉是人脑对直接作用于感觉器官客观事物的个别属性的反映。感觉包括视觉、听觉、嗅觉、味觉、皮肤觉、运动觉、平衡觉和内脏觉等多种现象。如：人们见到颜色，听到声音，闻到气味，用手触摸物体时，感觉到是冷的、热的、硬的、软的等，这都是感觉现象。感觉是最简单的心理现象，是认识活动的开端。以上所述的感觉、知觉、思维、记忆、想象等，都是人们认识事物过程中所产生的心理活动，统称认知活动或认知过程。感觉、知觉是简单的初级认知过程；思维、想象则是人的复杂的高级认知过程。

二、心理学的研究对象

心理学的研究对象就是心理现象。即我们非常熟悉，并随时会接触到、感受到的精神现象。又称心理活动，简称心理。它包括心理过程、个性心理和心理意识。

（一）心理过程

心理过程是指心理现象发生、发展和消失的过程，是心理操作的加工程序。心理过程着重探讨人的心理的共同性。主要包括认知、情绪和意志三个方面，即：常说的知、情、意。知是人脑接受外界输入的信息，经过头脑的加工处理转换成内在的心理活动，进而支配人的行为的过程；情是人在认知输入信息的基础上所产生的满意、不满意、喜爱、厌恶、憎恨等主观体验；意是指推动人的奋斗目标并且维持这些行为的内部动力。知、情、意不是孤立的、互相关连的一个统一的整体，它们相互联系、相互制约、相互渗透。认知是产生情、意的基础；行是在认知的基础上和情的推动下产生的，它能提高认识，增强情感，磨练意志；行为控制、调节情感，提高认知。

1.认知过程（知）

人在认识客观世界的活动中所表现的各种心理现象。是人们获得知识或者运用知识的过程，或信息加工的过程。这是人基本的心理现象。包括感觉、知觉、记忆、思维、想象等；注意则是伴随心理过程的一种心理特征。

2.情感过程（情）

人认识客观事物时产生的各种心理体验过程。其过程是一个人在对客观事物的认识过程中表现出来的态度体验。例如，满意、愉快、气愤、悲伤等，它总是和一定的行为表现联系着。人在认识客观事物时，不仅仅是认识它、感受它，同时还要改造它，这是人与动物的本质区别。

3. 意志过程（意）

人们为实现奋斗目标，努力克服困难，完成任务的过程。为了改造客观事物，一个人有意识地提出目标、制定计划、选择方式方法、克服困难，以达到预期目的的内在心理活动过程即为意志过程。在意志过程中产生的行为就是意志行为（行）。

（二）个性心理

个性心理是一个人在社会生活实践中形成的相对稳定的各种心理现象的总和。包括个性倾向、个性特征和个性调控等方面，反映人的心理现象的个别性一面。

1. 个性心理倾向性

个性心理倾向性是指一个人所具有的意识倾向，也就是人对客观事物的稳定的态度。个性倾向是个人在从事活动的基本动力，决定着一个人的行为的方向。它主要包括需要、动机、兴趣、理想、信念、价值观和世界观等。每个个体对客观世界的事物、事件都各有自己的倾向，有不同的需要、不同的兴趣、理想、信念和世界观，有不同的动机。人类社会丰富多彩，社会越发展、越发达，物质与精神财富数量就越大，品种就越多，人类选择的余地就越大。选择这样还是选择那样，这就是个性倾向需要的差异区别；生理需要是最基本的需要；精神需要是高级需要，最高层次的需要是"自我"的表达。由于需要不一样，所以兴趣也就有了区别，有很多东西可以大家都有兴趣。例如，以金钱、地位来说吧，不喜欢的人或许不多，但某些有特殊理想、信念和特殊环境的人，则也会厌恶金钱和地位。这一切综合在一起就形成不同的人们对社会、对世界不同的看法和观念，并采取不同的态度。这就是不同的人们具有不同的世界观。世界观在个性倾向诸多成分中居于最高层次，决定着人的总的意识倾向。

2. 个性心理特征

个性心理特征是个人身上经常表现出来的本质的、稳定的心理特征。包括能力、气质（心理学的气质指脾气、秉性或性情）、性格。例如：有的人有数学才能，有的人有写作才能，有的人有音乐才能。因此，在各科成绩上就有高低之分，这是能力方面的差异。在行为表现方面，有的人活泼好动，有的人沉默寡言，有的人热情友善，有的人冷漠无情，这些都是气质和性格方面的差异。

（1）能力。人在生理、心理发育成熟后，就有了从事生产劳动的本事，这就是能力。能力包括智力、才能、技艺。能力是使人能成功完成某项活动所必须具备的心理特征。能力必须通过活动才能体现出来，当然活动中也会体现出性格和气质方面的差异，但完成该项活动所必须和必备的心理特征才是能力。例如，完成一幅绘画作品的活动需要具备色彩鉴别能力、形象思维能力、空间想象能力等不同能力的有机组合。需要注意的是，能力并不等同于知识和技能，知识是信息在头脑中的储存，技能是个人掌握的动作方式。解一道数学题时，所用的定义和公式属于知识，解题过程中的思维灵活性和严密性则属于能力。学会骑自行车是一种技能，而掌握该技能的过程中体现出的灵活性、身体平衡性则是一种能力。

能力有四种分类：一是模仿能力和创造能力。模仿能力指的是，对于既有行为模式模仿复制的能力。创造能力是与发散思维有关的能力，是新的思维组织产生的能力；二是流体能力和晶体能力。流体能力指在信息加工和问题解决过程中所表现的能力，它较少依赖于文化和知识的内容，而决定于个人的禀赋。晶体能力是指获得语言、数学知识的能力。它决定了后天的学习，与社会文化有密切的关系。晶体能力一生一直在发展，25岁之后发展速度趋缓；三是一般能力和特殊能力。一般能力是一个人在普遍活动中表现出来的能力，如记忆力。特殊能力是人在特殊情况下表现出的能力，如演讲能力；四是认知能力、操作能力和社交能力。认知能力是指的认知相关的能力，包括记忆、思维、想象等等。操作能力是一个人控制肢体运动的能力。社交能力是指人在社会交往中运用的综合社会能力。

（2）秉性（即气质）。秉性是内在的个性本性，主要指大脑皮层神经细胞的特性类型，如稳定或不稳定；反应的速度：是灵敏还是迟钝，是兴奋型还是抑制型；因此它是性格的内在基础，是决定个性类型的基础。

（3）性格。性格是个人对现实的稳定的态度和习惯化了的行为方式。它是个性的外显表现，是显露的气质的外形，是在社会实践中对外界现实的基本态度和习惯的行为方式。例如：性格温和、热情、奔放、对人忠诚、疾恶如仇、礼让关怀；行动举止优雅大方、神态温和端庄、谈吐幽默等等。例如，一个人在任何场合都表现出对人热情、与人为善，这种对人对事的稳定的态度和习惯化的行为方式表现出的心理特征就是性格。

3.个性调控

个性调控是个人对自己心理和行为的控制和调解。它是以自我意识为核心的。自我意识是个人发展到一定阶段出现的、个人藉以对自己的心理和行为（包括个性倾向和个性特征）进行认识、评价、控制、调解，从而形成一个统一的个性心理结构系统。

（三）心理意识

心理意识包括意识和无意识。

1.意识

意识是指现时正被个人觉知到的心理现象。例如，我们在进行记忆活动时，能觉知记忆活动的目的、记忆的对象、采用的记忆方法、达到的记忆效果，甚至能觉知自己的记忆特点、改变记忆策略等，这样的记忆活动处于意识状态。从意识对象上可以把其分为客体意识和自我意识。客体意识，指个人对于周围世界的意识。自我意识，指个人对自己以及自己和周围关系的意识。在记忆心理学中，前者为记忆现象，后者为元记忆现象。

2.无意识

无意识是指现时未被个人觉知到的心理现象。以记忆为例，有时我们并没有某方面内容的记忆目的，也没有想着要记住它，却在不知不觉中记住了，甚至还很牢固。有时自己也不知道从哪里获得的以及是否有某方面的记忆。在记忆心理学中，前者是无意识记忆，后者是内隐记忆。

三、心理学的研究任务

（一）描述心理事实

从科学心理学的角度对各种心理现象进行科学界定，以建立和发展心理学中有关心理现象的一个完整的、科学的概念体系。这涉及到大至对整个心理现象、小至对某一具体心理现象的概念内涵和外延的确定。

（二）揭示心理规律

科学的心理学不能只限于描述心理事实，而应从现象的描述过渡到现象的说明，即揭示某些现象所遵循的规律。一方面，研究各种心理现象的发生、发展、相互联系，以及表现出的特性和作用等。另一方面是研究心理现象所赖以发生和表现的机制。它包括心理机制和生理机制两个层面上的研究。前者研究心理现象所涉及到的心理结构组成成分间相互关系的变化；后者研究心理现象背后所涉及到的生理或生化成分的相互关系和变化。

（三）指导实践应用

指导人们在实践中如何了解、预测、控制和调节人的心理。例如，可以根据智力、性格、气质、兴趣、态度等各种心理现象表现的情况，研制各种测试量表，藉以了解人们的心理发展水平和特点，为因材施教和认知匹配提供依据。

四、教育心理学

教育心理学是研究教育教学情境中学与教的基本心理规律的科学，是心理学的一门分支学科。教育心理学是一门交叉性特点鲜明的学科，其交叉性的特点主要表现在：心理科学与教育科学的交叉；基础科学与应用科学的交叉；自然科学与人文科学的交叉。教育心理学的重点是把心理学的理论或研究所得应用在教育上。教育心理学可应用于设计课程、改良教学方法、激发学习动机以及帮助学生面对成长过程中所遇到的各项困难和挑战。

（一）研究任务

教育心理学是一门交叉学科。因此，教育心理学具有双重任务，它既有教育学的性质任务，又会有心理学的性质任务。首先，研究、揭示教育系统中学生学习的性质、特点及类型以及各种学习的过程及条件，从而使心理学科在教育领域中得以向纵深发展；其次，研究如何运用学生的学习及其规律，去设计教育、改革教育体制、优化教育系统，以提高教育效能、加速人才培养的心理学原则。

教育心理学主要研究教育教学情境中师生教与学相互作用的心理过程、教与学过程中的心理现象。教育心理学研究的内容是教育和教学过程中的种种心理现象及其变化，揭示在教育、教学影响下，受教育者学习和掌握知识、技能、发展智力和个性的心理规律；研究形成道德品质的心理特点，以及教育和心理发展的相互关系等。

教育心理学的具体研究范畴是围绕学与教相互作用过程而展开的。学与教相互作用过程是一个系统过程，该系统包含学生、教师、教学内容、教学媒体和教学环境等五要素，五要素和学习过程、教学过程和评价反思过程这三种活动过程交织在一起，形成一个错综复杂的系统过程。

（二）研究意义

1.教育心理学有助于提高师资水平

教师队伍建设的重点在于教师，而教师的素质既包括专业素质又包括育人素质。教育心理学是教育理论与技术的一个重要组成部分，不仅有助于提高教师的理论素养，而且有助于提高教师解决教育实际问题的能力。

2.教育心理学有利于提高教育教学质量

教育心理学有助于教师更加深入地了解学生，提高教育教学的针对性。学习教育心理学，能够更深刻地理解有关教学措施的心理学依据，从而能更主动而科学地驾驭教学方法和教育手段，丰富自己的教学艺术，从而全面地提高教学质量。

3.教育心理学有助于进行教育教学改革

纵观国际国内成功的教育教学改革无不是心理学，而且主要是以教育心理学为支撑的。最典型的是 20 世纪五六十年代涌现的世界三大教育改革家美国的布鲁纳、苏联的赞科夫和德国的瓦根舍因（其本人就是心理学家）。学习教育心理学有利于提高辩证唯物主义水平，提高教师自我教育的自觉性；有利于更好地对学生进行思想教育工作，搞好教书育人，并把教书育人提高到更科学的高度；有利于教师总结工作经验，自觉开展教育科学研究。

第三节　一体两翼三沟通语文教学的教育学基础

一体两翼三沟通语文教学是一种教育活动和教育过程，它必须遵守教育的基本规律和基本原则，必须在教育理论的指导下才能实现一体两翼三沟通语文教学的目标。

一、教育与教育学

（一）教育的概念

教育是在一定的社会背景下发生的促使个体的社会化和社会的个性化的实践活动。

1.教育的定义

教育的定义即教育的内涵或意义，给教育下定义是对教育现象理性认识的开始，也是教育认识活动科学化的一个重要标志。从社会的角度来定义教育，可以把教育定义区分为不同的层次：

（1）广义的教育。广义的教育泛指一切有目的地增进人的知识和技能，发展人的智力和体力，影响人的思想品德的活动，是自人类社会有史以来就产生的教育活动。它可能是无组织的、零散的，也可能是有组织的、自觉的、系统的。广义的教育包括社会教育、学校教育、家庭教育。

（2）狭义的教育。狭义的教育是指学校教育，是教育者按一定社会（或阶级）的要求和受教育者身心发展的规律，对受教育者所进行的一种有目的、有计划、有组织的系统影响的社会活动。比起广义教育来，在外延上，学校教育仅是广义教育的一个组成部分，但内涵却要丰富得多。其主要特点是有目的、有计划、有组织的一种专门培养人的活动；它的对象主要是青少年和儿童；它是在受过专门训练的教师指导下进行的活动。

（3）特指的教育。特指思想教育活动。

2. 教育一词的溯源

（1）汉语教育一词的溯源。始见于《孟子·尽心上》："君子有三乐，而王天下不与存焉。父母俱存，兄弟无故，一乐也；仰不愧于天，俯不怍于人，二乐也；得天下英才而教育之，三乐也。"《说文解字》的解释，"教，上所施，下所效也""育，养子使作善也"。"教育"成为常用词，则是19世纪末20世纪初叶的事情。19世纪后半期，中国人开始兴办新式教育，现代汉语中教育一词的通行，与中国教育的现代化联系在一起，反映了中国教育话语由"以学为本"向"以教为本"的现代性转变。

（2）西文教育一词的溯源。在西方，教育一词源于拉丁文 educare。本义为"引出"或"导出"，意思就是通过一定的手段，把某种本来潜在于身体和心灵内部的东西引发出来。从词源上说，西文教育一词是内发之意，强调教育是一种顺其自然的活动，旨在把自然人所固有的或潜在的素质，自内而外引发出来，以成为现实的发展状态。

（二）教育学的概念

教育学是一门独立的学科。教育学是研究人类教育现象和解决教育问题、揭示一般教育规律的一门社会科学。教育是广泛存在于人类生活中的社会现象，教育学是有目的地培养社会人的活动。教育学是通过对各种教育现象和问题的研究揭示教育的一般规律。

教育学的研究对象是人类教育现象和问题，以及教育的一般规律。是教育、社会、人之间和教育内部各因素之间内在的本质的联系和关系，具有客观性、必然性、稳定性、重复性。如教育与社会、政治、生产、经济、文化、人口之间的关系，教育活动与人的发展之间的关系，教育内部的学校教育、社会教育、家庭教育之间的关系，小学教育、中学教育、大学教育之间的关系，中学教育中教育目标与教学、课外教育之间的关系，教育、教学活动中智育与德、体、美、劳诸育之间的关系，智育中教育者的施教与受教育者的受教之间的关系，学生学习活动中学习动机、学习态度、学习方法与学习成绩之间的关系等等，都存在着规律性联系。教育学的任务就是要探讨、揭示种种教育的规律，阐明各种教育问题，建立教育学理论体系。

教育学的研究任务是研究并揭示教育的规律。主要有三个方面：研究教育现象，揭示教育规律，指导教育工作。教育现象包括教育社会现象和教育认识现象。

二、教育的本质与功能

（一）教育本质

1. 教育的内涵

所谓教育本质，就是指教育作为一种社会活动区别于其他社会活动的根本特征，即"教育是什么"的问题。它反映出教育活动固有的规定性也即其根本特征。马克思主义教育学认为，教育是一种社会现象，是人类特有的活动。教育是人类社会特有的一种社会现象；教育是人类特有的一种有意识的活动；教育是人类社会特有的传递经验的形式；教育是有意识的以影响人的身心发展为目标的社会活动。

2.关于教育本质的五种观点

（1）上层建筑说。认为教育是社会的上层建筑。教育是观念形态文化，其性质、变化受社会经济基础决定并为经济基础服务；教育有受生产力制约的因素，但要通过经济基础的中介作用。

（2）生产力说。认为教育是生产力，教育能生产劳动力，是劳动力再生产；教育事业发展规模速度、教学内容、手段、形式受生产力制约；教育有受生产关系决定的因素，但一切生产关系和上层建筑归根结底都由生产力决定。

（3）双重属性说。教育既具有生产力属性，又具有上层建筑的属性。

（4）复合现象说。教育本质具"多质性"，有上层建筑性质、生产力性质，有为阶级斗争服务、为发展经济服务、为传递文化和促进人的发展等功能。

（5）社会实践说。教育是培养人的社会实践活动，或者是促使个体社会化的活动。认识教育本质不应将其归属某一范畴，而应以自身的规定性立论。

（二）教育的功能

所谓教育功能，即指教育活动的功效和职能。就是"教育干什么"的问题。教育的功能大致可分为个体发展功能、个体享用功能和社会发展功能。教育的个体发展功能又可分为教育的个体社会化功能与个体个性化功能两方面。社会活动的领域主要包括经济、政治和文化等方面，因而教育的社会发展功能又可分为教育的经济功能、政治功能、文化功能和人口功能。

1.教育的个体发展功能

现实生活中的人，既是社会的人，又是个体的人。作为社会的人，表现为具有社会性；作为个体的人，表现为具有个性。前者寻求个体的共同性，后者寻求个体的独特性。从本质上说，个体发展是一个包含着两个矛盾方向的变化而又不断整合和系统化的过程，其一是社会化，其二是个性化。教育就是通过个体的社会化和个性化，促使一个生物体的自然人成为一个现实、具体的社会人。因此，教育的个体发展功能就表现为教育的个体社会化功能和教育的个体个性化功能。

（1）教育的个体社会化功能。教育在个体发展中的主导作用突出地表现在教育能促进个体的社会化。① 教育促进个体思想观念的社会化；② 教育促进个体行为的社会化；③教育促进个体职业和身份的社会化。

（2）教育的个体个性化功能。人是社会性和个性的矛盾统一体，人的发展过程是社会化和个性化的对立统一的过程。个体在社会化的过程中必然伴随着个性化，同时也要求个性化。个性主要体现为个体在社会实践活动中形成的自主性、独特性和创造性。个性化就是个体在社会活动中形成自主性、独特性和创造性的过程。个体个性化的形成与实现依赖于教育的作用。教育具有促进个体个性化的功能，教育的这种功能主要表现为以下几个方面。① 教育促进人的主体意识和主体能力的发展，培养个体的主体性；② 教育促进人的个体特征的发展，形成个体的独特性；③ 教育促进人的个体价值的实现，开发个体的创造性。

2.教育的个体享用功能

个体的社会化和个性化都是指个体的发展。教育在促进个体发展的同时，还能使受教育者进一步获得一些特殊的享受：个体的生活需要得到满足，求知欲得到实现，精神世界得到充实，并进而获得幸福感。这是教育的个体享用功能。教育的个体享用功能主要体现在人接受教育与获得幸福的关系上，主要体现在三个方面：首先，教育能够充分满足人的本能需要，奠定个体幸福的基础；其次，教育提升人的认知水准，丰富人的情感世界，给人以体验和感受幸福的功能；最后，学校生活本身是一种幸福生活，求真、向善、臻美是校园生活的主体价值，学校生活为人们创设了一种体验幸福、感知幸福的良好氛围。

3.教育的社会发展功能

（1）教育的政治功能。

政治是人类社会发展到一定阶段的一个不可避免的事实。现代社会任何领域的问题，很快都会从自己狭窄的地段中出来，上升成为政治问题。教育更是被人们赋予了深刻的政治含义，在一定程度上可以说，教育也是一种有效的政治资源，在影响社会政治发展方面有着独特的作用。教育的政治功能主要表现在三个方面：

① 教育培养社会治理人才。现代社会各项事业的发展日新月异，社会结构和政治活动日趋复杂，要求社会的各级治理人才都要具备基本的科学文化水平和较高的政治、法律素养，由教育来培养、培训治理人才的作用尤其突出，任务尤其艰巨。培养、培训社会治理人才虽然不是现代教育的唯一目的，但也是责无旁贷的一项重要任务；

② 教育培养合格公民。伴随着西方"民族——国家"政治形态的出现和工业革命的不断进展，现代教育开始发展到普及阶段。国家和民族认同、普选制、生产需求等社会变革，都对教育提出了培养合格公民的任务；

③ 教育传播政治意识，倡导主流政治价值观。学校是一个宣传和传播文化的场所。一定社会文化体现着社会的政治要求和思想，所以，学校通过文化的宣讲和传播，使社会正统思想由少数人掌握逐渐为广大人民群众所知晓。而且教育者的宣讲具有一定的说服性，其不仅使受教育者了解这一思想，更重要的是使他们相信这一思想。

（2）教育的经济功能。

教育的经济功能是指教育对社会经济发展所发挥的作用。随着社会生产技术、手段和方式的飞速发展，教育对社会经济增长的促进作用也在不断增长，在社会经济生活中的地位稳步提高。教育的经济功能主要表现在三个方面：

① 教育将可能的劳动力转换成现实的劳动力，成为劳动力再生产的重要手段。现代社会，人才的竞争日趋白热化，教育在国家和地方的经济建设中所发挥的作用也日趋明显，国民受教育水平的高低成为影响一国经济增长的重要因素；

② 教育创造、保存并传播科学文化知识，提高全社会的科学文化水平。教育是知识创新、传播和应用的主要基地，也是培育创新精神和创新人才的摇篮。教育对经济增长的促进作用不仅体现在各级各类人才的提供上门，而且教育在科学文化知识的传递和更新方面对经济建设和发展也起着重要的作用。"知识经济"概念的提出，使人们认识到了"知识是经济增长的重要来源"，教育成为知识转化为生产力、创造经济价值的重要环节，通过教育把已有知识传授给劳动者，并相应地传授知识创新的方式、手段，促进知识向生产力的转化和知识的经济价值形成；

③ 教育通过自身的运营，直接推动经济增长。教育尤其是高等教育逐步与产业化经营相结合，形成了一大批以大学为中心的高新技术产业群，教育作为一种特殊的服务也逐步纳入到经济运行的轨道。一方面人们看到了众多家长为了子女的未来前途而纷纷投资于教育，投资于未来；另一方面，通过大力发展教育，不仅可以有效地扩大受教育人口的比例，而且可以带动建筑、仪器设备、文教用品、办公家具、通讯、交通、报刊出版、旅游等一系列行业的发展，从而达到带动经济增长的目的。值得警惕的是，由于人们过于关注教育的这一功能，直接催生了"教育产业"概念及其实践，加重了社会的教育公平问题。

（3）教育的文化功能。

"文化"与"教育"具有内在的、天然的联系。教育与文化相互包含、相互制约、相互依存、互为目的和手段。离开了文化，教育如同机器生产缺少原料，缺少育人的凭借而无法进行；离开了教育，文化也无法有效地传承与发展。教育的文化功能体现在四个方面：

① 教育具有文化的传递的功能。文化是人类在活动中创造的，对个体来说是后天习得的，它不可能通过遗传的方式延续，而只能通过传递的方式发展下去。教育是传递和保存社会文化的重要手段。教育传递着文化，使得新生一代能够经济高效地占有社会文化。文化传递有两种情况：一是纵向的文化传承，表现为文化在时间上的延续；二是横向的文化传播，表现为文化在空间上的流动。教育作为培养人的活动，它以文化为中介，客观上起着文化的传播、传承的作用。而且相比其他文化传递的方式，教育传播的文化是人类文化中最基本、最精华的部分，文化通过人的掌握而得以保存，保存的是深层的精神文化。因此，教育是一种有效的文化传递方式。正因为有了教育，文化才从一部分人传递给另一部分人，从一代人传递给另一代人，人类的文化才得以积累，才得以普及；

② 教育具有文化选择的功能。文化选择是文化变迁和文化发展的起始环节，它表现为某种文化的自动选择或排斥。教育虽是文化传递的手段，但教育又不等同于文化传递，因为教育不是对所有文化的传播。教育对文化的传播是有选择的。没有选择的文化传播，就不称其为教育，尤其是学校教育。教育进行文化选择的标准有：首先，选择有价值的文化精华，剔除文化糟粕，传播文化中的真善美；其次，选择符合一定社会需要的主流文化；再次，根据受教育者的年龄特点和教育教学的规律，选择适合教育过程的文化。

教育的文化选择形式，总体上有吸收和排斥两种。吸收是对与教育同向的文化因子的肯定性选择；排斥是对与教育异向的文化因子的否定选择。教育作为一种特定的文化传递形式，它必须对浩瀚的文化做出选择，没有选择，就无法决定传递什么。所以，选择文化是传递文化的前提。当然，我们还不能只在传递文化的意义上认识文化选择的重要性，文化选择的更重要的目的，是以优秀的人类经典文化，促进人的发展；

③ 教育具有文化更新与创造功能。文化是人类创造的，教育不仅负有对既有文化的传递功能，还具有更新、创造文化发展的功能。首先，教育总是基于对既定的社会文化的一种批判和选择，根据人的发展需要而组织起一种特定的文化，这样一个选择、组织、生成、传播的过程，就是文化的重组和更新的过程，教育因此形成了一种新的社会文化因素；其次，教育可以通过科学研究，从事文化创造，生产新的思想、观念和科学文化成果，这是文化创造的一个直接途径；最后，教育可以成为社会文化的不断发展，输送具有创新精神的各方面人才，通过这些人才再去创造新的文化，从而使学校间接成为文化的创造地；

④ 现代教育的开放性还促进文化的交流与融合。文化是一定时期特定地域人们的思想、行为的共同方式，在这个意义上，任何的文化都具有地域性和封闭型。然而，现代社会生产力的发展、市场经济的形成，使政治、经济、文化已经打破了封闭的格局，从而走向开放和交流，文化在交流过程中渐趋融合。现代教育也开始走出封闭，在教育的交流和文化的相互学习中，促进了文化的融合。这一促进有两个途径：一个是通过教育的交流活动，如互派留学生、互相进行学术访问、召开国际学术会议等，促进不同文化之间的相互理解、相互吸收，使异域文化之间求同存异；另一个是通过对不同文化、不同思想、不同观点的学习，如引入国外的教材、介绍国外的理论流派和研究成果、利用国际互联网等，对异域文化进行选择、判断，对已有的文化进行反思、变革和整合，融合成新的文化。不同文化间的交流、融合不是以一方对另一方的取代，而是吸收其他文化的有益成分，改造原有文化的过程。不同文化的交流、融合，不仅促进了世界文化的发展，同时也促进了本民族文化的繁荣；

（4）教育的人口功能。教育的人口功能主要体现在三个方面：

① 教育有助于控制人口增长。控制人口增长的手段有很多，教育在其中发挥着独特而长远的作用。其一，教育事业的发展与提高劳动力素质有关，这在一定程度上能够刺激家庭的教育需求，从而增加抚养孩子的费用；其二，教育程度的提高，可以转变人们的传统生育观念，提高人们对人口增长与国家发展关系的认识；其三，妇女教育程度的提高可以增强其就业能力与机会，职业妇女普遍面临着生育与职业的两难选择；其四，教育程度的提高，客观上推迟了人们的初婚年龄和生育时间，从而拉大了人们的代际年龄差距；

② 教育有助于提升人口质量。教育基本功能在于促进人的发展，实现人类社会的全面进步。教育提升人口质量的功能首先表现在对青少年儿童的培养方面，通过教育提高青少年儿童的科学文化水平，使其成长为德、智、体、美和谐发展的一代新人，增强他

们创造美好生活与享受美好生活的能力；其次表现在对成年人的教育上，通过一定的教育使成年人掌握新的知识技能，提高对优生优育的认识，掌握相关的优生优育知识和能力，为后代创造更好的生活环境，提高更好的成长条件；

③ 教育有助于改善人口结构。人口结构包括人口的自然结构与社会结构，自然结构指的是人口的年龄、性别等方面，社会结构是指人口的阶层、文化、职业、地域、民族等方面。教育无论是对人口的自然结构还是社会结构，都会产生一些积极的影响作用。这主要有三个方面。其一，教育有助于人们形成科学的生育观念，从而避免选择性生育带来的人口性别比失衡等问题；其二，教育可以改变人口的文化结构和职业结构，使其适应社会发展的需要；其三，教育促进人口流动，使人口的地域分布更加合理。

三、教育目的

（一）教育目的的内涵

教育目的即指教育要达到的预期结果，反映对教育在人的培养规格标准、努力方向和社会倾向性等方面的要求。狭义的教育目的特指一定社会（国家或地区）为所属各级各类教育人才培养所确立的总体要求。广义的教育目的是指对教育活动具有指向作用的目的领域（也有人称目标领域），含有不同层次预期实现的目标系列。其结构层次有上下位次之分，依次为：教育目的→培养目标→课程目标→教学目标→单元目标→课时目标等，各位次名称的含义及所产生作用的特点既有相同性，也有各自的独特性。它不仅标示着一定社会（国家或地区）对教育培养人的要求，也标示着教育活动的方向和目标，是教育活动的出发点和归宿。

教育目的对教育活动的社会倾向和人的培养具有质的规定性，主要表现在：

一是对教育活动的质的规定性。即规定教育"为谁培养人""为谁（哪个社会、哪个阶级）服务"。这种质的规定性在于明确教育进行人才培养的社会性质和根本方向，使其培养出与一定社会要求相一致的人；

二是对教育对象的质的规定性。主要体现为两方面：一方面规定了教育对象培养的社会倾向；另一方面规定了培养对象应有的基本素质，即要使教育对象在哪些方面得到发展，应养成哪些方面的素质等。总之，教育目的对教育活动所具有的质的规定性，说明教育目的作为培养人的总体要求，总是内在地决定着教育的社会性质和教育对象发展的素质，反映一定社会发展的需要。

（二）我国教育目的的落实

教育目的是全部教育活动的核心。为了充分发挥教育目的对教育活动的促进功能，教育工作者应当特别重视教育目的的落实。

1.落实我国教育目的时要特别注意的几个方面

教育目的实际上就是教育活动所要培养的人的质量标准和规格要求。要认真落实我国的教育目的，应当特别注意人才素质的以下几个方面：

（1）创造精神。即具有良好的知识基础和科学素养、敏锐的观察力和准确的判断力，面对庞杂的信息世界，能够进行有效地筛选，迅速捕捉有价值的信息，独立分析和决策，取得最优效益的能力；

（2）实践能力。所谓实践能力，即学以致用，解决实践中问题的能力，也包括直接的生产劳动和社会实践的能力。学以致用不仅是巩固知识学习的需要，更是学习的根本目的。参加适度的生产劳动和社会实践是培养一代新人的重要途径；

（3）开放思维。即要改变单一的思维参照标准，扩大思维的空间范围，具有高度的宽容精神、开放胸怀，敢于接纳新生事物，特别要具有在国际视野中对问题进行比较和分析的能力；

（4）崇高理想。创造精神和开放的胸怀只有与崇高的理想相结合才具有方向性。未来对青年一代的要求，不仅是有知识、有能力、有创造精神和开放思想，还必须有科学的世界观、人生观、价值观，优良的道德品质，具有为国家、社会的美好前途奋斗的精神。

2．落实我国教育目的必须正确处理的几个关系

（1）教育目的与教育目标的关系。教育目标是根据教育目的而制定的。除了考虑落实教育目的之外，教育目标还应结合各级各类学校教育的性质和任务，以及特定教育对象的身心特点及规律来确立。从教育目的到教育目标的转换实际上就是教育目的由一般到具体的实现过程。所以应当对不同学校的教育目标有正确的理解与界定。根据《中华人民共和国义务教育法》等法律的规定，义务教育和基础教育阶段，学校教育必须作到"两个全面"，即"全面发展"和"面向全体（学生）"。目前我国的义务教育阶段包括小学和初中阶段。其根本任务是"使儿童、少年在品德、智力、体质等方面全面发展，为提高全民族素质，培养有理想、有道德、有文化、有纪律的社会主义建设人才奠定基础"；基础教育除了小学、初中，还包括普通高中阶段。所谓"全面发展"主要指要使学生在德、智、体、美等方面都得到发展，在身体、心理和精神等维度都能健康成长。所谓"面向全体"就是应当为所有学生的发展提供全面的教育，从而为学生的未来成长和整体国民素质的全面提高服务。基础教育阶段教育目的的落实显然有别于职业技术教育、成人教育和高等教育等。后者必须根据其教育的性质、任务和教育对象的特殊性确定具体的培养目标；

（2）德、智、体、美诸育之间的关系。教育目的，如从内容结构上说，可以理解为应当进行德育、智育、体育和美育等几个方面的全面教育；如从受教育者的素质结构来说，是指应求得德、智、体、美几个方面的素质的全面发展。而教育对象素质的全面发展又需要实现德育、智育、体育和美育的诸育并举和相互贯通。所以正确处理诸育关系对于教育目的的实现至关重要。在诸育关系认识上，有两点至关重要。一是各育均有相对的独立性。应当根据不同的教育内容或领域的特点实施合乎规律的教育，有重点地完成整体教育目标，同时使德、智、体、美诸育相互配合、互相促进；二是现实或真正的教育应是一体的。在实际工作中虽然有所分工，但所有从事教育工作的人，都兼有完成德、智、体、美诸育的任务，都应是德育兼智育、体育和美育工作者。只有这样，全面发展的教育目的才可能真正实现；

（3）全面发展与因材施教的关系。这实际上是我国教育目的的全面发展和个性发展

相统一的一个具体要求。全面发展的一个维度是自由发展。全面发展不仅不排斥个性发展，而且是以个人合乎本性的自由发展为条件的。全面发展不等于平均或平面的发展。不同个体所处环境不同，具有的自身素质和客观条件也不同，因而会形成不同的个性、兴趣和特长。所以，必须根据每一个学生的特殊性对学生因材施教，在充分发挥每一个人的长处的同时求得他的全面发展；

（4）全面发展与职业定向的关系。在义务教育阶段，个性发展的一个重要意义就在于使有特殊个性和才干的受教育者更有可能适应未来不同社会工作的需要；在义务教育完成之后，各学段的教育则都直接具有职业定向的性质。全面发展的人才终究要在一定社会中生活，要满足社会发展的需要，教育就必须为不同的社会岗位培养人才。如果不管不同教育的性质和实际，一味片面强调划一的全面发展，反而会葬送全面发展的教育目的。在小学阶段，在促进学生全面发展的同时，应当鼓励学生对社会上不同职业的特点和要求有一些直观、感性的认识，激励小学生努力学习，为祖国的明天做好充分的准备。

四、教育的基本规律

所谓教育规律是指教育内部诸因素之间、教育与其他事物之间的本质联系。教育的基本规律主要有两个：一是教育与社会发展相互制约的规律；二是教育与人的发展相互制约的规律。

（一）教育与社会发展相互制约的规律

教育受社会发展的制约，同时又对社会发展具有反作用。

1. 教育与生产力相互制约

教育受生产力发展水平的制约，教育对生产力的发展起着促进作用。

（1）生产力对教育的制约作用。生产力的发展水平制约着教育目的；生产力的发展水平制约着课程设置与教育内容；生产力的发展水平制约着教育发展的规模、速度；生产力的发展水平制约着学校结构；生产力的发展水平制约着教学方法、手段、组织形式；

（2）教育对生产力的促进作用。教育是劳动力再生产的必要手段；教育是科学知识和技术再生产的手段；教育是生产新的科学知识和技术的手段。

2. 教育与政治经济制度相互制约

（1）社会政治经济制度对教育的制约作用。社会政治经济制度决定教育的目的；社会政治经济制度决定教育的领导权；社会政治经济制度决定受教育的权利；

（2）教育对社会经济制度的反作用。教育培养出具有一定阶级意识的人，维护和巩固一定的政治经济制度；教育通过影响社会舆论、道德风尚为政治经济制度服务；教育对政治经济制度不起决定作用。

（二）教育与人的发展相互制约的规律

1. 影响人的发展的主要因素

影响人的发展因素很多，主要有遗传、环境和教育三种。

（1）遗传在人的发展中的作用。遗传是指人们从父母先代继承下来的解剖生理特点。

①遗传素质是人的发展的生理前提或物质前提。第一，遗传素质为人的发展提供了可能性；第二，遗传素质的成熟过程制约着人的发展过程及其阶段；第三，遗传素质的差异性对人的发展有一定的影响作用。②遗传素质对人的发展不起决定作用。遗传素质是人的发展的物质前提，但对人的发展不起决定作用。第一，遗传素质为人的发展提供的是可能性，而不是现实性；第二，遗传素质随着环境和人类实践活动的改变而改变；第三，遗传素质对人的发展的影响是有限度的；

（2）环境在人的发展中的作用。① 社会环境对人的发展作用；② 人对环境的反应是能动的；

（3）教育在人的发展中的作用。① 教育是一种有目的的培养人的活动，它规定着人的发展方向；② 教育特别是学校教育给人的影响全面、系统而深刻；③ 学校有专门负责教育工作的教师；

2.人的发展对教育的制约

教育要充分发挥主导作用，必须遵循人的发展规律，主要是遵循以下四方面的规律。

（1）教育要适应人的发展的顺序性和阶段性，循序渐进地促进人的发展；

（2）教育要适应人的发展的不平衡性，在身心发展的关键期，施以相应的教育；

（3）教育要适应人的发展的稳定性和可变性；

（4）教育要适应人的发展的个别差异性，做到因材施教。

第四节　一体两翼三沟通语文教学的社会学基础

学校是一个教育社会，班级是一个微型社会，只不过学校是一种净化了的特殊社会。社会化教育以培养学生的社会信念与知识能力为目标，通过教育与训练使学生扮演未来的成人角色，为将来从事社会生活作准备。社会化教育的基本要求是学会生存，这是主体性道德人格教育的出发点与归宿。学校教育的过程，实质上是学生社会化的过程，一体两翼三沟通语文教学就是学生语文社会化的过程。所以一体两翼三沟通语文教学必须以社会学的理论为指导。

一、社会学的概念

（一）社会学的定义

社会学是社会科学中的一门学科。它以人类的社会生活及其发展为研究对象，它用科学的态度、实际社会调查的各种方法对社会现象、社会生活、社会关系和各种社会问题进行观察、分析和研究，从而揭示出人类各个历史阶段的各种社会形态、社会结构和社会发展的过程和规律，为人们积累认识社会和安排社会生活的科学知识，为有关社会部门正确处理社会问题提供参考资料和科学依据。概括地讲，社会学是研究关于社会运行和协调发展的规律性的综合性的社会科学。

首先提出"社会学"这一学科名称和创立这一学科的是19世纪的法国实证论者孔德，后又经英国学者斯宾塞把这一学科的理论进一步系统化，此后，社会学在世界各地尤其是在西方获得了发展。马克思创立的历史唯物主义诞生后，为研究人类社会生活、社会发展提供了正确的根本观点、原理和方法，从而也使社会学研究有了真正的科学基础。历史唯物主义的出现并没有也不可能代替社会学，社会学是一门正在发展中的学科，不少研究社会某一领域问题的学科，如经济学、政治学等已成为了专门的独立学科，另外对如人口、劳动、民族、宗教等社会现象问题的研究，也正在逐步发展为独立的学科，最终将从社会学中分离出去。但这并不会影响社会学的存在和发展，因为这些专门学科之间总是留有许多空白点，社会生活的发展中又总是会出现许多新的社会问题，社会生活各方面的联系是非常密切的，必须进行综合性的研究，这正是社会学研究的最大特点，所以社会学有着广阔的发展领域。社会组织、社会结构、社会功能、社会变迁等是社会学研究的重要内容，社会学基础理论和许多专门社会领域还可以构成社会学边缘研究学科，如政治社会学、经济社会学、宗教社会学、教育社会学、社会心理学等。社会学作为一门独立的学科问世以来只有一百多年的历史，它的理论体系、研究领域都不是固定不变的，它将随着社会的发展而发展，不断地完善自己，以更好地为帮助人们正确地了解社会、认识社会和改造社会服务。

社会学是一门具有多重研究方式的学科。主要有科学主义的实证论的定量方法和人文主义的理解方法，它们相互对立相互联系，发展及完善一套有关人类社会结构及活动的知识体系，并以运用这些知识去寻求或改善社会福利为主要目标。社会学的研究范围广泛，包括了由微观层级的社会行动或人际互动，至宏观层级的社会系统或结构，因此社会学通常与经济学、政治学、人类学、心理学、历史学等学科并列于社会科学领域之下。其研究对象包括与历史、政治、经济、社会结构、人口变动、民族、城市、乡村、社区、婚姻、家庭与性、信仰与宗教、现代化等领域。其方法论思想是多元的，比如以E·迪尔凯姆为代表的社会唯实论，认为人存在于社会之中，其行为和思想都并非纯粹服从于个体理性的，而是受到社会的塑造、限制乃至决定。另有以M·韦伯为代表的社会唯名论。马克思主义社会学认为：社会学是从总体上来研究社会的。它不仅研究社会生活中的某一个问题，而且研究这个问题和社会其他相关因素的联系，以及将来可能怎样发展。所以社会学能指导人们全面地考察各种社会现象，了解社会的大体系和小体系之间的相互关系，社会的各个组成部分的相互关系，人和社会的相互关系。"它的任务在于向我们揭示作为一个整体的社会生活，'再现'被专门社会科学'分割'成部分的社会统一性。"

简单来说，社会学是从社会整体出发，综合研究社会行为、社会关系及其变化发展规律的一门应用性社会科学。它在整个社会科学领域中占有极为重要的地位，其不仅是社会科学的基础性学科，也是一门与现实生活息息相关的应用性学科。从社会学中，不仅可以获得科学的社会知识，加深对社会现象的新认识，而且可以掌握许多分析与研究复杂社会现象的理论和方法，从而为我们科学认识个人、社会及其相互之间的关系奠定良好的基础。

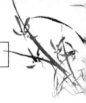

（二）社会学的地位

关于社会学的学科地位，社会学家也有许多不同的看法。归纳起来，主要有五种：

1. 总和论

即把社会学与各门社会科学的关系看成是整体与部分的关系。在创立时期，社会学刚刚从哲学的怀抱里解脱出来，社会学实际上是社会科学的代名词，同时它又在一定程度上有社会哲学或历史哲学的色彩，带有某种包罗万象、凌驾于各门社会科学之上的印记。

2. 综合论

即强调社会学是将各门社会科学的成果，从社会整体的角度来加以综合而得出的。根据这种综合和总和的观点，社会学是离不开各门社会科学的。斯宾塞就认为社会是各种社会科学的综合或总和。他的《社会学原理》包含了对政治、经济、宗教等各种社会科学的研究。

3. 普适论

即认为社会学原理具有普遍性，适于一切社会生活，因而把社会学与其他各门社会科学的关系看作是一般与特殊的关系。英国社会学家吉登斯在他 1896 年出版的《社会学原理》中说："社会学不是社会科学的总和，它是一种普通社会科学———一种研究社会元素与第一原理的科学。"这种观点认为，社会学研究社会的一般的普遍的现象，各门社会科学则研究社会生活的特殊现象。

4. 中心论

即认为社会学居于各门社会科学的中心，它既对其他社会科学有指导作用，又吸收其他社会科学的成果。

5. 平等论

即认为社会学与其他各门社会科学处于平等的位置上。

（三）社会学的特征

社会学是一门应用性和综合性都很强的学科。社会学有较强的适应力，可以与其他学科形成的交叉，发展出拥有多元知识背景的跨学科研究领域。作为一门人文社会科学，它也可以借鉴自然科学的学科知识，与自然科学形成跨学科研究，如化学社会学（研究化学物品对人类社会生活的影响）等都是十分有趣，值得探索的领域。

1. 整体性

社会学是从整体角度来研究社会的科学。在社会学创立以前，历史学、政治学、经济学等社会科学早已存在，但他们主要从部分角度研究社会现象。而社会是一个有部分构成的不可分割的整体，因此，对社会现象也应该从整体角度探讨其构成要素及发生发展规律。

2. 综合性

社会学是对社会进行综合研究的科学。其他社会学对社会现象的研究只是从某一领域的内部规律加以研究，如经济学只是对经济关系的内部的生产、交换、分配、消费等环节进行研究，而很少涉及经济与社会、经济与政治、经济与文化的关系，社会学则不同，他要着重探讨经济与社会其他组成部分乃至社会整体的关系，研究它们之间的相互作用。综合类似于交叉，但高于交叉，交叉只是在两个或几个领域之间进行相互联系的研究，而综合则是对与某一领域所有相互联系的方法加以研究。所谓综合性：指在研究某一种社会关系时，是联系有关的社会因素，以包括自然因素加以综合。同时结合和利用这其他科学的研究成果。

3.广泛性

社会学从动态发展的角度来广泛研究社会生活。历史学虽然也从整体角度研究社会生活，但它只研究过去，不关心现在和未来。而社会学则是在继承过去经验的基础上侧重研究社会的现在和未来，如对社会现代化问题的研究则明显地体现预见性。同时，对社会生活的研究涉及领域非常广泛，几乎涵盖现代社会的方方面面。

4.应用性

社会学研究还具有应用性的特点。其他社会科学也在发挥着对社会生活的理论指导作用，但不如社会学的作用直接。社会学尤其对现实社会生活的实证研究，发现问题并提出科学地解决方案，就能为社会实践提供直接的指导。如灾害社会学研究成果就为近年来发生的各种灾害提供了切实可行的解决对策，形成了中国抗洪涝、抗非典的成功奇迹。

整体性特征、广泛性特征、综合性特征和应用性特征是相辅相成的，整体性在于社会学关注的视角通常注重对社会整体结构或整体关系的考察，挖掘现象背后所连带的一系列关联因素，而不是孤立地看待某个问题。应用性在于社会学的研究对社会现象具有较好的解释力，并在一定程度上能够推而广之，运用到社会生活诸多领域之中。广泛性、综合性主要是社会学的研究对象具有广泛的综合特点，它的研究覆盖范围广、视野开阔而不局限于某个领域，方法上虽自成一派，但也能够容纳吸收多种学科的方法综合起来为己所用。此外，社会学的研究很大程度上从生活出发，形成理论，再回到生活中，由此将综合性与应用性有机地结合在一起。例如，对棚户区的研究，经济学可能从经济、收入的角度来解释棚户区的存在，政治学可能从意识形态的角度来阐明，然而社会学所看到的棚户区，也许是空间结构、社会关系再生产、社会资本、社会分层和权力介入等多方面因素共同合力的结果。

（四）社会学的功能

1.社会学的认识功能

社会学的学科功能从认识论的角度来看，主要体现为：描述、解释、预测和规范四种功能。

（1）描述功能。主要是指社会学使用科学的方法，客观而忠实地记录、搜集和整理关于社会现象及其过程的信息，为深入地认识和有效地管理社会提供可靠的感性经验资料。社会学以社会调查为基础，对社会事实进行全面系统地描述，可以使人们对社会的现状有个深入的认识。如毛泽东的《湖南农民运动考察报告》就是运用社会调查方法撰写的一篇社会学文章，使人们通过它可以对当时的农民运动状况、性质以及党对它的态度有个科学的认识和把握。社会工作专业要想为政府部门提出政策建议，就必须首先对存在的社会问题进行真实地描述。

（2）解释功能。是指社会学研究过程中，借助概念、范畴进行理论抽象，将描述功能得出的感性资料上升到理性认识，从而对社会现象的形成、发展及其过程做出科学的解释。它包括对社会现象进行客观的因果性考察和人的社会行动动机的意义理解。任何一种社会现象都有其产生的原因，社会管理者必须深入分析事物产生的根源，才能对事物进行精确的认识，社会学可教会我们如何分析社会现象产生的根源，找到了问题的症结就可以"对症下药"。如对贫困，环境问题等产生的原因进行剖析，就会使人们找到解决的对策。

（3）预测功能。即揭示将来的社会事件和状态是怎样的，以现在的研究为起点，通过发现存在的问题，分析其背后的引导因素，揭示其变化发展规律，从而判断社会现象未来的发展趋势。此功能经常运用于政策制定上。社会实践的目的是使事物向好的方面发展，避免向坏的方面发展，那么社会学理论就要对事物各种可能的发展趋势和条件进行分析和预测。用这种理论可以指导实践创造事物向好的方面发展的条件，消除向坏的方面发展的条件。如对环境的利用，采用可持续发展的理论，避免或消除破坏环境的条件，就可以使预测性功能在调整研究的基础上，根据已知因素，运用现有知识、经验，预计和人类与环境协调发展；又如犯罪受恶劣环境文化的影响，所以要减少犯罪就要创造良好的文化环境（网络管理、网吧管理）。

（4）规范功能。是指确定预定目标及其达到的手段，以及对社会目标、行动与手段的合理性和可行性评价的过程。从社会学的认识方面功能来看，它告诉人们社会现象的实际情况是什么（描述）、什么原因或者说为什么引起（解释）、将来会怎样变化发展（预测），在某种程度上，社会学不仅提供现成的社会知识，而且通过提供社会学视角和方法，启发或提供对问题的解决对策（规范）。四项功能依次回答是什么、为什么、将会怎样、应该怎样的问题，是相互联系、相互依存的。

2.社会学的实践功能

（1）社会实践功能的类别。从实践的角度来看，社会学的学科功能主要体现为：教育、管理、咨询、监督四种。

① 教育功能包括四个方面的内容：一是帮助公民了解自己；二是作好职业准备；三是做好日常决策；四是正确对待变革中的世界；

② 管理功能在于维护社会稳定运行，促进社会经济协调发展；

③ 咨询功能是指通过社会学自身的研究成果，对科学地管理社会和制定正确的社会政策提供有根据的、经过论证的实际建议，实事求是地进行理论分析，提出克服和解决问题的意见和建议；

④ 监督功能实时伴随于社会运行过程之中，对社会结构的有序发展、社会问题的发生及变化进行观察与控制。

（2）社会学的实践功能的意义。从社会学的实践功能看，它在帮助人们掌握社会知识的基础上（教育），帮助规范、巩固现存合理的社会结构和社会制度（管理），基于本身的学科背景提供建议（咨询），并不断发现和改善不利于社会发展的种种因素，起到监督社会发展的作用。具体而言，社会学的实践功能可以表现为：

① 进行社会发展战略研究，为政府的决策提供科学依据。社会发展战略是一个国家社会发展的根本方向、宏观步骤和长远措施。如我国的"三步走"战略、"2010 年远景规划"《国家中长期教育改革和发展规划纲要（2010-2020 年）》都属于此。发展战略不是随意制订的，它是经过科学的研究，慎重的思考确定的，社会学对社会发展战略的研究和制订发挥着重要作用。国外各级政府机构都有由社会学家组成的"智囊团"在为他们制订和实施社会发展战略服务；

② 参与社会现代化的规划、实施和检验工作。社会现代化是指一种由传统社会向现代社会转型的特殊社会变迁过程。它由各项社会发展指标体现出来，一个国家要根据自己的国情实事求是地规划自己的现代化蓝图，这也需要社会学家们运用社会学理论和方法对社会现代化的目标、步骤、方法进行设计、实施，如《国家中长期教育改革和发展规划纲要（2010-2020 年）》分为"总体战略""发展任务""体制改革""保障措施"四大部分。在现代化规划的实施过程中还要通过社会调查对实施中所遇到的问题进行检验，从而根据实际完善规划；

③ 为社会工作和社会管理提供必需的知识。无论是社会工作还是社会管理，其目的都是协调人与人之间，人与群体之间，群体与群体之间的关系，从而推动社会的发展，社会学为人们提供社会管理的相关知识，为社会协调发展服务；

④ 指导人们建立文明、健康、科学的生活方式。生活方式是指在一定的社会生产方式的基础上，由生活活动的主体—人的主观方面和客观环境相互作用而形成的生活样式和质量。社会生活并不都是文明、健康、科学的，生活方式涉及到人们怎样劳动、怎样消费、怎样过精神生活、怎样利用闲暇时间等。

二、社会化

（一）社会化的含义

社会化是指人接受社会文化的过程，即指自然人（或生物人）成长为社会人的过程。刚刚出生的人，仅仅是生理特征上具有人类特征的一个生物，而不是社会学意义的人。在社会学家看来，人是社会性的，是属于一种特定的文化，并且认同这种文化，在这种文化的支配下存在的生物个体。刚刚出生的婴儿不具备这些品质，因此他（她）必须渡过一个特定的社会化期，以熟悉各种生活技能、获得个性和学习社会或群体的各种习惯，接受社会的教化，慢慢成人。

从狭义上说，社会学所讲的社会化是指作为个体的"生物人"成长为"社会人"。但是从 20 世纪 50 年代开始，在以美国社会学家帕森斯为代表的结构—功能主义社会学和英克尔斯关于人的现代化研究的推动下，社会化研究的范围逐渐扩大，出现并形成了广义的社会化研究。在广义社会化的观点看来，社会化不仅是一个"生物人"向"社会人"转变的过程，而且是一个内化社会价值标准、学习角色技能、适应社会生活的过程。近年来，随着研究的深入，广义社会化的研究又有了新的发展：一是强调研究个体的社会化对整个社会良性运行和协调发展的意义，以及个体社会化过程中社会环境因素所起的作用，个体的成长与社会运行和发展之间的互动关系；二是扩大"个体"概念的内涵。以往社会化研究中的"个体"一般是处于不同年龄阶段的生物意义上的个体。后来，社会化研究中的"个体"概念的内涵逐渐变化为，既可以指一个个具体的人，也可以指社会意义上的一个群体或单元，比如一同龄群体、一个文化群落。甚至处于特定发展水平上的某种文化传统。

社会化概念的内涵除了有一个从狭义到广义的发展过程外，还存在 3 种不同的理解角度：一是从文化的角度来看，社会化是一个文化传递和延续的过程，社会化的实质是社会文化的内化。这种研究角度受文化人类学的影响，属于社会化研究中的文化学派；二是从个性发展的角度，社会化被视为一个人的个性形成和发展的过程，社会人就是经由社会化过程而形成的个性的人。这个研究角度明显收心理学中社会化研究的影响，属于社会学中社会心理学派的立场；三是从社会结构角度认为，社会化就是要使人变得具有社会性。

综合上述三个研究角度，所谓社会化，是指个体在与社会的互动过程中，逐渐养成独特的个性和人格，从生物人转变成社会人，并通过受文化的内化和角色知识的学习，逐渐适应社会生活的过程。在此过程中，社会文化得以积累和延续，社会结构得以维持和发展，人的个性得以健全和完善。社会化是一个贯穿人生始终的长期过程。

（二）社会化的内容

社会化的内容非常广泛，这里我们从三种角度来概括社会化的基本内容。

1. 促进个性形成和发展，培养自我观念

人格是指人的个性特征及其所持的价值标准，它是一个人所具有的比较稳定的生理、心理素质和社会行为特征的总合。个性的形成和发展，主要是受一个人所处的社会物质生活条件和所受教育的影响，以及他所从事的各种社会活动的影响，社会化对于人格的形成起着重要作用。每个人都有自己的个性特征，但是在正常的社会化过程形成和发展起来的个性之间也存在共同点，即都应是符合社会价值标准的个性。社会学研究社会化问题就是要促进这种个性的形成和发展。

个性与社会价值标准吻合，能够有效地参与社会生活，社会学称之为个性调适或人格调适。相反，如果两者脱节，不能有效地参与社会生活，称为人格解组。个性的核心内容及形成、发展的标志是自我。自我也称自我意识、自我观念，是指个体对自己存在状态的觉察和认识。包括对自己的生理状况：身高、体重、形态等；对自己的心理特征：兴趣爱好、能力、性格、气质等；自己与他人的关系，自己在社会和群体中的位置与作用等一系列涉及认识自己的内心活动。

培养和塑造个人什么样的自我观念，对个人和社会来说是极为重要的基础。培养完善的自我观念，就是要人们把对自己的认识与社会规范协调一致，就是要使人们在经历了社会化过程之后，从外在行为到内心世界尽可能地合乎社会的需要。现实生活中，同一社会化模式培养的社会成员并不完全一样，每个人都有自己独特的风格，人与人之间

存在着差异性。因为，社会化不仅仅是社会教化，个人学习社会文化，取得社会成员资格的过程，同时也是个人通过学习，积累社会知识，发展和形成自己个性的过程。人的个性，以先天素质为基础，受环境制约、影响，随着个人社会化的进程而逐步形成和发展起来。一方面，社会化使得生活在同一个民族、国家，同一个阶级、阶层，同一时代的人的个性具有一些共同的特征，即每人的个性中都会内在地包含民族性、阶级性、时代性等共性的东西。这是社会文化传递的结果。如不同国家的国民性就是寓于其社会成员个性之中的共性因素。另一方面，社会化又不可能造就具有完全相同个性的个人。主要原因在于：一是每个人都有自己独特的遗传因素；二是每个人都有自己特殊的社会生活环境和生活经历；三是个人在社会化过程中具有能动作用。虽然个人在社会化过程中会有某种身不由己的力量制约自己的活动，但面对社会，个人并非是消极被动的，在一定范围内拥有选择余地。因而，我们在现实生活中看到的是，同在一个家庭中长大的兄弟姐妹，性格特征也存在很大差异，甚至完全相反。

因而，社会化既造就了人的社会共性，又塑造了人的独特个性，是人的社会共性与独特个性的有机统一过程。

2. 内化价值观念，传递社会文化

社会化研究文化的传递模式，认为社会化是社会文化的传递过程，从这个角度看，社会化的内容就是个人学习和掌握社会文化。一般说来，社会文化的核心内容包括价值体系、社会规范两大部分。个人通过社会化过程将社会价值观念内化，学习和掌握社会规范。在社会学看来，这一过程对于个人人格的形成和发展及自我观念的完善，以及个人在特定社会结构中的角色扮演具有重要意义。社会要正常运行，人与人交往要顺利进行，都要有一定的行为规范。正是社会化的过程把各种规范灌输给儿童，使一个不谙世事的孩童成为一个遵纪守法、彬彬有礼的公民。对于社会的意义在于，这一过程事实上就是社会文化的继承、传递和延续。

3. 掌握生活技能，培养社会角色

社会化研究的社会结构模式认为，社会要使人们知道社会对不同角色的具体要求。社会化过程就是角色学习的过程，角色学习首先必须以基本生活技能和某些专门技能的掌握为基础，在此基础上了解自己在群体或社会关系中的地位，按社会结构中所规定的规范行事。初生的婴儿除了吸奶等本能外，对其他生活知识一无所知。父母首先承担起传授生活知识的任务，教孩子说话、吃饭、穿衣，并且是运用一定的文化模式来传授基本生活知识的。在传统的农业社会，大多是子承父业，因此职业训练大多在家庭中进行。在现代社会，职业训练多由专门的学校、企业来完成。社会化的最终结果，就是要培养出符合社会要求的社会成员，使其在社会生活中承担起特定的责任、权利和义务。社会学的社会化研究就是要考察和解决有助于把人推到一定社会结构中充任角色的条件和机制。

（三）社会化的意义

1. 促进教学的开放，培养学生的能力

学校教育的社会化，要求打开校门，引导学生走向广阔的社会生活。学生必须走出狭隘的学校空间，进行社会调查，参与社会实践，把握时代脉搏。这可以培养学生主动地参与、积极地实践的习惯。凭借这个过程，可以了解社会的发展、时代的要求、人们的人生态度和理想信念，进而以此为参照来设计自己、调整自己、充实自己。在开放的社会化教学中，学生能参与更大范围的学习创新活动。把从社会实践、社会调查中发现的社会热点、疑点等现实问题带回到课堂上，通过深讲、辩论、新闻聚焦……从而为课堂教学注入新的活力。这种社会化的结果，学生就能逐步形成明确的价值观念、人生态度和创新精神。因此，每个教育者，应根据社会需要改进教学，培养学生的创新能力，努力充实学生的心灵。

2. 促进人格形成和发展，塑造完善的自我

对个人而言，社会化的意义是多方面的。其中，塑造健全的人格和自我是个体社会化的最主要的内容。从社会化的角度来看，人格是指通过社会化而形成的观念、态度、习惯和性格等，是一个比较稳定的生理、心理素质和行为特征的总和。人格是社会化的产物，社会化不仅培养了人的共性，也培养了人的独特性，这种独特性一般表现在人的兴趣、能力、性格等方面。在正常的社会化过程中，这种独特性是符合社会价值评价标准的。人格的核心内容及其形成和发展水平的标志是自我。自我也称自我概念或自我意识，是个体对自己存在及存在状况的觉察，是对自己生理、心理状况的认识，其中包括自我评价、自我感觉、自尊心、自信心、自制力、独立性、自卑感等一系列涉及认识自己的内心活动。自我是在一定的社会文化环境中，通过主体与他人的相互作用形成的，是社会化的必然产物。同时，一个人的自我意识形成之后，就能够指导自己的行为，知道应该做什么和怎样做，从而影响社会化选择。因此，在社会化过程中培养或塑造个体怎样的自我概念，对个人和社会来说都是极为重要的。自我的发展贯穿社会化的始终，它的形成和完善对个人的学习和工作有重大的推动作用，对态度形成和转变起着调节甚至是决定性的作用，对人在社会生活中的活动具有自我调控功能。

3. 内化价值观念，传递社会文化，推动社会发展

文化既是一种历史现象，也是一种社会现象。社会及社会发展的每个阶段都有与其相适应的文化。从广义上讲，文化是指一定物质资料生产方式基础上精神财富的总和。由于社会文化的纷繁复杂，个人社会化的过程中所内化的社会文化只能代表特定文化中最核心的、最基本的内容。一般来说，社会文化的这些核心内容包括价值体系、社会规范两大部分。价值体系指社会民族或群体中存在的比较一致的共同理想、共同信仰及较为持久的信念，在社会文化中的核心地位表现为对个人社会行为所起的定向作用和稳定作用。社会规范是社会文化的另一项核心内容，教导和学习社会规范是内化社会文化过程的主要组成部分。社会规范是维持社会秩序的工具，表现为一种标准或规定，它包括道德规范、法律规范及各种各样的生活规则。社会规范比价值体系具有更大、更明确的强制性和制约性，但要使其发挥作用，仍需要通过社会各种形式的教育和舆论的力量，把它内化为人们的信念、行为方式和行为习惯。

对于个人来说，学习和掌握社会文化，或者说社会文化的内化，属于正常的社会化

过程中的重要组成部分。经由这一过程习得的社会价值和社会规范是个体社会学习过程的重要内容，这对于个体的人格和自我概念的形成、发展以及个体在特定社会结构中的角色扮演具有重要意义。此外，社会文化的内化对于社会的文化继承、传递和延续意义更为深远。个人通过社会化过程将社会价值观念内化，学习和掌握社会规范，这事实上就是传承和保存了社会的文化。在社会心理学看来，社会文化的传递和延续，以及在传递和延续当中必然要出现的变化就是社会发展，所以社会化也推动和促进社会的变化和发展。

4.掌握生活技能、培养社会角色

社会化过程无论多么复杂，最后都要体现为个人对社会角色的扮演。所谓社会角色，简单地说，就是社会平台上特定角色的表演者，即有着特定权利、义务、行为规范的人。社会化的任务就是要培养出符合社会要求的社会成员，使其在社会生活中承担起特定的责任、权利和义务。社会化过程就是角色学习的过程，角色学习又必须以基本生活技能和某些专门技能的掌握为基础，特别是在科学技术日益发展的现代社会，这些技能的学习和掌握对于包括成年和未成年人在内的所有个体具有同样重要的意义。正是在这个意义上，角色学习过程应当包含基本生活技能的学习和专门技能的发展，以及与此同时出现的对角色的理解。

（四）社会化的基本途径

社会化是通过社会教化和个体内化实现的。社会教化和个体内化是相辅相成的，没有社会教化，就没有个体内化；而没有个体内化，社会教化也就毫无意义。如果说社会教化是社会化的外部动因，那么个体内化则是社会教化得以实现的内在因素。

1.社会教化

社会教化，即广义的教育。它是指社会通过社会化的机构及其执行者实施社会化的过程。

社会化的机构，包括家庭、学校、社会团体、社会组织、大众传播媒介以及法庭、监狱和劳动教养所等；社会化的执行者，则是指这些机构的组织者及其成员。社会教化可以分为两大类：一是有系统的、正规的教育。如各级各类学校，它们担负着传授社会知识、灌输行为规范、培养职业技能和人生价值观念等任务；二是非系统的、非正规的教育。如社会风俗、群体亚文化、传播媒介对人的影响，这类教化往往是在无形之中发生作用的，因此，它对个人的成长、心理的成熟与变化以及行为方式的选择，起着潜移默化的影响。

2.个体内化

个体内化是指社会化的主体经过一定方式的社会学习，接受社会教化，将社会目标、价值观、道德规范和行为方式等转化为自身稳定的行为反应模式和人格特质的过程。

个体内化是在个体的活动中实现的，充分体现了个体社会化的主动性。社会心理学家从不同方面研究过实现个体内化的社会心理机制，其中主要包括：

①观察学习。这是班杜拉等社会学习论者解释人的社会行为的内化的主要概念，它说明个体可以通过对他人行为及其后果的观察而获得替代性强化，来获得知识和行为；

②认知加工。即个体通过感知、记忆、想象、表象、思维等认知活动，将外部世界的信念内部化；

③角色扮演。这是一个综合性的学习过程，个人能够通过角色扮演了解社会对该角色的期望，并形成与此期望相一致的行为模式；

④主观认同。主观认同又称"自居作用"，弗洛伊德曾以此说明社会道德的内化，并认为儿童对超我的内化对其行为具有强制性作用，它既属于意识，又属于无意识。儿童认同谁，或以谁自居，就会以他作为自己仿效的榜样；

⑤自我强化。个体在某项活动中达到了自己的目标，便会得到精神上的满足，这就是一种自我强化。自我强化增加了个体在日后依此行为模式行事的可能性。

（五）社会化与个性化

1.个性化的含义

在社会化的过程中，个性化的发展也不容忽视。所谓个性化，是指个体在实现社会化的同时，形成个人心理行为倾向的独特性的过程。个性作为一个决定个体思维和行为方式的内部动力系统，是个人的社会共同性和自身独特性的有机统一体。它决定着一个人如何看待世界和如何体验世界，决定着一个人如何看待自己和如何体验自己，也决定着一个人如何看待他人和体验他人。正如社会化贯穿人的一生，个性化也是伴随着生命的开始，贯穿人的一生。婴儿会试图把自己看做区别于看护者的单独的人，三岁左右的幼儿常对成人回答"不"来宣告他的自主，童年时期为了在同伴中标新立异而乐于在游戏中表现自己的特殊才能，青少年时期则强烈地需要从家庭中独立出来，形成完整的自我同一性。

2.社会化与个性化的关系

个体的社会化和个性化是一对贯穿于生命全过程的矛盾。这个矛盾表现为个体既是社会的存在，同时又是个别的存在。个体既与他人有着千丝万缕的联系，又不得不独自面对人生中的许多情景，这种联系性和孤立性从人一降生就存在，一直持续到生命的结束。社会化的过程正是这样一种矛盾状态的双重运动，在这个过程中，我们不仅能提高与他人建立联系的能力，而且能更好地认识自己与他人的区别，使我们在更具社会性的同时，也更具有个性。

一些理论认为，社会化与个性化是个体发展过程中极为不同的两个方面，有时甚至是背道而驰的。要发展个性，个人就需要从事许多不同于社会化行为的活动。要确立个人与他人的区别以及独特的社会地位，常常导致把个人置于一种与他人对立的关系之中。反之，要成为社会接受的人，有时则意味着牺牲自我的独特性，改变自己的愿望和习惯而服从他人的期待。精神分析理论强调个人需要和社会需要之间存在着普遍而持续的差别，认为要接受社会文明就意味着个人必须放弃某些基本的冲动。但是这些冲动在放弃之后并不简单地消失，它们在适应着社会文明生活的个人身上成为冲突和不满的根源，通常这种冲突能被控制或向积极的方向升华，但有时这种冲突也导致心理疾病，成为社会性异常。弗洛伊德甚至认为反社会的冲动构成人的内在本性的一部分，当然，他的这一结论也引起了许多争议。

其实，社会化与个性化在个体发展中是并行不悖的。一个人对他人了解得越多，他对自己的了解也越多，反之亦然。因为，自我与他人的相互作用所发生的反馈既提供了他人的信息，也反映了自我的特征。在与他人建立社会关系的过程中，个人学会与人相处，了解他人也了解自己。心理学家包德温阐述了个体发展的这种两重性，认为儿童只有通过与他人的相互交往才能逐步了解自己。他认为，自我的建构来自他人的反馈，而与此相反，关于他人的知识则来自于自我向外的投射。所以一个幼儿发现自己受到不公平的对待时会发怒，他会假设别人也会以同样的方式对待不公平。这样，儿童关于自我和他人的意识是同时增长的，在发展过程中密不可分地联合在一起。包德温的观点使我们更清楚地认识到个性化与社会化之间的基本联系，看到理解自我和理解他人这个双向过程的内在一致性。

总之，社会化和个性化有着一定程度的区别，对这方面起促进作用的行动，不一定适用于另一方面，有时甚至是相互对立的。但是在正常的发展过程中，二者是并行不悖，相辅相成，对于个体成长和社会适应都起着重要的作用。个体只有在社会化的人际关系中才能建构自我，而同时又必须超越这种关系才能开拓自身独特的生活道路。

第四章　一体两翼三沟通语文教学的基本理念

一体两翼三沟通语文教学，是全面贯彻国家教育方针，全面提高学生语文素质的有效途径。它以全面育人为宗旨，以提高学生的核心素养为目的，以培养学生能力为基础，以发展学生思维为核心。这是一体两翼三沟通语文教学的必然要求。

第一节　一体两翼三沟通语文教学以全面育人为根本宗旨

《国家中长期教育改革和发展规划纲要（2010-2020 年）》指出：教育工作的根本要求是"育人为本"。人力资源是我国经济社会发展的第一资源，教育是开发人力资源的主要途径，育人为本是教育工作的根本要求。教学过程中，以学生为主体，以教师为主导，充分发挥学生的主动性，把促进学生成长成才作为学校一切工作的出发点和落脚点；关心每个学生，促进每个学生主动地、生动活泼地发展；尊重教育规律和学生身心发展规律，为每个学生提供适合的教育，培养造就数以亿计的高素质劳动者、数以千万计的专门人才和一大批拔尖创新人才。语文课程的基础工具性，要求一体两翼三沟通语文教学以全面育人为根本宗旨。

一、以人为本的历史渊源

（一）以人为本的起源

我国代最早明确提出"以人为本"的是春秋时期辅佐齐桓公九合诸侯、一匡天下的杰出政治家、思想家齐国名相管仲。在西汉刘向编成、汇辑管仲众多思想观点的《管子》一书"霸言"篇中，记述了管仲对齐桓公陈述霸王之业的言论，其中有一段这样说："夫霸王之所始也，以人为本。本理则国固，本乱则国危。"（见商务印书馆"万有文库"版本《管子》，1936 年版，第二册第 8 页）意为霸王的事业之所以有良好的开端，也是以人民为根本的；这个本理顺了国家才能巩固，这个本搞乱了国家势必危亡。管仲所说的以人为本，就是以人民为本。在我国古文献中，"人"与"民"二字经常连用，合成为一个词组。例如最古老的诗集《诗经·大雅·抑》有这样名句："质尔人民，谨尔侯度，用戒不虞。"意为劝戒大臣们要自警自律，要善于治理你的人民，谨慎你的法度，防止意外事故。后来《水浒传》第二回写到高俅被发配流放到外地时，有这样说法："东城里人民不许留他在家宿食"。人民在古汉语中意为平民百姓。与《诗经》齐名的《书经》则说："民为邦本，本固邦宁"。应该说，"以人为本"与"以民为本"，意思完全相同。孟子在《孟子·尽心》中强调："民为贵，君为轻"。又说："诸侯之宝三，土地、人民、政事。"可见孟子所说的"民为贵"也就是以人为本之意。

除了管仲明确提出"以人为本"之外，大多是讲"民为邦本""民为贵""民者，君之本也"(《谷梁传》)、"闻这于政也，民无不为本也。国以为本，君以为本，吏以为本。"(贾谊《新书·大政上》)，"国以民为本""民可以载舟，亦可以覆舟"(唐太宗李世民《民可畏论》)，等等。这些说法很容易给后人一个错觉，误以为我国历史上只有以民为本的民本思想，而不像西方历史那样有以人为本的人本思想。《理论前沿》2005年第18期刊登的一篇文章就提出以人为本与以民为本有三点区别：以人为本是马克思主义关于人的思想的本质体现，以民为本是中国传统文化具有积极意义的可贵说法；以人为本发展经济是不断满足和丰富群众物质生活的基础和前提，以民为本发展经济是将仁义道德放在物质利益之上；以人为本是要充分发挥广大群众的创造性和体现广大人民群众的根本利益，以民为本是中国传统讲述统治者治国利益需要的术略。其实这三点应该说是我们党当今提出以人为本与古代以人为本的区别。

当代国学者在总结我国历史优秀文化遗产时，虽然有人用"以民为本"的提法，但是更有多人用"以人为本"的提法。国学大师张岱年主编的《中国文化概论》(北京师范大学出版社1994年出版，系国家教委推荐的公用教材)，将以人为本与天人合一、刚健有为、贵和尚中并列为中国传统文化的四大要点。中年学者张维青、高毅清合著的《中国文化史》四卷本力作(山东人民出版社2001年出版，系山东省教委的科研项目，作为高校教材)，书中第三编春秋战国部分，标题用的也是"动乱世道的人本追求"。总之，管仲提出的"以人为本"应该作为中国传统文化的基本精神。当今我们既要继承，又要超越。

（二）以人为本的思想发展

2003年7月28日，胡锦涛在中国共产党十六届三中全会上讲话中提出："坚持以人为本，树立全面、协调、可持续的发展观，促进经济社会和人的全面发展。"以人为本思想是我们党摒弃了旧哲学人本思想中封建地主阶级、资产阶级的阶级局限和历史唯心主义的理论缺陷，借鉴国际经验教训，针对当前我国发展中存在的突出问题和实际工作中存在的一种片面的、不科学的发展观而提出来的。这种片面的、不科学的发展观认为，发展就是经济的快速运行，就是国内生产总值（GDP）的高速增长，它忽视甚至损害人民群众的需要和利益。这种发展观"见物不见人"，其实质是一种"以物为本"的思想，它和以人为本所代表的是两种不同的发展观。

改革开放以来，我们党始终强调把发展生产力作为社会主义社会的根本任务。科学发展观并不否认经济发展、GDP增长，它所强调的是，经济发展、GDP增长，归根到底都是为了满足广大人民群众的物质文化需要，保证人的全面发展。人是发展的根本目的。提出以人为本的科学发展观，目的是以人的发展统领经济、社会发展，使经济、社会发展的结果与我们党的性质和宗旨相一致，使发展的结果与发展的目标相统一。正如胡锦涛同志所说，坚持以人为本，就是要以实现人的全面发展为目标，从人民群众的根本利益出发谋发展、促发展，不断满足人民群众日益增长的物质文化需要，切实保障人民群众的经济、政治和文化权益，让发展的成果惠及全体人民。

以人为本，不仅主张人是发展的根本目的，回答了为什么发展、发展"为了谁"的问题；而且主张人是发展的根本动力，回答了怎样发展、发展"依靠谁"的问题。"为了谁"和"依靠谁"是分不开的。人是发展的根本目的，也是发展的根本动力，一切为了人，一切依靠人，二者的统一构成以人为本的完整内容。只讲根本目的，不讲根本动力，或者只讲根本动力，不讲根本目的，都不符合唯物史观。毛泽东同志指出，人民群众是历史的主人；同时指出，人民，只有人民，才是创造世界历史的动力。胡锦涛同志说，相信谁、依靠谁、为了谁，是否始终站在最广大人民的立场上，是区分唯物史观和唯心史观的分水岭，也是判断马克思主义执政党的试金石。

需要特别强调的是，胡锦涛同志所有关于以人为本的论述，都十分明确地指出，我们所讲的以人为本，是以广大的人民群众为本，这里的人，不是抽象的人，也不是某个人、某些人。一切为了人，一切依靠人，就是一切为了人民群众，一切依靠人民群众。这里讲的人和人民，是同一个意思。

在中国历史上，"人"和"民"有时通用，人本也即民本。但在当代，作为一种哲学价值观，人本和民本又是不同的。前面指出，人是相对于物和神而言的。人本是讲人与物、人与神的关系，而民本则是讲人与人的关系。民是相对于官而言的。"民为贵，社稷次之，君为轻"，就是中国儒家政治哲学的集中表述。

作为执政党，从工作层面，也讲民，要坚持权为民所用，情为民所系，利为民所谋，正确处理党同人民群众的关系。但它和历史上的民本思想根本不同。因为从性质上说，中国共产党作为领导我们事业的核心力量，它来自人民群众，植根于人民群众，服务于人民群众，是广大人民群众根本利益的忠实代表。党同人民群众之间领导与被领导的关系，完全不同于旧中国君同民之间统治与被统治的关系。我们讲民，是要求我们的领导干部，自觉地做人民的公仆，坚决克服旧社会遗留下来的"官本位"思想，反对工作中的官僚主义、形式主义、命令主义。对于我们党来说，坚持以人为本，就是坚持立党为公、执政为民，就是坚持全心全意为人民服务，就是坚持在任何时候、任何情况下，都要相信人民群众、依靠人民群众、为了人民群众，始终保持党同人民群众的血肉联系。

二、育人为本的内涵和目标

（一）育人为本的内涵

育人为本是教育的生命和灵魂，是教育的本质要求和价值诉求。育人为本的教育思想，要求教育不仅要关注人的当前发展，还要关注人的长远发展，更要关注人的全面发展；不仅要关注被育之人、育人之人，还要关注所服务之对象——国家和人民，为国家服务、为人民服务，不断满足国家和人民群众的需要。

1. 坚持以人为本，全面实施素质教育

这是教育改革和发展的战略主题，是贯彻党的教育方针的时代要求，其核心是解决好培养什么人、怎样培养人的重大问题，重点是面向全体学生、促进学生全面发展，着力提高学生服务国家服务人民的社会责任感、勇于探索的创新精神和善于解决问题的实践能力。坚持以人为本，在教育工作中的重要着眼点是全面提高国民素质。这就需要全面实施素质教育。

2.坚持以人的全面进步和发展为本

人的发展既包括人自身的发展，也包括社会为人的发展所提供的条件。育人为本教育思想的实质，就是坚持以人的全面进步和发展为本，把人作为社会主体和中心，在社会发展中以满足人的需要、提高人的能力、提升人的品质、实现人的全面发展为终极目标；就是重视人本身的发展，将个体的全面发展与个性发展统一起来，将个体的人文精神与科学精神的养成统一起来，使之能够在复杂多元、快速多变的社会环境中正确进行知识选择和创新。

3.坚持以满足人民群众的需要为本

教育是现代社会中人们的最大需要。教育发展必须不断满足人民群众日益增长的科学文化教育需要，特别是要满足人民群众渴望子女接受优质教育的需要，切实保障人民群众及其子女接受良好教育的权益，努力办好让人民满意的教育，办好让人民满意的学校，让教育发展的成果惠及全体人民，真正体现出发展为了人民、发展依靠人民、发展成果由人民共享。

4.关注人人接受教育机会的公平性

所谓机会均等是指人人在教育活动和过程中都享有同等的受教育机会。让所有人都能够享有公平的受教育机会是教育最崇高的理想。教育公平是社会主义教育的本质要求。保障人人享有公平的受教育权利和机会，使全体人民学有所教，是教育工作义不容辞的责任。

5.满足每个人接受教育的个性需要和期望

教育的最高境界是满足每个人的个性需要和他们的期望。1994年，联合国教科文组织通过的《萨拉曼卡宣言》首次提出了全纳教育的概念，就是为每个人提供一个有效的教育机会，同时符合每个学生或学习者不同的需求，也就是要让每个人获得他所需求的有效的学习机会。育人为本教育思想要求教育既要了解社会和文化的多样性，也要了解到每个人、每个学生都有着不同的个性，使教育能够满足每一个学生的需求和他们的期望。

（二）育人为本的目标

育人为本的教育思想，把教育与人的幸福、人的价值、人的尊严、人的需要、人的全面发展和人的终身发展有机联系起来，以现代人的精神塑造人、以全面发展的广阔视野培养人。百年大计，教育为本。教育作为培养人的伟大事业，学校作为教育的重要场所，无论对国家和民族的振兴，还是人的全面发展，无论从学生的发展、教育的发展，还是学校的发展来看，都必须坚持育人为本，以人的全面发展和满足人的需求为目标。

1.坚持德育为先

把社会主义核心价值体系融入国民教育全过程。胡锦涛总书记在全国教育工作会议上的讲话中指出，德是做人的根本，只有树立崇高理想和远大志向，从小打牢思想道德基础，学习才有动力，前进才有方向，成才才有保障。把理想信念教育作为教育核心价值的重中之重，把加强思想道德教育作为教育核心价值的核心要素，把弘扬以爱国主义为核心的民族精神和以改革创新为核心的时代精神作为重要内容，引导和教育学生自觉践行社会主义荣辱观，增强社会责任感，培养高尚道德情操和健康生活情趣，保持昂扬奋发的精神状态，报效祖国，服务社会。把德育融入学校课堂教学、学生管理、学生生活全过程，充分体现时代性，准确把握规律性，大力增强实效性。

2. 坚持教育以促进人的发展为本

以实现人的全面发展为终极目标。以人为本的教育发展观改变了传统教育中只重知识传授，而忽视人的能力和人格培养的倾向，注重人的素质的提高、能力的培养、个性的发展，以及人的创新能力和精神的培养。把德育、智育、体育、美育有机融合在教育活动的各个环节中，教育学生不仅要学会知识，还要学会动手、学会动脑、学会生存、学会做事、学会做人。促进学生全面发展，优化知识结构，丰富社会实践，加强劳动教育，着力提高学生的学习能力、实践能力、创新能力，提高综合素质。

3. 坚持学校以育人为本、以学生为主体

让学校成为学生幸福成长的学习乐园。以育人为本、以学生为主体，就是要坚持一切为了学生，为了学生一切，为了一切学生。充分发挥学生的主动性，尊重教育规律和学生身心发展规律，让人人可以成才的观念贯穿教育全过程、贯穿社会各行各业，着力培养我国现代化建设需要的各方面人才，特别是要高度重视培养拔尖创新人才，大幅提高教育培养创新人才的能力和水平。

4. 坚持办学以人才为本、以教师为主导

让学校成为教师幸福工作的精神家园。教师队伍建设是学校教育发展的核心。教师既是管理的对象，又是管理的主体，更是管理的主人。以教师为本，充分调动广大教师的办学积极性和创造精神，既是人本管理的最基本原则，也是办好学校的重要因素。从教育发展的实践看，所有制约性因素最后都归结到教师资源的配置上，这是当前我国教育制度创新面临的重大问题。在推进教育发展过程中必须抓住教师队伍这个核心，通过制度创新，激发教师和校长的职业活力、专业创造力和教育教学热情；通过引入竞争机制不断增强学校的发展动力、活力。

5. 坚持尊重个性和承认差别

办好适合每个学生成长需要的教育。坚持育人为本，要求在教育发展中既要尊重教育规律，更要尊重学生成长成才规律。让每个人都有机会获得优质的教育，同时充分考虑不同孩子的个性发展需求。以人为本的教育发展应该是能够体现多样性、个性化和特色化的教育，能为每个不同家庭背景、不同智力水平、不同性格和志向的学生提供相适应的学习和成才机会。把促进学生健康成长作为学校一切工作的出发点和落脚点，关心每个学生，促进每个学生主动地、生动活泼地发展，为每个学生提供适合的教育。

6. 坚持教育为人民服务的宗旨

努力办好人民满意的教育，让教育发展的成果惠及全体人民。党的十七大第一次把教育作为社会建设之重点、改善民生之首，要求"着力解决人民最关心、最直接、最现实的利益问题"。教育涉及千家万户，惠及子孙后代，从根本上说，教育为人民服务，满足人民需要，就是要通过发展教育，大力促进教育公平，保障人民享有接受良好教育的机会，既满足人民日益增长的接受优质教育的需求，也满足人民选择教育的需要，提升学校办学水平，办出适应不同学生个性发展需要的教育。

三、全面育人是教育改革和发展的总要求

（一）教育改革发展的战略主题是"坚持以人为本、推进素质教育"

坚持以人为本、推进素质教育，是贯彻党的教育方针的时代要求，核心是解决好培养什么人、怎样培养人的重大问题，重点是面向全体学生、促进学生全面发展，着力提高学生服务国家人民的社会责任感、勇于探索的创新精神和善于解决问题的实践能力。

坚持德育为先。把社会主义核心价值体系融入国民教育全过程。加强马克思主义中国化最新成果教育，引导学生形成正确的世界观、人生观、价值观；加强理想信念教育，坚定学生对中国共产党领导、社会主义制度的信念和信心；加强民族精神和时代精神教育，增强学生爱国情感和改革创新精神；加强社会主义荣辱观教育，培养学生团结互助、诚实守信、遵纪守法、艰苦奋斗的良好品质。加强公民意识教育，树立社会主义民主法治、自由平等、公平正义理念，培养社会主义合格公民。把德育渗透于教育教学的各个环节，贯穿于学校教育、家庭教育和社会教育的各方面。构建大中小学有效衔接的德育体系，创新德育形式，丰富德育内容，不断提高德育工作的吸引力和感染力，增强德育工作的针对性和实效性。

坚持能力为重。优化知识结构，丰富社会实践，强化能力培养。着力提高学生的学习能力、实践能力、创新能力，教育学生学会知识技能，学会动手动脑，学会生存生活，学会做事做人，促进学生主动适应社会，开创美好未来。

坚持全面发展。全面加强和改进德育、智育、体育、美育。坚持文化知识学习和思想品德修养的统一、理论学习与社会实践的统一、全面发展与个性发展的统一。加强体育，牢固树立健康第一的思想，切实保证体育课和体育锻炼时间，加强心理健康教育，促进学生身心健康、体魄强健、意志坚强；加强美育，培养学生良好的审美情趣和人文素养。重视可持续发展教育、国防教育、安全教育。促进德育、智育、体育、美育有机融合，提高学生综合素质，使学生成为德智体美全面发展的社会主义建设者和接班人。

（二）全面育人是教育改革和发展的总方向和总目标

马克思主义认为：教育的本质就是育人，使一个自然的人变为社会的人。毛泽东同志说过：应该使受教育者在德育、智育、体育几方面都得到发展，成为有社会主义觉悟的有文化的劳动者。《中华人民共和国教育法》规定："社会主义现代化建设服务，必须与生产劳动相结合，培养德、智、体等方面发展的社会主义事业的建设者和接班人"。伟人所言和教育法规定，都把德、智、体等方面全面发展，作为培养人才的质量标准；要求学生各方面素质都能获得正常、健全、和谐的发展；都强调学生的脑力与体力、做人与做事、继承与创新、学习与实践均不可偏废。因此，学校必须坚持全面育人。

"全面育人"要求学校必须进行全面发展的教育。全面发展的教育包括德育、智育、体育、美育等，它们各有自己的特点、规律和功能，是相对独立的，对于学生的全面发展来说，缺一不可，不能相互替代，同时，它们又相互联系，相互渗透，相互制约，是密不可分的一个整体。没有一育可以离开其他而独立发展。因此，学校必须为学生全面发展创造条件。

学校全面推进素质教育工作的基本任务，是努力使每个学生成为志向高远，人格健全，基础扎实，特长明显，勇于创新，善于实践的有用之才。为了促进学生的全面发展，为学生的全面发展服务，应当成为全校教师的基本信念，应当贯穿于教育活动的始终。因此学校全面推进素质教育，要面向全体学生，而不是面向少数学生；要促进学生全面发展，而不是单纯应付考试；要培养学生的自主学习能力和自我发展能力，而不是让学生被动地、机械地接受知识。学校教育不仅仅是追求百分之多少的升学率，更重要的是追求每个学生的生动、活泼、主动的全面发展。学校的一切工作，最终都是为了促进学生的全面发展，为学生的全面发展服务。

学校坚持全面育人，就是坚持全面贯彻教育方针，就是要为每一个学生提供充分发展的机会，提供每一个学生潜能的发展机会。因此，全面育人是学校教育改革的总方向和总目标。

（三）全面育人是学校教育的宗旨

全面的育人观应体现全员性、大众性、公平性。一所好的学校，不是靠一两个尖子班打造出来的品牌，而是整体教育水平的提高。

全面的育人观应体现让每个学生受到关注。每个学生都能得到老师的关怀、尊重和重视，而不是某些优秀学生才能享受"特权"；每个学生不仅在学业上获得发展，在个性、特长等诸多方面也能得到发展；每个学生都能享受成功。学生分数不是评判成功唯一标准，学校应该创造多元的评价机制，让每个学生在校学习生活的过程中，都能感受快乐和成功。

全面育人观的宗旨是每一位教师不放弃每一位学生，并让每一位学生的潜力得到充分发展。成就学生未来。学校的办学理念应以"成就学生未来"为目标。因为教育的基础性和先导性地位，决定了教育必须适应经济、文化和政治全球化的需要。因此，成就学生未来，必须适度超前于形势发展和社会进步，为未来育人，育未来有用的人。成就学生未来应注意三个方面：一是成就学生的和谐发展。教育的使命是促进人的全面发展和可持续发展，"成人"和"成才"是全面和谐发展中缺一不可的要素，学校培养出来的学生应该既会做事又会做人，和谐发展；二是成就学生适应未来社会所需的潜质。现代教育应该给予学生未来社会需要的知识、素质和能力，使他们从现在起就为今后的社会生活打下良好的基础，积累潜质；三是成就学生的"现在"。教育要着眼未来，就必须立足现在。只有成就学生的"现在"，为未来发展打下坚实的基础，才有可能使他们将来适应社会需要，展示才华。

学校教育要有服务意识。"过去，教育较多是强调要为社会服务，很少强调为每个人的全面发展服务，为发掘每个人的潜能和创造力服务。"在"以人为本"的教育理念下，要求教师要有服务意识。有了服务意识，教师才会真正树立主人翁意识，产生"质"的变化：一是教师会关注和适应社会不断变化、发展的教育需求，并作出相应的改革和创新，提高教育教学水平；二是教师才会更加关注和深入地研究服务对象——学生，探索他们发展、成长的规律，不断改进和完善自己；三是有助于实现师生之间真正的平等，为铸造学生的精神和人格提供有力的保障，而不是把教师置于一个高高在上的心理位置，甚至体罚、呵斥、轻视学生；四是促进学校和家庭在一种平等合作的基础上为学生发展共同努力，学校将得到社会更多的认同和理解。

第二节　一体两翼三沟通语文教学以提高核心素养为目的

一、素质教育的含义

素质教育是依据人的发展和社会发展的实际需要，以全面提高全体学生的基本素质为根本目的，以尊重学生个性，注重开发人的身心潜能，注重形成人的健全个性为根本特征的教育。

实施素质教育是我国社会主义现代化建设事业的需要。它体现了基础教育的性质、宗旨与任务。提倡素质教育，有利于遏制目前基础教育中存在着的"应试教育"和片面追求升学率的倾向，有助于把全面发展教育落到实处。从教育面向现代化、面向世界和面向未来的要求看，素质教育势在必行。

目前，我国教育界对中小学素质教育内涵的研究，由于角度不同，给素质教育下的定义（或作的解释）不尽相同。有人依据"强调点"归纳"素质教育"有9类15个定义之多。说明素质教育的内涵还有争议。素质的含义有狭义和广义之分。狭义的素质概念是生理学和心理学意义上的素质概念，即"遗传素质"。《辞海》写道："素质是指人或事物在某些方面的本来特点和原有基础。在心理学上，指人的先天的解剖生理特点，主要是感觉器官和神经系统方面的特点，是人的心理发展的生理条件，但不能决定人的心理内容和发展水平。"——这是关于狭义素质的典型解释。广义的素质指的是教育学意义上的素质概念，指"人在先天生理的基础上在后天通过环境影响和教育训练所获得的、内在的、相对稳定的、长期发挥作用的身心特征及其基本品质结构，通常又称为素养。主要包括人的道德素质、智力素质、身体素质、审美素质、劳动技能素质等。"——素质教育中的素质，指的是广义素质。

关于素质教育的含义，国家教委《关于当前积极推进中小学实施素质教育的若干意见》中作了明确解释："素质教育是以提高民族素质为宗旨的教育。它是依据《教育法》规定的国家教育方针，着眼于受教育者及社会长远发展的要求，以面向全体学生、全面提高学生的基本素质为根本宗旨，以注重培养受教育者的态度、能力、促进他们在德智体等方面生动、活泼、主动地发展为基本特征的教育。"素质教育主要包括内在素质和外在的素质。内在素质主要是人对世界、环境、人生的看法和意义，包括人的世界观、人生观、价值观、道德观等，也就是一个人的对待人、事、物的看法，也可以称为人的"心态"。外在素质就是一个人具有的能力、行为、所取得的成就等。

素质教育是与应试教育相对立的。所谓应试教育是指脱离社会发展和人的发展的实际需要，以应付升学考试为目的，违反教育教学规律的一种传统教育模式。以升学为中心的应试教育可以追溯到科举制度。从隋朝开始，封建统治者实行的"科举取仕"是中国选仕制度的一大改革。科举制度对于封建教育的发展，起了积极作用。这一制度为历代王朝所沿用，维持了一千三百年之久，也使教育逐渐成为科举的预备阶段和附庸，学校教育逐步被拉上应试、做官教育的轨道。时至今日，我国中小学教育仍未彻底摆脱这一轨道，在一定程度上，应试、升学仍然左右着我们学校的办学方向。李岚清同志指出：素质教育从本质来说，就是以提高国民素质为目标的教育。这是从教育哲学的角度在教育目的层次上对素质教育概念的一种界定，这一界定把素质教育与其他种种不是以提高国民素质为目标的教育区分开来。它明确地将素质教育与"应试教育"区分开来。第一，素质教育的目标是提高国民素质；而"应试教育"的目标是"为应试而教，为应试而学"，在此目标导向下，即使客观上能使部分学生的某些素质获得浅层次发展，也只能是片面的，以牺牲其他方面发展为代价的；第二，素质教育以提高国民素质为目标，必然要面向全体学生，面向每一位未来的国民；而"应试教育"则把目光盯在少数升学有望的学生身上，弃多数学生于不顾，甚至不惜将正常儿童扣上"弱智"帽子，使其不列入分数统计；第三，素质教育为了提高国民素质，强调教育者发挥创造精神，从学校实际出发设计并组织科学的教育教学活动，促进受教育者在自主活动中将外部教育影响主动内化为自己稳定的身心素质；而"应试教育"则使教育者跟着考试指挥棒亦步亦趋，在教学方法上以灌输、说教、被动接受为基本特征的。

二、素质教育的基本特点

（一）全体性

所谓"全体性"，广义地说，是指素质教育必须面向全体人民，任何一名社会成员，均必须通过正规或非正规的途径接受一定时限、一定程度的基础教育。狭义地看，素质教育的"全体性"，是指为全体适龄儿童开放接受正规基础教育的大门。换言之，素质教育不要求也不允许对入学的儿童按照某种标准（例如种族、民族、性别、肤色、语言、社会和经济地位等差异）进行筛选。"全体性"是素质教育最本质的规定、最根本的要求，做不到这一点，就谈不上什么素质教育。为什么世界上绝大多数国家把素质教育与实施义务教育联系在一起，其原因就在于义务教育从立法上保证了教育机会的均等化与受教育权利的公平性。

坚持素质教育的"全体性"其主要定义在于：第一，保证使接受教育成为每一个人的权利和义务。接受教育是每一个儿童最重要、最根本的权利；第二，保证使整个民族的文化素养在最低可接受水平之上，杜绝新文盲的产生，中小学教育应为提高全体人民的基本素质服务，推进国家经济发展与民主建设；第三，为贯彻社会主义"机会均等"原则，为每个人的继续发展提供最公平的前提条件。素质教育的最终目标是为未来的合格公民奠定素养基础。

（二）基础性

所谓"基础性"是相对于专业（职业）性、定向性而言的。素质教育向儿童、青少年提供的是"基本素质"而不是职业素质或专业素质，是让学生拥有"一般学识"而不是成为某一专门领域的"小专家"或某一劳动职业的"小行家"。

坚持素质教育的"基础性"其主要意义在于：第一，一个人只有具备了良好的基本素质，才有可能实现向较高层次的素质或专业素质的"迁移"。基础教育以发展和完善人的基本素质为宗旨，因而不少人指出基础教育的本质就是素质教育；第二，人类蕴含着极大的发展自由度，这就是人的可塑性。自由度越高，可塑性越强；反之亦然。教育是塑造、培育人的事业，如果在基础教育中充斥了定向的、专门化的训练，而不是着眼于把普通的基础打扎实，那就等于抑长趋短，将非特化功能倒退为特化功能，缩小了发展的自由度、窒息了人的可塑性；第三，从教育控制论的意义上讲，教育是一种人为的、优化的控制过程，以使受教育者能按照预定目标持续发展。但如果把基础教育局限于职业的、定向的训练，就会使本来应得到扩大发展的可能性空间过早地停滞、萎缩，这岂不是同教育（优化控制）一词的本义背道而驰吗？怎么能指望培养的学生善于应付社会繁杂多变的"不确定性"呢？

（三）发展性

发展是指一种连续发展，是事物从出生开始的一个进步变化的过程，是事物的不断更新。不断的变化过程。既有量的变化，又有质的变化；有正向的变化，也有负向变化。所谓"发展性"是指要着眼于培养学生自我学习、自我教育、自我发展的知识与能力，真正把学生的重心转移到启迪心智、孕育潜力、增强后劲上来。这是强调培养能力、促进发展，是指在正确处理知识和能力之间的关系这一前提下而言的。知识与能力虽不是完全等同的东西，但是，如果学到的知识是"活化"的知识，是能够"投入运转的知识，是具有很强的生命力"的知识，那么，这种知识就能顺利地转化为能力，成为人的智慧的一部分。素质教育的"发展性"强调的是"学会如何学习、学会生存"。真正的教育是形成自我教育。而自我教育能力的直接动力是每个人的主观能动性。因此，素质教育倡导尊重、发挥和完善学生的主体性。它十分注意培养学生强烈的创造欲望、创造意识和创造能力。

从本质上说，"发展性"把适应变化、学会变化作为教育的重要目标，从接受教学（教师奉送答案）向"问题解决"（教师引发思考）转变。教师从一名鼓励者、促进者、沟通者、帮助者和咨询者等角色发挥作用。

（四）全面性

所谓"全面性"，是指素质教育既要实现功能性的目标，又要体现形成性的要求，通过实现全面发展教育，促进学生个体的最优发展。因为，素质教育应该是完善意义上的教育，它是指向全面基本素质的。

素质教育的根本目标是促进学生全面发展，应当指出，"全面发展"已经列入世界上许多国家（包括发达国家和发展中国家）的教育目标之中。但是，我们的任务是要在社会主义的素质教育中探索"全面发展"的具体规定性，我们认为，素质教育中的"全面发展"有两个方面的具体规定性。第一，针对一个个体来说，它是"一般发展"和"特殊发展"的统一；第二，针对班级、学校乃至整个社会群体而言，它是"共同发展"和"差别发展"的协调。全面发展既要讲共同性，又要讲个别性，它决不排斥有重点地发展个人的特殊方面，允许在一个群体中各个体之间有差别地得到发展，全面发展决不能被理解为均匀发展和划一发展。全面发展实际上就是"最优发展"。最优化不等于理想化，而是力求取得对具体条件来说是最大可能的最佳效果。只有这样，每个学生才能有信心根据他自己的特点找到发展的"突破口"或"生长点"，打破"千人一面"的格局。

全面发展是最优发展，也是个性的最优发展。"发展个性"是世界教育改革的共同趋势。最近我国心理学工作者提出了"从系统—结构观点来分析个性"的建议，强调应坚持马克思主义关于个性是社会实体的观点，从人的心理的整体上把握"个性"。因此，可将个性定义为"个体在社会化过程中所形成的心理动态系统"，以此来表明个性是一般性和个别性、动态性和稳定性的统一体，是社会化的产物，是社会关系的总和。把个性最优发展纳入素质教育的轨道，这是实现将年轻一代培养成为德、智、体美等方面全面发展的社会主义事业的建设者和接班人的可靠保障。

三、学生核心素养

2016年9月，《中国学生发展核心素养》正式发布，是素质教育向深层次发展的标志。

（一）《中国学生发展核心素养》的内容

1. 基本内涵

（1）文化基础

文化是人存在的根和魂。文化基础，重在强调能习得人文、科学等各领域的知识和技能，掌握和运用人类优秀智慧成果，涵养内在精神，追求真善美的统一，发展成为有宽厚文化基础、有更高精神追求的人。

① 人文底蕴。主要是学生在学习、理解、运用人文领域知识和技能等方面所形成的基本能力、情感态度和价值取向。具体包括人文积淀、人文情怀和审美情趣等基本要点；

② 科学精神。主要是学生在学习、理解、运用科学知识和技能等方面所形成的价值标准、思维方式和行为表现。具体包括理性思维、批判质疑、勇于探究等基本要点。

（2）自主发展

自主性是人作为主体的根本属性。自主发展，重在强调能有效管理自己的学习和生活，认识和发现自我价值，发掘自身潜力，有效应对复杂多变的环境，成就出彩人生，发展成为有明确人生方向、有生活品质的人。

1. 学会学习。主要是学生在学习意识形成、学习方式方法选择、学习进程评估调控等方面的综合表现。具体包括乐学善学、勤于反思、信息意识等基本要点；

2.健康生活。主要是学生在认识自我、发展身心、规划人生等方面的综合表现。具体包括珍爱生命、健全人格、自我管理等基本要点。

（3）社会参与

社会性是人的本质属性。社会参与，重在强调能处理好自我与社会的关系，养成现代公民所必须遵守和履行的道德准则和行为规范，增强社会责任感，提升创新精神和实践能力，促进个人价值实现，推动社会发展进步，发展成为有理想信念、敢于担当的人。

1.责任担当。主要是学生在处理与社会、国家、国际等关系方面所形成的情感态度、价值取向和行为方式。具体包括社会责任、国家认同、国际理解等基本要点。

2.实践创新。主要是学生在日常活动、问题解决、适应挑战等方面所形成的实践能力、创新意识和行为表现。具体包括劳动意识、问题解决、技术应用等基本要点。

2.主要表现

中国学生六大核心素养具体包括18个要点：

（1）文化基础——人文底蕴

① 人文积淀。重点是：具有古今中外人文领域基本知识和成果的积累；能理解和掌握人文思想中所蕴含的认识方法和实践方法等；

② 人文情怀。重点是：具有以人为本的意识，尊重、维护人的尊严和价值；能关切人的生存、发展和幸福等；

③ 审美情趣。重点是：具有艺术知识、技能与方法的积累；能理解和尊重文化艺术的多样性，具有发现、感知、欣赏、评价美的意识和基本能力；具有健康的审美价值取向；具有艺术表达和创意表现的兴趣和意识，能在生活中拓展和升华美等。

（2）文化基础——科学精神

① 理性思维。重点是：崇尚真知，能理解和掌握基本的科学原理和方法；尊重事实和证据，有实证意识和严谨的求知态度；逻辑清晰，能运用科学的思维方式认识事物、解决问题、指导行为等；

② 批判质疑。重点是：具有问题意识；能独立思考、独立判断；思维缜密，能多角度、辩证地分析问题，做出选择和决定等；

③ 勇于探究。重点是：具有好奇心和想象力；能不畏困难，有坚持不懈的探索精神；能大胆尝试，积极寻求有效的问题解决方法等。

（3）自主发展——学会学习

① 乐学善学。重点是：能正确认识和理解学习的价值，具有积极的学习态度和浓厚的学习兴趣；能养成良好的学习习惯，掌握适合自身的学习方法；能自主学习，具有终身学习的意识和能力等；

② 勤于反思。重点是：具有对自己的学习状态进行审视的意识和习惯，善于总结经验；能够根据不同情境和自身实际，选择或调整学习策略和方法等；

③ 信息意识。重点是：能自觉、有效地获取、评估、鉴别、使用信息；具有数字化

生存能力，主动适应"互联网 +"等社会信息化发展趋势；具有网络伦理道德与信息安全意识等。

（4）自主发展——健康生活

① 珍爱生命。重点是：理解生命意义和人生价值；具有安全意识与自我保护能力；掌握适合自身的运动方法和技能，养成健康文明的行为习惯和生活方式等；

② 健全人格。重点是：具有积极的心理品质，自信自爱，坚韧乐观；有自制力，能调节和管理自己的情绪，具有抗挫折能力等；

③ 自我管理。重点是：能正确认识与评估自我；依据自身个性和潜质选择适合的发展方向；合理分配和使用时间与精力；具有达成目标的持续行动力等。

（5）社会参与——责任担当

① 社会责任。重点是：自尊自律，文明礼貌，诚信友善，宽和待人；孝亲敬长，有感恩之心；热心公益和志愿服务，敬业奉献，具有团队意识和互助精神；能主动作为，履职尽责，对自我和他人负责；能明辨是非，具有规则与法治意识，积极履行公民义务，理性行使公民权利；崇尚自由平等，能维护社会公平正义；热爱并尊重自然，具有绿色生活方式和可持续发展理念及行动等；

② 国家认同。重点是：具有国家意识，了解国情历史，认同国民身份，能自觉捍卫国家主权、尊严和利益；具有文化自信，尊重中华民族的优秀文明成果，能传播弘扬中华优秀传统文化和社会主义先进文化；了解中国共产党的历史和光荣传统，具有热爱党、拥护党的意识和行动；理解、接受并自觉践行社会主义核心价值观，具有中国特色社会主义共同理想，有为实现中华民族伟大复兴中国梦而不懈奋斗的信念和行动；

③ 国际理解。重点是：具有全球意识和开放的心态，了解人类文明进程和世界发展动态；能尊重世界多元文化的多样性和差异性，积极参与跨文化交流；关注人类面临的全球性挑战，理解人类命运共同体的内涵与价值等。

（6）社会参与——实践创新

① 劳动意识。重点是：尊重劳动，具有积极的劳动态度和良好的劳动习惯；具有动手操作能力，掌握一定的劳动技能；在主动参加的家务劳动、生产劳动、公益活动和社会实践中，具有改进和创新劳动方式、提高劳动效率的意识；具有通过诚实合法劳动创造成功生活的意识和行动等；

② 问题解决。重点是：善于发现和提出问题，有解决问题的兴趣和热情；能依据特定情境和具体条件，选择制订合理的解决方案；具有在复杂环境中行动的能力等；

③ 技术运用。重点是：理解技术与人类文明的有机联系，具有学习掌握技术的兴趣和意愿；具有工程思维，能将创意和方案转化为有形物品或对已有物品进行改进与优化等。

中国学生发展核心素养以马克思主义为指导，在框架构建、素养遴选和表现描述中坚持创新，尝试对"培养什么人、怎样培养人"这一重大问题作出深入回答，切实增强了党的教育方针的指导性，是引领课程改革的重要理论创新。核心素养的发布，将有利于落实立德树人根本任务，有利于提升我国教育国际竞争力，有利于全面推进素质教育。

（二）核心素养与素质教育

1.素质是素养的上位概念

"核心素养"概念是由国际经济组织（而非国际教育组织）经济合作组织（OECD）于1997年在《素养的界定与遴选：理论和概念基础》中首先提出的，是从经济社会发展的角度提出的人才能力要求。作为被引入教育领域的概念，"核心素养"绝不是基础教育改革的专有名词，它更适用于与经济社会发展联系更为密切的职业教育。因为，"核心素养"内涵指向是经济社会中的每个人发展自我、融入社会及胜任工作所必需的一系列知识、技能和态度的集合。借鉴近年来国际社会关于学生发展核心素养的研究成果，澄清"培养什么样的人"的问题，必然涉及学生发展核心素养与素质教育的关系问题。我们需要通过对人的素质结构及其形成过程进行分析，进一步厘清素质教育与核心素养体系的关系，加深对素质教育这一命题意义的认识。

首先，关于对素质内涵的把握。我们既不必拘泥于经典的解释，把它变成僵死的概念；也不能把它当作变动不居的流行词汇，使其成为一个"筐"，什么都往里装。"素质"讲的是人的"质"，即人的"质量"或"品质"；同时，还突出了一个"素"字，说明这里讲的"质"不是某一方面的质量，也不是一时一事所表现出的现象，而是相对稳定的综合性的质量。人的素质，就是人原本具有的、相对稳定的、综合性的质量或品质，具有本源性、根基性、潜在性、综合性等特征。它在生命之初便被孕育着，并在生命过程中逐步生成、趋于完善，在整个生命活动中具有先导意义与根基作用。素质是人性之本，是能力之源。

其次，关于素质的形成过程。素质的相对稳定不是说一成不变。借用海德格尔的术语讲，事物的质是在其"在"或"是"的过程中"生成"的，是面向未来开放的。素质是先天禀赋与后天教养的"合金"。素质的生成包含生理、心理、文化、思想等四个不同的层面。

生理层面是指长期以来的生物进化赋予人的有机体的潜能与欲望。一方面，有了先天潜能提供的发展的可能性，才有了文化成果对肉体机能的延伸与改造。与其他动物相比较，人的遗传本能既简单又极不完全，人无法完全依靠特定化的图式满足自身的需要，人的本能与需求之间有着一个完全开放的天然空间，构成了人向世界的开放性，构成了人的素质的较大的可塑性。另一方面，潜能并非无限，可塑性是以遗传为基础的，文化对人的生理机能素质的延伸与改造受到生物因素的制约。与遗传作用相比较，文化教育对人的某些方面素质的改造效果并不显著，甚至是微乎其微的，所谓"天性不可违"。

心理层面是指人脑的机能，是人对客观社会现实的主观反映。人在认识与意向活动过程中逐渐形成的相当稳定的心理状态与心理特征构成了所谓心理素质。

人类长期以来不断积累起来的宗教文化、科学文化、艺术文化成果，是超越个体生命而存在的，所谓素质是自然借助于文化向人生成的结果，是文化经由人的心理过程实现的对肉体的延伸，是文化对肉体机能、先天禀赋的改造。宗教文化是认识与情感混为一体的文化形态，它重在克制人的各种肉体本能欲望；科学文化是认识与情感分化之后认识占据主导地位的文化形态，它创造了各种财富，大大地延伸了生理机能，也解放了人的肉体欲望；艺术文化是人类情感高度发达所达成的文化形态，本质上是审美文化，也是人的主体文化，是一个可以容纳人的情感自由驰骋的原野，因而可以最大限度地将人从动物性中解放出来，并升华到一个真正自由的、美的世界中去。宗教文化、科学文化、审美文化在人的身心组织中的内化积淀构成了人的素质的文化层面，即人的文化素质。

人类特有的信息处理本质上不同于计算机，是一个意义不断创生的过程。从个体成长的角度讲，文化成果不是原创性的，而是已存在于社会之中，但人对文化成果的吸纳过程却是原创性的，即像人类创造文化历程的缩影一样，需要借助主体的建构活动，经历行为练习、动作内化、思维发生、文化积淀等等的复杂过程。人有文化不一定有自己的思想。思想是素质发展的高级形态，它集中表现为对人生、对现实问题的独特看法，表现为超越现实的理想，同时建立在现实基础上，即它是基于实践而又高于实践的。

总之，人的素质经由生理、心理、文化、思想等不同层次，不断提升，逐步完善。从上述分析我们看到，素质是素养的上位概念，素养的特性尤其它的可教、可学、可测的特点在素质层次结构中得到了科学的说明。离开了对素质发展的整体把握，我们有可能对素养的可塑性作出绝对化的解释，最终走向谬误。

2. 从素质教育到核心素养的培育是教育改革的进一步深化

（1）从素质教育到核心素养的培育是教育本质的新探寻。

20 世纪 80 年代，基于"应试教育"愈演愈烈的现实，人们提出了"素质教育"的理念，在此理念的引导下，中国的素质教育取得了显著成效。进入 21 世纪，世界各国都在思考学生应该具备哪些核心素养才能适应未来社会这一前瞻性的战略问题。2014 年教育部印发《关于全面深化课程改革落实立德树人根本任务的意见》提出："教育部将组织研究提出各个学段学生发展核心素养体系，明确学生应具备的适应终身发展和社会发展需要的必备品格和关键能力。"应该说，从素质教育到素养培养，不仅使得教育的目标更加明显，而且也更加肯定了教育对人的养成作用，从而使得人们对于教育的认识有了新的提升，即教育不仅是传授知识，还要看到对于人的自主发展的作用。这也是人们对于爱因斯坦名言"教育就是忘记了学校所学的一切之后剩下的东西"认同的原因。当然，从教育的终极目标看，教育所培养的人，最终要走向社会，因此，社会适应能力是个人素养综合的、显性的体现。从人的社会需要和发展看，个人素养的高低最终要在社会实践中显现、检验和发展。

（2）从知识本位到核心素养是人才规格的具体化。

新课程改革的重要成果，就是课程的实施不再以知识的获得为目标，而是在获得知识的同时，发展学生的能力以及与能力提升相伴相生的态度、情感和价值观。如今，教育者已经习惯从知识目标、能力目标和情感目标等三维度来组织教学和培养学生。但这些目标，还只是学校教育基础性的、阶段性的教育目标，而不是人生发展目标，还需要在走向社会后，花费更多的时间不断发展完善。因此，"核心素养"概念的提出，其内涵就是知识、技能、情感、态度、价值观等多方面要求的"综合"表现。对于学校教育而言，核心素养必须要在人才培养的不同阶段得到落实，即在不同的学段、不同类型的教育、不同的课程中有具体的描述和实践要求。

（三）语文学科在素质教育中具有独特的作用

语文素质教育，是整个素质教育的一个组成部分，是整个素质教育结构的核心内容之一。语文素质教育通过发展学生的语文能力，增进学生的文化素养来整体地提高学生的语文素质，为发展其他方面的素质奠定基础。如果说人的素质结构一般包括思想道德素质、科学文化素质、身体心理素质和劳动技能素质等内容的话，那么，语文素质在人的素质结构中则可视为最基本的要素之一。这是由语文学科的性质决定的。《义务教育初中语文教学大纲》指出："语文学科是学习其他各门学科的基础。学好语文不仅对于学好其他学科十分必要，而且对于将来从事工作和继续学习会产生深远的影响。"也就是说，语文素质的优劣不仅是一个人能否成才的重要制约因素，而且是人们文化水准的主要标志，在一定程度上反映着人的素质的高低。因此，语文素质教育在整个教育过程中有着极其重要的地位和独特的作用。

1.语文学科的教学是以培养和发展学生的语文素质和能力为己任的

语文学科的教学要求教师立足于学生，发挥学生的自主意识和能动性，有目的有系统地给予学生有关语文知识和能力的指导，即根据教材，不但教给学生语言文字知识，让学生掌握运用这些知识进行实践活动的方法的因素，使学生的听、说、读、写、想的能力都得到全面的训练，真正发挥学生的主体意识和参与欲望，真正会学、会探究、会从事有关语文的思维和实践，从而实现学生语文素质和能力的自我发展。

2.语文学科的特质决定了它担负起培养学生高尚审美情趣的任务

语文教材中的每一篇文学作品都体现着作者独特的审美理想、审美视野和艺术品格，创作中都对自然与生活的美质进行一番独到的选择和刻意的加工，创造出超现实和自然的艺术美，学生常能从发现和体验自己日常生活中没有的或忽略了美的事物，并为之感动和兴奋，受之震撼和启迪，有的甚至出现创造艺术美的冲动，这无疑是培养了学生正确的审美观，提高了学生鉴赏美和创造美的能力。语文学科的教学与学生的艺术审美素质培养的天然结合，是别的学科无法替代的。

3.语文学科的特质使思想品德素质教育得以潜移默化的进行

语文教材收辑的文章均是典范的文章，不仅以情感人，而且以理服人，文道结合。教材中的文章大都凝聚了作者对社会人生的深沉思考和真知灼见，体现着作者的理想指向。另外，许多作者的生平轶事，文章对广阔社会生活（历史的、现实的）的艺术再现，更是对学生进行人生观、爱国主义与奉献、坚韧、求实、自强不息精神教育的好材料。教学中，可以根据语文学科的特点，在语文基本训练过程中自觉地进行思想政治教育，使学生不断提高思想政治觉悟，养成高尚道德情操。显然，思想品德、人格教育在语文学科教学中渗透既是天然和谐的，也是潜移默化的。

4.语文学科的特质与学生良好心理素质培养也是和谐自然的

语文教材中有不少的叙事性强或富有思辩性的作品，还有充满幽默、风趣、给人快感的佳作，那些刻画精妙、描写优美的作品对学生吸引力大，作品能够带给他们自身生活环境的弥补或是人际之间的沟通，甚至是情感的转移和宣泄。所以，语文学科的教学在调动学生的学习兴趣、培养良好的心理素质上起着不可低估的作用。

（参见 http://zy.juren.com/news/200904/80879.html《在语文教学中如何实施素质教育》。）

（四）语文核心素养的基本内容

1.语文基本知识的教养

必要的基本知识，是培养学生发现问题和解决问题能力的前提，同时，基本知识又是发展智力的基础。初中阶段：要求了解一些必要的语法修辞知识、文学知识、文体知识和读、写、听、说知识。高中阶段：学习有关阅读和鉴赏文学作品的常识，初步了解我国现代及古代文学史的一些常识。

2.语文基本能力的训练

语文基本能力的训练包括阅读能力、写作能力、听话能力和说话能力的综合、全面训练。

（1）阅读能力。初中阶段：读一般的现代文，能比较准确地体会语句、思想内容、文章思路、写作方法等，具有一定的语言感受能力。初步掌握精读、略读的方法，有一定的速度。具有初步欣赏文学作品的能力。对文言课文能正确朗读、背诵，了解课文内容。高中阶段：阅读比较复杂的现代文，能理清层次结构，领会思想内容，分析语言特点和表现方法。继续培养阅读和欣赏文学作品的能力和兴趣。能借助工具书和注释阅读浅显的文言文。

（2）写作能力。初中阶段：能写记叙文，简单的说明文、议论文和一般应用文，做到思想感情真实、健康，内容具体，中心明确，条理清楚，文字通顺，不写错别字。正确使用标点符号，格式正确。书写规范、工整。高中阶段：能写比较复杂的记叙文、说明文和议论文，做到观点正确，中心突出，内容充实，结构完整，语句通顺。会写各种常用的应用文。

（3）听话能力。初中阶段：听新闻广播和一般性发言，听深浅适度的文章，能复述基本内容，说出要点和中心。参加讨论，能听出不同意见的分歧所在。会作记录。高中阶段：听别人的讲话，能进行准确地归纳和逻辑地理序，能及时发现其长短、优劣，加以鉴别。

（4）说话能力。初中阶段：说普通话。回答交谈，讲述见闻，介绍事物，发表意见，做到语言清晰，意思明白，条理清楚，仪态自然。高中阶段：能在课内、课外，在公共场合作即席发言，能就某一问题进行辩论，做到观点鲜明、思路清晰、论据比较充足，有一定说服力。

3.语文基本习惯的培养

初中阶段，着重培养默读的习惯，养成读书看报的习惯；初步养成修改文章的习惯；养成专心听说的习惯；养成有礼貌说话的习惯。高中阶段主要培养写读书笔记、摘录要点和制作卡片的能力与习惯。

4.语文心理品质的培养

初中阶段：能集中注意力默读课文，不动唇、不指读；运用联想或想象，丰富表达内容；与人交谈，耐心、专注的倾听别人说话；培养学生有计划地观察的能力和勤于思考的品质。高中阶段：培养学生持久稳定、细致精确、全面深刻的观察能力；培养学生思维的敏捷性、灵活性、深刻性、独立性与批判性，培养学生的创造想象能力。

5.语文思想教育的熏陶感染

在语文教学中进行思想教育是语文学科的性质决定的。思想性和情感性是语文自身固有的特征。通过语文学科进行思想教育和熏陶感染，主要有四个方面：

（1）通过语文教学，指导学生正确地理解和运用祖国的语言文字，了解中国的传统文化，激发学生热爱祖国的情感。

（2）通过语文教学，激发学生热爱祖国，特别是对社会主义祖国的热忱，坚定民族自信心，提高民族自豪感，培养爱国主义精神。

（3）通过语文教学对学生进行热爱中国共产党的教育，培养社会主义思想品质，树立远大的革命理想。

（4）通过语文教学，培养学生健康的、高尚的审美情趣，树立正确的审美观。在听、说、读、写训练中认识美、欣赏美、创造美。

第三节　一体两翼三沟通语文教学以提高学生能力为基础

在知识经济时代，学习能力是最重要的，因为知识总是在更新，只有不断学习才能跟上时代的步伐，只有在不断学习中吸取更多的知识以后，个人能力才会不断得到提升。一体两翼三沟通语文教学非常重视学生能力的培养。

一、能力的内涵

（一）能力的概念

能力是人们表现出来的解决问题可能性的个性心理特征，它是顺利完成某种活动的必要条件。能力直接影响活动的效率、是活动顺利完成的最重要因素，是完成一项目标或者任务所体现出来的素质，是以人的一定的生理和心理素质为基础，在认识和实践中形成、发展的，完成某种任务的能动力量。人有很多种能力，比如运动能力、语言能力、模仿能力、表演能力、社交能力、商业能力等等。完成任何一项活动，都需要人的多种能力综合运用。举一个比较简单的例子，例如步行，就需要我们的知觉能力、识记能力、再现能力、目测能力、运动能力等。如此简单的一件事情都需要诸多能力的协同运用，更不用说复杂的事情了。

人们在完成活动中表现出来的能力有所不同。一个人在某方面的能力比较突出，利用这一突出的能力将其他各种能力结合起来，综合运用，从而能够比较出色地完成某方面的任务，我们便说他有某方面的才能，或者专长。这个时候，才能或者专长就是他各种能力的独特结合。但是，一个人再怎么突出，他的能力却不可能样样都突出，甚至于在某些方面还有缺陷。虽然如此，但我们可以照样利用自己的优势或者发展其他能力来弥补自己的不足，同样也能顺利的完成任务。这个时候，能力便发挥了它的补偿作用，或者互补作用。例如盲人虽然缺乏视觉，却能依靠异常发展的触摸觉、听觉、嗅觉及想象力等去行走、辨认币值、识记盲文、写作或弹奏乐曲，有的甚至表现出惊人的才能。所以，才能其实并不取决于任何一种能力，而是各种能力的综合表现，是各种能力的独特组合。

能力总是和人完成一定的实践相联系在一起的，离开了具体实践既不能表现人的能力，也不能发展人的能力，它是顺利完成某一活动所必需的主观条件。一方面，人的能力在活动中形成和发展，并且在活动中表现出来。例如，有经验的纺织工人能分辨出 40 多种浓淡不同的黑色色调，而一般人只能分辨出 3 至 4 种；磨工能看到 0.0005 毫米的空隙，一般人只能看到 0.1 毫米左右。他们的能力都在自己长期从事的活动中得到了独特的发展；另一方面，从事某种活动又必须以一定的能力为前提。能力是人们顺利地完成某种活动所必须具备的个性心理特征。比如说节奏感和曲调感对于从事音乐活动是必不可少的；准确的比例判断和色调分辨是绘画活动必不可少的。

（二）能力的种类

能力是直接影响人的活动效率，使活动任务顺利完成的个性心理特征。从不同的角度可以把能力分成许多类别。

1.一般能力和特殊能力

一般能力是指从事任何活动所必须的能力。如观察能力、记忆能力、抽象概括能力、想象能力、创造能力、注意能力等。其中，抽象概括能力是一般能力的核心。它是人们完成任何活动所不可缺少的，是能力中最主要又最一般的部分。特殊能力是指在完成某种专业活动所必须具备的能力。如数学计算、音乐绘画、形象思维、空间想象等能力以及某种实际操作相联系的动作体系，如飞行员、宇航员等特殊能力。人们从事任何一项专业性活动既需要一般能力，也需要特殊能力。二者的发展也是相互促进的。

2.模仿能力和创造能力

模仿能力指通过观察别人的行为、动作、活动来学习各种知识，然后以相同的方式做出反应的能力。而创造力则是指产生新思想和新产品的能力。

能力与大脑的机能有关，它主要侧重于实践活动中的表现，即顺利地完成一定活动所具备的稳定的个性心理特征；能力是运用智力、知识、技能的过程中，经过反复训练而获得的。能力是人依靠自我的智力和知识、技能等去认识和改造世界所表现出来的心身能量。各种能力的有机结合，引起质的变化的能力称为才能。才能的高度发展，创造性地完成任务的能力称为天才。

3.认知能力、操作能力和社交能力

认知能力。认知能力指接收、加工、储存和应用信息的能力。它是人们成功地完成活动最重要的心理条件。知觉、记忆、注意、思维和想象的能力都被认为是认知能力。美国心理学家加涅提出 3 种认知能力：言语信息（回答世界是什么的问题的能力）；智慧

技能（回答为什么和怎么办的问题的能力）；认知策略（有意识地调节与监控自己的认知加工过程的能力）。

操作能力。操作能力指操纵、制作和运动的能力。劳动能力、艺术表现能力、体育运动能力、实验操作能力都被认为是操作能力。操作能力是在操作技能的基础上发展起来，又成为顺利地掌握操作技能的重要条件。

认知能力和操作能力紧密地联系着。认知能力中必然有操作能力，操作能力中也一定有认知能力。

社交能力。社交能力指人们在社会交往活动中所表现出来的能力。组织管理能力、言语感染能力等都被认为是社交能力。在社交能力中包含有认知能力和操作能力。

4.流体能力和晶体能力

流体能力指在信息加工和问题解决过程中所表现的能力，它较少依赖于文化和知识的内容，而决定于个人的禀赋。晶体能力是指获得语言、数学知识的能力。它决定了后天的学习，与社会文化有密切的关系。晶体能力伴随人的生命终生发展。流体能力和晶体能力又称为流体智力与晶体智力。美国心理学家卡特尔等人主张智力由两种成分构成，一种是流体智力；另一种是晶体智力。他认为流体智力是人的一种潜在智力，主要和神经生理的结构和功能有关，很少受社会教育影响，它与个体通过遗传获得的学习和解决问题的能力有联系。例如，瞬时记忆、思维敏捷性、反应速度、知觉的整合能力等。神经系统损伤时，流体智力就会发生变化。这种智力几乎可以转换到一切要求智力练习的活动中，所以称为流体智力。晶体智力则主要是后天获得的，受文化背景影响很大，与知识经验的积累有关，是流体智力运用在不同文化环境中的产物。例如，知识、词汇、计算等方面的能力，它包括大量的知识和技能，与学习能力密切联系着。这种智力表现为来自经验的结晶，所以称为晶体智力。流体智力与晶体智力的发展是不同的，流体智力随生理成长曲线而变化，到十四五岁时达到高峰，而后逐渐下降；晶体智力不仅能够继续保持，而且还会有所增长，可能要缓慢上升至25或30岁以后，一直到60岁才逐渐衰退。

（二）能力发展的一般趋势

能力是顺利完成某种活动所必须的，并且直接影响活动效率的个性心理特征。能力的发展随年龄增长而变化，具有一定的规律性。

1.童年期和少年期是某些能力发展最重要的时期

从三四岁到十二三岁，智力的发展与年龄的增长几乎等速。以后随着年龄的增长，智力的发展呈负加速增长：年龄增加，智力发展趋于缓和。

2.人的智力在18-25岁间达到顶峰（也有人说是40岁）

智力的不同成分达到顶峰的时间是不同的。

3.根据对人的智力毕生的发展的研究，人的流体智力在中年之后有下降的趋势，而人的晶体智力在人的一生中是稳步上升的

4.成年是人生最漫长的时期，也是能力发展最稳定的时期

成年期又是一个工作时期。在二十五六岁至四十岁之间，人们常出现富有创造性的活动。

5.能力发展的趋势存在个体差异

能力高的发展快，达到高峰的时间晚；能力低的发展慢，达到高峰的时间早。

二、学生能力的培养

（一）教学中要加强知识与技能的学习与训练

知识、技能与能力的关系告诉我们：能力是在掌握和运用知识、技能的过程中得到发展的。因此，在教学中教师必须注重基础知识的教学，如通过语文课的教学，使学生在听、说、读、写的各种练习中，培养和发展他们的理解力、语言表达能力、记忆力、材料的组织能力；通过数学知识的教学，培养学生的概括能力、空间想象力、计算能力和判断推理能力；其次，要注意开阔学生的视野，拓宽知识面；教师在教学中要把基础知识、基本概念、基本原理讲清楚，并予以适当的归类、组织，使之具有一定的概括水平。因为只有经过高度概括和合理组织的知识，才有利于学生良好认知结构的形成，才有利于学生学习迁移的产生；再次，教学中重视学生智力技能的训练，这对学生学习能力的提高也是必不可少的。有研究表明，学有成就的学生与较一般的学生的重要区别之一，就在于前者拥有一些可以广泛应用的智力技能和有组织的思考问题的习惯，在解决较复杂的问题时，前者多采取提出假设再加以检验的方式去解决；而后者则倾向于运用尝试和逐渐排除的方式获得偶尔成功。由此，教师要善于指导学生掌握解答各类课题的程序、解题规则、方法和步骤，经过反复强化训练，形成较稳固的智力技能，以促进学生的思维能力、概括能力的发展。

（二）教学中要针对学生的能力差异因材施教

能力差异规律使我们认识到，在能力发展上每个学生是不可能齐头并进的，每个儿童都有自己的独特之处。因此，教师可以通过观察、测验等方法了解并掌握学生能力的差异，从而对学生采取不同的教育教学的方法措施，进行个别指导。首先，在教学中可根据学生不同的特点，分别提出不同的要求。对能力发展水平较高、学习成绩优良的学生，应提供较难的学习任务，鼓励他们独立地进行思考，创造各种条件发挥他们的才智；对智力发展较差的学生，要给他们更多的帮助，对作业进行具体的指导，使他们树立起信心；对那些智力水平不差，但学习成绩差的学生，要针对他们各自的特点，主要从端正学习态度和培养良好学习习惯入手，不断完善其良好的个性品质；其次，教师不应歧视在某些能力方面有缺陷的学生，教师要树立一种观念，即任何儿童都有可能发展某种活动所需要的能力，要鼓励他们树立信心，扬长避短，同时采取适当的方法使学生长善救失，人尽其才；最后，教师要善于发现和培养有特殊兴趣和才能的学生，对于某方面有特长的学生，应给他们机会，通过组织各种课外活动来促进他们的特长进一步发展。

（三）教学中要积极培养学生的元认知能力和创造能力

培养学生元认知能力，主要就是教会学生如何去学习和如何正确评价自己的学习能力，使学生由被动学习变为主动学习。在人们的各种活动中，元认知都发挥着十分重要的监控、调节功能，其实质就是人们对认识活动的自我意识、自我监控和自我调节。有研究表明，元认知在儿童的学习、记忆、理解、问题解决等方面的活动中起着重要的作用。元认知的训练可以提高儿童的智力发展水平，其训练的方法主要有自我提问法、相互提问法和知识传授法。通过元认知训练，能一定程度地提高学生的元认知水平，特别是对复杂、困难的问题，元认知的训练就更为有效。元认知能力的培养可以通过元认知学习意识的提高、元认知知识体验的丰富、元认知知识操作的指导等途径实现。

创造能力是一种综合的心理品质，与创造者的思维、情感、意志、个性特征乃至社会环境都有密切的关系。每个学生都有创造的潜能，学校的教育教学应为学生营造良好的创造性学习的环境，使其创造性潜能得以发挥。创造能力的核心是创造性思维，因此，通过教学培养学生的创造性思维能力是提高创造能力的重要途径。

（四）要注意培养学生的非智力因素

对学习效果的影响不仅有智力因素，也有非智力因素，而且是二者协同作用的结果。因此，教师在教学中注重发展学生智力因素外，要特别重视对学生非智力因素的培养与引导，因为这两方面都是我们的教育目标。从智力开发的角度来说，非智力因素所起的作用是至关重要的。没有非智力因素，智力因素就失去了动力源。教师只有善于培养和激发学生的非智力因素，并通过系统课程的学习和智力操作训练，才能使学生的智力或能力不断地充分地发展起来。在实际教学中，培养非智力因素可按三个阶段进行。第一阶段，用个别教育的方法，分别培养每个学生的兴趣、意志、情感等；第二阶段，采用整体教育的方法，使整个班级甚至全校都形成良好的学习风气，让学生在其中受到熏陶，逐步培养自己良好的个性品质。教师在此阶段要为学生树立身边的、好的学习榜样，使学生从榜样身上汲取力量；第三阶段，教师要采取个别化教育的方法，有针对性地、逐个纠正学生自身的一些不良习惯，使之在原有的水平上得到不同程度的提高和进步。

非智力因素的培养，其目的就是调动学生学习的积极性，就是使学生形成正确的学习需要，激发他们的学习兴趣和热情，培养他们坚强的学习意志和良好的学习习惯，形成良好的性格特征。

第四节 一体两翼三沟通语文教学以发展学生思维为核心

语言是思维的物质外壳，思维是语言的思想内核。在思维与语言的关系中，思维起主导作用，思维决定语言。语言虽然对思维活动有一定影响，但语言不能最终决定人的思维方式和思维活动。一体两翼三沟通语文教学以发展学生的思维能力为核心。

一、思维和思维方式

（一）思维的概念

思维最初是人脑借助于语言对客观事物的概括和间接的反应过程。思维以感知为基础又超越感知的界限。它探索与发现事物的内部本质联系和规律性，是认识过程的高级阶段。思维对事物的间接反映，是指它通过其他媒介作用认识客观事物，及借助于已有的知识和经验，已知的条件推测未知的事物。思维的概括性表现在它对一类事物非本质属性的摒弃和对其共同本质特征的反映。思维是主体对信息进行的能动操作，如采集、传递、存储、提取、删除、对比、筛选、判别、排列、分类、变相、转形、整合、表达等。按马克思主义哲学的观点，思维主体主要指人，思维客体指主体思维的对象，包括人自己。自然界的动物如狗、猫等，也具备思维能力，但还不够高级；人工智能产品如机器人、电脑等，无论多么完善，都是人脑的产物，同样不具备思维能力。

思维分广义的和狭义的，广义的思维是人脑对客观现实概括的和间接的反映，它反映的是事物的本质和事物间规律性的联系，包括逻辑思维和形象思维。而狭义的通常的心理学意义上的思维专指逻辑思维。

概念是思维的细胞。概念是事物的本质属性在人脑中的反映。所谓事物的本质属性，就是为同一类事物所共有，并使该类事物区别于他类事物的固有属性。例如"玩具"这个概念，它反映了皮球、娃娃、木枪、小汽车等许多供游戏用的物品所共有的本质属性而不涉及他们彼此不同的具体特征（如娃娃是女孩，皮球是圆的，小汽车会走等等）。思维所赖以运行的内容就是无数概念的输入、连接、拆分、输出等。没有概念或者没有语言、言语或图画等多种形式所表达的概念，思维将如无源之水，难以运转。

（二）思维方式

思维方式是看待事物的角度、方式和方法。它是思考问题的根本方法，是人们大脑活动的内在程序，它对人们的言行起决定性作用。思维方式表面上具非物质性和物质性。这种非物质性和物质性的交相影响，"无生有，有生无"，就能够构成思维方式演进发展的矛盾运动。思维方式包括线性思维方式与非线性思维方式两大类型。形式逻辑是线性思维方式，对称逻辑属于非线性思维方式。也可以称为思维的方法论。具体的逻辑（形式逻辑）不能成为思维方式，只有整体的逻辑（对称逻辑）才能成为思维方式。如果把具体的逻辑（形式逻辑）作为思维方式，将陷于形而上学的思维方式，用形而上学的思维方式看问题只能得出片面的结论。

思维方式是看待事物的角度。不同国籍、文化背景的人看待事物的角度、方式不同，便是思维方式的不同。文化诊断学指出，科学思维、价值思维、应变思维决定着思维方式的完善性。一方面，思维方式与文化密切相关，是文化心理诸特征的集中体现，思维方式又对文化心理诸要素产生制约作用。思维方式体现于民族文化的所有领域，包括物质文化、制度文化、行为文化、精神文化和交际文化，尤其体现于哲学、语言、科技、美学、文学、艺术、医学、宗教以及政治、经济、法律、教育、外交、军事、生产和日常生活实践之中。思维方式的差异，正是造成文化差异的一个重要原因。另一方面，思维方式又与语言密切相关，是语言生成和发展的深层机制，语言又促使思维方式得以形成和发展。语言是思维的主要工具。文化诊断学指出：科学思维、价值思维、应变思维决定着思维方式的完善性。世界上的最成功人士都有一个共同点：他们都有自己独特的思维方式。明智的思维方式是可以改变人们的生活的。

二、思维的类别

（一）以思维的凭借物维度划分，可以把思维把分为动作思维、形象思维和抽象思维

1.动作思维

动作思维是伴随实际动作进行的思维。动作思维亦称直观动作思维。其基本特点是思维与动作不可分，离开了动作就不能思维。动作思维一般是在人类或个体发展的早期所具有的一种思维形式。动作思维的任务或课题是与当前直接感知到的对象相联系，解决问题的思维方式不是依据表象与概念，而是依据当前的感知觉与实际操作。儿童在掌握抽象数学概念之前，用手摆弄物体进行计算活动，就属于动作思维。这是在抽象逻辑思维产生之前的一种思维形式。成人在进行抽象思维时，有时也借助于具体动作的帮助，但不能与动作思维完全等同。实际动作是动作思维的支柱。幼儿的思维活动往往是在实际操作中，借助触摸、摆弄物体而产生和进行的。例如，幼儿在学习简单计数和加减法时，常常借助数手指，实际活动一停止，他们的思维便立即停下来。成人也有动作思维，如技术工人在对一台机器进行维修时，一边检查一边思考故障的原因，直至发现问题排除故障为止，在这一过程中动作思维占据主要地位。不过，成人的动作思维是在经验的基础上，在第二信号系统的调节下实现的，这与尚未完全掌握语言的儿童的动作思维相比有着本质的区别。

2.形象思维

形象思维是运用已有表象进行的思维活动。所谓的形象思维，主要是指人们在认识世界的过程中，对事物表象进行取舍时形成的，是只要用直观形象的表象，解决问题的思维方法。形象思维是对形象信息传递的客观形象体系进行感受、储存的基础上，结合主观的认识和情感进行识别（包括审美判断和科学判断等），并用一定的形式、手段和工具（包括文学语言、绘画线条色彩、音响节奏旋律及操作工具等）创造和描述形象（包括艺术形象和科学形象）的一种基本的思维形式。形象思维是反映和认识世界的重要思维形式，是培养人、教育人的有力工具，在科学研究中，科学家除了使用抽象思维以外，也经常使用形象思维。

形象思维有4个特点。一是形象性。这是形象思维最基本的特点。形象思维所反映的对象是事物的形象，思维形式是意象、直感、想象等形象性的观念，其表达的工具和手段是能为感官所感知的图形、图象、图式和形象性的符号。形象思维的形象性使它具有生动性、直观性和整体性的优点；二是非逻辑性。形象思维不像抽象（逻辑）思维那样，对信息的加工一步一步、首尾相接地、线性地进行，而是可以调用许多形象性材料，一下子合在一起形成新的形象，或由一个形象跳跃到另一个形象。它对信息的加工过程不是系列加工，而是平行加工，是面性的或立体性的。它可以使思维主体迅速从整体上把握住问题。形象思维是或然性或似真性的思维，思维的结果有待于逻辑的证明或实践的检验；三是粗略性。形象思维对问题的反映是粗线条的反映，对问题的把握是大体上的把握，对问题的分析是定性的或半定量的。所以，形象思维通常用于问题的定性分析。

抽象思维可以给出精确的数量关系，所以，在实际的思维活动中，往往需要将抽象思维与形象思维巧妙结合，协同使用；四是想象性。想象是思维主体运用已有的形象形成新形象的过程。形象思维并不满足于对已有形象的再现，它更致力于追求对已有形象的加工，而获得新形象产品的输出。所以，想象性使形象思维具有创造性的优点。这也说明了一个道理；富有创造力的人通常都具有极强的想象力。

3.抽象思维

抽象思维也称逻辑思维，是利用概念进行的思维活动。抽象思维是人们在认识活动中运用概念、判断、推理等思维形式，对客观现实进行间接的、概括的反映的过程。抽象思维凭借科学的抽象概念对事物的本质和客观世界发展的深远过程进行反映，使人们通过认识活动获得远远超出靠感觉器官直接感知的知识。科学的抽象是在概念中反映自然界或社会物质过程的内在本质的思想，它是在对事物的本质属性进行分析、综合、比较的基础上，抽取出事物的本质属性，撇开其非本质属性，使认识从感性的具体进入抽象的规定，形成概念。空洞的、臆造的、不可捉摸的抽象是不科学的抽象。科学的、合乎逻辑的抽象思维是在社会实践的基础上形成的。

抽象思维与形象思维不同，它不是以人们感觉到或想象到的事物为起点，而是以概念为起点去进行思维，进而再由抽象概念上升到具体概念。只有到了这时，丰富多样、生动具体的事物才得到了再现，"温暖"取代了"冷冰冰"。可见，抽象思维与具体思维是相对而言、相互转换的。只有穿透到事物的背后，暂时撇开偶然的、具体的、繁杂的、零散的事物的表象，在感觉所看不到的地方去抽取事物的本质和共性，形成概念，才具备了进一步推理、判断的条件。没有抽象思维，就没有科学理论和科学研究。然而，抽象思维不能走向极端，而必须与具体思维相结合，由抽象上升到具体。

（二）以思维探索问题答案的方向划分，可以把思维分为聚合思维和发散思维

1.聚合思维

聚合思维是把问题所提供的各种信息聚合起来得出一个正确的或最好的答案的思维。聚合思维是指从已知信息中产生逻辑结论，从现成资料中寻求正确答案的一种有方向、有条理的思维方式。聚合思维法又称为求同思维法、集中思维法、辐合思维法和同一思维法等。聚合思维法是把广阔的思路聚集成一个焦点的方法。它是一种有方向、有范围、有条理的收敛性思维方式，与发散思维相对应。聚合思维也是从不同来源、不同材料、不同层次探求出一个正确答案的思维方法。因此，聚合思维对于从众多可能性的结果中迅速做出判断，得出结论是最重要的。

聚合思维有同一性、程序性和比较性三个特点。所谓同一性是指它是一种求同性，即找到解决问题的办法或答案；所谓程序性是指在解决问题的过程中，操作的程序，先做什么，后做什么，按照严格的程序，使问题的解决有章可循；比较性是指对寻求到的几种解题途径、方案、措施或答案，通过比较，找出较佳的途径、方案、措施或答案。

在应用聚合思维方法时，一般要注意三个步骤。第一步是收集掌握各种有关信息。采

取各种方法和途径，收集和掌握与思维目标有关的信息，而资料信息愈多愈好，这是选用聚合思维的前提，有了这个前提，才有可能得出正确结论；第二步是对掌握的各种信息进行分析清理和筛选。这是聚合思维的关键步骤。通过对所收集到的各种资料进行分析，区分出它们与思维目标的相关程度，以便把重要的信息保留下来，把无关的或关系不大的信息淘汰。经过清理和选择后，还要对各种相关信息进行抽象、概括、比较、归纳，从而找出它们的共同的特性和本质的方面；第三步是客观地、实事求是地得出科学结论，获得思维目标。

2. 发散思维

发散思维是从一个目标出发，沿着各种不同途径寻求各种答案的思维。发散思维又称辐射思维、放射思维、扩散思维或求异思维，是大脑在思维时呈现的一种扩散状态的思维模式，它表现为思维视野广阔，思维呈现出多维发散状。如"一题多解""一事多写""一物多用"等方式，培养发散思维能力。发散思维是创造性思维的最主要的特点，是测定创造力的主要标志之一。发散思维有三个重要作用。一是核心性作用。想象是人脑创新活动的源泉，联想使源泉汇合，而发散思维就为这个源泉的流淌提供了广阔的通道；二是基础性作用。创新思维的技巧性方法中，有许多都是与发散思维有密切关系的；三是保障性作用。发散思维的主要功能就是为随后的收敛思维提供尽可能多的解题方案。这些方案不可能每一个都十分正确、有价值，但是一定要在数量上有足够的保证。

发散思维有四个特点。一是流畅性。流畅性就是观念的自由发挥。指在尽可能短的时间内生成并表达出尽可能多的思维观念以及较快地适应、消化新的思想概念。机智与流畅性密切相关。流畅性反映的是发散思维的速度和数量特征；二是变通性。变通性就是克服人们头脑中某种自己设置的僵化的思维框架，按照某一新的方向来思索问题的过程。变通性需要借助横向类比、跨域转化、触类旁通，使发散思维沿着不同的方面和方向扩散，表现出极其丰富的多样性和多面性；三是独特性。独特性指人们在发散思维中做出不同寻常的异于他人的新奇反应的能力。独特性是发散思维的最高目标；四是多感官性。发散性思维不仅运用视觉思维和听觉思维，而且也充分利用其他感官接收信息并进行加工。发散思维还与情感有密切关系。如果思维者能够想办法激发兴趣，产生激情，把信息感性化，赋予信息以感情色彩，会提高发散思维的速度与效果。

（三）以思维的创造性维度划分，可以把思维分为再造性思维和创造性思维

1. 再造性思维

再造性思维又称常规思维，是指人们运用已获得的知识经验，按惯常的方式解决问题的思维。人在遇到某些问题时，常常不加改变的运用以往在类似条件下解决类似问题时所获得的知识、经验和解决问题的方法，来解决当前的问题。这种解决问题的思维过程，称为再造性思维。在再造性思维中，虽然记忆和知识的迁移起主要作用，但也包含着分析、综合、抽象和概括，发现当前要解决的问题及其条件和特点与过去解决过的问题完全一致或基本一致时，人们才会直接地、不加改变地去运用以前的知识、经验和方法来解决问题。

2. 创造性思维

创造性思维是指以新异、独创的方式解决问题的思维。创造性思维，是一种具有开创意义的思维活动，即开拓人类认识新领域、开创人类认识新成果的思维活动。创造性思维是以感知、记忆、思考、联想、理解等能力为基础，以综合性、探索性和求新性特征的高级心理活动，需要人们付出艰苦的脑力劳动。一项创造性思维成果往往要经过长期的探索、刻苦的钻研、甚至多次的挫折方能取得，而创造性思维能力也要经过长期的知识积累、素质磨砺才能具备，至于创造性思维的过程，则离不开繁多的推理、想象、联想、直觉等思维活动。创造性思维就是指发散性思维，这种思维方式，在遇到问题时，能从多角度、多侧面、多层次、多结构去思考，去寻找答案，既不受现有知识的限制，也不受传统方法的束缚。其思维路线是开放性、扩散性的。它解决问题的方法更不是单一的，而是在多种方案、多种途径中去探索、选择。创造性思维具有广阔性，深刻性、独特性、批判性、敏捷性和灵活性等特点。

创造性思维是一种开创性的探索未知事物的高级复杂的思维，是一种有自己的特点、具有创见性的思维，是扩散思维和集中思维的辩证统一，是创造想象和现实定向的有机结合，是抽象思维和灵感思维的对立统一。创造性思维是指有主动性和创见性的思维，通过创造性思维，不仅可以揭示客观事物的本质和规律性，而且能在此基础上产生新颖的、独特的、有社会意义的思维成果，开拓人类知识的新领域。广义的创造性思维是指思维主体有创见，有意义的思维活动，每个正常人都有这种创造性思维。狭义的创造性思维是指思维主体发明创造、提出新的假说、创见新的理论，形成新的概念等探索未知领域的思维活动，这种创造性思维是少数人才有的。创造性思维是在抽象思维和形象思维的基础上和相互作用中发展起来的，抽象思维和形象思维是创造性思维的基本形式。除此之外，还包括扩散思维、集中思维、逆向思维、分合思维，联想思维。其中扩散思维是从所给的信息中产生信息，着重点是从同一来源中产生各种各样为数众多的输出，并且很可能发生移转作用。集中思维是从所给的信息中产生逻辑的结论，其着重点是产生独有的或者习惯上所接受的最好的成果。逆向思维是把思维方向逆转过来，用对立的表面看来似乎不可能并有的两条思路同时去寻找解决问题之答案的形式。分合思维是一种把思考对象在思想中加以分解或合并，然后获得一种新的思维产物的思维方式。联想思维是一种把已经掌握的知识与某种思维对象联系起来，从其相关性中发现启发点，从而获取创造性设想的思维形式。创造性思维是创造成果产生的必要前提和条件，而创造则是历史进步的动力，创造性思维能力是个人推动社会前进的必要手段，特别是在知识经济时代，创造性思维的培养训练更显得重要。其途径在于丰富的知识结构、培养联想思维的能力、克服习惯思维对新构思的抗拒性，培养思维的变通性，加强讨论，经常进行思想碰撞。

再造性思维是用已知的方法去解决问题，创造性思维是用独创的方法去解决问题。

（四）以思维的目的维度划分，可以把思维分为上升性思维、求解性思维和决策性思维

1. 上升性思维

上升性思维是从个别的事物的经验中，通过分析、综合、比较、归纳、概括出具有一般特征和普遍规律性的思维，把个别经验上升为普遍性的认识。个别经验大多来自日常的生活体验，过于直接和个性化，因而不具有普遍的指导意义，其真实性有待实践检验，最终上升为普遍性认识。

2.求解性思维

求解性思维是寻求解决某个具体问题的思维。是指围绕问题展开思维，依靠已有的知识去寻找与当前现状之间的中间环节，从而使问题获得解决。就像我们解答数学题，先要分析已知的条件，看看问题，最后再找由条件到问题之间的桥梁。这种思维始终是围绕问题展开的。在上升性思维进行中，当普遍性与实践发生矛盾时，就会出现问题，这就导致理解问题、解决问题的求解性思维的产生。人们要能够提出问题。首先要有一定的知识。一个问题的存在，就意味着在原有知识和当前现状之间，存在着一个很大的空白，从而使得原有知识和当前现状之间，不能构成一条合乎逻辑地联系起来的知识链条。所以解决问题的关键，就在于寻找能使已有知识与当前现状之间联结起来的中间环节。求得中间环节的方法，一是以已有知识去同化当前的现状，也就是获得理解，从而使问题得到解决；二是通过创造性活动去寻找这些中间环节，从而使问题可能获得解决。

求解性思维与上升性思维、决策性思维相互渗透、密切联系，共同组成了逐步深化的思维过程。

3.决策性思维

决策性思维也称决断性思维，是对未来事件发生的可能性予以估计并从中选择最理想解决方案的思维。决策性思维的主要特征是未来性，它的另外两个特征是辩证性和实践性。决策性思维首先是对尚未付诸实践的若干可能实践目标和方案的比较、选择和确定的思维活动；其次，它又是对现存的、确定的条件的思维，最后，方案一旦付诸实践，决策者又要根据实践中反馈回来的信息进行方案甚至目标的修正和调整。由此可见，决策性思维的内容是确定与变异的对立统一，具有显著的辩证性，是辩证思维的一种重要形式。从功能看，决定性思维是直接指导人类实践的思维，因此，实践性是决策性思维的又一显著特征。所以，学生决策性思维能力的水平直接影响着他们进入社会后的适应性、应变性和创造性。决策性思维应遵循三个原则。一是具体性原则，是对某一物或某一事未来发展趋势的抉择；二是发展转化原则，考虑事物在时间空间中可能经历的发展变化；三是综合平衡原则，是在尽可能的范围内，使希望达到的目标和实际可能达到的目标之间的差距缩小到最低限度。

决策性思维的重要意义。决策思维在国内外受到思维科学、心理学、管理学等学科越来越多的重视，因为决策的对象通常是战略性问题，影响全局。对于学生来说，当解一个习题时，确定解题思路是决策思维，若思路错了，则具体计算的准确与否均失去了意义；当工程师设计一台机器时，确定设计方案是决策思维，若方案错了，则大量的设计工作如结构设计、施工设计等等都失去了意义，甚至造成重大损失。医生对病人患病的诊断是决策思维，若诊断错了，则医疗方案与措施不仅是失去意义，而且将造成不良后果。

三、思维的基本特征

（一）概括性

思维的前提人们已经形成或掌握的概念。掌握概念，就是对一类事物加以分析、综合、比较，从中抽象出共同的、本质的属性或特征加以归纳。概括是思维活动的速度、灵活迁移程度、广度和深度、创造程序等智力品质的基础。苏联心理学家鲁宾斯坦认为：迁移就是概括。概括性越高，知识的系统性越强，迁移越灵活，那么一个人的智力和思维能力、创造能力越发展。

（二）间接性

间接性是思维凭借知识、经验对客观事物进行的间接的反映。首先，思维凭借着知识经验，能对没有直接作用于感觉器官的事物及其属性或联系加以反映。例如，清早起来发现院子里的地面湿了，房顶也湿了，就可以判定昨天晚上下雨了；其次，思维凭借着知识经验，能对根本不能直接感知的事物及其属性进行反映。也就是说，思维继承和发展着感知和记忆表象的认识功能，但已远远超出了他们的界限。思维的间接性使人能够揭示不能感知的事物的本质和内在规律；最后，思维凭借着知识经验，能在对现实事物认识的基础上进行蔓延式的无止境的扩展。假设、想象和理解，都是通过这种思维的间接性作为基础的。例如，制定计划、预计未来，就是这方面的表现形式。思维的这种间接性，使思维能够反作用于实践，指导实践。

（三）逻辑性

逻辑性这一特征反映出思维是一种抽象的理论认识，表明思维过程有一定的形式、方法，并按照一定的规律进行。概念的形成条件和基础是社会实践。大量丰富的感性经验产生于实践，推动人的认识活动深化，产生了概念。在概念的基础上进一步构成判断和推理。判断是对于思维对象有所肯定或否定的思维形式，以语句形式表达出来，判断是思维形式，但与语句有区别：判断是思维形式，而语句是言语的形式。同一判断可以用不同语句表达，如"一切事物都包含矛盾"，这一判断可以用"不包含矛盾的事物是没有的""哪有不包含矛盾的事物！"等语句来表达。并不是所有语句都表达判断，如"今天星期几？"这一语句就不是对事物有所判定。判断不单反映思维过程，而且也表现着人的情感和愿望。如"我爱北京天安门""我要买电视机"等。判断也能表现出人对事物的评价，这是人以某种标准作为判断的依据。推理是从一个或几个已知判断推出新判断的思维形式。归纳推理和演绎推理是两种主要推理形式。在归纳推理时，从事实出发，加以概括，从而解释观察到的事物之间的关系，得出一般结论。从一般到个别，将理论、原则运用于具体，这是演绎推理。概念、判断、推理，就是思维的形式。

（四）深刻性

思维的深刻性指人脑在感性材料的基础上，经过思维过程，去粗取精，去伪存真，由此及彼，由表及里，于是在大脑里生成了一个认识过程的突变，产生了概括。由于概括，人们抓住了事物的本质、事物的全体、事物的内在联系，认识了事物的规律性。个人在这个过程中，表现出深刻性的差异，思维的深刻性集中地表现在善于深入地思考问题，抓住事物的规律和本质，预见事物的发展进程。思维深刻性的具体表现：

1.思维形式的个性差异

即在形成概念、构成判断、进行推理和论证上的深度是有差异的。

2.思维方法的个性差异

即在如何具体地、全面地、深入地认识事物的本质和内在规律性关系的方法方面，正如归纳和演绎推理如何统一，特殊和一般如何统一，具体和抽象如何统一等方面都是有差异的。

3.思维规律的个性差异

即在普通思维的规律上、在辩证思维的规律上，以及在思维不同学科知识运用的具体法则上，其深刻性是有差异的。只有自觉地遵循思维的规律来进行思维，才能使概念明确、判断恰当、推理合理、论证得法，具有抽象逻辑性，即深刻性。

4.思维的深广度和疑难程度的个性差异

即在周密的、精细的程度上是有差异的。一个能在深广度和疑难程度方面思维的人，能全面地、细致地考虑问题，照顾到和问题有关的所有条件，系统而深刻地揭示事物的本质和内在的规律性关系。

（五）灵活性

思维的灵活性是指思维活动的智力灵活程度。包括：一是思维起点灵活，即从不同角度、方向、方面，能用多种方法来解决问题；二是思维过程灵活，从分析到综合，从综合到分析，全面而灵活地作"综合地分析"；三是概括—迁移能力强，运用规律的自觉性高；四是善于组合分析，伸缩性大；五是思维的结果往往是多种合理而灵活的结论，这种结果不仅仅有量的区别，而且有质的区别。

（六）独创性

思维的独创性强调思维个体差异的智力品质。指独立思考创造出有社会（或个人）价值的具有新颖性成分的智力品质。主体对信息高度概括后进行集中而系统的迁移，进行新颖的组合分析，找出新异的层次和交结点。概括性越高，知识系统性越强，减缩性越大，迁移性越灵活，注意力越集中，则独创性就越突出。

（七）批判性

思维的批判性指思维活动中善于严格地估计信息和精细地检查思维过程的智力品质。从思维的个性差异来说，思维的批判性有五个特点：

1.分析性

在思维过程中不断地分析解决问题所依据的条件和反复验证已拟定的假设、计划和方案。

2.策略性

在问题面前，主体根据自己原有的思维水平和知识经验在头脑中构成相应的策略或解决问题的手段，然后使这些策略在解决思维任务中生效。

3.全面性

在思维活动中善于客观地考虑正反两方面的论据，认真地把握问题的进展情况，随时坚持正确计划，修改错误方案。

4.独立性

即不为情境性的暗示所左右，不人云亦云，盲从附和。

5.正确性

思维过程严密，组织有条理；思维结果正确，结论实事求是。

（八）敏捷性

思维的敏捷性指思维过程的速度或快慢程度。有了思维敏捷性，在处理问题和解决问题的过程中，能够适应迫切的情况来积极地思维，周密地考虑，正确地判断和迅速地作出结论。有人说，思维的速度包括正确的程度。但我们认为，思维的轻率性绝不是思维的敏捷性品质。我们在培养思维的敏捷性时，必须克服思维的轻率性。敏捷性本身不像上述特征那样有一个思维过程，但与上述思维特征又相互联系，既以上述思维特征为必要的前提，又是这些思维特征的集中表现。没有思维高度发达的深刻性、灵活性、独创性和批判性，就不可能在处理问题和解决问题的过程中有适应迫切情况的积极思维，并正确而迅速地作出结论。特别是思维活动的概括，没有概括，就不会有"缩减"形式，更谈不上什么速度了。同时，高度发展的思维的深刻性、灵活性、独创性和批判性必须以速度为指标，能够正确而迅速地表现出来。

四、思维的基本过程

思维过程指人们在头脑中运用存储在长时间记忆中的知识、经验，对外界输入的信息进行加工的过程。思维过程思维包括分析、综合、比较、抽象、概括判断和推理等基本过程。思维是一个复杂的、高级的认识过程，反映了事物的相互联系及其发展变化的规律，并且具有间接认识和概括认识的特性。

（一）分析与综合

分析与综合是最基本的思维方法，是其他思维加工方法或方式的基础。分析用于把握事物的基本结构、属性和特征，把一个事物或事件的整体分解为各个部分，并把这个整体事物或事件的各个属性都单独的分离开分别加以研究的过程。分析的方法有定性分析、定量分析、结构分析、功能分析、信息分析、模式分析以及流程分析等。综合就是分析的逆向过程，它是把事物中的各个部分、各个侧面或各个属性都结合起来，形成一个整体的思维方法，旨在从整体上把握事物的本质和规律。综合是按事物的内在联系把整个事物在思维中再现出来。分析和综合是辩证的统一。分析和综合既互相区别，又互相依存。一方面，分析是综合的基础，没有分析，思维就不能具体深入，不能把握事物的各个部分、侧面和属性的具体规定性，当然无从综合；另一方面，分析也离不开综合，分析总是要以某种综合的成果为指导进行的，并且以综合为目的。没有综合，思维的信息材料是零碎、片断的，不能统一为整体，也难以对各个部分、侧面和属性有确切的了解。

（二）分类与比较

比较是人脑把各种事物或现象加以对比来确定它们的异同点和关系的思维过程。就是将各种事物的心理表征进行对比，以确定它们之间的相异或相同的地方。通过比较就能更好地认识事物的本质。比较是在分析综合的基础上进行的，它既是重要的思维过程，也是重要的思维方法，在认识活动中的作用极其重要。没有比较就没有鉴别，只有通过比较才能找到事物的共同点和区别点，才能正确地确定活动方向，做出最佳选择。比较有许多种类。从内容上看，有对事物形态的比较，有对事物属性、特点和规律的比较，有对事物的功能和意义的比较，也有语言文字的比较。从形式上看，有同中求异，异中求同，同时对比，前后对照。从水平上看，有对外部特性的感性水平的比较，有对本质特性的理性水平的比较，还有纵向比较、横向比较，等等。

分类是人脑按照某种标准将事物归到一定类别中的过程。分类以比较为前提，在比较中发现事物符合标准的特征，然后加以归类。分类在思维过程和科学研究中具有特殊意义，它不仅有树立标准的作用，而且有助于科学分析更接近真实、更全面反映事物之间的内在联系。根据事物的共同性与差异性就可以把事物分类，具有相同属性的事物归入一类。具有不同属性的事物归入不同的类。分类是比较的后继过程，重要的是分类标准的选择，选择得好还可导致重要规律的发现。

（三）抽象与概括

抽象与概括是更高级的分析与综合活动。抽象就是把事件的共有的特征，共有的属性都抽取出来，并对与其不同的，不能反映其本质的内容进行舍弃。例如对各种钟、表的抽象就是，将"能计时"这个本质属性抽取出来，而舍弃大小、形状等非本质的属性。概括是事物的某类共同特征在脑中的结合。概括是以比较作为其前提条件的，比较各种事件的共同之处以及不同之处，并对其进行同一归纳。是将抽取出来的本质属性综合起来，并推广到同类事物中去。例如把"由三条线段组成的封闭图形"叫做三角形，一个图形无论大小、形状、位置如何，只要它具有"由三条线段组成"和"封闭图形"这两个特征，就是三角形。

对客观事物的观察，通过分析、综合、比较、抽象和概括，借助于词的作用，就可以形成概念；反映事物关系的、概念之间的联系称为判断。把两个判断联系起来，从而获得一个新判断的过程，称为推理。通过推理，获得事物的现象和本质、原因和结果之间内在联系的过程称为理解。

（四）具体化与系统化

具体化就是把抽象、概括的知识用于个别的、具体的场合。具体化是同抽象概括相反的思维过程，从抽象到具体是人类思维发展的一个普遍规律，有着极为重要的理论和实际意义。如果抽象概括不与具体实际相结合、相统一，抽象概括就会变成荒谬，也无任何价值而言。在教学或实际工作中，应用一般原理来解决具体问题，就是具体化的表现，使我们对事物的认识得到深化和发展。

系统化就是把本质属性相同的东西，分成一定的类别并归纳到一定的类别系统中去的过程。系统化有助于自觉深入、牢固地掌握科学知识体系，有利于全方位把握事物的整体。具体化是人脑把经过抽象概括的本质特征和规律运用到同类具体事物中去的过程。比如，老师讲授一个新概念往往都要举例，举例就是一种具体化过程。利用理论原理解决实际问题的过程均属具体化。在教学过程中，对学习材料进行分类、编写提纲、列图表等，都是系统化的工作，使我们对事物的认识更加明确、清晰和完整。

第五章　一体两翼三沟通语文教学的课堂教学

课堂教学是提高教育质量的主渠道，课堂教学是师生交往的主要场所，课堂教学过程是教与学最集中的体现。研究课堂教学是教学研究永恒的主题，也是中小学教师教学研究的主要内容。研究课堂教学的目的是提高课堂教学效率，改革课堂教学的目的是提高课堂教学效率，追求课堂教学艺术性的目的也是提高课堂教学效率。一体两翼三沟通语文教学的课堂教学追求的就是效率第一。

第一节　课堂教学研究

课堂教学研究首先应该从课堂观察入手。课堂观察是学校教师或研究者从课堂情景中获取相关的信息，对课堂教学进行研究和评价的过程。对于一线教师来说，怎样有效地开展课堂观察呢？

一、课堂观察的步骤与基本要求

课堂观察是有目的的研究活动，观察者只有清楚观察的目的，才能收集到更确切有效的资料，才能确保观察的有效性。课堂观察前，首先要明确本次课堂观察的目的和任务目标，其次选择合适的观察对象，然后确立恰当的观察视角和观察工具，做好观察的准备工作。课堂观察常用的主要工具有定量观察量表、定性观察分析提纲、摄像机等。制定观察的量表是一项系统而复杂的工作，观察量表制定的科学与否、质量高低，直接影响着观察效果的好与差。观察量表的制定需要根据课程特点、教师水平、学生基础、教学实际等方面综合设计，它同时需要在实践中进一步探索、完善和优化。

定量观察是以结构化的方式收集资料，并且以数字化的方式呈现资料的课堂观察。需要对观察的课堂现象进行量化，以便进行科学分析。这种观察直观、简约、有说服力，便于操作。关键是预先列出一些需要观察并且有可能发生的行为，通过观察对所列行为的频率进行记数。

定性课堂观察是研究者依据粗线条的观察纲要，在课堂现场对观察对象做详尽的多方面的记录，并在观察后根据回忆加以必要的追溯性的补充与完善。观察结果的呈现形式是非数字化的，主要是归纳法，并且资料分析在观察的过程中就要进行。其主要优点是：能整体把握对课堂的真实感受；能体现评课人对课堂现象的理解、思考和深层次分析；能灵活地抓住个别有价值的细节；能简便、自由地记录；能主动地、有导向地引领课堂教学的方向。定性量表的制定要周密、细致、科学、严谨，突出重点，抓住关键。

观察学生的活动与状态，观察"学习状态与学习效果"的教师应靠近学生就座，特别是选择"优生"与"学困生"相对集中的位置观察；观察"教师的提问方式"和"学生的应答方式"的教师，可以坐在一起观察，便于观察时能相互协调。如果观察维度主要是教师的教学，为减少对课堂教学和学习的影响，应选择在教室中学生座位背后就座，开展观察。

被观察者（教师和学生）一般会对观察者抱有戒备心理，这种心理可能会导致被观察的课堂不同于平日的课堂。也就是说当有人来观察课堂时，会使课堂情形或多或少失真。为了减少这种戒备心理，被观察者要树立这样一种意识：他是来帮助我的，我非常感谢他能在百忙中抽出时间来听我的课，有别人的帮助我这次肯定会提高。观察者要意识到：帮别人就是帮自己，观察别人的课堂能让我发现问题引以为戒，发现优点发展自己，谢谢你为我提供了这样好的发展资源。

每一个观察者首先应以学习者的身份来听课观察，观察要做到五心：诚心、虚心、专心、细心、公心。要尽量客观真实地呈现课堂的本来面貌，观察者必须了解与自己相关的影响观察的误差来源，尽可能地减少自己的主观偏见对观察的不良影响。如，观察者自身的理论水平、受教育程度和经验，以及本人的兴趣、价值取向和教育观念，对学生各方面的固定印象等等，这些方面都可能使观察陷入偏差。

二、课堂教学观察研究的方法

我们认为，应当抓住课堂教学中的"点""线""面""体"来开展观察研究活动。

（一）课堂观察的"点"

课堂观察的"点"，就是在课堂观察过程中，观察者事先确定的一个观察项主题。课堂观察的"点"一般只涉及一节课中的一个时间段，表现在教学的一个细节或一个环节当中。所以定"点"观察课堂，在课堂教学研究中是比较容易实施的。当前中小学教师在课堂观察中存在两个方面的问题：一是观察手段差。课堂观察没有先进的设施设备，大多依靠一个本子一支笔。在没有经过专门的速记训练的前提下，课堂观察者一边听一边记，要想把课堂教学过程中发生的一切现象都记录在案几乎是不可能的，即使勉强记录，也可能记录下一个大概，对课堂教学形成一种模糊的认识；二是观察无重点。课堂观察没有重点，主题不突出，目标不明确，课堂教学中的所有现象都想全部记录，结果遗漏了关键点，该记录的没有记下，不该记录的记了一大篇，丢了西瓜捡了芝麻。在记录手段和记录能力没有得到明显改善和提高的前提下，为了提高课堂观察的质量和效益，我们必须选择正确的课堂观察策略。就是在课堂观察中必须突出重点，必须选择一个观察的"主题"，必须确定一个课堂观察的"点"。围绕一个"点"，以"问题"为中心，突出重点集中精力进行观察记录，舍去一些与观察主题无关或关系不大的课堂现象，收集有用的、可靠的、准确的信息，为下步研究打下坚实的基础。这样，课堂观察更真实、更精确，研究结果更可靠、更典型、更科学。如何确定观察的"点"呢？可以根据随堂听课中发现的一个现象确定一个研讨的主题，或者根据研讨的需要确定一个主题，或者自己在教学中难以解决的问题。例如：课堂教学的导入问题，怎样组织学生预习的问题，课堂教学中的提问设计问题，如何组织学生合作学习的问题，怎样组织学生探究学习的问题，课堂教学中如何进行学法指导的问题，课堂教学中如何培养学生的创新能力的问题等，这些"问题"都可以作为课堂观察的"点"。

（二）课堂观察的"线"

课堂教学是一个教学过程，这个过程是一个流动的过程，是一个发展的过程，是一个生成的过程。由于课堂教学的流动性、发展性、生成性特点，我们进行课堂观察，有时它需要结合整节课进行全面的观察和记录，有时因研究的现象散见在教学的各个环节而需要对整节课进行观察，有时由于任务的繁重需要分组合作观察。这样，课堂观察的"点"就形成了一个断断续续的"点链"，将这些相互联系的"点链"进行排列，就构成了课堂观察的"线"。所谓课堂观察的"线"，就是以确定的课堂观察主题为线索的课堂观察活动。例如：观察"课堂教学中如何落实言语训练？"这一主题，就要结合整节课来进行。言语训练是语文教学的核心内容，是贯穿在课堂教学始终的基本过程。由于学生的基础不一，教学内容的区别，教学策略的不同，教学风格的差异等情况，通过观察课堂教学的片断是难于真实地反映言语训练"落实"的情况，只有对课堂教学的整节课进行全面的观察，记录课堂教学中所有"如何落实言语训练"的现象，才能客观地、全面地、准确地反映言语训练在一节课中的"落实"过程。通过"课堂教学中如何落实言语训练？"这一过程的观察，形成了"课堂教学中如何落实言语训练？"的一根"线"。围绕"课堂教学中如何落实言语训练？"进行多次的、长期的观察，收集积累关于"课堂教学中如何落实言语训练？"这方面的有关信息资料，你就会成为这方面的"专家"。将这方面的信息资料进行分析归纳和理论提炼，形成规律性认识，这就是教学研究。将这些规律性认识用于指导自己的教学实践，规范自己的教学行为，这就是自我发展。将这些规律性认识用于指导他人的教学实践，规范他人的教学行为，这就是成果共享，共同成长。

（三）课堂观察的"面"

课堂教学需要研究的内容很多，有些比较大的专题，它需要的样本可能不仅仅局限在一个环节、一节课，而需要更大的研究背景，这就要对一些课进行跟踪观察，或对许多课组合观察，收集更多的研究素材和研究数据。在进行这些比较大的专题研究时，由于专题的内涵丰富，要进行认真深入的研究，必须采取化整为零的策略，将这些大的专题层层分解为一个一个的"小问题"进行研究。围绕这些"小问题"进行课堂观察和信息收集，各个小专题通过广泛的、连续的课堂观察和信息收集，形成一个"小问题"的信息链，众多"小问题"的信息链形成集合，构成了一个专题的"面"。课堂观察的"面"，就是在课堂教学观察中对若干个专题的线性观察的集合。例如，对"课堂教学中的提问"这一专题的观察，就要将它分解、展开为"提问的数量""提问的频率""提问的时机""提问的效度""提问的广度"……等若干个小的专题。这些小专题还可以再分解，如"提问的数量"还可以再分为"一节课中第一个5分钟提问的数量""一节课中第二个5分钟提问的数量""一节课中第三个5分钟提问的数量"……等等。对这些分解、展开的下一层次的小专题进行观察，收集各个小专题的有关信息，形成了关于"课堂教学中的提问"这一专题观察的"面"；对这些分解、展开的下一层次的小专题进行分类统计、分析和归纳，得出一个关于"课堂教学中的提问"这一专题的比较全面课堂观察成果。这对于研究课堂提问，改进课堂提问，推进教学对话有重要的意义。将这一过程进行一番规划，有计划、有步骤、有组织地实施，形成有关"课堂教学中的提问"这一专题的规律性认识，这就是课题研究。

（四）课堂观察的"体"

在数学概念中，点是线的构成元素，线是面的构成元素，面是体的构成元素。体是面的集合，体是由面构成的。课堂观察的"体"是由课堂观察的"面"构成的。所谓课堂观察的体，就是整体性课堂观察，也就是从整体上对课堂进行立体观察。对于课堂教学观察，传统的叫法称为听课，就是听教师在课堂教学中是如何讲的。不管你什么内容，不管你什么对象，老师只要讲得津津有味、头头是道、纵横捭阖，就是好课，所以上课叫"讲课"。后来听课发展为看课，将听教师如何讲变为看课堂教学是否热闹，看教师如何表现，看各种教学形式是否体现，看各种媒体是否使用，虽然有了进步，但追求的是课堂的表面。现代的课堂教学将学生的学放在重要位置，不仅要看教师是怎么讲的，还要看教师是怎么做的，是怎么组织学生学的，是怎么指导学生学的。更重要的是观察学生是怎么学的，学得是否轻松，学得是否愉快，智能是否得到发展……等等。课堂观察的"体"，就是在课堂教学观察中，既要注重教师"教"的方面的观察，更要注重学生"学"的方面的观察，还要注重教学内容、教学手段、教学环境等方面的观察。从听课到看课再到课堂观察，不仅仅是字面的更改，它体现了教育观念的深刻变化，体现了以人为本的教育思想。课堂观察的"体"，很好地贯彻了这一思想。还以"课堂提问"这一问题的观察为例：对于"课堂提问"，教学的各个环节、各种内容都有涉及，要深入研究这一问题，不仅要从教师的层面进行观察（各个时段教师提问的次数、教师提问的有效度），而且要从学生的层面进行观察（各个时段学生回答问题的质量、学生回答问题的面，等等），还要从教学环境层面进行观察（教师提问的时机）；不仅需要对整节课进行观察，而且需要进行分组合作观察（在一节课中，要同时观察那么多的问题，必须进行分工，每人负责一项任务）；不仅需要对一节课的一个内容进行观察，而且需要多节课的不同内容进行连续观察（不同内容的重点难点不同，提问的方式方法不同）。从整体着眼，进行全面观察，既注重教师教的方面，更注重学生学的方面，既注重教学内容，又注重教学手段，还注重教学环境，使课堂观察在时空上、对象上更全面、更科学。这是课堂教学观察与研究的基本立场，更是实现高效课堂的有效途径。

（参见《课堂观察的"点·线·面·体"》，作者戴红顺。原载中国曲靖《曲靖市麒麟区中小学教师论文集》，2013年麒麟区教育局教研室编。）

三、一堂好课的标准

（一）研究好课标准的意义

1.目前在各校深入开展的校本教研活动，最重要的方法就是诊断性研究，也就是针对教育教学中存在的问题，进行科学的诊断，然后进行有针对性地研究，以达到使我们的教育教学水平有一个长足迈进的目的。我们研究好课的标准，可以促使教师们对自己的课堂教学与好课标准进行对比，并在对比中发现问题，然后进行有效的诊断，从而实现全面提升教师素质与教学水平，因此我们可以说，对于好课标准的研究是校本教研中诊断性研究的基础。

2.我们不能否认，在我们的日常教学中，还有一部分教师的教学行为不够规范，虽然解决的途径是多方面的，但是由于好课标准简洁明了，又具有可操作性，所以就成为教学管理者时常用来规范教师的教学行为，久而久之，好课标准就成为了规范教学行为的有效导向。

3.课程改革在不断地向纵深发展，越来越多的有识之士已经认识到，这次课程改革的最终目的就是要促进学生的全面发展，而促进学生全面发展的最重要的阵地就是课堂，那么在课堂教学中怎样做才可以实现这一关系到祖国未来的课程改革的目的呢？那就是要使我们的每一节课尽可能多的成为"好课"，好课标准正好适应了课程改革的需要，有效地保证了课堂教学沿着促进学生全面发展的轨道运行，因此我们可以说好课标准也是促进学生全面发展的有效途径。

4.我们知道，优秀教师的成长摇篮是课堂，换句话说就是课堂教学造就了许许多多的优秀教师，如果我们用科学合理的好课标准来为教师们提供一个具体的思路，那么无疑会加快教师的成长速度，所以对好课标准的研究也是培养造就优秀教师的需要。

5.在教学改革中，我们遇到了很多困难，其中最重要的就是教师们对教学方式的变化很不适应，其结果致使有的教师是穿新鞋走老路，有的是穿旧鞋走原路。而好课标准则对在课堂教学中，如何按照新课标进行教学做出了具体而明确的规定，这些规定会对教师们产生潜移默化的影响，势必会成为推动课程改革的动力。

6.工人做工是为了产生效益，农民种地是为了获得丰收，教师的教学要获得丰收，要产生效益，那就是要提高教育教学质量，而质量的提高是需要踏踏实实的上好每一节课做保证的。在科学合理的好课标准的指引下，必然会使"好课"的数量大大增加，从而为提高教育教学质量奠定基础。

（二）好课标准的特点

1.好课标准的评价因素具有不确定性

（1）好课标准无不显示时代的烙印。凡是教学经历在30年以上的教师，都会知道在"文化大革命"的时候，学农、反潮流等等，那时的好课标准大概只有劳动和造反。而现在的教学改革，好课标准发生了巨大变化——如何教会学生学会学习。

（2）好课标准还会受到评课人思想意识的影响。现实教学中，我们有时会看到这样一种情况，同是一节课，仁者见仁，智者见智，甚至还会意见相左，其原因就是因为对一节课的评价，不同的人、不同的思想意识决定了对同一事物会有不同的看法与感受。

（3）好课标准学科之间并不统一。每一个学科都有每一个学科的特点，实在是没有办法用同一把尺子来衡量每一节课的优劣，所以不同学科就有不同的标准，这也是极其正常的。

2.好课标准还有它本身的逐渐发展性

因为对课堂教学的评价是随着时代在进步的，每当一种新的标准出来后，都要有一个逐步完善的过程，有一个逐渐被多数人认可的过程，并且还有在发展中逐步趋同的过程。所以我们说好课标准具有逐渐发展性。

3.好课标准还具有深远影响性

（1）教学评价体系是一个多角度、多维度的教学管理体系中的重要组成内容，而好课评价直接影响到其他评价制度的建立与执行，所以好课评价制度对整体教学评价体系的建立将会产生重要影响。

（2）因为评价系统的建立首先是一种舆论导向和激励，所以对教师的日常教学行为具有深刻的指导性，不仅是促进教师提高的动力，而且还要对教师的努力方向起到重要的引领作用。

（3）广大的教师们都希望自己的教学水平有显著的提升，都希望自己的素质得到快速发展，而科学的合理的好课评价标准，直接为教师们的课堂教学提出了具体的可操作的要求，促进课堂教学水平的提升。

（三）好课的基本要求

华东师范大学终身教授叶澜女士认为，一堂好课的要求没有绝对标准，但有一些基本要求。大致表现在五个方面：

1.扎实

一节课中，学生的学习首先是有意义的。初步的意义是他学到了新的知识；进一步是锻炼了他的能力；往前发展是在这个过程中有良好的、积极的情感体验，产生进一步学习的强烈要求；再发展一步，是他越来越会主动投入到学习中去。这样学习学生才会学到新的东西。学生上课，"进来以前和出去的时候是不是有了变化"，如果没有变化就没有意义。一切都会，教师讲的东西学生都知道了，教师讲的东西学生都知道了，那你何必再上这个课呢？换句说，有意义的课，它首先应该是一节扎扎实实的课。

2.充实

有效率包括两个方面：一是对面上而言，这节课下来，对全班学生中的多少学生是有效的，包括好的、中间的、困难的，他们有多少效率；二是效率的高低。有的高一些，有的低一些，但如果没有效率或者只是对少数学生有效率，那么这节课都不能算是比较好的课。在这个意义上，这节课应该是充实的课。整个过程中，大家都有事干，通过教师的教学，学生都发生了一些变化，整个课堂的能量很大。

3.丰实

一节课不完全是预先设计好的，而是在课堂中有教师和学生真实的、情感的、智慧的、思维和能力的投入，有互动的过程，气氛相当活跃。在这个过程中，既有资源的生成，又有过程状态的生成，这样的课可称为丰实的课。

4.平实

不少老师受公开课、观摩课的影响太深，一旦开课，容易出现的毛病是准备过度。

教师课前很辛苦，学生很兴奋，到了课堂上就拿着准备好的东西来表演，再没有新的东西呈现。当然，课前的准备有利于学生的学习，但课堂有它独特的价值，这个价值就在于它是公共的空间，需要有思维的碰撞及相应的讨论，最后在这个过程中，师生相互生成许多新的知识。

她倡导的"先基础教育"反对借班上课，为的就是让教师淡化公开课、观摩课的概念。在她看来，公开课、观摩课更应该是"研讨课"。因此，她告诫老师们："不管谁坐在你的教室里，哪怕是部长、市长，你都要旁若无人，你是为孩子、为学生上课，不是给听课的人听的，要'无他人'。"她把这样的课称为平实（平平常常、实实在在）的课，并强调：这种课是平时都能上的课，而不是多人帮着准备，然后才能上的课。

5. 真实

课不能十全十美，十全十美的课造假的可能性最大。只要是真实的就会有缺憾，有缺憾是真实的一个指标。公开课、观摩课要上成是没有一点问题的，那么这个预设的目标本身就是错误的，这样的预设给教师增加很多心理压力，然后做大量的准备，最后的效果往往是出不了"彩"。

生活中的课本来就是有待完善，这样的课称之为真实的课。扎实、充实、平实、真实，说起来好像很容易，真正做起来很难，但正是在这样的一个追求的过程中，教师的专业水平才能提高，心胸才能博大起来，同时也才能真正享受到"教学作为一个创造过程的全部欢乐和智慧的体验。"

第二节　课堂教学改革

创新型国家需要创新型人才，创新型人才的培养关键在教育。教育改革是一场涵盖课标、课程、教材、课堂、教法、学法、管理等多方面的全方位的系统的改革。课堂是教育教学的主阵地，是全面提高教育教学质量的基本途径，教育的改革最终落脚点，要定格在课堂教学的改革上。

一、课堂教学存在的问题

课堂教学是我国教育的主要形式，是教育培养人才的主渠道。但是审视我们的中小学语文课堂教学，却存在许多问题。

（一）教师主宰课堂教学全过程

课堂教学的指导思想仍沿袭传统的"教师中心论"，不太注意发挥学生学习语文的主观能动性，不把学生当作学习的主体来看，采取填鸭式的"满堂灌"，使得学生只能消极、被动地接受语文知识。很多语文教师抱着对教育事业的热爱，每天又是翻阅参考书，又是从网上下载资料，认认真真，仔仔细细的备好每一课。到了课堂上总是希望充分利用45分钟（有的40分钟），多讲一些内容，于是把自己精心设计的教案在课堂上做一番感情充沛的演说，语文课成了老师的演讲课。开始学生还能勉强听一听，可是后来老师即使讲得口干舌燥，学生也是天马行空，一言不发，或做其他事，甚至打瞌睡，整个课堂没有一丝的生气和乐趣。教师成了每堂语文课的"导演"同时又兼"主角"，而学生只是充当"配角"或"群众演员"，甚至只能充当"观众"或"听众"。课堂上学生的参与很少，到头来，老师所讲的也不过是瓢泼的大雨下到了水泥地面上，水势不小，但终归只湿了地表，渗不下去，流跑了。这样的教学，到了期终考试，成绩自然也是可想而知的了。所以这种忽视学生主体地位的教学方式必须得到根本性的转变，不然怎么能提高语文教学的效果呢？

（二）课堂教学急功近利舍本求末

由于中考、高考的"指挥棒"仍在，"应试教育"的长期影响，家长与社会给学校教育施加了很大的压力，以至于不少语文教师把语文课作为应付中考或高考的训练课。考试的内容就是课堂教学内容取舍的唯一依据。要考的内容就大讲特讲，不考的内容就略讲甚至不讲。重书本知识的传授，轻实践能力的培养；重抽象思辩能力的训练，轻形象感悟素质的提高；重学习结果，轻学习过程。重应试，轻应用；重读写，轻听说；重记叙文、议论文，轻说明文、应用文；重间接知识的学习，轻直接经验的获得；重视考试成绩，忽视整体素质发展等，没有完全落实课程标准规定的教学内容。结果造成了学生语文知识懂与会的分离，学与用的脱节，高分低能，不少学生还失去了对语文学习的兴趣和主动性，从而不能完成中学语文教学的基本任务。而"考试指挥棒"成了我与学生河流道上的唯一"航标"。

（三）课堂教学的模式与方法呆板陈旧

多少年来，语文课堂教学的基本模式始终是一张老面孔。所有的课文都被强行纳入一整套不容置疑的"规则"中了。比如，运用了何种写作技巧、表达方式？选材、布局、语言有何特色？重点语段、重点词句有哪些？这些"规则"几乎成了语文阅读教学的"学问"。为了获得这种"学问"，语义老师们不得不把一篇篇课文当成阐释"规则"的"例子"。为了说明这些"规则"运用得何其高妙，甚至不惜把文章拆成散装的"零件"，供学生细细把玩。一篇流光溢彩的文章也会被肢解得惨不忍睹，最终使得学生也能操着这套"规则"去对付其他的文章。事实上，学生这样学完一篇文章之后，得到的是什么呢？他们会熟知诸如"小中见大""情景交融"等"写作术语"，或者用一种近乎思想品德课上的话语复述文章的主题意义，通过叙述什么事情或现象，反映了什么，赞扬了什么，揭露了什么，批判了什么等等，但对文章内容永远都是"夹生饭"。这种教学的弊端显而易见：理性知识多而滥，感性积累少而薄。结果是，学生得到了无用武之地的读写之"技"，丢弃的是影响终身的读写之"道"，得到的是漂亮的皮毛，失去的是质朴的本体。

（四）重人文轻工具

由于当前的语文教材把"基础训练"改为"积累·运用"，在"积累·运用"中不再安排单项的字词句练习，因此，不少教师在阅读教学中倾向重视语文的人文性而轻视甚至忽略了语文的工具性，把"人文精神"作为教学的着眼点和落脚点，致力于"人文"

教育的全面和深刻，把领悟课文的思想感情、培养学生的人文精神贯穿于教学的始终，而把字词句的教学看作可有可无。这一倾向应引起我们的重视。人类的文化是以语言文字为载体的，许多人文精神都是隐含在语言文字之中，要培养学生的人文精神，那些微言大义地贴标签，振振有词地说空话的做法是收效甚微的，只有让学生运用自己的语文能力，从语言文字中切切实实地自我感悟、自我体验，设身处地地受到感染、薰陶，才是最有效的。而这，必须以加强字词句的教学、培养学生的语文能力为基础。可见，"工具"是"人文"的基石，忽略了工具性，人文性将成为空中楼阁，可望而不可即，在教学中重人文而轻工具，必将事倍功半，甚至徒劳无功。因此，在阅读教学中，我们不能单纯围绕体会课文的思想感情兜圈子，止步于对思想内容的条分缕析，而应重视对课文语言的学习，强化语言文字的训练，要重视引导学生在语文实践中理解重点词句，熟悉语言现象，领悟语言的表达效果，丰富学生的语言积累，要加强知识和能力、过程和方法、情感态度和价值观这三个维度目标的整合，文道兼顾，努力实现工具性和人文性的统一，切实提高教学质量。

（五）过多过滥的使用多媒体

在今天，哪位教师参加优质课评选不用多媒体，就显得有点另类。信息技术进入教学资源，引起课堂教学的革命，这是积极肯定的一面；但其负面效应，就是滥用多媒体，把语文教学变成媒体的奴隶和附庸。现代媒体在教学中的应用已成为提高教学效率的一种重要手段，在教学中适当运用媒体往往能收到事半功倍的效果，但如果盲目地、过度地使用媒体，其结果却是适得其反。在一些观摩课上我们不难发现，一些教师的课件制作精工、内容丰富，几乎涵盖了所有教学内容：什么教学重难点的分析，课文的有关图像、资料，教学中学生可能出现的问题（大多是原先已设计好的）……应有尽有。教学时，教师轻松，学生也轻松，课件一展示，许多问题立即迎刃而解，教师不用再花时间和心思去组织和指导学生的学习，课堂则成了老师展示课件的"舞台"……这种做法看似不错，其实却是越俎代庖。语文是一门实践性很强的课程，应着重培养学生的语文实践能力，而培养这种能力的主要途径就是语文实践，阅读课是学生语文实践的主阵地，应该以学生的语文实践活动为本。这种不恰当地、过度地运用媒体的做法大大影响了学生的语文实践活动，造成许多实践资源的流失，造成人脑与电脑的错位，得不偿失。在阅读教学中，我们一定要重视学生的语文实践活动，珍惜语文实践的资源，使阅读教学成为教师、学生、文本之间的对话过程、情感的交流过程。媒体的运用一定要适时、适量，不能喧宾夺主、画蛇添足。

二、解决课堂教学问题的对策

（一）更新教育观念，完成教师角色转变

1.教师是导学者

在现代教学中，教师与学生、学生与学生之间都是以问题的形式展开教学，所以，教师在教学中一定要设计学生熟悉的，与学生实际生活息息相关的问题情境，引导学生积极启动多种感官去体验，思考问题，培养学生的应变能力，激发学生自己学习的内驱力。教师同时也通过事实、例题的分析引导学生思考问题、发现问题、解决问题，使学生在教学活动中真正学会学习，并且体验到探究的快乐，从而达到教是为了不教的目的。这样，教师的角色不再是知识的权威、至尊，而是学生课堂学习的向导，促进者。教师的职能真正由"教"变"导"：引导、指导、诱导、辅导、教导，这5个"导"分别帮助学生明确学习目标，养成良好的学习习惯，创设自学情境，激发自学欲望，培养优良品质，教师的导学作用得到充分体现，主导地位得到突出。

2.教师是合作者

现代教学依赖师生双方的积极性和密切合作。教师是学生的朋友，合作的伙伴，师与生共同建立民主、和谐的教学氛围，在这种氛围下，师生间的心理距离拉近，学生上课如沐春风，思维积极，乐于表达，相互启发、激励，有利于学生创新意识的出现、创新精神的养成、创新能力的培养。作为合作者，教师能容纳学生的不同意识，允许学生犯错误，并能和学生一起去寻找错误的原因，引导学生从错误中学习，从失败中获取经验，最后，从成功中获得满足。在教师合作下，每个学生都是课堂教学活动的能动体，都能运用已经掌握的知识，触类旁通，举一反三地组织策划自己的学习活动，接纳教师传递的新的信息，积极地思维，提出问题、讨论问题，谈论自己的见解、想法。这不正是教师所期盼的教学效果吗？

3.教师是设计者和学习者

现代教学中，注重的不是教参，不是现成教案，而是学生学习的实际情况，所以我们在教学中根据学生的实际情况，对所教的课程进行重新设计，对知识进行重新整合，把原本固定的、没有感情色彩的书本知识变成生机勃勃的、富有生命力的东西，使之更贴近学生生活，让学生更感兴趣，更好地进行探究学习。同时，教师要利用一切机会，多渠道地获取新知识、新信息，不断地充实自己，丰富自己，从这个意义上说，教师是学习者，做好学习者，才能最大限度地解答学生的疑难，提高教学层次。

4.教师是评价者

在现代教学中，教师要担当好的一个重要角色就是学生学习活动的评价者。教师适时、恰当的鼓励性评价，可以激发学生学习的愿望，培养学生渴求新知的动机，强化学生竞争的意识，具有激励和导向作用，是课堂教学的指挥棒。在对学生活动评价中，教师应做到四个方面：

（1）对自主探究学习活动的成果和自主探究学习活动过程实施鼓励性评价。

（2）鼓励学生运用扩散性思维思考问题和提出丰富多彩的答案，以增强他们创造思考的能力。

（3）鼓励学生"异想天开""标新立异"，对学习过程出现差错的学生，以宽容、谅解、亲切的态度对待，允许学生再"想一想""试一试"，即使是重复别人的答案，也予以肯定，使学生从中获得成功的情感体验。

（4）分层次评价。评价学生时，教师要从实际出发，因人而异。对学习有困难的学生，教师要给予及时的关照和帮助，要鼓励他们主动参与学习活动，尝试着用自己的方式去解决问题，发表自己的看法，对他们的点滴进步，教师要及时予以肯定，对出现的错误要耐心地引导他们分析其产生的原因，并鼓励他们去改正，从而增强学习的兴趣和信心。

5.教师是学生潜能的发现者

学生的发展是教学的出发点，也是教学的归宿。因此，在教学中，教师必须做个有心人，才能发现学生的潜能，诊断学生对学习的需要程度，以及他所具有的能力，并根据学生的需要随时给予帮助和支持。诸如：帮助学生制订学习计划，分析学生学习的倾向，评价学生的进步，给学生提供反馈信息，增强学生的自信心，最大限度地把学生潜能激发出来，使之获得最佳发展。

（二）积极倡导自主、合作、探究的学习方式

新课程强调要积极倡导"自主、合作、探究"的学习方式，教师不仅要积极倡导，而且要积极探索，培养学生形成新的学习方式。

1.培养学生学习的自主意识

自主学习是与传统的接受学习相对应的一种现代化学习方式。以学生作为学习的主体，学生自己做主，不受别人支配，不受外界干扰。通过阅读、听讲、研究、观察、实践等手段使个体可以得到持续变化（知识与技能，方法与过程，情感与价值的改善和升华）的行为方式。终身学习能力成为一个人必须具备的基本素质。培养自主学习能力是终身学习的需要，是社会发展的需要。如何培养自主学习的能力呢？

（1）激发学习兴趣。兴趣是学习最好的老师。心理学研究表明，学习兴趣的水平对学习效果能产生很大影响。学生学习兴趣浓厚，情绪高涨，他就会深入地、兴致勃勃地学习相关方面的知识，并且广泛地涉猎与之有关的知识，遇到困难时表现出顽强的钻研精神。因此，要促进学生主动学习，就必须激发和培养学生的学习兴趣。

（2）建立和谐融洽的师生关系。教学实践表明，学生热爱一位教师，连带着也热爱这位教师所教的课程，他会积极主动地探索这门学科的知识。这也促进学生自主学习意识的形成。所谓"亲其师，信其道"就是这个道理。所以教师要努力把冷冰冰的教育理论转化为生动的教学实践，真正做到爱学生，尊重学生，接纳学生，满足学生。

（3）合理分配每天的学习任务。把自己的学习任务分解成每天能够完成的单元，并坚持当天的任务。当天完成，无论如何不能给自己以任何借口推迟完成原定计划。

（4）合理规划每天时间。把必须完成的工作尽可能安排在工作时间内完成，把既定的学习时间保留出来，养成利用每天的零星时间学习的习惯。

（5）按照既定的时间表行事。学习时间表可以帮助你克服惰性，使你能够按部就班、循序渐进地完成学习任务，而不会有太大的压力。

（6）及时复习。为了使学习能够有成效，应该养成及时复习的习惯。研究表明，及时复习可以巩固所学的知识，防止遗忘。

（7）养成做笔记的习惯。做笔记既可以帮助你集中精力思考和总结、归纳问题，加深

对学习内容的理解和记忆，又可以把学习内容中的重点记录下来，便于以后查阅和复习。

2.培养学生合作学习的习惯。

（1）做好合作准备。即在小组合作学习之前，要使学生拥有独立思考的时间，学生必须对需要研究的问题有初步的认识和了解，然后再进行小组合作学习。

（2）要明确合作目标。在小组合作之前，教师要让学生明白小组合作的目的，通过合作要达到什么目标，各自在小组合作中担任什么角色，需要完成什么任务，从而让学生有的放矢地进行小组合作学习。

（3）形成合作机制。小组合作过程中，组内成员应有明确分工，保证组内成员有平等参与机会，让各种不同学生的智慧都能得到尽情发挥。

（4）教师参与合作。教师在这个过程中并非只是简单地巡视，做象征性地表演，而要平等地参与到学生的交流中去，积极地看，积极地听，设身处地感受学生的所思所想，随时了解学生合作状况，作出响应的评价。只有这样合作学习才能真正走向实质性的合作。

3.培养学生自主探究的精神

学生探究是要围绕问题来展开的，关键的是"问题"从何而来。是老师提供，还是由学生自主产生？我的观点是：问题要从学生中来。因为问题是从学生中来的，解决这些问题就成了学生自己的事，做起来往往就更主动，效率就更高些。当然，对于学生提出的问题，教师要进行筛选，筛选出"共性"的问题，具有研究价值的问题，再引导学生自己通过研读课文、查找资料、分工协作自主去解决问题。这样，学生就在解决问题的过程中品尝到学习的艰辛与快乐。

（三）合理、灵活地运用现代教育技术

1.正确认识现代教育技术的作用

（1）还应充分认识到现代教育技术在语文教学中仅作为辅助教学手段而存在，它并非是语文教学中一道必不可少的大餐。教师要把关注的焦点真正放在学生身上，想想学生在做什么，需要什么，依据他们的学习情况，灵活安排每一个环节，而不是机械地执行课前的课程设计。

（2）教师的思维不能被固定的课堂程序所束缚，应充分认识到语文课堂教学不是一个封闭系统，也不应当拘泥于预先设定的固定不变的程式。

（3）现代教育技术并非每一篇教材都适用。要针对不同教材的特点灵活处理、灵活运用。

（4）同时课堂上辅以必要的板书和巧妙串联各环节之间的过渡语，让课堂流程变得生动而不僵硬，从而增强师生间的情感互动。

2.使用现代教育技术一定要坚持选择和使用的条件性、适应性和科学性

（1）条件性。即选择多媒体要考虑学校实际：办学条件、班级学生人数和教师的使用能力等客观因素。如果学校只有一间多媒体教室，学校应作出合理计划，合理安排每个班级的使用时间。如果班级学生人数过多，就不能在多媒体教室上课。如果教师本人使用多媒体的技能不具备，也不适合安排在多媒体教室上课。

（2）适应性。即根据学生实际和学科特点选择多媒体进行教学。学生是课堂的主人，通过多媒体开展教学有利于激发学生学习兴趣，有利于调动学生的学习动机，发挥主动性。各个学科有自身的特点，制约了对多媒体的选择。如，语文学科注重学生的形象思维和想象能力的培养，就尽可能少用多媒体等。

（3）科学性。即多媒体的使用不能违反客观规律。多媒体手段是为教学服务的，作为形式只能为内容服务。运用多媒体进行教学活动，不能违背教育教学的基本原则，尤其不能使学生获得错误的知识、使学生形成消极的思维定势和养成不良的学习习惯，影响学生的学习。高效性，即为优化教学服务，促进有意义的学习。否则，就不必使用多媒体进行教学。

三、课堂教学改革的趋势

课程改革有着相对统一的模式，对学校来讲，需要的是充分的理解和强力的执行；教学改革存在着无数种可能，对学校来讲，需要的是勇敢的尝试和科学的创新。在课程改革进入深水区的今天，教学改革的成败与否，既决定着课堂教学效率的高低，更决定着课程改革是否在课堂中能够生根发芽。华东师范大学教育学系周彬老师认为，当前课堂教学改革有六大发展趋势：

（一）让学生参与课堂

不论是我们的京剧，还是西方的歌剧，艺术含量不容怀疑，但都存在曲高和寡的遗憾。好在对于对那些用脚投票的观众，大家都不是一味地指责他们过于低俗，而是不断调整京剧和歌剧的艺术表现形式，让更多观众走近剧院。毕竟大家都明白，观众的艺术品位是通过看京剧和歌剧提高的，所有的指责只能让他们远离京剧和歌剧。对课堂教学来说，存在着同样的问题，课堂教学设计越是复杂，老师对教学内容的处理越是精妙，学生参与课堂的机会就越少，参与的深度反而越低。

要让学生参与课堂，就得让教师让出课堂；虽然要教师让出课堂，但教师仍然是课堂的组织者。所以，让学生参与课堂最大的阻力，并不在于学生是否愿意参与，而是教师如何从课堂主导者转换为课堂组织者；这并不是教师教学能力的提高，而是教学能力的转换，前者只要努力就可以实现，后者需要重新学习才能实现。很有意思的是，在教师课堂主导能力越强的地方，教师更愿意也更有实力来捍卫现状，因此要实现这样的转换更加困难；在教师课堂主导能力越弱的地方，教师在学生不参与课堂或者在课堂上不学习的现状面前，不得不改变这种教师主导课堂的现状，于是反倒成了实现这种转换的突破口。

（二）让学习主导课堂

学生到课堂是来学习的，教师到课堂是来教学的，究竟是教学主导课堂还是学习主导课堂，本来应该由教育目的（实现学习目标）决定的，但最终却采纳了谁强就由谁主导的原则，课堂很自然就成了教师主导、教学主导、教学目标主导的现状，学生、学习和学习目标反倒成了工具。韩愈对师者的定义是"传道、授业、解惑也"，当学生只是被动地向教师学习时，只存在听得懂还是听不懂的问题，学生自己是难以形成困惑的。事实上，没有学生的学，教师的教也就无从谈起，只有学生学习了，才会在学习过程中产生困惑，只有学生有了学习的困惑，教师的教学才有针对性，这就是皮之不存毛将焉附的道理吧。

先学后教，才会让教有针对性；以学定教，才会让教有有效性。在教学改革走在前沿的课堂里，有着一个相同的原则，那就是教师教学的时间是可以想方设法压缩的，与之相应，学生学习的时间却是要给予保障的。而且，让学生在教师教学之前，就主动地学习今天的教学内容，也成为课堂教学的一大亮点。诚然，学生的学习问题，学生的学习困惑，只能在学习过程中暴露出来，只能在学习过程中形成出来，而不是在教师的课堂提问中产生的。至于学生的学习问题和学习困惑暴露出来后，究竟应该由谁解决，究竟应该怎么解决，这就成了另外一个问题，至少我们在学生学习过程中获得了真实的学习问题和学习困惑。

（三）把学生组织起来

将教师与单个的学生相比，我相信教师肯定是占优势的；但如果将教师与学生群体相比，要说教师一定比学生群体的知识要丰富，一定比学生群体更擅长于教学生的知识，那还真要打一个问号，毕竟"三个臭皮匠抵一个诸葛亮"。因此，教师并不是把课堂还给学生就行了，还需要教师有效地把学生组织起来，充分利用同学之间的学习资源，来营造互帮互助共同受益的学习组织和学习氛围。课堂中的学生并不是孤立的个体，他们相聚在课堂之中，那就意味着他们应该是一个被联合起来的群体，他们共同的任务就是学习；事实上，也只有联合起来的学生群体，才会在知识学习的路上取得可喜的成绩。

在义务教育全面执行学生就近入学政策之后，班级学生间的水平差异拉大了，传统课堂以分层授课为主的模式遇到了强大挑战。学生间的水平差异究竟是课堂教学顺利实施的障碍，还是提高课堂教学效率的资源，或者说如何实现从前者向后者的转换，是教学改革不得不解决的课题。要在课堂教学中把学生水平差异视为教学资源，就得采用"让学生教学生，让学生帮学生"的方式，让学生"在课堂学习中学会团结、在课堂团结中学会学习。"在合作学习和分组教学的模式中，为那些先懂的学生提供了讲解知识的机会，让他们既巩固了已经掌握的知识，又锻炼了自己的表达能力；为那些后懂的学生提供了向身边同学学习的机会。

（四）完善学生的学习过程

一想到课堂教学，就自然地想到教师在教室中上课；一想到学生学习，就自然地想到学生在教室中听课。像这样理解课堂教学，如果在这轮教学改革之前，应该说还是基本上到位的；但当您现在再去审视在教学改革进程中的学校时，就会发现这样的理解实在过于狭隘。教师要在教室中上好课，这肯定是重要的；但只是在教室中上好课，却是不够的。从一堂课到一个单元，从一个单元到一个学期，从一个学期到一个学科，中间的路程还很艰难，但至少从一堂一堂的课，到一个单元一个单元的教学，已经成为这轮教学改革的主旋律了。其实这不仅仅是教学改革的主流思想，也是课程改革深入课堂教学的象征，是教师们在课堂教学中不自觉地应用课程理念的表现。

对学生来讲，把学习视为听课，或者把学习视为练习，这不仅仅是狭隘地理解了学习，完全可以说是错误地理解了学习。对于今天的学生，有几位会在做家庭作业前把教师今天讲的知识看一遍呢，又有几位会把家庭作业做完后再把教师明天要讲的知识看一遍呢？把教师今天讲的知识看一遍，这叫复习；把教师明天要讲的知识看一遍，这叫预习。遗憾的是，原本非常正常的，也是非常应该的复习和预习环节，在今天却变得异常的珍贵。正因为学生在学习过程中缺少了复习的环节，所以在新一轮教学改革中才听到那么多的"堂堂清、周周清"的做法，虽然这样的做法并不能替代学生的复习，但这样的做法有总比没有更好。正因为学生在学习过程中缺少了预习的环节，所以在新一轮教学改革中如此强调"先学后教"，如果大家都有了课前预习，自然就不需要在课堂教学中强调"先学后教"了。

现在学校里普遍提倡的"导学案"，就力图解决学生没有预习的缺憾。但事实上，导学案的确可以解决学生没有预习而产生的知识问题，也就是让学生在导学案的引导下，获得去上课的前提性知识；但导学案仍然没有解决学生主动去学习，尤其是主动参与课堂学习的问题。预习之所以重要，不仅仅是为后面的学习提供知识基础，还在于预习是学生主动学习的起步，只有有了这个起步，学生才会对整个学习过程负责任，因为只有学习过程是他启动的，他才能够意识到学习是属于自己的，而不是在帮教师的忙。

（五）增加课堂的吸引力

如果学生在课堂上睡着了，我们的第一感觉，就是这个学生太不像话，既对不起自己的学习，又没有尊重教师的劳动成果。可是，当我们静下心来想想，学生为什么会在课堂上睡着了呢？第一种可能是学生自己想要睡觉，所以他就主动地睡着了；另一种可能是学生被课堂催着睡觉，所以他就被动地睡着了。前一种情况证明学生在课堂上没有自制力，后一种情况证明教师在课堂上没有吸引力。长期以来，我们都在指责学生没有课堂自制力，但却发现这种指责并没有产生多大的效用；于是，在课堂教学改革中，有不少的学校尝试通过提高教师的课堂吸引力来解决这个问题。

在今天，虽然教学仍然是为了传授知识，但却离照本宣科的教学形式越来越远，教师不但要知道自己在教什么，更重要的是要关注自己的教法是否能够引发学生的学习兴趣，能否维持学生的学习兴趣。在课堂上讲授教学内容时，一定要用多种表现形式来呈现教学内容，尤其是要将抽象的教学内容与学生具体的现实生活联系起来，看起来是为难了教师，有点强人所难的味道，实际上是以此增大课堂吸引力的重要举措。此外，还要求教师在课堂教学中使用多种教学手段，尤其是要借用现代教学技术，实现信息技术与学科课程的有机整合，从而让学生能够更轻松地理解学科课程，也为了让课堂教学因为融入信息技术而变得更富有现代气息。

由于提高课堂吸引力只是让学生更乐意于上课，并不是学生上课的目的，所以大家容易把他理解成是教师的课堂作秀。事实上，就连教师自己也很难区分，究竟自己是在课堂作秀，还是在提高课堂吸引力。在公开课中，往往把教学中使用的教学手段有几种，教学中是否使用多媒体技术作为考核的指标，这种为了使用教学手段而使用，为了使用多媒体技术而使用，的确成了课堂作秀。而课堂作秀的盛行，也是对教师提高课堂吸引力最大的指责。

（六）拓展课堂教学宽度

要让学生考得好，就得让学生学得多，而"学得多"在特定学科里，因为学生学习学科知识的边界已经划定了，所以"学得多"和"学得深"基本上是同义词。这么多年来，大家都把学科知识学得深和学科考试考得好相等同，这才出现了教学中喜欢教那些偏、难、繁、杂的知识，道理很简单，其他教师都教过的知识，自己是一定要教到的，但这并不能保证自己的学生比其他教师的学生考得更好；只有你教了其他教师没有教到的知识，才可能让自己的学生"出类拔萃"。

当教师努力地教偏、难、繁、杂的知识时，一方面自己教得特别的辛苦，另一方面当教学内容越偏、越难、越繁、越杂时，跟着自己学的学生越来越少。大家都承认，学生不学那些偏、难、繁、杂的知识，是不大可能在考试中"出类拔萃"的；问题在于，这些偏、难、繁、杂的知识究竟是学生自己学会的，尤其是在学习教师所教知识还有余力的情况下学会的，还是教师费尽心思把学生教会的。如果是学生学会的，那就让给学生预留时间，而且还要在自己教学生时，培育学生愿意自己去学习偏、难、繁、杂知识的兴趣；如果是教师教会的，不但教师自己要学到位，还要保证学生学到位。当大家越来越发现，知识总是学生学会的，而不是教师教会的时，才发现曾经的努力并没有让更多的学生成功，而是让更多的学生远离了学科学习。于是，降低教学内容的难度，让学生在学科学习上有成就感，给学生更多自主学习的时间，才是让学生掌握偏、难、繁、杂知识的，并取得好成绩的捷径。

拓宽课堂教学宽度，还在于大家越来越意识到，学生的成功并不是单一学科的成功，而是所有学科共同的成功。从高中来看，如果学生每个学科都能考到 70 分（假设学科总分为 100 分），那这位学生基本上就可以上重点大学了。难度并不在于在哪一个学科上考到 70 分，而是在于学生"每个学科"都要考到 70 分。所以，今天的课堂教学已经不再是哪一个学科教师的课堂，还需要学科教师走出自己的课堂，去配合与自己搭班的其他学科教师的课堂教学。当自己所教学科太好时，往往是孤军深入；当自己所教学科太差时，往往会伤筋动骨，两者都不是好事。要让学生全面发展，要让学生不偏科，这样的要求并不是对学生的，而是针对培养学生的教师的，要达到这样的目标，就意味着学科教师之间要团结协作，要互帮互助。

（参见周彬的博客 http://blog.sina.com.cn/zhoubin021）

第三节 课堂教学艺术

教学是一门科学，也是一门艺术。科学是符合客观的真，艺术是发自于内心的美。教学必须讲求科学性，必须遵循科学知识的逻辑性、系统性及其表达方式的规律性和原则性，但教学是一种创造性活动，要求教师发挥独创性，灵活地运用教学原则，恰当地运用教学方法，机智地处理课堂教学过程中出现的各种问题。因此，只有把教学的科学性和艺术性结合起来，才能圆满地完成教学任务。教学艺术是教师娴熟地运用综合的教学技能技巧，按照美的规律而进行的独创性教学实践活动。它是教师在课堂上遵照教学法则和美学尺度的要求，灵活运用语言、表情、动作、心理活动、图像组织、调控等手段，充分发挥教学情感的功能，为取得最佳教学效果而施行的一套独具风格的创造性教学活动。

一、课堂教学艺术的特征与功能

（一）课堂教学艺术的特征

我们通常所说的教学艺术是指课堂教学艺术。课堂教学艺术属于教学实践活动的范畴，是一种高度综合的艺术。它具有三个本质待征：

一是规律性。遵循教学本身的规律和知识内在的规律，使教学内容与学生的知识结构相互沟通，取得最佳教学效果。

二是创造性。创造是教学艺术的基本与骨架，是教学艺术的突出特点。教师独特的教学风格使教师具有吸引学生的独特魅力。只有创造性地应用各种教学方法和手段，才能强烈地感染和吸引学生。

三是审美性。教学中所运用的各种技艺，如语言艺术、演示艺术、板书艺术、组织艺术、氛围创设艺术等都具有审美性。只有当美发挥更大教学效益时，才称得上真正的教学艺术。教学艺术的审美性表现为教学设计美、教态美、教学语言美、教学过程美、教学意境美、教学机智美、教学风格美、教师人格美等等，既是以提高教学质量为最终目的，又使教学具有了审美价值。

1. 形象性

教学科学主要运用严密的逻辑来达到教学目的，教学艺术则主要运用生动、鲜明、具体的形象来达到教学目的。要把抽象的理论形象化，变为学生易于接受的知识，就要借助语言、表情、动作、直观实物、绘画及音响等手段，对讲授的内容进行形象描绘，这是学生理解、接受知识的首要条件。其中，教师语言的形象性最为重要，通过比喻、类比，可使学生立得要领、顿开茅塞，透彻理解。

2. 情感性

教学科学主要运用理性，以理服人；而教学艺术则是运用情感，以情感人。教学过程既是教学信息交流的过程，也是师生情感交流的过程。其中，教师热情、乐观、和善、满面春风的教态，与冷漠、忧郁、严厉、满面愁云的教态，所产生的教学效果是不一样的。教师要善于表现出情感性教态，创设情感性教学情境，挖掘教学内容中的情感性因素，把学生置于一种情感激发、陶冶的气氛中，使之为之所感，为之所动，这是教学艺术的一种体现，是教学成功的保证。

3. 创造性

创造性是一切艺术的生命，也是教学艺术的突出特点。没有创造，就没有教学艺术。

教师的劳动本身就是创作，而且比艺术家的创作更富有创造性。教学艺术特别要求具有求异性和独创性。在教学实践中，具有教学艺术素养的教师的教学与人小同而大异，具有自己独特的风格和特色。教学艺术中的创造性，除了具有求异性和独创性以外，还应具有应变性。及时、巧妙、灵活地处理教学中事先未意料到的偶发事件。"应变"是教师一切创造中最复杂的创造之一，是一切教学智慧和机智的艺术结晶。它限时、限地、限情境地要求撞击教师创造性灵感的火花。这不仅要求教师要有高度的艺术修养，还要具备创造性的思维品质。是否具有"应变"的创造才华，是区别"平庸教书匠"和创造性教师的重要尺度。

4. 规律性

规律性是课堂教学艺术的基本特征。课堂教学必须合乎规律，进行有规律的教学。在教学过程中，要遵循教学本身的规律，遵循知识内在的规律。只有合乎规律，才能取得最佳教学效果；只有合乎规律，才谈得上教学艺术。

5. 审美性

审美性是教学艺术最突出的特点。教学艺术的审美性表现在教学设计的美、教学过程的美、教学语言的美、教态的美、板书的美等方面。教学设计的美表现为教学计划、方案新颖、别具一格而又具有可行性、富有成效。教学过程的美表现在整个教学过程自然流畅，起（开始）能引人兴趣；承（上下衔接）能环环紧扣，别具匠心；转（转化）能自然畅达，波澜起伏，引人入胜；合（结尾）能令人顿开茅塞，豁然开朗，或者余味无穷，发人沉思。教学语言的美表现为生动形象、言简意赅、精确明快、富有情感。教态的美表现为衣着打扮美观大方，仪态端庄，态度真诚、热情，举止潇洒、自然等。板书的美表现为布局设计比例协调，对比鲜明，有系统而又重点、难点突出，书写规范而且漂亮、工整等。

（二）课堂教学艺术的功能

1. 能有效地激励学生的学习动机

学习动机是学生的内驱力，是学习过程的核心。学生的学业成绩由两种因素决定，一是智力，二是动机。学习本是自动的吸收和积极的反应，而不是被动的行为。课堂教学艺术能够有效地激发学生的学习动机，具有指引学习方向、集中注意力和增添活力的功能，使学生产生强烈的求知欲，专心致志地攻克一个个学习目标，提高学习效率。课堂教学艺术较高的教师，他会通过对学生的信任、期待、爱的情感恰到好处的流露和充满激情的课堂教学，激发起学生的情感，使学生在教师富有感染力和充满爱意的教学中，向教师期待的方向努力。

2. 有利于激发学生的兴趣

课堂教学艺术的目的，就是让学生在愉快的学习氛围中发挥学习的主动性和积极性，兴趣盎然地专注地参与学习，从而提高教学效率，避免课堂沉闷，压抑学生潜能的发挥，以及阻碍学生身心的健康发展。学生有时并不是不喜欢语文，更不是不喜欢咱们的语文课，而是因为咱们的语文课被我们自己给上得索然无味了。课堂教学艺术的研究则首先从学生的心理入手，艺术性的让学生在课堂上兴致勃勃的去思考，去阅读，去创造。从各个环节艺术性地激发学生兴趣，处处从学生的角度考虑和入手，在课堂上巧妙地对学生进行听、说、读、写的训练，激活学生的思维，培养他们的创新精神，不断提高学生的自主学习能力，变被动学习为主动学习，从而成为学习的真正主人。

3.有利于发展学生的创造力

学生想像力和创造力的培养是语文教学的任务之一。课堂教学艺术水平高的教师，能以形象生动的语言，风趣幽默的讲授，极富启发性的引导，有意留下的"空白"，以及宽松和谐的氛围，使学生的想像力得以自由驰骋，灵感的火花不时地迸发，创造力得以发展。

4.有利于提高教师的课堂效率

课堂教学艺术能使学生在较少的时间内学到较多的知识，并充分发展其认识能力，以保证学生在认识和发展两方面都能高效率地达到预期效果，高效率地实现预期目标。学生学习语文，既要获得相关的知识，又是为了欣赏美、追求美、享受美。教学实践中的偏科现象是很常见的。学生之所以偏科，是不喜欢某个老师而放弃了他所教的学科。"亲其师而信其道"，一个教学艺术高的教师，能以亲切优雅的教态、生动幽默的语言、准确精当的讲评……吸引学生的注意力，博得学生的好感与尊重，从而大大提高学习兴趣，达到乐学的境界。学生喜欢老师就喜欢老师所教的学科，学生就会主动配合教师，主动去阅读，主动去感受，主动去体验，成为学习的真正主人，从而提高课堂教学效率。

二、课堂教学艺术的审美化

（一）课堂教学节奏

节奏是一个音乐术语。音响运动的轻重缓急形成节奏（《辞海》）。人们在分析客观事物的变化规律时，借用"节奏"这一术语，可以形象地揭示事物运动的规律。寒来暑往，冬去春至，四时代序，这是时令上的节奏；高而为山陵，低而为溪谷，陵谷相间，岭脉蜿蜒，这是地表上的节奏；人的呼吸张合有序，心脏跳动有律，血液流动有量，动作变化有度，这是生命的节奏；建筑物中的柱、窗，形成了建筑物的律动和节奏。我们可以这样认为：节奏是客观事物运动的重要属性，是一种合乎规律的周期性变化的运动形式。课堂教学节奏，就是教学过程中各种因素有规律地活动的特殊形式。课堂教学节奏，是课堂教学艺术的表现形式。课堂教学节奏，是师生合作谱写的交响乐。课堂教学节奏，是开启教学效率之门的金钥匙。研究和探讨课堂教学节奏，有利于贯彻落实新课程，有利于更新教学观念，有利于改进教学方法，有利于掌握教学艺术和规律，有利于提高课堂教学效率。

1.教学内容安排的节奏

教学内容的选择与安排，是教师创造活动的具体体现。科学地选择和安排教学内容，体现学生的"最近发展区"，有利于激发学生的学习兴趣，有利于提高教学质量。所以，在教学过程中，教师应当从教学目标和学生的实际出发，科学地安排教学内容。教学内容有难有易，有重点与非重点，所以教师在设计教学时，必须主次分明，切忌面面俱到，平均用力。在内容安排上要错落有致，合理分配教学时间。对于重要内容，或反复讲解，或重锤敲打，或精雕细刻，或反复训练，务求学生牢记于心；对于一般内容，必须简明扼要，或一语带过，或干脆"割爱"；对于难点问题，要作好铺垫，放缓坡度，分散难点；对于新课的引入，不宜拖拉冗长，应当避虚就实，直奔主题；对于学生易懂的内容，可以一带而过，难懂的地方，则要认真对待。这样有主有从，有详有略，有取有舍，自然形成了鲜明的节奏。

2．教学环节推移的节奏

一篇文章是一个有机体，有开头部分，中间部分，结尾部分，所谓凤头、猪肚、豹尾是也。一堂课也是一个有机体，也有三个大的环节，即：课的导入（开始），课的展开，课的结束。在一节课中，导入、展开、结束三个环节形成了一个有起有伏的节奏。在教学环节安排上，导入与结尾不必花费过多时间。导入力求自然、有趣，结尾应当留有余味。课的展开部分是课堂教学的中心环节，应当集中主要精力，安排足够时间。在这一中心环节中，又有许多小的具体的环节，环节与环节之间，需要统筹安排。什么时候讲，什么时候练，什么时候演示，什么时候板书，什么时候讨论，什么时候交流，什么时候记诵，什么时候巩固，等等，都要科学地安排，做到层次分明，安排恰当，用时合理，使课堂推进环环相扣，张弛有度，既流畅又不脱节，既紧张又不拖沓，既有发展，又有高潮。这样安排，体现出比较鲜明的教学节奏。

3．教学活动方式的节奏

课堂教学过程，是教师、学生、教学内容、教学环境等多种矛盾运动的特殊的认识过程。在这一过程中，师生的双边活动，构成了矛盾运动的主要方面。课堂教学的活动方式，主要是师生双边活动的方式。师生的双边活动，形成了教学活动的节奏。从教师方面看，活动的方式主要有讲述、讲解、演示、板书、提问、朗读等。从学生方面看，活动的方式主要有听、讲、观察、思考、提问、讨论、回答、抄写、朗读、游戏、作业等。双边活动方式的质量高低，直接影响教学效果的好坏。所以在课堂教学中，必须将教师与学生活动的方式相互交叉，有机搭配，使师生的双边活动相互统一，形成一种充满生机与活力的有节奏的互动，这是提高课堂教学效率的根本保证。我们反对课堂教学单一的活动方式，主张自主、合作、探究的学习方式。

4．教师教学语言的节奏

人对节奏最敏感的是听觉。听觉对节奏有强烈的感受力，听音乐感到愉快，听噪音感到烦闷。教师的语言是课堂教学的主要工具。课堂教学很大程度上是靠声音在听觉领域产生听觉表象进行的。听觉表象越鲜明越生动越具体，听课的效果越好。现代生理学研究表明：人在一种单调的声音刺激下，大脑皮层会很快地进入抑制状态。而抑扬顿挫，具有节奏感的教学语言，则是打破这种单调的催眠刺激的有效手段，是提高课堂教学效率的有效手段。教师教学语言的节奏主要是通过教师发音高低、快慢和停顿产生的。音高可以形成抑扬节奏，音强可以形成强弱节奏，音长可以形成长短节奏，音点休止可以形成停顿节奏，音频高低可以形成粗细节奏，语速快慢可以形成快慢节奏。教师在课堂教学中，将这些不同的节奏段落相互搭配，又会形成新的丰富多彩的语言节奏。著名特级教师斯霞在总结自己的教学经验时说："讲到重要的地方，重复一遍；讲到快乐的地方，就自然地露出微笑；讲到愤怒的地方，情绪就很激昂；讲到悲伤的地方，声音变得低沉。"苏霍姆林斯基在谈到教师的素养时指出："教师的语言修养，在很大程度上决定着学生在课堂上的脑力劳动的效率。"所以，教师教学语言的节奏感和艺术化是提高课堂教学效率的重要手段。

5.学生学习过程的节奏

学生学习的节奏是与学生的生理节奏相关联的。未成年学生年纪小，心理承受力弱，耐受力差，一堂课不允许教师一味地紧紧张张，不断地加码，不断地施压。从生理角度讲，大脑的兴奋也有时间性，长期兴奋，大脑自然就转为抑制。但一堂课也不能过于松弛，过分松弛，教学任务太轻，教学内容不充实，教学进度如同蜗牛爬行，学生学习同样没有劲头，慢慢地将形成一种惰性。苏联教育科研工作者调查研究表明：45分钟的一节课当中，学生的认识积极性呈现一个波形。最初的3—5分钟，注意力不稳定，学生处于上一节课的影响之中；其后的30分钟，一般是学生进入注意力最集中的时期；下课之前的7—10分钟，注意力又开始逐渐地趋于衰退（引自李如密《教学艺术论》）。这一现象告诉我们，教学设计要以学生生理节奏为着眼点，教师要精心安排教学的开始、发展、高潮和结局，波浪式地推进教学，使教学过程有起有伏，有波峰，有浪谷，形成教学节奏。波峰是教学的高潮，是教学力度的焦点，是学生情绪的最高点；浪谷是教学的过渡，是教学的间歇，是教学节奏的舒缓。如此波澜起伏，错落有致，才能使教学过程疏密相间，摇曳生辉，才能使学生情绪饱满，学而不倦，兴味盎然。

6.课堂情感氛围的节奏

科学实验表明：人的感情活动平静时，生理节奏比较平缓；感情活动激烈时，生理节奏也会相应地比较急促。例如，我们紧张激动时，呼吸急促，血压升高，脸红心跳；一旦放松，这些现状立即消失。改变人的生理节奏会在一定程度上引起人的情感活动的变化，情感变化也会改变人的生理节奏。《全日制义务教育语文课程标准（实验稿）》指出："应让学生在主动积极的思维和情感活动中，加深理解和体验，有所感悟和思考，受到情感熏陶，获得思想启迪，享受审美乐趣。"课堂教学的实施，总是伴随着师生情感的活动和情感的交流而推进的。没有学生的情感活动，就没有学生的课堂学习，没有师生的情感交流，就没有课堂活动的演化。所以，课堂教学质量的高低，取决于课堂教学的情感与氛围，取决于师生双方情感的交流与活动。在课堂教学过程中，情感氛围的起伏是客观存在的，教师要采取多种方式，不断推动课堂情感氛围的发展。课堂教学中师生的情感活动往往是多种多样、丰富多彩的：有眉头紧锁的思考，有气氛热烈的讨论，有扣人心弦的悬念，有爽朗愉悦的心景，有激情燃烧情感，有点头颔首的微笑，有怒目圆睁的愤慨，有飘飘然然的得意，有默默无声的懊丧，有笑逐颜开的理解，有轻轻点头的赞许，有双目对视的会意。在师生双方情感变化的过程中，学生的激情之火被点燃，学生的智

慧之门被开启，学生认识随之而深化，教学效率随之而提高。

（二）课堂教学的艺术辩证

1.教学内容的疏与密

古人在论及中国画的构图技巧时说："疏可走马，密不透风。"它的意思是说：在国画中留下的空白，可以用来跑马，而用墨多的地方，连风也吹不过去。语文教学也应讲究"疏"与"密"的技巧。对非重点的内容，学生自己可以学得懂的内容，我便放手让他们自己学，或者以读带讲，一笔带过，这是教学上的粗线条。然而，对于文中的重点、难点内容，则必须浓墨重彩，仔细地多讲一些。在教学中，更要讲究"疏中有密""密中有疏""疏密有致"。例如教学小学语文《挑山工》一文的过程中，便注意"疏""密"结合。"挑山工走的是什么路线？游人们是怎么走的呢？"学生只需要仔细地读几遍课文就能很快找到答案，不需要我费太多口舌，学生就能知道"挑山工和游人走的各是什么路线"，这便是教学中的"疏"。而文中的重点：为什么挑山工走的是折尺形的路线，路程要比游人多一倍，但常常走到游人前头去了？以及，挑山工的一段意味深长的话，这些都需要我重点讲解，于是，我结合前文所说的"挑山工和游人走的路线"讲，把前后文一一对应起来，学生很快知道：挑山工走的路线虽长，但他们是一个劲儿往前走，而游人们却走走停停，东看西看，自然挑山工就比游人走得快了。从而引申出："做任何事都应踏踏实实，坚持不懈。"的道理。在此花费了比较长的时间讲解课文。这就是教学中的"密"。"疏"与"密"的结合，学生就能更好地学课文。

2.教学节奏的张与弛

"一张一弛，文武之道。""张"是快节奏，"弛"是慢节奏。有人把节奏当作是开启生命奥秘的钥匙。符合生命节律的课堂教学节奏，不仅能提高教学效率，而且能陶冶学生的身心。在教学中要因材施教，当教学内容简单的，学生自己可以读懂的，或学生对课文内容感兴趣的，可以稍稍加快些教学节奏。反之，教学内容比较难的，文字枯燥的，要表现的道理比较抽象的，或是对课文中的重点部分则要"动作慢"，要细细讲解，逐句品味。如教学《铁人王进喜》时，引导学生通过"铁人"一词来理解课文内容，我让学生找出表现王进喜"铁人"精神的句子，找到后，我便一句句地讲讲读读，通过朗读、讲解，学生渐渐地明白了，王进喜为了祖国的建设事业，不顾个人的安危，奋不顾身的精神，教学这一环节时，我运用了"慢节奏"。但对于文中的事情的起因和结果，我便用"快节奏"，让学生自己读。教学中有"张"有"弛"，"张""弛"有度，对学生把握文章中心，理解文章语句起了重要的作用。

3.教学方法的巧与拙

"拙"，这里指的是遵循常规，采用常规的教学方法。教学时守拙，就是要遵循大纲提出的基本教法；"巧"指不循常规，灵活运用教学方法。教学中"用巧"，要符合教育学和心理学原则。在教学中，我们既要遵循常规，又要突破常规，两者结合运用，才能取得最佳的教学效果。如围绕重点部分读思议是突出教学重点的常规教法，这是"拙"；把重点的突破渗透到预习或专门性的练习中，这是"巧"。抒情性浓的课文，读读议议是

"拙"，以读带讲是"巧"；意境优美的课文，引导学生把对课文的理解用语言表达出来，是"拙"；引导学生通过想象进入课文所描述的情境，是"巧"。常识性课文的教学，引导学生从部分到整体，逐一概括出常识性知识要点，是"拙"；提供相关资料，让学生参照阅读，加深对常识性知识的理解，是"巧"。教中应根据课文特点，确定是守拙还是用巧，以求取得最佳的教学效果。

4. 教学程序的顺与逆

"顺"是按课文顺序安排教学顺序，逐段讲读课文，如：在老舍的作品《猫》，课文主要讲了两方面：一是猫的性格古怪，二是小猫的淘气可爱。它们是并列关系，因此教学时可以采用逐段讲解的方法。"逆"是不按顺序，而是从文章的结尾段导入，因为一般结尾段在文中会起总结、点题的作用，让学生从"点"到"面"，然后引入正文，也可以从重点段教起，使学生更好地理解课文。如：在讲解《爱国将领邓世昌》时，可以从课文的最后一节引入，让学生围绕"邓世昌为国捐躯的英雄形象"到文中去找有关语句，然后再按顺序教学。在教学中也常是顺中有逆，逆中有顺，这应根据课文的特点和学生的阅读基础而确定，"顺""逆"有道，对学生理解课文是很有帮助的。

5. 教学形态的动与静

教学中的"动"是指讲解、朗读、讨论、操作，是"有声有行"的教学；"静"是指学生的默读、观察、思考、想象，是无声世界。教学中的"动"，活跃了课堂气氛，能使学生保持注意力；"静"则有利于学生思维的深入。现代教学要求课堂中以学生为主，充分发挥学生的积极主动性，让学生自主学习。整堂课中让学生读读议议，这有利于培养学生的思维、理解能力。有时也需要"静"，让学生有足够的时间思考，把问题想得更透彻些，这也有利于学生的学习。当然，在教学中也要注意"动""静"合理搭配，应当考虑年级的特点，课文的特点，这样便能更好地教学，也能更好地培养学生的学习能力。

（参见《把握课堂教学的六种节奏》，作者戴红顺，原载中国昆明《云南教育·基础教育》，2006年第7、8期，第68-69页。）

第六章　一体两翼三沟通语文教学的教材运用与单元教学

教材是课程实施的依据，正确地把握教材、理解教材和使用教材，是教育教学过程的重要环节。现在无论是哪个版本的语文教材，都是采用单元编排法，只不过它们的组元思想和组元方式不同而已。一体两翼三沟通语文教学要求教师正确地运用教材，科学地实施单元教学。这是提高语文教学质量的重要保障。

第一节　一体两翼三沟通语文教学的教材运用

教材是教育者和受教育者在知识授受与能力培养活动中的主要信息媒介。教材的载体可以是纸质印刷品，也可以是电子产品。教材是在依据课程标准编写的教学主要凭借，是教师学生教与学的主要依据。语文教材系统设置了语文知识与阅读、写作、口语交际能力方面内容和训练顺序，是教师传授语文知识，训练语文能力，培养语文素养的重要凭借，是学生掌握语文知识，形成语文能力，提高语文素质的重要凭借。所以必须研究语文教材，用好语文教材。

一、现行语文教材简析

（一）现行中小学语文教材的特点

1.现行中小学语文教材的共性

自2001年《基础教育课程改革纲要（试行）》颁布以来，这15年中产生过一定影响的小学、初中和高中语文新版教材，总数超过30套。这些教材一般都是依照教育部颁发的《义务教育语文课程标准》和《普通高中语文课程标准》的要求而编写，在全国中小学使用。这些语文教材共同遵循的宗旨是：追求工具性与人文性的统一，追求全面发展语文素养。这种高度的一致性，主要体现在五个方面，形成教材的五种特色。第一，试图凸显对人文精神的弘扬，高度重视培养情感、态度、价值观，列入课程目标；第二，试图围绕人与社会、人与自然、人与自我这三大专题，细化之后，根据人文涵育的要点组织教学单元，编排活动内容和练习项目；第三，试图凸显对学习过程与方法的改造，倡导独立、自主、探究的学习方式，培养创新能力；第四，试图调整"感性学习"与"理性学习"的关系，倡导诵读、积累、感悟，注重培养语文实践能力，逐步实现从感性到理性的提升；第五，试图大力开发课程资源，密切网络环境下语文学习与学生生活的联系，安排语文综合性学习等专项内容；密切课堂学习与课外学习的联系，要求阅读名著，自学课外读本等。

2.现行中小学语文教材的差异

由于教材编写者对"新课标"的理解和评价不同，所持的教学观念、所依据的相关经验不同，新版教材多数带有一定的个性特征，某些具体的编写路数并不一致。比如小学教材，在什么时候安排拼音教学、识字选用哪些主要方法及怎样组合、文言诗文的分量如何确定、习作教学的序列如何铺排等，存在着明显差别。

中学教材也是如此。归纳起来有五点：

（1）语文知识"淡化"的程度不尽相同。有的走得较远，似乎是想用程序性知识取代陈述性知识；有的则在一定程度上兼顾这两种知识的关联。

（2）选文的经典程度、新鲜程度不尽相同。总的看来，各套教材一般都注意了力求吸收新的文质兼美的课文，并保留较大比例的传统课文。中国作家和学者鲁迅、胡适、巴金、沈从文、丰子恺、卞之琳、萧红、季羡林、冯骥才、王蒙、贾平凹、余秋雨、牛汉、铁凝等，均有首次进入中学语文教科书的作品；外国作家也有一批属于这种情况，像雨果、果戈里、列夫·托尔斯泰、马克·吐温、杰克·伦敦、罗曼·罗兰、川端康成、梭罗等。但应该指出，新入选的经典篇目还不够多，不够广泛和深厚，某些新版教材内容实用、文字平平的课文比例显得大了。

（3）课本选用不同的方法来编排组织，形成各具特点的训练格局。比如，突出综合性学习专题设计，这是共性。有的课本增加综合性学习的数量和连贯性，达到每册6次（人教版初中课本）；有的则突出专题的高度、深度、广度，数量少而分量重（苏教版初中课本）。再如，有的课本强调训练的整体性，以比较阅读为线索贯穿整套教材（北师大版初中课本）；有的则以读书方法为线索编排整册课本（苏教版初中第五册、第六册）。有的独辟蹊径，在每册中安排一个整体阅读单元，编选长文章，为综合运用各种读书方法提供平台，沟通课内外阅读（湖北版初中课本）。

（4）作文教材的训练序列和内容编排方面，差异也比较大。从编排形式看，有的把写作、口语交际、综合性学习融合在一起，结合学生生活的实际需求，提出作文要求，划定内容范围（人教版初中课本）；有的则安排写作的知识点，布置作文题目，介绍相关的知识和方法（人教版高中必修课本、北京版初中和高中必修课本）。至于训练序列，几乎每套教材都有自己特有的编辑思路，此不赘述。

（5）文言部分，主要区别在于文言作品或者独立组成单元，或者与白话作品混合编排；初中也有"文白"先混编、后分编的。选文方面，也存在某些差异。

（二）现行中小学语文教材的不足

1.核心素养不明了

"语文素养"这个"具有丰富内涵的多面复合体"，陷入无核心的窘境。多种元素排列在一起，以此体现"工具性与人文性的统一"，大致包括：培育热爱祖国语文的思想感情、丰富语言积累、培养语感、发展思维、掌握学习方法、养成良好的学习习惯、具有适应实际生活需要的语文能力、正确运用祖国语言文字、接受优秀文化的熏陶感染、促进和谐发展、提高思想道德修养和审美情趣、形成良好个性和健全人格等。对此，周正逵先生给予了中肯的批评。关于语文课程的性质和特点，他认为：从语文课程在基础教育中的地位和作用来看，语文课程的基本性质应该是"基础工具性"。语文课程与其他课程有明显的不同，其主要特点是：（1）教学内容的综合性；（2）教学目标的多重性；（3）教学方法的实践性；（4）科学训练与人文教育的统一性。根据这个"定盘星"，进而为"语文素养"找到核心，即"语文能力"。他说："语文素养应以语文知识、文化教养和生活经验为基础，以思想品德、思维品质和审美情趣为导向，以语文能力为核心，形成一个完整的统一体。"（详见周正逵所著《语文教育改革纵横谈》，教育科学出版社 2013 年 10 月出版）

2. 课程性质不清晰

"新课标"对语文课程"性质"的判定："工具性与人文性的统一，是语文课程的基本特点。"由此，给新版语文教材带来的变化是：彰显人文精神和情感、态度、价值观得到强化，精神涵育的色调浓郁了；与此同时，也蕴含着一些危机和缺陷。课程性质模糊不清，语文素养核心不明，带来的直接后果是：从小学到中学的语文教材，在语文能力培养的"梯度"上，普遍存在着不大清晰、合理的现象。如何创建科学化与民族化相统一的新型语文教材，围绕培养语文能力这条主线，达到全面发展语文素养的较高目标，这还是一项严峻的学科使命。

3. 能力训练无梯度

语文能力培养的梯度存在模糊性，带来的直接后果是：单元之间，册与册之间，各个学段之间，递进式的能力训练脉络往往看不大清楚。课本的常规单元模样差不多，编选什么课文、提出哪些教学要求，随意性都比较大。这给实际教学带来一定的负面影响。实际上，课文本身的特质不尽相同。有的适合朗读背诵，有的适合咀嚼文字，有的适合挖掘审美因素，有的适合筛选信息，等等。如果能够根据学生的能力培养需要，确定好每套、每册语文教科书的单元序列，各个单元的教学要求和重点，并为每个单元选择适宜的课文，给予适当的学习方法指导，那么，就可以有效地避免单元教学模式化，课文学习的雷同化，人文精神涵育、审美情趣培养的空泛化。

4. 高中教材成拼盘

普通高中的语文必修教材，被装进五个"模块"，每一块都编成"拼盘"，每个拼盘一般所享用的教学时间是半个学期，这几乎难以形成培养语文能力的合理"梯度"。用完 1.25 个学年之后，则全面转移到选修课的学习领域。必修课时间过短，内容散乱，语文能力培养的任务能够大面积、高质量地完成吗？如果让选修课重新处理能力培养的"夹生饭"，恐怕就要事倍功半了。

5. 文言教学老大难

文言教学这个"老大难"问题，在新版语文教材编写过程中，仍然没有得到妥善解决。20 世纪第二个十年初问世的"老课标"，规定小学基本上不学文言，从初中到高中文言教学的分量逐渐增大。"新课标"延续了这种思路，在小学阶段没有正面提出学习文言的要求，新版语文教材自然墨守成规，除去安排诵读数十首古诗，文言文数量太少。小学6年的语文课时远多于中学6年，小学生的记忆力明显优于中学生。如果在小学后两个学段编选一定数量的文言语料，让学生熟读成诵，增强文言语感，熟悉一些常用词语和句式，那么，将会提高初中文言学习的起点，也有利于提高整个中小学的语文综合阅读能力。

（三）教育部新编义务教育七年级语文教材介绍

2012年3月8日，教育部正式启动义务教育语文教材的编写工作，2016年8月新教材投入使用。这套新的教材包括小学和初中两部分，是义务教育阶段的语文教材，前面加上三个字"部编本"，全称就是"教育部编义务教育语文教科书"，由人民教育出版社出版。2016年先发行并投入使用的是一年级和七年级。其他年级教材还将陆续投入使用，要逐步取代原来的人教版小学与初中的语文教材。"部编本"取代了原来人教版，占有的使用面比较大，小学约达70%，初中超过70%。其覆盖面还要逐步扩大，成为统编教材。2016年7月，课程教材研究所、中学语文课程教材研究开发中心，对教育部新编义务教育七年级语文教材作了如下说明：

1.教材的突出特点与创新之处

（1）双线组织单元结构，强化语文学习的综合性和实践性。为避免当前较为流行的"人文主题"组元或"人文与文体"混合组元带来的不同弊端，新编教材创新设计，采用"人文主题"与"语文要素"双线组织单元的结构。所谓人文主题，即课文选择大致按照内容类型进行组合，如"修身正己""挚爱亲情""科学探索""人生之舟"等，力求形成一条贯串全套教材的显在线索。所谓语文要素，即将"语文素养"的各种基本"因素"，包括基本的语文知识、必需的语文能力、适当的学习策略和学习习惯等，分解成若干个知识或能力训练点，由浅入深，由易及难，均匀地分布在不同的教学单元和教学内容中。双线组织单元结构，既强调语文与生活的联系，重视主流文化与传统文化的渗透，促进学生形成正确的价值观、人生观；又保证了语文综合素养的基本训练，每课一得，使教学有一条大致可以把握的线索，也有层级序列较为清晰的梯度结构，使得知识与能力、过程与方法的培养与训练更为清晰。

（2）重视阅读能力与阅读兴趣的培养，建设"三位一体"的阅读教学体系。阅读是运用语言文字获取信息、认识世界、发展思维、获得审美体验的重要途径，是语文教学最重要的组成部分。新编教材的阅读教学，以各单元课文学习（分"教读课文"和"自读课文"）为主，辅之以"名著导读"和"课外古诗词诵读"，共同构建一个从"教读课文"到"自读课文"再到"课外阅读"的"三位一体"的阅读体系，并在这方面凸显特色，以更好地贯彻课程标准提出的"多读书，好读书，读好书，读整本的书"的倡议，并达到课标提出的课内外阅读总量400万字的要求。教读课文，由老师带着学生，运用一定的阅读策略或阅读方案，完成相应的阅读任务，达成相应的阅读目标，目的是学"法"。自读课文，学生运用在教读中获得的阅读经验，自主阅读，进一步强化阅读方法，沉淀为自主阅读的阅读能力。课外自读，强调整本书阅读、古诗词积累、由课内到课外的拓展阅读等，是课堂教学的有机延伸和有效补充。

（3）选文注重经典性、多样化，文质兼美，尤其重视中华优秀传统文化的理解和传承。语文教学必须让学生接触人类智慧的结晶，让学生对中外经典文化有尊严感。为此，本套教材将经典性作为选文的重要标准，所选课文大部分是文学史、文化史上有定评的作品，包括那些沉淀下来、得到广泛认可的作品。以经典为主，可以使学生打破时空的界限，与文学大师、思想大师进行心灵的沟通、生命的对话，以便学生在生命与语文学习的起点就占据精神和语文的制高点，为终身发展奠定牢固的基础。这些经典作品不只是作为语言运用的范例，更主要的是成为学生与古今中外思想家、文学家、科学家对话的桥梁。通过这座桥梁，使学生突破原先狭小的心灵圈子，放眼国际多元文化的天光云影，领略中华民族悠久的传统文化和灿烂的现代文明的风采，同时从作品中感受伟大心灵的搏动，领悟言语世界的奥秘，提高语文水平和提升精神境界。

选文强调多样性，尤其重视古代优秀传统文化作品的选取和学习。以现代文为主，精选古代诗文，外国的作品也占一定比重，同时也选入一些科普文、新闻报道、应用文，以及非连续性文本。近年来，随着党和国家对传统文化教育的重视，以及教育部颁发《完善中华优秀传统文化教育指导纲要》，新教材更加强调古代诗文教学，一方面加大选文的比例（约占全部课文的40%以上），一方面开发适合教学需要的新选文，提升学生的学习兴趣。

语文性、适用性也是选文的重要标准。所选文章既要思想格调高，有利于核心价值观培养，又要语言形式优美，满足"语文素养"这条线的教学需要，值得咀嚼、涵泳，并能激发阅读兴趣，提升审美能力。同时，还要注意难度适中，适合特定年段学生学习，适合教学。

（4）多层次构建自主学习的助学系统，便于学生使用。新的教学理念重视学生为学习主体，教材编写也应当突出学生的主体性，从内容到形式，处处为学生考虑，适应学生自学的需要。新教材注重建构助学系统，包括单元提示、预习（阅读提示）、注释、练习、写作技巧的点拨、探究性学习、阅读链接，等等，力求使教材不只是教师的教本，更是学生自学的学本。比如阅读教学不只是注重字、词、句及段篇的积累和理解，也非常重视如何激发学生的阅读兴趣和培养学生的阅读品味；探究性学习更考虑兴趣，注意搭建适合学生交流、探究的平台，培养学生的合作能力、探究能力以及自主学习的能力。教读课文与自读课文的区分，就是为了帮助学生能够由教师引导到逐渐走向自主学习；两种课型不同的体例设计，特别是自读课文旁批的安排，也是为了帮助学生学会独立阅读、自主学习，在阅读中学会思考。

（5）强调学生自主活动、体验，引导学生在语文综合实践中获得语文能力。语文是综合性、实践性很强的学科，忽视这一特点，语文教学会更多地陷入课文分析、知识讲解、机械训练中。随着课改的深入，人们越来越多地认识到培养听、说、读、写综合能力的重要，培养在特定情境中完成特定任务、解决特定问题的重要。为此，新编教材在原来重视语文综合性学习活动的基础上，在八、九年级新增4个专门的"活动探究"单元，以培养学生的语文实践能力。活动探究单元以任务为轴心，以阅读为抓手，整合阅读、写作、口语交际，以及资料搜集、活动策划、实地考察等项目，形成一个综合实践系统，读写互动，听说融合，由课内到课外，培养学生综合运用语文的能力。其基本设计思路是：文本学习—实践活动—写作。

（6）合理安排各种语文知识，随文学习，学以致用。语文知识如何体现，是教材编写的一大难题。现在的教学受制于应试教育，往往很注重讲授和操练，注重做题，语文知识的传授过分强调系统性或基本取消知识的学习，不利于学生自主学习或把握母语自身的特点。新教材尽量避免这些弊病，语文知识的呈现方式力戒繁复，不要求学生死板记忆概念定义，不刻意追求系统性，而尽量和阅读写作教学结合，学以致用。因此，我们在语文知识的安排上努力做到以下几点：一是除旧布新，删繁就简，依据课标中附录的《语法修辞知识要点》，有计划地安排到相关联的教学内容中；二是格外重视程序性知识，诸如阅读策略、写作策略等，目的是让学生学了之后能自主建构知识；三是特别注重"随文学习"的原则，主要素材来自课文，又很自然体现在各单元习题和相关设计中；四是与课文结合，选择一些精要的知识做成小补白，且多与阅读、写作配合，有利于教师掌握与实施，也有利于学生自学。

2.教材的体系结构

本套教材，力图构建语文的综合实践体系，贯彻工具性与人文性相统一的精神，全面提高学生的语文素养。每册6个单元，每个单元包含阅读和写作两大板块，不同单元穿插安排口语交际、综合性学习、名著导读、课外古诗词诵读等栏目。

（1）阅读。阅读是语文教学的重中之重，也是教材安排的重点。一般每册6个单元，每单元4课，全册共24课。七年级采用现代文和文言文混合编排形式，一般每单元安排1课文言诗文；八年级以后独立编排，每册4个现代文单元，2个古诗文单元。

阅读按双线组织单元，各单元兼顾人文主题和语文要素两条线索，努力做到二者的协调统一。人文主题力求与学生生活密切相关，使学生感到亲切，有趣味，有利于激发他们学习语文的兴趣，提高学习语文的效率。语文能力培养通过不同的语文要素的学习与训练加以落实，包含阅读方法和阅读策略两方面，力求从两个层次培养学生的语文能力。语文能力的培养在七至九年级有不同的要求。七年级以培养学生一般的语文能力为主，关注具有普遍意义的阅读方法和阅读策略，例如七年级上册的阅读方法是朗读和默读，七年级下册是精读和略读；在阅读策略方面则着眼于一般阅读能力的养成，并不局限于某一种文体，如整体感知、品味语句、概括中心、理清思路等，大致按照难易的先后顺序排布，并注意与阅读方法的配合。八、九年级则以文体阅读为核心，力求培养学生某一类文体的阅读能力。八年级以实用性文体为主，如新闻、传记、科普作品、演讲词、游记等，交叉安排说明性文章和小说、散文等文学作品的阅读；九年级集中学习诗歌、小说、戏剧等文学作品，交叉安排议论性文章的阅读；旨在培养学生阅读说明性、议论性文章以及实用类文本的能力，培养学生初步欣赏文学作品的能力。

阅读每单元一般4课，分为教读和自读两种课型，并加大这两种课型的区分度。这样的区分，一方面强调由课内向课外的延伸，一方面体现由教师引导到学生自主学习的理念，便于学生自主建构阅读方案，形成阅读能力。这种区分度，主要是通过设置不同的助读系统来体现的。教读课文的助读系统由课前"预习"和课后"思考探究""积累拓展"组成，重点落实本单元的语文能力要点，并体现思维的渐进性以及由课内到课外的延伸拓展、由理解把握文本到积累梳理语言材料内化为语文素养的过程。自读课文的助读系统是本套教材着力改革的内容，由"旁批"和"阅读提示"组成，没有设置练习，目的是加大自主阅读的力度。旁批，随文设置，主要是为学生自主阅读时提供思考或点拨重点、疑难、精妙之处。阅读提示配合单元重点或选取文章的独到之处进行指导，既指向学生的自主阅读、独立阅读，同时尽可能向课外阅读和学生的课外语文生活延伸，增加阅读量，培养阅读兴趣。

（2）写作。写作是运用语言文字进行表达和交流的重要方式，是认识世界、认识自我、创造性表述的过程。写作能力是语文素养的综合体现。本套教材的写作专题，从培养学生的写作兴趣和良好的写作习惯开始，逐步培养记叙文、说明文、议论文等各类文体及游记、书信、小传等实用类文本的写作能力。

七年级重点培养学生的写作兴趣和良好的写作习惯（如"热爱生活，热爱写作""文从字顺"），在此基础上初步培养写人记事的能力；八、九年级主要有三方面内容：一是文体写作，如"撰写演讲稿""说明事物要抓住特征""论证要合理"等；二是改编式写作，主要是学习仿写、改写、扩写、缩写；三是作文程式学习，包括"审题立意""布局谋篇""修改润色""有创意地表达"等内容。每个单元的专题设置尽量与本单元阅读的学习重点相配合，写作题目力求灵活多样，并注重搭建台阶，突出支撑性和指导性。

（3）综合性学习。在语文课程标准中，综合性学习是与阅读、写作、口语交际相并列的一个项目，自新课改以来，成为语文教材不可或缺的一个板块。它体现为一种学习方式，表现为语文知识的综合运用、读、写、听、说能力的整体发展、语文与其他学科的沟通、课堂学习与实践活动的紧密结合，以其开放性、实践性和探究性，受到教师和学生的喜爱。

本套教材的综合性学习，每册安排3次，使学生有充分活动的时间；3次活动各有侧重，分别为传统文化、语文综合实践、语文生活三个方面。传统文化专题，围绕传统文化中的一个关键词展开活动，使学生认识中华文化的丰厚博大，从中汲取民族文化智慧。语文综合实践专题，以非连续性文本阅读为核心，指导学生综合处理各类文本，从中获取并筛选关键信息，综合运用语文能力分析问题、解决问题。语文生活专题，让语文学习化身为一次次精彩的语文活动，引导学生在活动中体会语言文字的魅力。需要提醒的是：综合性学习中的小贴士有些是补充资料，可以为学生提供参考，或拓展学生的思路；有些则是针对口语交际训练提出的，教学中要具体落实。

（4）口语交际。这个板块在不同年级有不同设计。七年级，为了与小学语文较好地衔接，主要融合在综合性学习中，培养一般的口语交际能力，如："注意对象和场合，学习文明得体地交流""耐心专注地倾听，能根据对方的话语、表情、手势等，理解对方的观点和意图"等。八、九年级则以口语交际专题的形式和活动探究单元的形式，对包括讲述、复述、转述、应对、即席讲话、讨论、辩论以及采访、演讲、朗诵、表演等常见的口语交际类别进行分项训练，以提高学生的口语表达能力。

（5）名著导读。根据课标的要求，各册均安排2部名著，旨在培养学生阅读整本书的能力和兴趣。所选名著以课程标准推荐书目为主，并尽量与课内阅读课文配合。与现行教材相比，有两个大的调整：一是在介绍某部书的内容之外，还以该书为例，谈某一种阅读方法或某一类书籍的阅读策略，意在解决如何读好一本书或某一类书的问题，更好地掌握读书的方法，并增加学生读书的兴趣；二是在主要推荐的篇目以外，另外推荐2部与单元阅读方法相契合，或与主要推荐名著类型相似的自主阅读篇目，为学生提供更多的选择空间。

（6）其他。除以上板块外，每册安排2次课外古诗词诵读，每次4首。所选诗词除课程标准推荐的诵读篇目外，另增加若干经典名篇，要求学生能够熟读背诵，培育对传统文化及汉语美感的体认，加强文化积累。

为丰富教学内容，让学生了解必要的语言文化知识，教材还利用"补白"安排一些必要的知识短文。短文尽量用课文中的例子，以贯彻随文学习的思路；内容不求全面，突出基础性，少用术语；写法上，由具体语言实例导入，采用归纳法，语言力求简洁、生动、好懂。这些补白文字不要求占用课堂时间，仅供学生课外阅读参考。

"读读写写"中的字、词都是参照课标中的《字表（二）》，用专门设计的软件筛选出来的，均要求学生掌握。此外，这些字、词邀请国内知名硬笔书法家专门书写，既增加审美的元素，又可以让学生模仿借鉴。

二、充分发挥教材优势提高学生语文素质

（一）教材的功能与作用

1.教材的功能

（1）凭借功能。语文教材是语文教育内容的载体，是借以实现语文教学目标，发挥语文教育功能的物质基础。语文教学要加强基础，传递文化，培养能力，养成习惯，进行思想教育和情感陶冶等等都离不开语文教材这一凭借物。特别是语文学科属于侧重于技能、技巧培养的应用型学科，只有通过有计划的训练才能达到教育目标。所以，凭借教材学，凭借教材练，对语文学科尤其重要。

（2）示范功能。语文教学挑选典型规范的作品作为教材主体，意在通过定向的规范的语文训练，使学生集中地、高效地学习语文知识，培养语文能力。语文教材除了课文内容和语言形式的示范功能外，还包括训练的难易深浅在内的示范功能。中学语文教学着重于培养基础的、规范的语文能力。语文教材就必须是基本的、规范的。总之，语文教材应该是表达思想的范例、运用语言的范例、语文训练的范例。

（3）教育功能。语文是表情、达意、载道的工具，这就决定了学生在学习语文教材的过程中，离不开情、意、道的内容。教学具有教育性，语文教学中的教育功能主要是凭借教材得以实现的。中学语文教材蕴涵极其丰富的对学生进行思想情感、道德意志教

育和精神陶冶的内容。教学中，我们应该紧扣这些教学内容，根据语文的特点和学生实际，充分发挥语文教材的教育功能。

（4）发展功能。现代教学论认为，教学与发展是互相联系的。语文教材为学生语言的发展选择和提供了充足的材料，使学生的语言不断从贫乏走向丰富，由幼稚走向成熟，由呆板走向生动。语文教材作为民族文化和民族精神的载体，它对学生的政治品质、思想品质、道德品质以及情感、意志、性格等个性心理品质的发展有着熏陶浸染、潜移默化的作用。同时，语言和思维密不可分。语文教材的优秀作品都是运用语言的典范，是作家智力活动的结晶，因而也是开启学生思维大门的一把钥匙。

2.教材的作用

（1）教材是教育质量的重要保证。从教育的普及性、全民性的角度来讲，教材的地位和作用越来越重要。对多数从业者而言，教师是一种专业，一份职业，把教师当作人生理想和事业追求的人亦有之，但其为数不多。教师素质高的人有之，但达到超越教材的不多。教学不同于研究，研究以创新知识为主，而教学以传承知识为主。对学生而言，学习是一种义务、一份责任、一种经历。对学习感兴趣，以学为乐且孜孜以求的学生有之，但比例不高；天赋高、自学能力强，读什么都能读得好且游刃有余的学生也毕竟是少数。在由精英教育转向大众教育的时代背景下，学校更需要一套标准、规范、目标、要求。教育更强调科学、规范，而不是艺术、自由。为此，教材（教科书以及相应的教学参考书等）就成了学校教育的中心了，成了保证学校基本教育质量的"依靠"和"凭借"。

（2）教材是连接师生关系的纽带。从教学活动的运行机制来看，作为一种教育途径，教学比其他途径在系统传授知识、技能以及培养学科学习能力上有着无可比拟的优越性，这种优势，依靠的主要是教材。教材是教师执教的依据，也是学生学习的依据。在教学过程中，教材是横亘于师生之间的"第三者"。这个"第三者"的存在，使我们在教学之中无论多么努力，都不可能真正做到以学生为本，也不可能真正做到以教师为中心。教材不但界定教师教的任务，也界定学生学的任务。教材才是教学过程真正的核心。必须以教材为中心来发挥师生的主观能动性。教学过程中的教师、学生、教材这三个矛盾的相互运动，使教材不产生排他性，不走极端。它便于避教师中心论与学生中心论两论之短，让教学的真正权威——教材更好地发挥核心纽带作用，又能吸收两论之长，充分调动师生的主观能动作用，合力完成教学任务。让教材在教学上当家作主，并非让教师靠边站，让教师死教书，学生死读书。事在人为，教材的功能是潜在的，教材的作用只能通过人的努力，通过师生共同发掘方能实现。

（3）教材是教育教学的重要依据。从教材本身来看，教材不仅是课程标准的代言人，更是集中了众多专家、学者的专业智慧和学科水平，它是学科知识的精华、智慧的结晶。教材不是一般的材料、读物，它是根据教育目的和学生身心发展规律和认识特点，专门研制和编写的文本，适合于相应特定阶段的学生学习。从教学实践来看，把教材边缘化和误读教材是导致课堂教学质量低下和教学改革乱象的根本原因。课堂教学的核心任务就是要解决教材与学生的矛盾。为此，必须以教材为中心来组织课堂教学活动。没有教材或不依赖教材的课堂，教学就会失去内涵，失去方向，质量也就没有了依据，没有了根基。特别是就具体的课堂教学活动而言，一定要以教材为本，忠实地、全面地教好教材的内容，做到不肢解教材、不脱离教材、不边缘化教材，把教材内容教好，把教材任务落实好，把教材问题解决好。教材就算是个例子，也要把它教好、教到点子上，对例子的补充、延伸、拓展和超越、批判、质疑都要基于例子。

（二）发挥教材的优势

1.充分利用教学时间安排上的较大弹性，提高学生的语文素质

按照课程计划的安排，每学期都有 10 至 15 课时的机动，这些机动时间教师要认真作好计划，统筹安排。或加强听说训练，或加强作文训练，或组织社会调查，或开展课外阅读活动，或举行各种竞赛活动，也可以开设写字课，等等。这种弹性的安排教学时间，为面向全体学生，全面进行语文训练，全面提高学生的语文素质提供了很好的条件。如：有的学校专门安排社会实践活动周，带领学生进行社会调查，让学生观察社会、观察生活，在此基础上指导学生进行写作活动。学生通过观察社会生活的闪光点，感受改革开放大潮的涌动。这种活动，将思想教育与语文学习很好地统一了起来。

2.根据实际情况，灵活处理教材，切实提高学生语文素质

义务教育语文教材的课文分为教读课文、自读课文和课外阅读课文。教读课文体现基本要求，自读课文重在迁移能力，课外阅读课文主要是为克服学生无适合的读物而编写的。这样的教材如何处理？我们是这样要求的：（1）对所有学校和所有学生，必须认真完成教读课文的教学。这是"义务教育语文教学大纲"的基本要求；（2）对条件差的学校，可以把自读课文下放一些为课外阅读课文，余下的时间用在教读课文上，保证教读课文的教学；（3）对条件好的学校，可以把自读课文的一部分作教读课文处理，把部分课外阅读课文作为自读课文处理；（4）对于一个教学班中学有余力的学生，可以结合单元教学要求，指导他们精读一些自读课文或课外阅读课文，也可以向他们推荐一些与课文有关的名著，让他们利用课外时间阅读（入选教材的许多课文都是名著的节选或文集的选篇，引导学生完整地阅读全文或全集），以激发学生阅读的兴趣，提高学生的文化素养。如学习了《背影》之后，可以推荐《朱自清文集》让学生读一读；学习了《分马》之后，可以推荐《暴风骤雨》让学生阅读；学习了《夜走灵官峡》之后，还可以将《保卫延安》推荐给学生，等等。这些要求和意见，我们通过教材培训、经验交流、专题讲座、教研活动、实地指导等多种形式向教师传达，同时通过教学质量抽检、命题考试进行导向。广大教师把握了教材的这些特点，就能做到在处理教材时心中有数，游刃有余，充分发挥出教材的优势，满足不同层次的学校和学生多方面的要求。

3.分层要求，分类训练，不断提高学生的语文能力

义务教育语文教材的练习设计很有特色，被称之为"三层六阶"训练体系。在三个层次当中又区分出必做与选做题。不同层面的练习体现了不同的功能，必做与选做体现不同的要求。我们通过必做题与选做题的不同要求进行分类训练，使不同层次的学生都有提高。例如《从百草园到三味书屋》课后练习共有 9 个大题，其中有 2 个大题是选做题，

必做的 7 个题内容是"对课文的内容、人物的形象的整体把握"以及"句子、词语的训练和语段的背诵"等等。对于学习上有困难的学生，只要求认真完成教读课后的必做题，如果学生有能力，也可以完成自读课后的必做题。对于学习成绩好的同学，可以要求他们完成全部必做题之后再完成部分选做题。这样的分类指导，分层要求，使不同层次的学生都得到发展，有利于大面积提高语文教学质量。

4. 采取多种形式介绍丰富的语文知识，提高学生的文化素养

义务教育语文教材结合课文的提示、练习和注释，介绍一些现代汉语知识、文学常识、文章知识和读写听说知识。多数课文后面介绍一则与课文有关的、有趣的小知识（或为小资料，或为小言论，或为小趣闻）。这些知识丰富多彩，有的"大纲"规定必须掌握，有的则只需作一般了解，主要是增强趣味性，扩大知识面。如《从百草园到三味书屋》一文"对课"的注释：

〔对课〕对"对子"，旧时学习词句和准备做诗的一种练习。例如老师说"雨"，学生对"风"；老师说"绿柳"，学生对"桃红"。

这样的注释，使学生掌握了什么是"对课"，了解到古代学生学习语文的一些形式，扩大了视野。再如《一件珍贵的衬衫》的"自读提示"，具体介绍了倒叙方法的三种情况和应该注意的两点，让学生比较系统、全面地了解倒叙的知识。又如《春》一文的练习五，在介绍了朗读方法的基础上进行朗读训练，既使学生学到了知识，又培养了能力。课文后面的小知识的介绍，如《桂林山水歌》后面，用小方框介绍的"想象和联想"，《〈咏柳〉赏析》后介绍了"咏物诗"的知识，《一面》后介绍了鲁迅先生关于"读书"的言论，《从宜宾到重庆》后介绍了"悬棺"的有关知识。课文后面介绍的这些知识，让学生看一看、读一读，扩大一点知识面，不检查，不考试。这样，对学生扩大视野、积累知识、提高语文素质是很有帮助的。

5. 结合教材开展丰富多彩的语文活动，发展学生个性特长

《义务教育初中语文教学大纲》将"课外活动"纳入教学内容，这是一次教育思想的巨大进步。为了落实"大纲"的要求，九年义务教育教材在课文教学、作文训练、听说训练当中，安排了一系列"语文活动"。这些活动具有重要的价值，对于激发学生学习兴趣，发展学生个性特长，提高学生的整体素质，具有不可替代的作用。例如：九年义务教育教材初中语文第三册，结合作文训练安排了 4 次"语文活动"（作文修改），结合听说训练安排了 1 次"语文活动"（演讲比赛），结合单元教学安排了 2 次"语文活动"（编报和朗读比赛），大致每个单元有一次。这些"语文活动"怎么安排，必须认真设计。我们认为不必按部就班地进行，应结合本地实际，每学期有重点有选择地搞二至三次。我们要求各学校结合第三册第三单元的教学，认真搞"手抄报"的编写制作活动，在此基础上，各学校广泛开展了"手抄报"的编辑、展览、评选活动。学生从文章的编辑选择，报纸的版面安排，刊头设计，题花设计到报纸名称的遴选，文字的誊抄，进行得非常认真。在这一过程中，培养了学生的写作能力、鉴赏能力、绘画能力、书写能力、动手能力、审美能力，丰富了课外活动的内容。再如，有的老师在上完第五单元《故宫博物院》

之后，指导学生观察校园、公园，进行写作活动，学生利用课文的知识和方法进行观察，写出了《我们的学校》《曲靖城的明珠——麒麟公园》等文章。这种活动，将课内与课外、阅读与写作、学习语文与社会生活很好地结合起来，学生学得轻松，用得自然。

上述几个方面，贯彻了面向全体、因材施教的原则，很好地体现了教材的优势。只要我们树立正确的教育思想，按照教材固有的教法要求去施教，让教材的优势得到充分发挥，全面提高学生语文素质，实现义务教育的宗旨是完全可能的。

（参见《充分发挥教材优势 提高学生语文素质》，作者戴红顺，原载中国昆明云南教育学院《语文教学阵地》，1995 年第 5 期，第 9-10 页。）

三、阅读教学要用好语文教材——以《斑羚飞渡》教学为例

《斑羚飞渡》是沈石溪的一篇动物小说（即赋予动物以人的情感）。课文描写的是一群被逼至绝境的斑羚，为了赢得种群的生存机会，用牺牲一半挽救另一半的方法摆脱困境的壮举。斑羚在危难中所表现出来的智慧、勇气和自我牺牲精神，会让每一个读过这篇文章的人感到心灵的震撼，会启发人们重新认识这个万物共存的世界。作为一篇人类寓言的动物小说，我们可以从很多角度去解读，任何单一解读都是片面的，而教师在教学上却很容易走单一道路，有的引导学生把人类与斑羚作对比，揭示人性亮点的缺失，得出人类不如动物，要惩罚人类的结论；有的要求学生学习动物的伟大精神，就变成了单纯的思想教育；还有的脱离文本的解读，脱离学生的实际，肆意挖掘文章的深度。究竟应该从什么角度解读《斑羚飞渡》？我们认为：语文教学要返璞归真，上出"语文味"，扒开那些"附着"在语文上的东西，挖掘精彩的语言文字，品味精彩的语言文字。通过语言文字的品味，再从斑羚面对困境表现出的行为动作中引申其意义（无论是动物还是人类，遇到困境时都有求生的本能，而且，运用智慧采取脱离困境的方式，能以最小的代价换取最大的胜利，从这个过程中往往又折射出了这些灾难中的个体生命的尊严、平等与可敬。）让学生体味语言形式与作品内容的关系。

（一）扣准课文的写作特点

一般来说，每篇课文多有自己的特点，入选教材的课文更不用说。紧扣课文独特的特点进行教学，有利于语文教学返璞归真，上出"语文味"。

1. 重点情节完整

本文记叙斑羚羊群自救的过程，十分完整，一群斑羚被狩猎队追上悬崖绝顶——伤心崖，无处可逃，面临着群体灭绝的灾难。虽然伤心崖对面也有一处悬崖可以逃生，但是两座悬崖之间的山涧的宽度远远超过了它们跳跃的跨度，靠单只斑羚的跳跃能力，必然会落入山涧丧生。如果两崖之间有一个支撑点，可容斑羚两次起跳，就能使它们获得生机。极有灵性的斑羚决定以牺牲一部分斑羚的生命去换取另一部分斑羚的生命，于是发生了群体自救的悲壮情景。

2. 故事叙述得既有重点，又首尾完整

飞渡是重点，写得最细，最精彩，但也不是直奔主题，飞渡前，飞渡后，都有必要

的叙述，故事完整，重点就是高潮，所以这篇散文像一般叙述文学作品一样，有开端、有发展、有高潮、有结局。

3.斑羚各有名目，便于叙述清楚

这个种群有七八十只斑羚，动物不像人有姓名，说起来就比较困难。作者分类起了名目，又给个体起了名目，有了这些名目，就便于叙述了。分类的名目有了"老年斑羚""公斑羚""母斑羚""年轻斑羚""中年斑羚""大斑羚""小斑羚"。个体的名目有"镰刀头羊""灰黑色母斑羚"，或者加上"一只""一头"，特指某一个体，如"一只公斑羚""一只半大的斑羚""一头衰老的母斑羚""一只小斑羚"。有了这些名目，故事才叙述得清清楚楚。这一点看起来是小事，其实在写作上很重要。

4.有详有略的写法

七八十只斑羚，就有三四十对，详写一对，略写其他，就足以写出飞渡的情景。详写的特别详，从时间上说，不过是几秒钟的事情，作者用大段文字细细叙述。叙述中又加进作者的悬念，再写飞渡情景，更出人意料，产生惊心动魄的效果。

5.环境描写推动了故事情节的发展

文中有多处环境描写，对彩虹的描写，对伤心崖的描写，这些描写在文中起着至关重要的作用，推动了情节的发展。如：通过对彩虹的三处描写，渲染了神秘的色彩，并推动情节的发展，头羊之所以想出飞渡的方法，或许就是受到了彩虹的启示。

6.深情、含蓄的语言

作者在记叙和描写斑羚时完全是用拟人化的语言，倾注了他的全部感情。他深情地记录了斑羚面对死亡时的从容、高尚，给我们以心灵的震撼。

（二）扣准课文重点难点

课文的重点难点是相对的，他的确定，有课标的依据，也有教材的依据，有学生的原因，也有教师的原因。紧扣课文重点难点进行教学，有利于语文教学返璞归真，上出"语文味"。

1.扣准重难点句子

本文重点句子至少有下列5个。

（1）我没有想到，在面临种群灭绝的关键时刻，斑羚群竟然能想出牺牲一半挽救另一半的办法来赢得种群的生存机会。我更没有想到，老斑羚们会那么从容地走向死亡。

这段话中的两个"没想到"，使意思层层递进，有力地突出了斑羚群为了赢得种群的生存机会，毅然用牺牲一半挽救另一半的方法摆脱困境的壮举，体现了斑羚在危难时刻所表现出来的智慧。老斑羚们从容走向死亡的壮举则进一步体现了斑羚在绝境中所表现的勇气和自我牺牲的精神。这句话抒发了作者对斑羚绝境求生所表现的智慧和自我牺牲的献身精神的由衷赞美和敬佩。

（2）但让我震惊的是，从头至尾没有一只老斑羚调换位置。

人在生与死的抉择面前，往往会有临阵脱逃的表现，但是，斑羚作为一种动物，却没有这样的表现，"我"以人的心态去衡量斑羚，自然会感到"震惊"。

（3）它走了上去，消失在一片灿烂中。

这句话用美丽的彩虹与镰刀头羊从容走向死亡的残酷现实形成鲜明的对比，也是用美丽的彩虹象征镰刀头羊的美好心灵，更是镰刀头羊行为和精神的闪光。

（4）这叫声与我平常听到的羊叫迥然不同，没有柔和的颤音，没有甜腻的媚态，也没有绝望的叹息。

此句中的三个"没有"构成排比，写出了镰刀头羊叫声的不同寻常，也暗示下文有不寻常的事情发生。

（5）镰刀头羊本来站在年轻斑羚那拨里，眼光在两拨斑羚间转了几个来回，悲怆地轻咩了一声，迈着沉重的步伐走到老年斑羚那一拨去了。

从这一句就可以看出，老斑羚救年轻斑羚，没有要求，没有强迫，也没有讨价还价，牺牲是天经地义的，是一种本能。

2.扣准重点段落

（1）从彩虹架起虚幻的桥，到镰刀头羊"消失在一片灿烂中""彩虹"在课文中出现过多次。描写"彩虹"的作用是什么？

描写彩虹有三个作用：一是可以给飞渡增添一种神秘的色彩；二是可以烘托飞渡的壮美气势；三是渲染头羊自我牺牲的精神美。

（2）对第八自然段的诠释。

这一段写镰刀头羊把斑羚群一分为二，并自觉地走到献身者的一边。镰刀头羊有一呼百应的号召力，它像一个英雄、一个领袖一样，令人敬佩。它的献身精神使几只中年公斑羚跟随它自动进入老年斑羚的队伍。在这次行动中，没有要求，没有强迫，也没有讨价还价，这是一种本能，一种天性，而不是荣耀。

3.扣准疑难问题

（1）在这篇文章中，人充当的是怎样的角色？

在这篇文章中，人类充当的是一个不光彩的角色，是自然的侵害者和掠夺者。我们不必回避这个问题。因为这篇文章恰恰给了我们一个反思人类所作所为、摆正人类在自然界中的位置的机会。人类自诩为高等动物——自己给自己定义为"人科"，在这个世界中是独一无二的，是世界的主宰。人类拥有强劲的思维能力，拥有先进的科技手段，可以改天换地，所以我们常提起一句话是："征服自然，改造自然"，对于和自己一起生活在这个星球上的其他物种，人类是蔑视的。人类肆意屠杀它们，已经导致许多物种灭绝。斑羚飞渡的惨烈、悲壮，让我们看到了动物身上那股神圣而不可侵犯的精神力量。反思人类社会，当灾难来临时，我们又有多少人能做到像斑羚那样，不害人，不苟活，视死如归呢？

（2）课文描写"斑羚飞渡"的成功，近乎奇迹，是以斑羚们时间先后选择的精确、跳跃幅度控制的高超、跳跃技巧掌握的娴熟、对接时机衔接的吻合为前提的，从文章的交代来看，斑羚们此前并没有经过这样的排练，那么，课文描写的"斑羚飞渡"是真实发生的吗？还是主要出自作者的想象？

在动物界，确实有牺牲部分成员的生命以换取种群中大多数的生存机会的事实；其次，依我们自身的经验可以知道，人类在困难时往往会激发出以前从未展现的潜力，做出平时无论如何也不能完成的事情，因此，我们不能否认，当斑羚群陷入种群灭绝的危机时，强烈的求生欲望会导致奇迹的发生。但是我们并不能就此推论本文中叙述的事情就一定是百分之百真实的。不过，真实与否又有什么要紧呢？任何出现在作品中的素材，都是作家进行艺术剪裁和合理加工的结果，艺术真实不等同于生活的真实，我们没有必要追究事情是否符合生活的真实。我们可以把它当作一篇动物小说来读，抛开表层的坠饰（艺术虚构），体会文章震撼人心的力量来源，阅读的乐趣将充盈读者的心间。

（三）扣准课后练习

课后练习，是教材编写者对如何落实《语文课程标准》的具体安排，是教材编写者对学生把握学习内容的检验材料，是教材编写者对教师如何把握具体教学内容的引导和暗示。把握住了课后练习，就把握住了教学的基本方向。所以，紧扣课后练习进行教学，有利于语文教学返璞归真，上出"语文味"。下面是本文的课后练习题：

1.熟读课文，完成下面两题

（1）文章中详细描述了第一对斑羚试跳成功的全过程，试用自己的话加以复述。

设计本题的目的是在全面理解课文内容的基础上，培养学生准确清楚地描述事件全过程的能力。

复述时要引导学生记住主要内容，把握重点，抓住主要动词来复述：半大斑羚朝前（飞奔），同时，老年斑羚也快速（起跑），到悬崖边缘，半大斑羚纵身一（跃），朝山涧对面（跳）去，老年斑羚（紧跟）在后面，头一（勾），也从悬崖上（蹿跃出去），一老一少，一前一后，一高一低。半大斑羚在老斑羚背上（猛蹬）一下，在空中再度（起跳），下坠的身体也再度（升高），轻巧地（落）在对面山峰上，而老斑羚则笔直（坠落）山崖。

（2）镰刀头羊是这场飞渡的组织者，文中重点写了它的哪些表现？谈谈你对镰刀头羊的印象。

设计本题的目的是引导学生把握主要情节，从细节描写入手分析斑羚的形象特点。

文中重点写了镰刀头羊的三次叫声：第一次，当发现斑羚们陷入绝境时，镰刀头羊悲哀地咩了数声，这是无能为力的表示；第二次，在一头母斑羚恍惚走进彩虹的斑斓光带时，镰刀头羊发出"咩"的吼叫，招回母斑羚，同时告诉斑羚群，它已想出自救办法，并指挥迅速实施；第三次，在老年斑羚与年轻斑羚两队数量悬殊时，镰刀头羊悲怆地轻咩一声，这表示为了让更年轻的生命获救，只能牺牲正当盛年的包括自己在内的同类了。这叫声既是一声忧伤的叹息，也是召唤补充注定死亡队伍的命令。

镰刀头羊的形象：富于智慧，有决断力，遇事镇定，临难从容。

2.联系上下文，品味下列句子的含义，回答括号中的问题

（1）山涧上空，和那道彩虹平行，又架起了一座桥，那是一座用死亡做桥墩架设起来的桥。

（为什么说那座桥是"用死亡做桥墩"？）

（2）我十分注意盯着那群注定要送死的老斑羚，心想，或许有个别滑头的老斑羚会

从注定死亡的那拨偷偷溜到新生的那拨去，但让我震惊的是，从头至尾没有一只老斑羚调换位置。

（"从头至尾没有一只老斑羚调换位置"一事为什么让"我"感到震惊？）

（3）它（镰刀头羊）走了上去，消失在一片灿烂中。

（在这句话里，"灿烂"只是指那一道弯弯的彩虹吗？）

设计本题的目的是引导学生深入体会文中含义深刻的语句，从而进一步理解文章的主旨。

因为每一只获得新生的斑羚，都是以另一只的斑羚身体为跳板完成飞渡的。是这些必死的斑羚组成了新生的桥，所以说是"用死亡做桥墩"。"我"是个猎人，参照人类在此种情景下常有临阵脱逃的表现，所以震惊。不只是指那道彩虹，更是象征镰刀头羊行为和精神的闪光。

3.动物是人类的朋友，试给狩猎队写一封信，谈谈你对这件事的看法

设计本题的目的是，引导学生从"动物是人类的朋友"的立意出发，结合自己阅读文章的感受，联系生活，思考人与动物的关系。学习写一般书信。

（四）扣准课文的瑕疵

尽管课文的选择严之又严，选择的多是名家名篇，但是任何文章不可能十全十美，或多或少都有一些瑕疵。即使当今没有，随着时代的变迁，也会显露出他的局限。让学生大胆质疑，不但可以培养学生的求异思维，而且可以提高学生的语文水准。所以，扣准课文的缺点进行教学，有利于语文教学返璞归真，上出"语文味"。

《斑羚飞渡》这篇课文有几处内容于情于理有不通之嫌，可以引导学生进行辨析。

1.第三自然段课文：……有一只老斑羚不知是老眼昏花没测准距离，还是故意逞能，竟后退十几步一阵快速助跑奋力起跳，想跳过六米宽的山涧，结果在离对面山峰还有一米多的空中哀咩一声，像颗流星似的笔直坠落下去，好一会儿，悬崖下才传来扑通的落水声。

这几句话中的老斑羚"起跳"山涧与"笔直"相矛盾。根据力学知识，这只斑羚跨越山涧时有起始速度，不可能在距对面山峰一米处就突然由前飞渡改向为笔直落下。

2.还是第三自然段中的"好一会儿，悬崖下才传来扑通的落水声"，此句说明深涧下面是河流，这确与第二自然段中的"流沙河"相呼应，可与第十自然段"每一只年轻斑羚的成功飞渡，都意味着有一只老年斑羚摔得粉身碎骨"的"摔得粉身碎骨"不太一致，"粉身碎骨"的出现极易使人想到山涧下面是石头等而不是水。何况"粉身碎骨"的声音和落水的"扑通"声音肯定是不一样的。

3.第九自然段后半部分提到老斑羚出现在半大斑羚蹄下时正好处在它跳跃弧线的最高点，这时离对面山涧只有两米了。这个山涧的宽度是六米，根据力学分析，老斑羚前半程如果已经跳跃了四米，后面剩下的两米的跨跃是非常轻而易举的事.依照课文第二段的说法，这只老斑羚确实为"超级斑羚"，但能一跳跳过六米宽的山涧的超级斑羚还没生出来呢。

4. 第十五自然段"所有的猎人都看得目瞪口呆"中"所有的猎人"交待不清，没有很好地照顾到第一自然段课文中"我们狩猎队分成好几个小组"这句话。这里"所有的猎人"应该只是一个小组的猎人。而在第一和第十五自然段之间关于猎人的情况没有任何过渡和交待。

5. 第十六自然段中"这群羚羊的个数不是偶数，恰恰是奇数"也是一句交待不清的话。因为起先一只老斑羚单独飞渡已死，然后便两两飞渡，最后留下了镰刀头羊，所以这群羚羊的只数只能为偶数而非奇数。

四、课文重点难点的确定与突破——以《七根火柴》为例

教学重点是依据教学目标，在对教材进行科学分析的基础上而确定的最基本、最核心的教学内容，一般是一门学科所阐述的最重要的原理、规律，是学科思想或学科特色的集中体现。它是教材中举足轻重、关键性的、最重要的中心内容与核心知识，是课堂结果的主要线索，掌握了这部分内容，对于巩固旧知识和学习新知识都起着决定性作用。教学重点的突破是一节课必须要达到的目标，也是教学设计的重要内容。

教学难点是教学中难于理解或领会的内容，可以是情感、态度、价值观，或较抽象，或较复杂，或较深奥。教学难点是指学生不易理解的知识，或不易掌握的技能技巧。对教师来说，教学难点大致有两种情况：一是学生不易掌握的知识点；二是老师教授起来有些困难，因为教学设备的困扰等不易讲明白的地方。难点不一定是重点，也有些内容既是难点又是重点。难点有时又要根据学生的实际水平来定，同样一个问题在不同班级里不同学生中，就不一定都是难点。

（一）重难点确定

教学重点的确定主要依据教学目标、教学内容和学生实际。

《七根火柴》是一篇脍炙人口的短篇小说，从不同角度审视，可资借鉴、学习的地方确实不少。例如自然环境描写的烘托作用，以小见大和紧扣线索展开故事情节的写法等等，但在有限的教学时间内，不可能也没有必要将这些内容全部灌输给学生，必须择其主要，然后重锤敲打，使学生确有所得。根据课文的"训练重点"，可把环境描写的作用和紧扣线索展开情节作为重点。

确定教学重点，还必须从教材全局考虑，体现教材的训练系列和编写意图。

《七根火柴》是初中语文第四册中最后一个单元的第一篇课文。这个单元并非本册的重点，但从它所处的位置来看，却有着承上启下的作用。在第三册，教材已经安排了一个小说单元和《谈谈小说》知识短文，通过学习，学生已经初步了解了小说的特点和阅读小说的方法。在此基础上，进入初中语文能力训练的第三阶段——培养学生的文学欣赏能力。本单元就充当了这个过渡的桥梁，所以，对小说写作技法的理解与品赏，也是《七根火柴》的教学重点。

《七根火柴》教学的难点是对小说主人公的确定。因为受习惯的影响，多数人认为用笔多的就是主要人物，因此很容易将卢进勇确定为主要人物。

教学难点是由两个方面决定的：一是教材的难度大。教材本身从内容、形式到语言都有难易之分。抽象的、宏观的内容难度就大；具体的、与学生生活距离小的，难度就小些。形式有单一的，也有复杂的。语言有艰深晦涩的，也有明白易懂的；二是由学生知识基础和接受能力决定的。基础扎实、知识面广的，解决问题就容易一些；相反的就难一些。难点的存在跟一个人的禀赋也有关系。反应敏捷的，解决问题就快些；反应稍慢的就难一些。

确定难点的前提，是要了解学生，研究学生。要了解学生原有的知识和技能的状况，了解他们的兴趣、需要和思想状况，了解他们的学习方法和学习习惯。因此备课时，教师要根据教材特点及学生情况，对可能出现的教学难点做出判断，并采取有效措施。教师只有在科学地了解学生的基础上，做出预见，预见学生在接受新知时的困难、产生的问题，才能对症下药。

（二）重难点突破

1. 教法建议

对本文的重难点，可采用精心设计问题，组织学生讨论来突破。

"自然环境描写的烘托作用"在第三册《在烈日和暴雨下》已经作为重点进行了训练，这里只要略加提示学生就能理解。所不同的是《在烈日和暴雨下》着重训练"环境描写的方式方法"，教学的着眼点是从遣词造句的角度来考虑的；而《七根火柴》则是从阅读鉴赏的角度来设计的。因此，在教学中要引导学生从作者的写作意图考虑，组织学生讨论："为什么采用描写自然环境来烘托人物？"使学生明白，本文之所以进行细致的环境描写，主要是刻画人物、深化主题的需要。一个战士将保存下来的七根火柴交给另一个战士带给部队，在伟大的二万五千里长征中，几乎是不值一提的小事。因此，只能通过对自然环境的形象描绘，渲染典型氛围，创造典型环境里的典型人物，让这样的"小事"将人物精神世界里的最亮点展现出来，才能形象地、概括地反映红军战士最崇高、最美丽的思想品质。

对于"紧扣线索来展开故事情节的写法"这一重点的教学，可以设计如下问题："课文多次写'火'和'火柴'，这对故事情节的发展起什么作用？"引导学生讨论明确：课文里一再出现的"火"和"火柴"，是全文结构的线索标志。随着情节的发展，"火柴"由无名战士保存；"火柴"由无名战士手中交到卢进勇手中，再交到指导员手里；行军队伍中燃起了"篝火"。小说自始至终围绕着"七根火柴"这一中心事件，紧扣"火"一步步展开情节，使无名战士的形象愈来愈高大，逐步深化了小说的主题。

对"本文的主人公是谁？"这一难点，可以结合课后练习第三题来突破。题目对谁是主人公已经有所暗示，但在一般情况下学生容易受"主要人物详写，次要人物略写"的观点影响而模糊地认为卢进勇是主要人物。因此，必须组织引导学生从多角度来认识这个问题。一是从"谁最能体现课文的中心，谁就是主要人物"的角度，使学生明白谁是主要人物，而且掌握了划分人物主次的标准；二是在确定了无名战士是主人公之后，引导学生进一步讨论："卢进勇对刻画无名战士起什么作用？"通过讨论使学生明确：这是作者为了突出主人公在结构上的巧妙安排。主人公的出现是从卢进勇的"听"引出来的；主人公的外貌是通过卢进勇的"看"展现出来的；卢进勇的"想""说"和"做"都衬托了主人公崇高的思想境界。这样不仅使学生理解了这种衬托手法的作用，而且对提高阅读和品赏文学作品的能力有一定帮助。

2.训练设计

（1）阅读课文第二、三段，回答问题

①这两段环境描写，突出了茫茫草原的什么特点？

②两段文字都是景物描写，但在写法上有什么区别？

③这两段的自然环境描写有何作用？

（2）阅读下列语段，完成后面的问题

话就在这里停住了。卢进勇觉得自己的臂弯猛然沉了下去！他的眼睛模糊了。远处的树、近处的草、那湿漉漉的衣服、那双紧闭的眼睛……一切都像整个草地一样，雾蒙蒙的；只有那只手是清晰的，它高高地擎着，像一只路标，笔直地指向长征部队前进的方向……

④找出文中的一对反义词，并分别说说它们的含义和作用。

⑤画线句使用了什么修辞手法，说说其作用。

⑥选出下列说法正确的一项（　　）

A.卢进勇贯穿小说始终，用的笔墨较多，卢进勇是主人公。

B.无名战士保存火柴、交火柴，卢进勇转交火柴，他们都起了重要作用，他们都是主人公。

C.主人公是小说中心思想的主要体现者，无名战士体现了这篇小说的中心思想，卢进勇与无名战士比较，无名战士更高大，所以无名战士是主人公。

D.无名战士不具姓名，可见他代表千千万万的红军战士，所以红军战士都是主人公。

附：参考答案

①突出了茫茫草地气候变化无常、暴雨时作遍地潮湿的特点。②第二段是对自然环境作客观的描写；第三段是通过卢进勇的观察和感受来描写自然环境。③这两段自然环境的描写，烘托了卢进勇苦恼、着急和盼火的心情。④"模糊"和"清晰"是一对反义词。它们使用的都是本义，这里用的是对比的手法。"模糊"突出对失去战友的悲痛，"清晰"突出对烈士精神的敬仰。⑤画线句用的是比喻的修辞手法。这句话表示无名战士指明了寻找前方部队的方向，指明了长征前进的方向，表明了无名战士一心向着革命的队伍，临终仍不忘部队前进的方向，嘱托战友赶快把火柴给前方部队送去的对革命无限忠诚的思想感情。⑥C.

（参见《初中课文重点难点确定与突破·七根火柴》，作者戴红顺。原载中国临汾《语文教学通讯》，1998年第6期第57-58页。）

第二节 一体两翼三沟通语文教学的单元教学

单元教学是当前语文教学研究最热点的问题之一。广大语文教师和语文教育工作者进行了艰苦的开拓，许多研究不乏真知灼见，但也存在着一些问题，影响着研究的进一步深入，很有对其进行重新审视的必要。

一、单元教学的历史发展

（一）单元教学在欧美的缘起

单元教学最早出现在 19 世纪末 20 世纪初，是欧美"新教育运动"的产物。新教育运动的主要人物德克乐利提出的教学"整体化"和"兴趣中心"则是单元教学理论的萌芽。以后又出现了杜威所主张的实用主义"单元教学"——"问题解决法"。1920 年后，在杜威的影响下，美国著名教育家克伯屈提出了"设计教学法"。他认为："设计就是在社会环境中，专心致志，努力进行一种有目的的活动，或一种有目的的活动单元"。（《现代教育思想精粹》，崔录、李玢编著，光明日报出版社 1987 年 9 月第一版，第 68 页。）此后产生了"单元教学"思想，并在世界范围内（包括中国）有过广泛的影响。虽然我们现在所说的单元教学已经有了新的含义，但毕竟是从那时发展来的。1950 年以后，在布鲁姆教育目标分类学及其"掌握学习"理论的影响下，许多国家的中小学，无论是文科还是理科，都在设计单元教学。于是，单元教学成为时代性的课题。

（二）单元教学在中国的发展

在 1920 年，梁启超也提出过类似单元教学的思想，他在《作文教学法》中指出："须将各类文分期讲授，不可同时东讲一篇，西讲一篇。因为各类文作法不同。要令学者打通一关再进一关。每学期专讲一类文，那么，教师精力也集中，学生兴味也集中，进步自然会事半功倍。最好每年前学期授记叙文，后学期授论辩文，年年相间，两种文体又各个分类，由浅入深，由易至难。"他的将文体分类，写法分类，打通一关再进一关的思想就被现在的教材所吸收。但是由于许多原因，单元教学的思想一直未受到我国语文界的重视。进入 1980 年后，广大语文教育工作者深感语文与时代发展差距较大。为了适应新时代提出的新要求，迫切需要新的教学思想来指导。1980 年 8 月 25 日，《光明日报》发表了北京语文特级教师霍懋征《我是怎样在一学期教 95 篇课文》一文，介绍了他的三条经验，其中一条"合理地组织课文"，实际上就是"单元阅读教学"的思想。此后不久，北师大教授朱绍禹先生撰文称赞霍懋征的教学经验，称单元教学是"值得探索的一条新路"。文章从理论上论证了单元教学的正确性、科学性，又从实践上说明了单元教学的可行性。他郑重指出："我们实在应该树立语文教学的单元观。"（《值得探索的一条教学新路》）于是掀起了一股语文单元教学的热潮。1988 年，人民教育出版社正式推出了比较规范的、以单元为编写体例的语文课本，将单元教学这一课题的研究推向了新的高度。

（三）单元教学的界定

1.对单元教学的几种解释

什么是单元教学？人们从不同的角度进行探讨，论者说法不一，归纳起来主要有以下几种解释：

（1）教学方法论。持此说的主要代表是朱绍禹先生。他在《初中语文教学法举隅》一书中，把单元教学列为"语文能力训练方法"的一种。李德雄也认为："单元教学的方法不是一种而是多种，正如单篇教学一样，其方法是百花齐放，多姿多彩的。"（《建立整体的单元教学观》，载《中学语文教学》1988年第2期。）

（2）教学阶段论。持此说的主要代表是张志公、张定远等。他们认为单元"教学既有连续性、循环性，又有阶段性（每个阶段解决一定的问题，完成一定的任务，达到一定的目的）……单元教学则是教学过程中最小的一个教学阶段。"（《谈谈语文单元教学》，载《中学语文教学论集》。）

（3）教学原则论。李德认为，"从本质上看，单元教学首先是语文科的一条基本教学原则。"他引用了巴班斯基"教学原则是对教学提出的最重要的要求"这一定义得出了上述结论（《建立整体的单元教学观》，载《中学语文教学》1988年第2期。）

（4）教学体系论。程荣华认为："单元教学是一种系统化、科学化的教学体系。它既不同于单篇教学，也不是将几篇课文简单的组合在一起，而是根据学生认知结构发展的特点，以培养学生的基本能力，发展学生的创造性思维为目标，站在知识系统性的高度，将几篇在知识结构上具有内在联系的课文按照有序性原则将它们编排在一起，组成一个知识整体作为教学阶段。"（《单元教学论评》，载《语文教学通讯》1992年第2期。）

还有万恒德、滕碧城则认为："单元教学就是以单元为基本单位进行的教学。单元是由一定的内容，从一定的角度，按一定的结构层次，根据一定的目的组成一个有机的整体。单元教学就是从单元整体出发，设计教学进行教学。"（《中学语文教学概论》第262页。）

2.单元教学是一种思想

对单元教学的认识，从不同的角度去研究，会得出不同的结论。持方法论者是从语文教学的方式方法角度去思考单元教学的。从教学方法的角度来思考单元教学，单元教学则是一种可遵守、可变通的行为方式，这将失去其在语文教学中的指导价值。面前的这样式，那样法不能推广普及就是明证。与单元教学方法论者一样，单元教学原则论者只是把单元教学强调为一种重要的方法，其实质与方法论同出一辙。单元教学阶段论是从教师的教学过程来考虑的。这比方法论前进了一步。但是教学过程可长可短，阶段亦可大可小，每教学一个知识点都可以成其为一个阶段，如果把单元教学定义为一个"最小的教学阶段"，将使单元变得不确定。单元教学体系论是从教材编写的指导思想及体例出发来思考的。从这个角度来定义单元教学宁可把它改为"教学单元"更确切一些。将单元教学定义为"以单元为基本单位进行的教学"似乎可弥补单元教学阶段论和体系论的不足。这是从教者和编者的行为来思考这一问题的。但在具体的教学过程中，教师和教材编者在认识上往往发生位移现象，教师不理解教材编者的意图，教材编者不了解教师的实际。究其原因是二者还未认识到需要一种观念形态的东西作为自己共同的行为指导。这种观念形态的东西就是单元教学思想。事实上，教材的编写者们也正是在单元教学思想观念的指导下，才能按单元编写教材。至于组元方式的不同，完全是依照各人对学生的认知结构、汉语的特点、学习汉语的规律的不同理解。

单元教学作为一种教学思想，在教学目标上体现为全面提高学生的语文素质，在方法论上就在于将"整体观""系统观"和"目标观"作为其理论依据，在策略上就在于应用迁移规律有序地实现教学过程中的每一个阶段。单元教学作为一种教学思想，具有四个主要特征，即系统性、整体性、目标性和迁移性。在这一思想的指导下，教材编者的教学单元与教者的"单元教学"很好的统一起来。教师可以灵活运用各种教学方法，各展其长，各尽其能，提高课堂教学效率，大面积提高教学质量。

二、单元教学的实践及存在的问题

（一）单元教学的实践

1980年以来，全国广大语文教师及语文教育工作者孜孜以求，进行了很有意义的探索，影响较大的是：

1. 知识结构单元教学法

这是北京景山学校长期实验探索的单元教学法。其特点是：（1）把科学知识（包括技能，如读写技能）本身的结构作为划分学习单元的主要依据；（2）以掌握"双基"发展智能为主要目的；（3）根据学生主动学习知识和技能的认知程序来设计教学步骤。在开始新的单元之前，教师把整个单元教学的目的、要求、方法向学生明确交代，让学生独立地自学教材，提出问题，然后在教师的指导下，由学生自己得出结论，最后进行单元总结。

2. 五步三课型反刍式单元教学法

这是广东省顺德市教研室把系统论、控制论和信息论的有关原理引入语文教学的成果，于1992年通过鉴定。其具体做法是，把整个单元教学分作导读、仿读、自读、测试和写评五个步骤（简称"五步"）进行，在每个步骤中又由自练、自改和自结三种课型组成，最后强调信息的反馈（即"反刍"），以保证师生之间的信息联络。

3. 六课型单元教学法

这是武汉师范大学黎世法教授在分析学情的基础上，根据教师为主导，学生为主体的思想和异步教学原理总结出来的单元教学法。它是把现行教材分成若干教学单元，每个单元按照"自学课—启发课—复习课—作业课—改错课—小结课"等六种前后紧密联系的课型进行教学。

4. 四环节智能定型单元教学法

这种方法是成曼姗在借鉴"六课型单元教学法"的基础上，经过进一步的改进后提出的。它依据学生认识教材的四个阶段（即感知、理解、运用、深化），在教学上相应地确定："指导自学、启发点拨、作业设计、单元梳理"四个环节。每个环节中要求通过一定方式的教与学，使学生形成一定的能力（即："智能定型"）。指导自学在于培养阅读理解能力，启发点拨在于培养应变能力，作业设计在于培养语言运用能力，单元梳理在于培养归纳综合能力。

此外，还有钟德赣的"六步三课型单元教学法"，张沛元的"单元四步教学法"，万兴厚的"比较归纳单元教学法"。山东省教研室吴心田也归纳了单元教学的四步骤：总领步骤——明确单元的教学目标，初步疏通课文，进行粗读预习；教读步骤——以教师为主导，师生共同较为细致地研读一篇或两篇课文，作为下一步学生自学的"范例"；自读步骤——以学生自读为主，在教师的提示、点拨、答疑、指导下，以前一步教读课为范例，去学习另一篇或几篇课文；总结步骤——对这一单元教学知识进行综合整理，或通过各种训练加以巩固（参见《中学语文教学》1990年第2期。）。

（二）单元教学探索中存在的问题

以上几种单元教学的探索，各有特点，各有所长，在国内语文单元教学的实践中具有典型性和代表性。但是这些研究仍然存在许多问题，归纳起来主要有两个方面：

1. 对单元教学的认识还停留在教学方法的层面上

这种观点认为单元教学是一种具体的教学方法，没有将它提高到理性的观念形态的高度上来。我们认为，单元教学首先是一种教学思想。这种思想的本质在于全面提高学生的语文素质，其外在表现是培养学生的能力，特别是自学能力。把观念形态的教学思想作为一种纯粹的行为方式，认识上的片面导致实践上的先天不足。不少人总结出的单元教学这种式，那种法；这种步骤，那种阶段，结果难于推广就是明证。

2. 单元教学的研究还局限于阅读教学或课堂范围之内

单元教学研究范围狭窄的主要原因是没有树立"大语文"教育观念。"大语文"教育观认为：语文教学是一个大系统，这个大系统具有多向性和开放性的特征。从不同的角度来认识，大语文教育具有不同的结构：从学生活动的空间来研究，构成这个大系统的三个子系统是学校语文教育，家庭语文教育和社会语文教育；从学校语文教育来研究，构成这个大系统的是课堂语文教学和课外语文活动；从课程结构来研究，构成这个大系统的是语文学科课程，语文活动课程和环境语文课程；从学生表现出的语文能力来研究，这个大系统包括读、写、听、说诸种能力。语文单元教学研究如果只限于语文这个大系统的某一侧面，犹如盲人摸象，很难全面提高学生语文素质，很难大面积提高语文教学质量。

（三）对单元教学的思考

从三十多年的单元教学研究历程来考查，我们有两点认识：

1. 要冲破封闭的单元教学思想体系

语文教育是一个大系统，我们必须研究这个系统的诸方面并使之优化，才能实现语文教育的整体优化，达到全面提高学生语文素质之目的。现代社会对现行教育提出了新的要求，"为时代育人"历史地落在了我们肩上。为此，我们必须冲破封闭的单元教学思想体系，进行"三沟通语文单元教学"的研究与实验，树立三沟通语文单元教学观念。所谓"三沟通"，就是语文教学必须与社会生活相沟通，课内语文教学必须与课外语文学习相沟通，语文学科必须与其他学科相沟通。三沟通语文单元教学在充分吸收了前人单元教学研究成果的精华的基础上，对其进行扬弃，冲破其封闭性的思想，确立了开放性的单元教学思想。因此，三沟通语文单元教学是一个立体教学结构。这个结构具体体现在"内""外"结合上。

就"外"来说，三沟通语文单元教学强调"三个沟通"：（1）语文教学与社会生活相沟通。语文是社会生活的反映，培养语文能力就是培养学生运用语文这个工具去了解社会生活、认识社会生活、表达社会生活的能力。语文教学与社会生活相沟通，使学生在学习语文中认识生活，在生活中学习语文，把学习语文与学习做人统一起来，为时代需要而育人；（2）课内语文教学与课外语文学习相沟通。课内打基础，课外求巩固、求发展。课内与课外相沟通，有利于促进学生个性的充分发展，有利于全面提高学生的语文素质。（3）语文学科与其他学科相沟通。语文作为学习其他学科的基础，其他学科的学习作为语文教学的内容，学科与学科相互沟通，促进学生的全面、协调发展。

就"内"来说，三沟通语文单元教学以发展学生认知为宗旨，以全面提高学生语文素质为目标，以培养学生自学能力为核心，不仅注重读、写、听、说能力的全面训练，而且重视语文课外活动的开展。课外活动是语文教学的重要组成部分，对于发展学生个性特长有着不可替代的独特作用。在一个教学单元之中，把课内与课外，读写与听说统一起来，有利于促进学生的全面、和谐、充分发展。

三沟通语文单元教学"内""外"结合的立体结构，除了具有一般"语文单元教学"整体性、系统性、目标性和迁移性的特征外，还具有一个重要的基本特征——开放性。三个沟通就是语文教学开放的三个层面、三个渠道，通过三个渠道，引进语文教学的活水。实现了三个沟通，就保证了语文单元教学的健康发展，如果改变或截断了这种沟通，语文单元教学的整体性被破坏，系统性被阻断，开放性不复存在，学生语文能力的全面发展将不能实现，学生语文素质的全面提高将化为泡影。

2. 提高对语文单元教学的认识

（1）单元教学的优势。

① 有利于克服教学目标的盲目性。课文是阅读教学的主要载体，以往的单篇课文教学，教师时常不很清楚这篇课文究竟要学习一些什么，或面面俱到而蜻蜓点水，或随心所欲而忽东忽西，这都不利于学生各种语文素养的稳步落实。任何一篇课文都是"麻雀虽小，五脏俱全"。那么，教读一篇课文，应该教它的什么呢？或者说，在把握作品自身的文本价值的基础上，怎样妥善选择与生发它的教学价值？许多语文课上，老师或学生对于学习某篇课文、上某节课究竟要干什么，并不十分明确；或者，目标过于分散，影响了落实；或者，所确定的目标不够恰当。设计单元教学，正是为了克服单篇、单节课教学在目标上的盲目。单元教学以若干课时来完成一个相对集中的目标，使这些课时所教的东西，发挥系统合力。

② 有利于加强知识传授的系统性。文选式的语文教材有个很难克服的缺点：缺乏明晰的、严密的知识系统和训练序列。如果重视发挥单元教学的优势，处理好单元内部各篇之间的关系和这个单元与有关单元之间的关系，知识系统性不强的缺陷便可以得到一定程度的弥补。

③ 有利于培养学生的思维能力。每一单元里的各篇课文在思想内容、语言形式等方面，总是互有异同的，抓住这些异同点引导学生进行分析、比较、综合、概括，促使学生的思维能力得到充分发展。在教学实践中，我们还可以根据发展智力的需要组织教学单元，如分别把最适于发展学生注意、观察、记忆、想象、思维诸种认识能力的教材编成各个单元，使学生通过某一单元在某些方面得到较为充分的智力操练，这种做法显然比单篇教学更能发挥语文教学在开发智力方面所固有的特殊优势。即使不按智力发展要求组元，而是按文体、内容、写法组元，也仍然有比单篇教学更大的开发智力的价值。

④ 有利于提高语文教学的效率。从单元着眼来处理教材和安排课时，可以略其共同性，而突出其各自的特殊性，既可避免重要的遗漏，又可避免许多无谓的重复，可以大大节省教学时间。节约了教时，就可以用来教读补充教材或更充分地进行听、说、读、写等方面的训练，当然就会大大提高教学效率。

（2）单元教学的本质。从本质上讲，单元教学是一种思想，是一种教学观念。这种思想具体体现在单元教学的系统观、整体观和目标性、迁移性、开放性上。我们提倡的单元教学，不是一种具体的教学模式，而是强调每一位老师在教学时，都应该具有单元意识和单元备课的工作习惯。这是因为，无论教材的编辑思路，还是教师的教学设计，"单元"都已成为或应当成为一个原则、一种理念，而非一家之法。就是说，在进行单元教学时，一要考虑单元在一册书、一学年，乃至一个学段中的地位与作用，瞻前顾后，准确把握；二要处理好一个单元内的各种知识与能力训练的关系，要有所侧重，有一定深度；三要主次分明，突出重点，注重目标的达成；四要注重能力培养，特别是自学能力的培养，"为迁移而教"；五要实现三个沟通，语文教学要不断地与"外界"进行"能量交换"，以克服语文学习的"缺氧病"与"贫血症"。

从根本上认识了单元教学的实质，在单元教学思想观念的指导下，灵活运用各种教学方法，才能将语文教学"搞活"，才能提高语文教学效率。

（参见《对单元教学的思考》，作者戴红顺。原载中国曲靖《曲靖市首届语文单元教学研讨会论文集》，1993 年 1 月编。）

三、单元整体教学的探索

单元整体教学是语文教学整体改革的基础和主体。单元整体教学，就是在一体两翼三沟通语文教学的背景下，在教学过程中，努力实现语文教学与社会生活相沟通，语文学科与其他学科相沟通，课内语文学习与课外语文活动相沟通。单元整体教学具有整体性、目标性、结构性、迁移性、开放性等基本特征。其基本结构是："整体感知，明确目标—精讲辐射，自学内化—总结反馈，完善结构—课外扩展，实践应用"。与基本结构相适应的有五种课型：单元起始课、单元教读课、单元自读课、单元总结课、单元实践课。单元整体教学的基本结构与五种课型简称为"四步五课型单元教学"。

（一）整体感知，明确目标

"整体感知，明确目标"就是在教师的指导下，学生通读整个单元，从整体上把握单元的知识结构和能力结构，明确学习目标。这是单元整体教学的第一步。进行这一阶段的教学，要求有四个方面：一是了解单元的学习重点及分布；二是必须掌握的字词、句段；三是写作训练或口语交际训练范围及要求；四是要求掌握的语文知识及方法习惯的培养等。

与这一阶段相适应的课型是"单元起始课"。单元起始课要求在规定的课内进行，一般用1个课时，少数篇幅较长的单元也可以占用一点课外时间，但不宜过多，以免加重学生负担。这样安排的目的是培养学生的自学能力和快速阅读能力，形成良好的阅读习惯。学生在自学整个单元的过程中，借助工具书及有关资料，弄懂课文中的生字、新词，知道课文的作者、出处、写作背景等。单元起始课要体现学生的主体作用。开始学生不知道怎么学，学什么，学到什么程度？教师可作具体的指导，提出学习要求，给出学习提纲。学生形成习惯后，教师要把精力集中在对后进生的指导上。

在这一阶段，学生初步学习课文，并在书本上做出圈、点、批、注，对于重点的内容要求做出读书笔记，以备课堂讨论、质疑问难之用。这样，既培养了学生良好的学习习惯，也为下一步深入学习打下了基础。

（二）精讲辐射，自学内化

"精讲辐射，自学内化"对学生来讲，就是深究一篇，自学多篇。这是单元整体教学的核心。它实施的好坏，直接影响着整个单元教学的效果，因此，教学中要统筹安排，选择恰当的方案。

精讲，就是认真上好教读课，在教读课中打好知识基础和方法基础。学生有了学习的基础，对课文的独立阅读产生了跃跃欲试的心理势能，老师及时加以引导，帮助学生将这种心理势能转化成学习、阅读课文的持久的动能。这种动能的释放，教读课随即产生了辐射功能，即由教读课文向自读课文的辐射。学生在学习课内自读课文、课外自读课文的过程中，巩固和扩展了教读课中获得的知识，并使之内化为自己的知识，这就形成了学习的能力。从教读课到自读课，学生的学习完成了第一个迁移，实现了第一个飞跃。

与这一阶段相适应的课型是"单元教读课"和"单元自读课"两种。《义务教育初中语文课本》的每个单元，一般都有二至三个重点训练项目，每个项目安排一篇教读课文，再以课内自读课文或课外自读课文相配（课外自读课文另编一册，主要目的是增加学生的阅读量，开阔学生的视野），在一个单元内形成了一个"教学块"。顺利地完成"精讲辐射，自学内化"这一阶段的任务，需要分三步走：一是分好"教学块"；二是精讲一篇；三是自学内化。

1.分好"教学块"

分好"教学块"有利于形成教学系统，有利于教读课的"范例"作用，有利于培养学生的举一反三、触类旁通的能力。如四年制初中语文第二册第一单元，安排了四篇课文和一个作文训练，其中两篇是教读课，两篇是自读课；两篇侧重写人，两篇侧重记事。单元训练重点有三：一是记叙的要素，二是词义的辨析与推断，三是在作文中把记叙要素交代清楚。安排的两篇教读课文的训练重点都是"记叙的要素"和"词义的辨析与推断"。根据单元训练重点和课文特点，"教学块"可以这样划分：教读课《我的老师》与自读课《刘胡兰慷慨就义》这两篇侧重写人的为一"块"，教读课《挺进报》与自读课《山的那一边》这两篇侧重记事的为一"块"，不必按照教材编排的自然顺序进行教学。这样划分，有利于实现教读与自读的"迁移"。

2.精讲一篇

精讲一篇就是"单篇教学"，但这种单篇教学与非单元教学中的单篇教学有质的区别，它是统一在单元教学目标之下的单篇教学，是单元教学中的一个环节，表面上是单篇教学，实质上是单元教学。

精讲一篇就是"单元教读课"课型的具体实施。"单元教读课"这种课型的教学时间，一般是每篇课文安排2-3课时。教学时要紧紧扣住教读课的训练重点，重锤敲打，深入分析探究，使学生确确实实地掌握知识，学会方法，形成能力。对于非重点部分要有取有舍，舍得"割爱"，否则难以突出重点。处处都是重点就无所谓重点可言。俗话说，"伤其十指不如断其一指"。一根很重的铁棒钉难以钉进木板，而一枚很轻的铁钉却非常容易钉入木板，这就是力量集中的缘故。教读课教学中的突出重点也是这个道理。

3.自学内化

自学内化是培养学生自学能力的重要环节。学生利用教读课中学到的知识和阅读方法自学自读课文，使学过的知识进一步得到丰富、扩展和巩固，并在丰富、扩展、巩固的过程中，内化成自学能力。

自学内化的课型要求是"单元自读课"。单元自读课教学的"自读课文"每篇一般用1个课时。这种课文的教学方式多种多样，或采用辩论式，重点培养学生的口头表达能力和随机应变能力；或采用朗读式，重点培养学生的朗读能力；或采用复述式，重点培养学生的记忆能力和概括能力；或采用卡片摘录式，重点培养学生的信息筛选能力和制作卡片的能力与习惯……总之，自读课教学可以根据单元训练的重点安排和课文本身的特点来设计教法，不能千篇一律。

自读课要充分体现学生的主体作用。一要让学生自读。学生自读后将疑问提出来，教师结合单元训练重点进行归纳，筛选出有价值的问题供学生讨论；二要组织学生讨论，教师适时点拨、诱导、启发。对于学生提出的问题，教师归纳后交给学生讨论，学生带着这些问题再次学习有关段落，发表各自的意见，通过各种意见的交锋，撞击出一朵朵智慧的火花，以此来启发学生深入思考。组织学生讨论的过程，就是学生深入钻研课文的过程，就是发展智力、培养能力的过程。

"精讲辐射，自学内化"，就是从单元整体出发，抓住重点，提取精华，揭示规律，范例引路，以点带面，教给方法，培养能力。这是单元整体教学中十分关键的一环。这一环搞好了，就为整个单元的教学打下了坚实的基础。

（三）总结反馈，完善结构

从信息论的角度看，教师和学生都必须在单元教学中及时回收每一课、每一步教学活动结果的信息，作为下一步教与学活动的依据。这样的反馈越及时，越有利于排除干扰，实现预定的教学目标。学生在一个单元的学习中，学到的知识比较零散，对课文的把握还停留在表面的感性认识上，对分析课文的方法还不能很好地迁移运用，往往只会就事论事。只有及时地通过分析、归纳、总结，把感性的认识上升为理性的认识，使所学的知识条理化、系统化，完善知识结构，才算掌握了这类课文的学习方法，才具有辐射的功能，才能产生迁移的作用。

与这一阶段相适应的课型是"单元总结课"，教学时间一般用 1–2 课时。单元总结的方式很多，主要有两个方面：一是归纳整理，归纳整理就是让学生对单元知识和训练重点进行再一次的整体认识。它犹如一条红线，把零散的孤立的知识串联起来，形成网络，使之结构化，以纳入学生认知结构的体系，做好信息的储存和编码工作。归纳整理可以联系"单元作文训练"或"口语交际训练"的要求进行，听说读写有机地统一起来；二是训练巩固，训练巩固是将网络化、结构化的知识进行强化训练，以提高学生记忆的持久性、知识提取的快捷性和准确性。强化训练是相对集中的单元综合训练，因此，必须紧扣单元目标。训练的方法可以是课内练习、课外作业等；训练的内容可以是基础知识巩固，阅读训练，写作练习等；训练的方式可以是巩固性的，也可以是检测性的，还可以是扩展性的。通过不断的总结反馈，有利于单元整体教学的全程控制，有利于完善学生的知识结构和认知结构，优化学生的认知图式。

（四）课外扩展，实践应用

单元教学这一整体，不仅包括课内多种知识的教学和多种能力的训练，而且应该包括与单元相互配合的语文课外活动。这种活动姑且称之为"单元课外活动"。单元课外活动是课内教学的发展和深化，它的活动中心必须指向单元训练重点。

"单元实践课"是"课外扩展，实践应用"这一阶段的课型，它一般用 1–2 课时，主要方式可根据单元的特点灵活安排，或组织课外阅读，或组织社会实践，或组织写作训练，或组织口语交际训练，等等。例如，义务教育初中语文第二册第一单元，完成课文教学后，指导学生学习《作文训练·写人记事要交代清楚记叙要素》，要求学生将课文中所学的知识进行迁移运用，写一篇写人或记事的文章；也可以将课文作者魏巍的散文集《谁是最可爱的人》、长篇小说《东方》介绍给同学们；也可将与《挺进报》这篇课文内容有关的长篇小说《红岩》介绍给同学们。让学生挤时间多读、多了解一些文学作品，这样，可以开阔学生的视野，提高学生的文化素养。通过单元实践课，将课内与课外沟通起来，将语文教学与社会生活沟通起来，由知识的学习到实践的应用，实现了第二个迁移，达到了"为迁移而教"的目的。

四步五课型单元整体教学，熔听、说、读、写于一炉，把课内与课外、语文与生活、语文学科与其他学科联系起来，发挥了单元结构的整体功能，构成了一个全方位的、立体的、大语文的训练整体，学生形成了网络化、结构化的认知图式，强化了学生的语文基础，形成了学生优良的语文素质。

（参见《强化单元教学提高学生素质》，作者戴红顺。原载中国昆明云南省教育委员会教材教学研究室《教材教学研究》，1995 年中学版第 7 期，第 15–17 页。）

第七章　一体两翼三沟通语文教学的作文教学

作文教学是语文教学的"半壁江山"。《义务教育语文课程标准（2011 年版）》指出：
"写作是运用语言文字进行表达和交流的重要方式，是认识世界、认识自我、创造性表述
的过程。写作能力是语文素养的综合体现。写作教学应贴近学生实际，让学生易于动笔，
乐于表达，应引导学生关注现实，热爱生活，积极向上，表达真情实感。"一体两翼三沟
通语文教学要求科学地安排作文训练的序列，加强作文训练的指导，循序渐进地提高学
生的写作能力。

第一节　一体两翼三沟通语文教学的写作过程

一、写作的基本过程

学生写的作文，是一种观念形态，是客观事物在大脑中反映的产物。写作文的过
程，是从外界客观事物吸取必要的素材，经过大脑的加工，再运用文字符号表达出来
的过程。

从信息论的角度看，写作是一个信息的输入、储存、加工和输出的过程。信息的摄
取和储存过程，就是从外界客观事物摄取信息，储存起来，作为写作的素材。完成这个
过程就需要具备一定的观察能力、阅读能力和积累材料的能力。在这几种能力中，观察
力尤为重要。有了观察才可能获得感性认识，通过观察，积累必要的素材，才能解决作
文"写什么"的问题。让学生感到有内容可写，是学生愿意写的前提。信息的加工和处
理过程，就是根据写作对象的特点和表达的要求（即"为什么写"），对储存的信息材料
进行筛选、分类、编码、加工、处理过程，就是对储存的学习材料进行"去粗取精，去
伪存真，由此及彼，由表及里，由浅入深"的改造，对文章的中心立意、主体构架、重
要论点、论据、细节等进行构思。完成这个过程，需要具备一定的逻辑思维能力、联想力、
想象力、选材能力、剪裁能力、立意能力等。信息的输出过程，就是把大脑中经过加工
处理的信息材料用书面语言表达出来（即"怎么写"）。完成这一过程，需要具备一定的
布局谋篇的能力、运用书面语言进行表述的能力和多种表达方式的能力等。文章初步写
好后，还要进行修订、润色，不断调整输出的信息，去除多余信息，保证信息量的最大化，
增强文章的说服力和感染力，这又需要具备一定的独立修改文章的能力。

从操作层面的角度审视，写作过程包含着三个主要的阶段：采集感知的准备阶段、
立意选材谋篇的构思阶段和起草修改的表述阶段。

（一）写作的准备阶段

1.采集

写作的准备阶段首先是一个长期的采集积累材料的过程，写作离不开材料。写作过程中，很多人会出现思路不畅、内容空洞、表达不生动等问题，这些都往往和材料的不足有关。积累材料，是一项长期的工作，并不是当写作发生时的临时行为。材料采集的过程直接影响作者视野的深度与广度，也直接影响作者的观察力、感知力、洞察力、创造力等写作能力。材料的来源一般有三个途径：社会生活，文字资料，音像材料（包括图画、摄影、录音、录像、电影、电视等）。采集材料的方法主要有三种：观察、调查、阅读。

（1）观察。观察是人认识世界获取信息的最重要的一个方法。写作材料很大一部分是观察所得。心理学研究表明，一个人对外界的感知85%来自于视觉，观察能力是写作能力中一个非常重要的组成部分。很难想象一个不会观察的人会具有较好的写作能力。

① 观察需要一颗好奇敏感的心。好奇心是一种了解未知事物的心理，是人类探索世界的原动力。人类文明的发展从好奇开始。好奇也是人之天性，一个孩子从诞生开始就对周围的世界充满好奇，哪个孩子不爱问为什么；但是随着时间的流逝，好奇这一可贵的品质在日常生活的琐碎与按部就班中渐渐地磨损了。你想不出每天见面的老师他的相貌特点，每天路过的小店引不起你一点注意，长此以往，一个人的观察力就会渐渐衰退。这时，再生动的事物出现在你的眼前，你也无法很好地观察体验它。所以，要成为一个好的作者，首先要对生活充满热情，对身边的事物充满好奇，这样才能引发观察的动力。有了观察的动力，对生活时时关心，处处留意，观察力才会得到锻炼，心灵才会变得敏感。

② 观察需要一双会发现的眼睛。当你打开观察之门，关注生活时，还要注意观察的方法。观察并不等于一般的看见。观察不仅要看到事物的表象，而且要发现表象之下的实质；不仅要看到人人皆知的画面，而且要发现人们未知的部分；不仅要获得一般的形象，而且要发现被观察物独具一格的特征。观察需要一双善于发现的眼睛。

③ 观察需要全身心地投入。观察并不只限于神经系统的投入，它还需要人的一切的感觉器官的投入。人的五官是相通的，视觉上的刺激会引起味觉上的反应，听觉上的刺激会引起触觉上的反应，所以听见刺耳的音乐会起鸡皮疙瘩，看见黄梅会流口水。所有感官的投入，产生多种感觉与心理效应的共鸣，会使观察到的形象更丰富、更深刻、更鲜明。

④ 让观察成为一种习惯。观察不仅仅是作为认识对象采集材料的方法而存在，它更应该成为一种行为和心理习惯，作为一种人生态度贯穿于我们生活。热爱生活，关注身边的人与事，无论春夏秋冬、花开花落，还是人情冷暖、事态变化，有意无意之间尽收眼底。长此以往，厚积薄发，笔下何愁无物可写。

（2）阅读。阅读是采集材料获得知识的间接途径。人的一生不管是在时间上还是在空间上，都是非常有限的，而宇宙是浩瀚无限的。一个人可以通过阅读体验他从没有体验过的经历，获取他现实生活中不可能直接获取的见识。通过阅读，知天地，通古今，获取前人的经验，感受他人的丰富人生，就是很大程度上扩展了自己的生存空间。所以，阅读成为除观察、调查之外不可缺少的采集写作材料的方法。面对浩如烟海的书籍，古今中外的文人学者发明了很多有效的阅读方法，如陶渊明的"不求甚解法"，郑板桥的"善诵精诵法"，毛泽东的"旁注评点法"，老舍的"印象法"，爱因斯坦的"总、分、合三步读书法"，等等。21世纪是一个知识爆炸的时代，也是一个信息技术高速发展的时代，书刊出版业的繁荣、网络技术的发达为阅读带来更广阔的空间和更便捷的途径，也对阅读提出更高的要求。目前，全世界每年出版的图书60余万种，期刊10余万种，各类资料400多万种。当代图书文献，不仅数量庞大、类型复杂、文种繁多，而且分散、重复、交叉，给阅读带来了极大困难，这迫使人们去寻求适应掌握现代知识的读书方法。

①筛选法。筛选就是有选择地读书。读书应当有明确的目的，不能见什么书就看什么书，应该根据个人需要和奋斗目标去选择。确定了目的之后，只读一两本书是不成的，也不可能把所有书都读完，要善于选择。

②浏览法。浏览就是大略地看，了解一本书的概貌或基本内容。在博览群书的过程中，浏览法是大有用处的。

③跳读法。跳读就是"跳跃式"阅读，是在阅读进行中，快速选择要阅读的内容，舍去不必要的内容。一本书中哪些内容该读，哪些内容该舍？一般来说，重要的部分该读，无关紧要的部分该舍。事实上，一本书并不是每篇每章都"字字珠玑"，已知的知识可以不读，专读未知或粗知的内容，读者的知识越是丰富需要阅读的未知内容就越少，如有些专家阅读本专业的书，只要跳读全书的十分之一就可能得其精华。合理的跳读，不是漏掉要点的阅读，而是一种为了更好地、整体地把握全书要点的阅读，因此，跳读要抓住关键词、重点句，重点篇章，特别注意标题，从标题可以知道文章的要点和章节之间的内在联系。

④速读法。速读就是快速阅读，不句句寻究，章章细看，而是一目十行。"一目十行"是有其科学性和心理与生理的根据的，读书时眼睛运动和停止交互进行，眼睛知觉文字的意义是在眼睛暂停之时而不是在运动之时，速读就是把单个的字组成关键词、常用词组、成语、主题文句等较大的单元，作为眼睛停留一次所掌握的对象，就像把单个无线电原件改换成集成电路一样，这样减少眼停次数，加快眼睛运动速度，眼睛停一次能抓住更多字数。如果以字句为单位，看一句停一次，那就是低速阅读了。速读能力的提高要通过由少到多循序渐进的训练，但这种训练必须建立在良好的理解能力的基础上。

⑤精读法。精读是仔细阅读，逐行逐段研读，甚至逐字逐句推敲。精读追求的是阅读的深度，所以它不仅要求读通读懂，而且要求了解文章的内蕴，要阅读者动用体验、想象、分析、评价，对语言文字反复品味，了解其精妙之处，品尝其独到的境界。语文学习中以积累感性语言材料为目的的阅读就是一种精读，它一般以经典作品为材料，强调对字句篇章的理解与记忆。

⑥网络文献查阅法。随着互联网的发展，网络文献查阅法成为一种新的文献查阅法，被大众广泛采用。与传统的文献查阅相比，网络文献查阅有很多优势：速度快，查阅速

度与以往相比提高了数十倍，乃至上百倍；方便，只要有一台计算机与互联网联结，便可以足不出户查阅文献，而且还可以利用主题词、作者名字、篇名、摘要等项目进行多方位的检索，更准确地查找到想要的资料；信息全面，利用各种网络工具除了可检索自己单位的信息资料库外，还可方便地获取行业内、国内外其他各种数据库中的信息，同时除了文字资料还可以搜集声音、图像、数据、图表等多种信息。现在，各大学网络图书馆、超星图书馆、维普《中文科技期刊数据库》《CNKI 中国学术期刊全文数据库》《万方数字资源系统数字化期刊子系统》《中文科技期刊数据库》《Calis 高等学校学位论文库》《中国专利文摘数据库》《人大复印资料全文数据库》等大量网络文献数据库为查阅资料带来了极大的方便。

2. 感知

感知是感觉和知觉的合称。感觉是人脑对直接作用于感觉器官的客观事物的个别属性的反映，知觉是人脑对直接作用于感觉器官的客观事物的整体反映，是各种感觉信息相互联系和综合的结果。感觉和知觉不是孤立的心理过程，而是紧密联系的。人对世界的认知是通过感觉和知觉同时进行获得的，比如我们对苹果的认知，就是我们感觉到苹果的颜色、气味、滋味、硬度等之后，在大脑里形成关于苹果的综合形象，形象是个别的又是综合的。因为感觉和知觉的不可分，所以通常将它们合起来称为"感知"。感知不是被动的而是主动的，是对客观世界的主观把握，相同的事物在不同的人的心里会产生不同的感知觉，同一个人在不同时期对同一事物的感知也不一样。感知是基于个人心理的对客观世界生动具体的感性认识。感知是认识世界的基础，也是写作的基础。

（1）运用联想和想象。在感知客观事物的过程中，离不开联想和想象。对写作者来说，感知力的强弱，取决于他的联想、想象能力。联想是由一事物想到另一事物的心理过程。联想可以最大限度地调动各种形态的感知觉，通过比较联系，获得对客体多层面丰富的感知。通感就是其中的一种。想象是对原有的形象进行加工改造而建立新的形象的心理过程。通过想象可以彻底打破知觉定势，再造或创造生动独特的艺术形象，它是艺术活动不可缺少的心理能力。在感知过程中由于想象的参与，主体已有的经验往往会注入眼前的感知对象之中，从而超越感知对象，组织、生成一系列崭新形象。一个天才的作家就像技艺高超的魔术师借助想象这根魔杖，在不毛之地上唤出鲜花盛开的春天。

（2）注意情感的投入与分离。丰富的情感投入，是保持敏锐感知力的基础。丧失了对生活的热情，也就丧失了感知事物的动力。热爱生活、对生活充满激情，对客观世界饱含感情，移情于物，物我交融，这样才能深入到对象的内部，把握客体对象的真实内涵，获得丰富细致、独特深刻的感知觉。情感的投入固然重要，但是也并不是任意泛滥，没有节制，情感在必要的时候应该从客观对象中分离出来，这样才能更好地认知对象。感知也需要理性的渗透。

（3）提高主体自身的修养。感知能力除了和主体的性格、气质、兴趣有关外，还和主体的生活修养、知识修养、思想修养有关。生活修养就是人生阅历的丰富和积累。人生阅历的深浅影响主体感知的广度与深度。生活阅历越丰富，感知经验储备就越丰富，内心情感积累也越丰富，更容易产生想象和联想，因此，刺激物的出现，就更容易在内心引起共鸣，从而激发写作动机。而且阅历深的写作者对生活会有更深的理解和思考，能站在一个更高的心理高度来看问题，能更快更准地把握事物的本质。知识修养指书本知识的积累和整合。阅历是有限的，学习知识是最便捷的增长见识、开阔视野的途径。古今中外，天文地理多方面的知识储备，可以使写作者超越自身的局限而感知更广阔的空间。同时读书也是一种思考，是历练思想的最好方式，广博精深的知识使思想深刻、目光敏锐。思想修养，是建立在生活修养和学识修养基础之上的人的精神修养。思想修养直接影响人认识或对待一切事物的基本立场、观点和方法，决定感知成果的正确性、深刻性和独特性。作家的思想境界越高，就越能捕捉和把握对象的内在本质，甚至赋予对象不被人知觉的深刻内涵，从平凡事物中，挖掘更多的东西，表现更深的主旨。思想修养是不断在生活实践和阅读实践中得以磨炼的。

（二）写作的构思阶段

有了材料的积累与感知，要想挥笔成文，中间还要经过一个凝思默想的构思阶段。构思是一个在感知的基础上对材料进行加工的思维活动过程，是一个苦思冥想的过程。构思的进行程度直接影响到表达的脉络与流畅。

1. 立意

立意通俗地说就是提炼主题。主题是文章的灵魂，立意就成为进入写作阶段首要的必不可少的思维阶段。立意的深刻新颖程度往往成为衡量文章好坏、价值高低的标准。而且，主题对材料的取舍、结构的安排、表达方式的运用都起着制约的作用。立意是一个思维运动变化的过程。"意"在确立之前，是飘忽不稳定的，可能是作者心中一个不确定的想法，也可能是萦绕胸中的一种情绪或者脑海里翻腾的某种愿望，经过写作者的反复琢磨、深思熟虑，最后跳出感性的表层，进入理性的深层。"意"在被提炼出之后，在表达的过程中，还有一个不断深化的过程，有时候文章成形后的主题和构思阶段所立之"意"是不尽相同的。

（1）丰富的生活积累和情感蓄积是立意的基础。高尔基曾经说过：主题是从作者经验中产生，由生活暗示给他的一种思想，可是它聚集在他的印象里还未形成，当他要求用形象来体现时，他会在作者心中唤起一种欲望。这说明丰富的生活积累和情感的蓄积，会在作者内心激起一种写作期待。这种写作期待会使作者对他所感知的素材念念不忘，时时琢磨，最后形成主题，所以立意也是一个提炼材料的过程。

（2）思想情感的升华是立意的关键。生活的积累、情感的蓄积只是提供了"意"萌发酝酿的条件，立意的完成还需要一个挖掘深化的过程。从一个感性的材料中得出一种理性的认识一般人都会，一篇文章有一个观点并不难，问题是立意是否深刻、是否高远，怎样从生活现象中挖掘出深刻的内涵，获取最有价值的思想意义，是需要不断推敲与学习的。

（3）创新是立意的生命。文章最忌陈词滥调、人云亦云。一篇文章如果能在某一点上有所突破，哪怕是一小点，也是非常可贵的。新颖的立意能体现出文章的生命力，几乎所有被大家传阅的名篇佳作，在立意上都有着自己的独到之处。成功的写作被称为创作，所谓"创作"，就是"创造""创新"。立意的创新是每一个写作者都应该去追求的。

2. 选材

人们通过观察、调查、阅读、感知等得来的材料还只是原始的素材，素材纷繁复杂、粗糙杂乱的，要使这些素材为写作所用，必须根据表现主题的需要，进行筛选与加工。作家要像雕刻家和裁剪师一样，对原料进行选择、加工、剪裁，最后创造出一件作品来。材料的选择加工有这样几个过程：

（1）充分调集与主题相关的材料。材料调集就是要调集尽可能多和主题相关的材料，只有多，才能有比较，才能有比较多提炼选择的余地，做到"游刃有余"，思路开阔。材料的局促很可能会使思路放不开，不通畅。作家在构思的时候，恨不得把所有积累的相关材料都翻箱倒柜拿出来。调集的过程也是一个筛选的过程，筛选的标准是必须与主题相关的。

（2）围绕主题选择材料。调集的材料不会都用到文章中去，要经过精心挑选，才能选择出典型的、新颖的、内涵丰富的为写作之用。

（3）剪裁。对精心选取后的写作材料，先要在头脑里进行剪裁，什么时候详什么时候略，什么时候疏什么时候密，什么地方有意避之，什么地方特意突出，根据主题的需要增增减减，最后做到详略得当，虚实有致。如果眉毛胡子一把抓，萝卜青菜一篮兜，就会糟蹋了好材料。这一个环节通常会在谋篇结构和表达成文时继续进行。裁剪写作材料还有一个方法，就是综合虚构。综合虚构是文学性文体处理加工材料的一种特殊方法，就是作者根据经验对多个材料进行综合重构，获得一种全新的典型材料。小说家在塑造人物形象时，常起始于某一生活原型，然后根据主题的需要，剔除其中某些成分，移植进另一个生活原型的某些部分，使之与母体原型有机地结合在一起。

3. 谋篇

所谓"谋篇"就是对具体"篇章"的谋划，"篇"是整篇文章，"章"是章节或段落，"谋篇"即安排文章从整体到局部的结构格局，也称"布局"。谋篇布局的目的是为了使材料有序化，最后拥有一个错落有致、完整统一的结构。结构是谋篇结果的呈现。有人说主题是文章的灵魂，材料是文章的血肉，那么结构就是骨架。没有骨架，灵魂与血肉将无所依托。同样的材料到了不同作者的手里，会呈现出不同的面貌，就是因为谋篇的技巧不同。布局谋篇的具体操作大致可以分为：梳理思路，设置线索，安排整体结构，安排局部结构这样几个环节。

（1）梳理思路。思路就是思维活动进展的线路或轨迹。从写作学意义上来讲，思路是作者在认识、理解客观事物后，对头脑中的看法、感情进行分析综合的思维轨迹。思路是结构的前提，如果作者认识模糊、思路紊乱，那他写的文章，必然层次不清、逻辑混乱。思路清晰，表达才可能清楚；思路严密，结构才可能严谨。从某种角度说，结构就是思路的一种有形体现，谋篇布局就是一个理清思路的过程。梳理思路的方法有三个：

① 一切围绕主题进行的原则。让主题成为一盏领航灯，来统帅所有的材料。作者内心要很清楚自己要表现怎样的主题，然后考虑每一个材料和主题是什么关系，哪些先写，

哪些后写，哪些突出强调，哪些映衬。如果这时立意还不清晰，思路也就会模糊。

② 依据事物发展的内在联系和规律来安排材料。一件事情，总有开端、发展、高潮、结局，有它的来龙去脉和前因后果，这就形成了记叙类文章的结构基础。一个问题，总会包含几个不同的方面，有各种矛盾和解决矛盾的途径，人们对问题的认识和解决，也是遵循"提出问题、分析问题、解决问题"这个思路，这就形成了议论类文章的结构样式。文章的结构也只有"顺理"才"成章"，反之，则会紊乱不清晰。

③ 列提纲。列提纲是用文字形式把运思过程简明扼要、纲目分明地记录下来。提纲并没有什么固定的格式，往往因人因文而异，各人可以采用各自喜欢的格式。提纲所列内容可以粗略也可以详细一点。"纲领式"提纲比较粗略，只写出内容要点、层次划分。"细目式"提纲比较详细，不仅要写出文章的内容要点，还要写明结构的具体内容，如怎样开头、结尾，如何过渡、照应等。"图表式"提纲用图表的形式把文章各部分的内容要点概括出来，它大都同提要式或标题式结合在一起。无论如何拟写提纲，都应该反映各部分之间的从属或并列关系，使层次分明，结构一目了然。

（2）设置线索。线索是把文章各个部分、各种内容有机地整合起来的一条线，是贯穿全文使结构井然有序的一种结构手法。有人认为主题也贯穿全文，就不需要线索了。主题当然统领全文，但并不意味着主题就是全文的结构线索。主题以意领文使全文气脉贯通，是内在的、无形的，线索是指对材料的组织和缝合，是一种使结构更富艺术性的手法，是有形的。可以这样说，主题是思想的线，线索是结构的线。线索安排得好，会使文章表达自然流畅，结构独具匠心，主题更为突出。例如鲁迅《孔乙己》中的"小伙计"是贯穿全文的线索性人物，作者将他置于"酒店"这一人物流动聚集的特定场合里，以他的见闻和感受来截取人物活动的几个小片段，然后自然圆合地连缀成文，以不多的笔墨将社会的黑暗、科举的毒害揭露得入木三分。

（3）确定整体结构形式。古人云：文无定法，文成法立。定体则无，大体则有。这句话是说结构的具体样式是千变万化的，但在大致轮廓上还是有一定规范的。比如，实用文体多有一定的格式，新闻结构就是由标题、导语、主体、背景（穿插安排）和结语几个部分组成的，消息通常采用倒金字塔结构，论文的格式分引言、正文、结论、致谢、参考文献五个方面，一般的行政公文也都有固定格式的要求。

（三）写作的表述阶段

表述是一个将构思好的"蓝图"用书面语言表达出来的过程，也是一个再创造的过程。动笔之前，无论构思多么详细，也不可能将要写的所有细节都预先想好；即便什么都想好了，表述也不是把原来的构思都"搬出来"，而是对写作内容进行再一次的运思与整合。表述将混沌模糊的内语言转化为明朗清晰的外语言，是一个分析与判断，斟酌字句，推敲修辞的过程。

1. 起草

起草就是写初稿。作者第一次把谋篇构思的成果用语言文字书写出来，这是一个从不清晰到清晰，不具体到具体的过程，也是作者思想认识不断深化的过程。这期间，会不断有新的东西从脑海里涌现出来，会对原有的构思进行修改、补充和完善，使文章最后成形。起草一般有两种方式，一是一气呵成，一是分节完成。对于篇幅短小的文章，可以采用一气呵成的方式，就是在构思充分成熟的基础上，不间断地一次性完成全篇初稿写作。对于篇幅较长的文章，可以分节完成，在列提纲的基础上按计划分节来写。这种分"节"完成并不是可以随意间断写作，而是应该完成一个相对独立、完整的部分之后才暂时停笔，这是为了保证表述时思路文脉的畅通连贯。

起草的具体形式因人而异，但一般应该注意以下几点：

（1）开笔定调。表述的第一步就是写开头。万事开头难。构思一个新颖别致的开头，是要花一些心思的。其实，文章开头并不仅仅是语言形式的技巧问题，还关系到文章基调和写作角度的问题。每一篇文章都有一种基调，如鲁迅的小说，《狂人日记》是一种激愤的调子，《在酒楼上》是一种酸辛的调子，《祝福》是一种沉痛的调子，《故乡》是一种压抑、忧郁的调子，《白光》是一种冷嘲的调子，《伤逝》是一种怆恻的调子。这些调子往往在一开头就被确定下来。应用文体也有自己的基调，如果用幽默风趣的笔调来写述职报告，就会不伦不类。一则新闻要根据所要表达的内容定语调，语调定错，新闻报道就不会成功。

（2）利用情境进行语段写作。开笔定调以后，在写作基调的孕育把握中，在开始书写第一句、第一段之后，作者渐渐地进入到自己所要传达的内容中，思想情感与自己文字书写所要表达的内容完全融合在一起，这便是进入了写作情境。进入情景的写作，会文思泉涌，很多内容自然生发，没有进入写作情境的写作，会运思不畅，甚至文思枯竭。

（3）运用修辞追求审美效果。随着句子、语段的生成，内在的构思不断的外化成可以阅读的语言形式。在这个外化的过程中，除了要把原先的意思、设想表达出来，还要表达得更好、更生动、更精彩，这是每一个作者都希望的，所以作者还会在文章修辞上努力，尽量使自己的文章更有审美效果。

2.修改

（1）修改的意义。文章不厌百回改。修改是写作过程的最后一个步骤，也是提高文章质量的重要步骤。文章是作者将头脑中的思想情感用书面语言的形式表达出来的成果，思想情感是复杂变化的，对一个事物的认识也是不断深入的，再加上语言本身的局限，和运用语言的能力不足，一篇文章写成之后，总是会有很多不尽如人意的地方。要想使文章的思想内容和表现形式和谐统一起来，达到文质兼美的地步，绝非易事，认真修改、反复推敲是必不可少的。历史上没有哪一个作家不重视修改、不勤于修改，几乎每一篇经典作品都是经过多次甚至艰难的修改才诞生的。果戈理的《钦差大臣》现存 6 种修改稿，《死魂灵》有 5 种；海明威的长篇小说《永别了，武器》的结尾，被改了 39 次之多；曹雪芹的《红楼梦》"披阅十载，增删五次"；杨朔写《雪浪花》，仅 3000 字的篇幅，修改了 200 多处，到定稿时，完全没有改动的仅剩 15 句。

（2）修改的内容。

① 深化主题。深化主题是第一位的工作，因为其他方面的修改都要围绕主题思想进行。虽然在动笔之前，对主题已经有一个比较明确的认识，但在书写过程中，很可能力

不从心，没有表达到位，所以修改时要先看看有没有文不对题或题不能"统帅"文的问题，还要看看主题的社会效应和现实意义如何，如果主题选择不适合，不能使全篇材料"活"起来，就需要根据全部材料重新进行分析研究。

②　增删材料。修改时，如果发现材料不足以凸现主题或和主题不符，就要对材料进行增删，或选择新的材料进行补充，或对原材料进行删改。选材是否恰当、典型，直接影响到主题的表达。理论性文章中的理论论据、事实论据，文学作品中的情节、细节等用得是否合适，要仔细推敲。

③　锤炼语言。初稿的完成比较匆忙，会留下很多语言的纰漏需要修改，如语句不通、句子繁复、选词错误、用词不当等，修改时要对语言进行推敲，使语言流畅、精确、生动。

④　检查文面。文面即文章的外表面貌。文章的内容固然重要，但也不要忽视文面。文面反映作者的书写基本功和写作态度。检查文面就是要检查文章的书写形式是否规范化，这其中包括行款格式是否符合要求；标点符号是否符合书写规定；有否错字、别字和不合规范的简化字；数目字的书写有没有不合要求，注释、附录等格式是否规范等。

（3）修改的方法。

修改文章一般采用增、删、调、换、改的方法。增——对疏漏之处、不明确之处、不具体之处，增添一些语句；删——对重复的地方、与中心无关的地方以及那些空话套话，尽量删去，以求简明；调——调整语段、语序，以求畅达；换——对不确切之处、互相矛盾的地方、语句平淡之处，换用更为准确、生动的语句；改——对病句、错别字、标点符号错误的，进行改正。学生自己动手修改文章，可以进一步弄清楚写作中不明确的问题，逐步领会文章该怎么写，为今后独立地写文章奠定基础。学生学会修改文章，不仅是写作能力本身的需要，对培养青少年严肃认真的写作态度，一丝不苟、反复锤炼的严格作风，都是非常有益的。

①　间时法。间时法就是写好文章以后，不要马上就修改，而是过一段时间再进行修改。因为刚写完时，写作者仍然处于写作的思维情绪状态中，无法跳出既成的思维套路，所以会很难发现文章的毛病。写作是需要投入情感的，而修改应该是冷静客观的，让情绪和思维"冷"下来，才能较为客观地对待自己的文章。

②　读改法。读改法就是通过读来改。"读"指读出声音，而不是默读，就是把无声的书面语言转换成有声的口头语言。读，可以通过耳、心、目的同时作用，充分调动一个人的语感，对语言是否通顺流畅、是否准确形象进行判断。读，更能体会文气是否通畅。如同自然界万物都有自己的运动节律一样，好的文章的语言也有自身的节奏感，以及由节奏感而产生的音韵美。不但诗讲究节奏，散文、小说也讲究音调的和谐；不但文学作品讲究"文气"，非文学作品也讲究以"一"贯之。读，可以使人充分体会文章的节奏感和语言韵味，品味出何处"通"，何处"堵"，最后进行修改，"理气化淤"。

③　问改法。问改法就是多问、多请教他人的方法。和"间时法"相似，这种方法也可以寻求到"旁观者清"的客观效果。不同的人有不同的思路，有不同的看问题的角度，而且一个人的能力、阅历、学识都是有限的，有时自己解决不了的问题，或者没有发现

的问题，借他人的指点或许会茅塞顿开。我国古人很讲究"以文会友"，和他人一起切磋写作体会、经验，也是一个提高写作水平的好办法。所以写作者需要注意的是，对别人的意见也要认真分析，切不可一味盲从，放弃独立思考的权利，如果这样，修改将失去它应有的意义。

二、写作能力的结构

学生作文是运用语言文字准确地、有条理地反映客观事物、表达思想感情的高级思维活动。在这个活动过程中，涉及到学生的生活、思想、思维、知识、语言、写作技巧等多种因素，所以必须具备相应的能力，才能写出较好的文章。写作能力是由一些基本能力和专门能力构成的综合体。对于学生来说，写作能力构成的因素是缺一不可的。学生往往由于缺漏某一项写作能力因素而致使文章失败的例子比比皆是，如缺乏审题能力必然文不对题。这种现象常常被批评为写作能力低下。因此，要重视培养学生写作能力的完整结构，要把写作能力结构的理论和知识教给学生，在写作训练中明示训练要求，不断地指出其写作能力的缺漏所在，有效地帮助学生进步，使之具有较全面的写作能力，从而提高写作水平。

（一）写作的基本能力

写作的基本能力主要指观察力、思考力、联想力和想象力。它们构成了写作的基本因素，属于智力活动的范围。

1.观察力

观察力是指通过有目的、有计划的知觉，找出对象的总体属性及各个属性之间的相互联系的能力。观察是外界信息输入的窗口，是科学认识经验层次中第一和基本的认识过程。心理学认为：人的记忆力85%靠眼睛，11%靠耳朵，3%或4%靠触觉和嗅觉。人们在进行有目的的观察时，必然要对观察到的现象进行记录、分类、比较，需要交流时还要通过语言或文字进行描述。这些活动都能对大脑皮层中的记忆神经发生良性刺激和强化。所以，观察力既是提高认识的能力，又是写作的基本能力。观察力在写作过程中有重要的作用，是写作必须具备的基础能力。

（1）观察的类别。观察分为直接观察和间接观察。直接观察是对现实生活中的环境和人物的观察。直接观察是亲身体验的感官知觉，具有直观性和真实性。间接观察就是读"书"，通过信息媒介载体了解社会现象和事物，具有便利性和广泛性。无论是直接观察还是间接观察，不同的学生观察的结果是不同的。有的学生一到作文时就感到大脑一片空白，没有什么可写；有的学生脑中大事小事蜂拥而至，不知从何处落笔。这些现象都与观察的方法有关。

（2）观察的作用。观察是写作的基础。善于观察就能发现问题，有内容可写；如果视而不见，听而不闻，写作就很难有素材。观察是获得写作素材的重要途径。通过观察获得亲身体验，积累丰富的表象材料；通过观察，还可以获得某些写作的灵感，触发写作的动机。观察是展开联想和想象的基础。一切观察都含有两个因素：一是感官（通常是以视觉为主）知觉的因素；一是思维因素，即由于观察触发起联想与想象，把某次注意到的人、事、物与联想起来的人、事、物联系起来，从而使观察深入一步。通过观察获得的这些体验、想法，成为写作中的主要内容，从而充实和丰富了作文的内容。观察是准确、生动地表达的前提。只有全面、细致地观察，并进行分析、概括，才能抓住事物的主要特征，作出准确、生动地表述。

（3）观察的方法。首先，观察要有明确的目的和任务。要让学生学会有意观察，漫无目的的观察往往会被别的无关紧要的刺激物吸引而导致毫无收获；其次，观察要有计划地进行。观察要由单一到综合，由简单到复杂，逐步深入进行。客观事物总是错综复杂，千变万化，要让学生学会抓住事物的特征仔细观察，边观察边思考，防止先入为主和以偏概全；最后，观察之后要随时记录，巩固观察的收获。进行必要的概括记录，又如绘画中的写生和素描，把闪现在头脑中的印象写下来，这样既整理了思想又积累了素材。

2.思考力

思考力是指运用分析、综合、比较和概括等思维方法对事物获得本质属性认识的能力。思考力就是思维能力，是写作的核心能力。

（1）思考力的作用。写作从观察、积累素材开始，一直到写出文章，整个过程中的每一环节都离不开这种思考力。在对生活现象进行观察过程中，运用思考力来发现问题和提出问题。在大家习以为常的生活现象中，发现别人发现不了的"问题"，"看"出那些有一定思想意义的、闪光的东西，发现写作素材，丰富写作内容。在命题作文审题时，需要运用分析、比较的方法，思考题目的具体要求，找出"题眼"，进行有针对性的写作。在构思文章的立意时，能运用思考力使自己的认识不断深化，以确立一个明确的、有意义的中心思想。在布局谋篇过程中，运用思考力决定材料的取舍，确定最佳的结构形式，恰当地安排段落，思考过渡、照应、开头、结尾等。在选择记叙、议论、说明、描写、抒情等表达方式和遣词造句的过程中，也需要运用分析、比较的方法，选择某种表达方式或综合运用这些表达方式，从许多同义词、近义词中比较、选择最能表达事物特点或个人心绪的词句，做到准确、生动地表达。在学生修改文章的过程中，也需要运用思考力，对文章进行增、删、调、改，以培养学生一丝不苟，反复锤炼的写作习惯。

（2）思考力的培养。学生作文中的许多毛病，如审题立意不明，内容标题不符，布局谋篇生硬，用词造句不妥等等，其中重要的一个因素是思维能力欠缺。因此写作能力训练应特别重视培养学生的思考力。但是思考力不仅仅靠写作训练就能提高，更要依靠全面的语文学习和其他学科来共同培养提高。一句话，培养思考力应贯穿于全部的教育教学过程之中。思考力对于写作来说，最基本的是要教给学生学会分析和综合的方法。例如审题就要求学生在动笔之前认真思考，通过对题目的分析研究，理解领会题目的要求，从而确定文章的中心思想，考虑体裁，选择材料。这个过程离不开分析和综合，在其他场合也是如此。因此教给学生全面地把握事物，揭示事物的现象和本质，是写作思考力训练的重要方面之一。

3. 联想力

联想力是指对主体的有关记忆表象进行提取和组合的能力。即根据事物之间的内在联系，由甲事物到乙事物的思维能力。联想力是写作能力中的重要组成部分。从信息论的角度看，写作过程是运用联想激发大脑中的储存信息，并实现信息的交流、传递的过程。即在联想时，与某个记忆相联系的另一个记忆随之被激发，被激发的记忆又去激发另一个记忆，由此形成了联想的链。学生在作文构想时，正是依靠联想把储存在大脑里的信息联系起来，并寻求信息间的内在关联，形成写作的思路，从而完成写作的构思。可见联想力在写作中的意义非同一般。

（1）联想的类别。

① 接近联想。这是最重要的联想。是由此接近彼的联想形式。凡同时在头脑里形成联结的两个事物，任一事物都会引起对另一事物的联想，这就是接近联想。例如，由树叶联想到树，由河想到江，由雨想到伞，由局部想到全局等等都是接近联想。接近联想也可以是双向的，如由头部想到尾部、由雨伞想到雨、由江想到河、由树想到树叶。接近联想之所以重要，是因为它可以在表象、意义、情感等多方面展开。通过接近联想，人们可以追忆许多事物信息，也可以想象许多事物。

② 相似联想。是因彼与此相似而由此联想到彼的联想。不一定是同时性但一定是相似性，这是相似联想的特点。例如，白云像棉花，棉花像瑞雪，桃枝像梅枝，煤火像柴火，这事像那事等等。相似联想非常重要，在科学研究中许多发现，发明依赖了相似联想，在写作中，描写、形象、比喻等依靠了相似联想，尤其是在主题发掘时离不开相似联想。相似联想可以是表象的，也可以是价值的、性质的、意义的、情感的。

③ 反向联想或对比联想。这是彼此之间因对照比较而引起的联想。联想相反的方面其特点是方向相反。又分：时间对比，如将来—过去，今天—明天，白天—黑夜等等；空间对比，如天—地，南—北，上—下等等；价值对比，如功—过，有意义—无意义，"重如泰山"—"轻如鸿毛"等等；色彩对比，如红—绿，黄—蓝，黑—白等等；程度对比，如：深—浅，高—低，软—硬等等；情感对比，如：高兴—苦闷，快乐—悲哀，欣喜—恐惧等等。如此等等，说明对比联想也是可以在各个方面应用。由于对比很多是与联想源的方向正相反，故又称反向联想，或逆向联想（逆向思维）。你说东，他说西，你说上，他说下，你说易，他说难，你说未来，他说以往。这样不作顺向联想，而作逆反联想，最容易发现问题，思考全面，搞科研写论文经常使用。

④ 因果联想。这是彼此有因果关系形成的联想。例如，父母—子女，蚕—丝，花—果，闪电—雷鸣，播种—收获等等。这是由因联想到果的。也可以反过来由果联想到因。如子—父，燃烧—火，小鸡—母鸡，因此，因果联想可以是双向的。

⑤ 散分联想。包括辐射联想、分类联想及整体与部分、全程与阶段联想等。辐射联想是从中心点向四周作辐射的联想，属发散性联想。例如由中心联想到东南西北，由石头联想到其大小、形状、颜色、硬度等等，由哲学联想到哲学原理、哲学史等，由树联想到其根、干、枝、叶等等。由于是中心点向四周各方面、部分、局部或各类、种等的

联想，故又称整体局部联想。辐射联想在分析事物时极其有用，故写作议论文、说明文使用，写作散文也要使用。分类联想即由大类想到小类，由小类想到子目的联想。例如，由大类到小类：信息管理学—图书馆学、档案学；图书馆学—图书分类学、图书馆目录学等；除了学科分类联想还有事物性质分类联想，如由天想到日、月、星辰等。

⑥ 聚合联想。是从多个角度向中心或上层系统进行联想，包括聚焦联想、类属联想、分合联想等。归纳方向的联想属此。例如，对《周易》与工具书进行比较研究，这本是对相似联想的利用。由于可以从工具书编排上的易检性、内容上的收录性、以及成书的查考性三个角度来联想《周易》的特点，故可得出结论。因是从多角度联想，故可称聚焦联想。

（2）联想的作用。

① 联想力的开启作用。发挥联想力是使作文内容充实、思路开阔的重要途径。学生只有学会展开联想，才会有内容可写。通过联想，思路大开阔，文思如涌泉奔腾，材料云集笔端。如果不会联想，只能就事论事，就会感到文思枯竭，无话可写。

② 联想力的粘合作用。作文构思时，利用联想把分散的、彼此不连贯的思想片段粘合在一起，从而形成自己的思路。比如利用纵向联想，可以把由古到今，由现在到未来的种种思绪连接起来；运用横向联想，可以把自然现象到社会现象，由一个生活领域到另一个生活领域的种种思考连接起来；运用内向联想，可以把事物的因果关系、递进关系、点面关系、条件关系、对比关系等联系起来进行思考。

③ 正确的联想是使文章内容让人理解的重要条件。我们在运用联想时，必须遵照联想的规律来展开思路，如果违背联想的规律，就成了奇想、怪想、乱想，文章的内容就让人无法理解，甚至还会闹出笑话。

4.想象力

想象是人在头脑里对已储存的表象进行加工改造形成新形象的心理过程。它是一种特殊的思维形式。想象与思维有着密切的联系，都属于高级的认知过程，它们都产生于问题的情景，由个体的需要所推动，并能预见未来。想象又称想象力，是指在过去感知过的基础上对表象进行加工、改造，创造出新的形象的能力。

（1）想象的类别。

想象分为无意想象和有意想象。无意想象是指事先没有预定目的的想象。无意想象是在外界刺激的作用下，不由自主地产生的。例如梦是一种无意想象。有意想象是指事先有预定目的的想象。有意想象中，根据观察内容的新颖性、独立性和创造程度，又可分为再造想象、创造想象、幻想。

① 再造想象。我们没有到过月球，用肉眼也看不清月球的表面状况，但根据登上过月球的人报道，根据地球上我们所熟悉的事物，我们头脑中也会产生月球表面的大致形象；我们生活在现代，但当读历史故事时，也会在头脑中呈现古代人物的形象、古代战争的场景。这种根据词的表述或图样、图解的描绘在人脑中产生某种事物的形象的过程叫再造想象。比如，当我们读朱自清的散文《春》时，细细品味那"吱吱钻出的小草""如丝如毛的细雨"……那刚刚睡醒的"春"的画面不是一幕幕地展现在我们的眼前吗？这

里没有入木三分的描写，没有我们对"春"的亲身体验，没有对"吱吱""丝""毛"的理解、推敲，形成一幅幅真的"春"的景象是根本不可能的，这也是再造想象的必要条件。

② 创造想象。生活中或学习中也常常遇到这样的现象：我们在读一部作品的过程中，有时合上书动脑子想想，却能想出下面所要表述的场面或情节；有时从未听过关于某个事物的描述，也能独立想出该事物的一些情况。这就是创造性想象了。创造想象是人们按照一定目的、任务，在头脑中独特创造出某一事物的新形象的过程。如：作家塑造出的典型人物的形象、发明家创造新产品的形象，书法家、画家独自构思出一种新的艺术作品等。创造想象比再造想象具有更大的独立性，是一种复杂的更富有创造性成分的高级想象活动。创造想象力的培养是学生今后发明创造的基础。

③ 幻想。幻想是创造想象的一种特殊形式，是人们对未来事物的想象。根据与现实的关系及实现的可能性的大小，幻想又可分为理想和空想。理想是建立在一定的现实基础之上，符合事物发展规律的幻想，是积极的幻想，是学习和工作的巨大动力，只有在积极的幻想中才能使人看到自己还没有取得的成果，才能去克服困难，战胜困难，迎接胜利。积极的幻想是构成创造想象的准备阶段，常常成为科学的先导。

（2）想象的作用。

想象力是写作中不可或缺的能力。写作的过程，实际上是把自己的经验和知识重新分解、组合、改造制作而成为新的精神产品的过程，写作过程中的每一个环节都要有想象的参加。比如酝酿主题、组织材料、布局谋篇、炼句行文都离不开想象。

① 通过想象为写作提供丰富的素材。作文材料的来源主要是两个方面：一是知识的积累；二是感知过的表象积累。表象的积累只有通过想象才能将它们诱发出来、展现出来。想象力还能冲破时间与空间的限制，给写作提供极为丰富的素材。如果缺乏想象，就会文思枯竭，材料干瘪，言之无物。

② 通过想象可以充实文章的思想与艺术的容量。在写作过程中，往往是通过想象来不断挖掘立意的深度，开拓思想的内涵，使文章含蓄而畅达。运用想象力来摹想情节、构想人物关系，寻求组材的最佳方式，预想文章的结尾等等，最终使文章的思想丰富、内容充实、文采飞扬。

③ 通过想象发展写作中的创造性思想。想象本身就有一种创造性的功能。它具有分析与综合两方面的作用。在写作时，运用想象先对经验材料进行分析、纯化与提炼，再按照题旨的要求进行组合、贯穿、综合，进行创造性构思工作。

④ 通过想象才能实现写作中的模象直观到语言直观的转换。比如写一件亲身经历的事情，就需要对当时的场景和人物活动进行回忆和想象，产生了活生生的模象直观，及像"过电影"一样，一组组镜头在脑海中浮现。只有在这时，用书面语言加以描述，才能做到具体、生动、形象，写出来的语句才具有直观性，才能唤起读者的再造想象，使读者如临其境，如见其人，如闻其声。

（二）写作的专门能力

写作的专门能力是在写作活动中保证写作成功的能力。跟据不同的划分，写作的专门能力可以分为两大类。一类是指各种文体的写作能力，如记叙文写作能力、说明文写作能力、议论文写作能力、应用文写作能力；另一类是各种文体写作所共有的能力，主要包括审题能力、立意能力、布局谋篇能力、表达能力、修改文章的能力。

1. 审题能力

审题能力是指深入分析题目所涉及的内容，理解题目确定的范围，并揭示其意义的能力。现在的学生作文训练，基本上可归纳为三种，一是命题作文；二是给材料作文；三是话题作文。审题是命题作文的第一步，动笔之前要认真思考，通过分析研究，领会题目要旨，找出写作的重点，从而确定中心，考虑文章体裁，选择合适材料。给材料作文同样要经过这样一系列缜密的思维活动，经过分析、理解、判断，充分把握命题意图，根据材料拟出作文题目，然后动笔写作。话题作文，是一种用一段导引材料启发思考，激发想象，用话题限定写作范围的作文题型。在审题时要注意三个问题：一是把握文体。话题作文往往不限文体，允许考生自由发挥。但是，不限文体并不等于不要文体。话题作文的"文体不限"其实是指不限于一种文体，让学生有选择文体的自由。当你选定了一种文体时，还得按照这种文体的特点来谋篇布局进行写作。有的同学观察能力强，生活积累丰富，不妨将生活中精彩的片断撷取出来写成一篇生动感人的记叙文；有的同学想象丰富，擅长编写故事，不妨写写童话、寓言或科幻小说；有的同学逻辑思维能力强，擅长推理，不妨写成一篇理据充分的议论文；有的同学感情细腻丰富，不妨写成一篇优美抒情的散文，肯定会非常出色；二是缩小范围。话题作文只提供写作的话题，而没有中心、材料、结构、文体、语言等等的限制；给了考生一个比较开放的构思空间，使考生能最大限度地发挥想象力和创造力。但是，如果不注意把握话题，缩小写作的口子，就会出现"下笔千言，离题万里"的毛病。因此，不管所给的话题多么宽泛，我们都要善于缩小"包围圈"，要选择一个小小的切入口，如一件事、一个人、一样物品、一种感受、一点看法等等，集中笔力加以突破，把你所选择的话题角度写细写深写透，做到"以小见大"；三是拟好题目。标题是文章的"眼睛"。俗话说："题好文一半"。话题作文允许自己拟题目，因此，我们要努力提高拟题水平，力争使自己拟的题目准确、凝炼、含蓄、新奇，使读者"一见钟情"。

2. 立意能力

立意能力是指确定文章中心的能力。立意是文章的灵魂和生命，立意的高低决定了文章品格的高低。学生作文的立意反映出学生的认识水平和思维品质。因此必须要求学生用正确的观点认识事物，努力从本质上把握事物，旗帜鲜明地表达自己的思想感情。立意要求有四点：

（1）立意要正确、鲜明。正确是立意的基本要求。立意正确，是指所确立的主体反映了自然的本质和规律，反映了生活的本质和主流，符合自然和社会的发展规律。所谓鲜明，是指所确立的主题能旗帜鲜明地表示爱什么，憎什么；赞成什么，反对什么。

（2）立意要集中、单纯。主题是统摄全篇文章的总纲，必须单纯明确。

（3）立意要深刻、新颖。所谓深刻是指所确立的主题能反映生活的本质及内部规律，能揭示事物所包含的深刻的思想意义。而新颖是指所确立的主题是作者的新认识、新感受，能给人以新的启示。

（4）立意要积极向上。所谓积极向上使之不能有任何不健康的因素存在、符合文章主题，顺着文章中心。

3.布局谋篇能力

布局谋篇能力是指通过对材料的分析、研究，把材料加以组织安排，使之条理化的能力。在布局谋篇时，主要从三方面考虑：

（1）根据文章的中心进行布局谋篇。因为没有中心，布局谋篇只能算是瞎想。要根据文章的中心来确定材料的剪裁、先后、详略，安排好文章的结构、过渡、照应、开头、结尾，为表达思想感情寻找最恰当的形式。

（2）根据具体材料进行布局谋篇。没有具体材料，空有框架，文章还只不过是一张死皮。没有材料，就无法检验布这个局、谋这个篇的效果如何，只有把具体的材料放到具体的框架中去考虑，并安排处理好它与具体的框架之间的关系，才能使文章的结构紧密自然。

（3）根据具体的文体进行布局谋篇。不同的文体对文章的中心与具体材料的选取要求各不一样，如果在布局谋篇时忽略这一问题，则会容易导致所写出来文章不是文体所要求的文章，即文不对体。

4.表达能力

表达能力包括两个方面，即运用表达方法的能力和语言表达能力。运用表达方法的能力是指在写作中运用叙述、描写、说明、议论、抒情表达方法的能力。这些表达方法，在学生作文中并非单一运用，往往以一种为主，综合运用多种表达方法。作文中若能根据文章表达需要，灵活恰当地综合运用，则能为文章增色。语言表达能力是指驾驭语言表情达意的能力。学生作文语言表达的基本要求是简明、连贯、得体。语言表达简明，就是以尽可能少的语言符号，传递尽可能多的信息，使对方能够明白无误地理解，不会产生歧义，并达到最佳的表达效果。语言表达连贯，就是围绕一定的中心，按照一定的叙述角度和一定的顺序来进行表达使句子前后照应，语气上下贯通。语言表达得体，就是要根据语境使用最恰当的语言，统筹考虑目的的差异、语体色彩的差异、场合对象的差异等来调整语言。语言表达的较高要求是优美。优美地表达要求文字畅达，注意句式锤炼，灵活应用修辞，词汇丰富、生动、鲜明，简繁相宜，读起来有愉悦感，让读者爱看。这种较高要求，必须经过日积月累的训练，才有可能实现，并且不可能要求所有学生都达到这个水平，但是简明、连贯、得体的基本要求，是每个学生作文都必须要做到的。

5.修改文章能力

修改文章的能力是指学生对自己的习作进行修饰和改正，使之完美的能力。事实上，好文章难得一挥而就，很多是靠改出来的。改作文，不能只认为是教师的事，对文章进行修改、润色，应是写作过程中最后的一步。学生应当学会独立地修改文章的技巧，以便使表达取得最佳的效果。这包括对文章思路的总体检查，看是否有"文脉"不畅、线

索不清等现象，也包括对文章的结构、段落、语言上的修改。

修改文章的一般要求有三点：

（1）要遵守文章修改的逻辑程序。尤其是文章的初稿，一般应按照主题、材料、结构、语言的顺序，由主到次、从大到小地逐一进行修改。文章中主题的变更，往往"牵一发而动全身"，材料、结构、语言等都需进行相应的修改。如果不首先考虑文章大的方面修改，而先精雕细刻语言，那么，一旦主题、材料等有所变更的话，语言必然要重新进行调整，甚至有的层次和段落将整个地被删去，这样势必使部分已经完成的修改变成徒劳，从而影响文章写作的效率。因此，强调文章修改的程序是十分重要的。

（2）要立足文章整体进行局部修改。有的人修改文章，往往缺乏系统、整体的观念，津津乐道于文章局部、细处的雕琢，因此有的修改常常成为文章的赘疣。刘勰在《文心雕龙·附会》中，曾作过十分形象的比喻："夫画者谨发而易貌，射者仪毫而失墙，锐精细巧，必疏体统。故宜诎寸以信尺，枉尺以直寻，弃偏善之巧，学具美之绩。"一个词、一个句甚至一个段，孤立地看也许很美，如果放错了地方，它就会起相反的作用。文章是个有机的整体，全体协调匀称才算美。只有孤零零的一处美，就会破坏协调，失去整体的美。修改文章时，一定要用宏观、全局的眼光，去进行微观、局部的修改。哪怕某一局部、细处再生动形象、富于文采，只要同文章整体不和谐，也要忍痛割爱。

（3）要具有一丝不苟的精神。文章修改从某种意义上说，比起文章起草更为艰巨。有的人文章写完后一搁了事，就是不愿意修改，这样的文章怎么能算高质量呢？现在流传下来的名篇，其字字句句都渗透着古人一丝不苟的精神。唐朝诗人卢延让《苦吟》诗云："吟安一个字，拈断数茎须。"作诗炼句之苦由此可见一斑，而相传著名的苦吟诗人贾岛更是在他的《送无可上人》一诗"独行潭底影，数息树边身"句下加注一首小诗："两句三年得，一吟双泪流。知音如不赏，归卧故山秋。"极言炼句时间之久，吟成后之欢，可见一斑。古人对自己作品真是精益求精、不敢马虎。现在社会节奏加快了，我们不可能对一篇文章进行长时间的反复修改，但古人那种一丝不苟、认真负责的精神，还是值得我们好好学习的。写作是一项艰苦的脑力劳动，修改更需付出心血。我们要思想重视，态度认真，不断提高自己的文章水平。

第二节 一体两翼三沟通语文教学的写作训练

学生写作能力的发展是有阶段性的，以此安排训练的序列，有助于提高写作训练的科学性，有利于提高学生的写作能力。

一、写作能力的发展阶段

学习画画的一般过程是先临摹，再写生，然后进行创作。写作能力的发展也是如此，总是要经过积累、模仿，再进入创作阶段。

（一）积累

积累是学生写作的基础阶段。对于学生来说，没有一定的积累就无法写出较好的文章。积累不仅仅是知识的积累，还包括生活经验、写作素材、写作技巧、写作经验等多方面的积累，它是写作能力发展的必要准备。积累主要通过两条途径：一是来自于书本。通过课堂教学和课外阅读，多读书，扩大阅读面，实现积累。在阅读的过程中，既可以进行优美的语言积累，可以开阔视野，提高知识，进行知识的积累，还可以通过描绘的情景，进行间接的生活积累。二是来自社会生活。通过社会实践，接触、了解社会与生活实现积累。俗话说，读万卷书，行万里路。具体地说，就是读、看、做、想、说、写，也即阅读、观察、思考和构思、口头作文表情达意、经常动笔写观察日记与读书笔记等。通过这样一些活动达到积累，这是写作的必要准备。

（二）模仿

模仿是学生写作的必要阶段。学生写作，尤其是初始阶段，往往是从模仿开始的，所谓的照葫芦画瓢的"葫芦文"，就是指模仿范文习作。模仿可以是多方面的，如模仿范文的构思、模仿范文的立意、模仿范文的布局谋篇、模仿范文的表达方法。模仿范文可以是局部的模仿，还可以是整体的模仿。甚至比较几篇范文的异同，有选择地模仿。有选择地模仿就带有一点点创造的意味。学生写作中模仿范文，实际上是一种学习，是接受范文的启示。学生写的文章的内容是自己的，这里面就含有创造，并不是简单的模拟和抄袭。学生模仿作文，正像小孩学习走路一样，先扶着墙挪步，然后挂着拐杖迈步，最后丢掉拐杖自己独立走路。通过模仿，学生学会写作，进入独立灵活表达的阶段。

（三）创造

创造是学生写作的最高阶段。在这一阶段，学生独立自主的完成写作任务，从内容到形式都有一定的新意，它是学生写作能力高低的最高检查。学生的写作创造还应包括模拟性创造。教师要善于引导学生独立思考，帮助他们从模拟向创造过渡。

积累、模仿、创造，这三个写作能力的发展阶段之间，既有区别又有联系，它们相互联系相互作用，在不断地循环往复的过程中，学生写作能力进行螺旋式的上升，写作水平不断得到提高。

二、写作训练的序列

写作能力是一种综合能力，各项能力因素之间相互交叉、相互渗透，错综复杂。虽然它不可能像中学数理化那样，具有严密的训练序列，但它还是有序可循的。学生写作能力的训练，应该遵循循序渐进的原则，依照写作能力的三个发展阶段，因材施教，有计划、有步骤地进行。

由于学生对象不同，基础不一，水平各异，写作训练的则重点自然不同。写作能力训练的序列有多种多样的设计，大致可以分为三类：

（一）以不同文体的写作能力训练为序

按文体训练又称为综合训练，也称为"大作文"。训练的方式多种多样，主要有以下几种：

1.命题作文

命题作文是教师出题目，学生按题意写作的训练方式。这种方式在我国有着悠久的传统，在相当长的一段时间里几乎成了作文训练的唯一方式。一种训练方式能长久不衰，一直成为作文训练的主要方式，自有其独特的价值，其地位是别的训练方式不能取代的。自 20 世纪五六十年代以来，由于其他作文方式的相继问世，命题作文一统天下的情况受到了冲击。尽管如此，命题作文仍然是主要的训练方式之一。

2.材料作文

材料作文就是教师给学生提供适当的材料，让学生按要求进行写作训练的方式。如果说命题作文是传统的作文训练方式的话，那么材料作文可以算作是革新的作文训练方式。这类作文训练方式的特点是提供材料。提供的材料可以是文字材料、图表材料、影视材料、音响材料或实物材料。学生依据材料按题目的要求写作文，可避免无米之炊的苦楚，也可以达到训练学生立意、选材、组材、炼词、炼句的目的。在材料作文训练中，提供文字材料训练的方式最为常见，大家选择较多。其训练方法有下列几种：

（1）视写。给学生一篇文章，让他们按照文章的格式、行款，工整地抄录下来。其目的是训练学生迅速流利的书写，学习文章的语言格式，领会文章的思路。这对一些尚未养成作文习惯或每次作文均感困难的学生是比较有效的训练方式。

（2）暗写。教师指定一篇文章让学生默读，给予足够的时间，可以反复地读二至三遍，然后让学生凭记忆将原文写出来。这种训练可以培养学生的记忆力，培养学生掌握文章结构和运用语言的能力。

（3）缩写。缩写就是把一篇较长文章压缩成一篇较短的文章，是人们日常生活中常用的写作方式。缩写是阅读能力与写作能力的综合训练方式。缩写要求认真阅读原文，领会原文的精神，缩写时要保留原文的中心思想和主要内容，不失原文本意。缩写后原文的体裁不能发生变化。缩写后的文章应该首尾连贯，结构完整，尽量保留原文的段落层次，不能缩成段落大意或内容提要。原文精彩的语言可以选用，不要全用原文，使用自己的语言时也要符合原意。

（4）续写。根据文章中的人物、情节、线索和文章的观点材料继续写下去，写出新的结局叫做续写。续写应是情节、线索的合理延伸、人物性格合乎逻辑的发展、观点材料的合理补充。这必须在深入领会原文的基础上才有可能。续写的风格应与原文尽可能的保持一致。

（5）仿写。仿照范文作文叫做仿写。仿写可以分为内容仿写和形式仿写，简单仿写和复杂仿写，全篇仿写和局部仿写。仿写的范文可以是课文，也可以是从其他地方选来的，还可以是学生的佳作与老师的"下水文"，只要主题、结构、文字有特色、适合学生的程度都可以用来仿写。仿写必须以精读为基础、以对现实生活的深入观察为前提，进行循序渐进的训练，才能获得较大的进步。

（6）改写。改写就是以原作为题材进行"再创作"。改写可以改变文章的体裁，如将诗歌改写成散文，将文言文改写成白话文。改写可以改变文章的结构，把顺叙改为倒叙或插叙，或将总分式结构改为并列式结构。改写可以改变人称，如把第三人称改为第一人称。改写可以改变表达方式，如将叙述改为描写，对话改为叙述。改写可以改变作品的主人公，如将主要人物改为次要人物。改写可以改变作品的中心思想。改写尽管可以对原作有较大的变动，但不能完全脱离原文的内容另搞一套。

（7）撰写。根据提供的多方面的材料，从一定的角度加以选择和组合，构成一篇新的文章叫撰写。如根据会议记录编写会议简报。

（8）写读后感。给一篇或几篇材料，让学生读后写出看法、感受、心得、评论，统称为写读后感。要想写好读后感，认真阅读原文是关键，对原文理解得深才能写出高质量的文章。读后感可以从全文中心或主要内容谈起，也可以选择全文的次要情节、次要人物、次要观点去谈。应允许学生做多方面的联想和发挥，鼓励学生的创造精神和求异思维的能力。读后感应联系社会生活实际和个人实际。

3. 情境作文

情境作文也叫做情景作文。就是根据具体场合的情形、某种景象或某种境地，运用联想和想象进行写作的一种作文样式。在作文训练时，教师设计并提供一种生活中的具体情境，可以是一件未完成的事态，可以是一种值得关注的现象，可以是一组正在展开的矛盾，可以是一个需要思考的问题……要求学生运用想象和推理，设身处地如临其境地对这种特定的情境，从某一角度去发挥，或叙述，或议论，或抒情，或说明。这种作文形式对训练同学们的描写、记叙、抒情能力，特别是想象能力、创新能力，都具有较重要的作用。是近年来采用较多的一种新的训练方式。情境作文的设计要富有生活气息，要使学生感到熟悉、亲切、易于理解、有话可说。要能引起学生的兴趣，为学生喜闻乐见。

4. 自主作文

自主作文是指那些不由教师命题、给材料、设需要，而由学生自主进行的作文训练。这种作文训练由于没有教师的限制，有利于发展学生的个性特长，有利于培养学生的创造精神。这种训练符合社会生活的需要，由切近的目的，因而往往写得比较认真，收效也更大。学生走入社会后的写作基本上是自主作文，所以加强这方面的训练有长远的意义。自主作文训练教师要积极引导，使学生把兴奋中心始终关注在家庭、学校、社会的有意义的事情上面，训练时要始终注意引发学生的联想，开启学生的思路。自主作文不是放任学生自流，教师要纳入写作训练计划，使学生早有准备。

按文体进行写作能力训练的序列的优点是突出了文章体裁，强调写作的知识，有助于学生把握文章体裁和领会写作知识；逐项分细目训练，有助于小步子踏实地进步。它的不足之处是训练项目还要分解成许多细目，一次训练不可能完成多项，并且也不可能指望一次训练便掌握。

（二）以写作能力的结构因素训练为序

以写作能力的结构因素训练也叫单项训练，是指为了培养写作的某一种能力而进行的一些局部的、片段的训练，也称"小作文"。以写作能力的结构因素训练，其优点是注意培养学生完整的写作能力结构，突出了写作能力的习得，循序渐进地进行，能够取得很好的效果。这种序列是把写作能力因素分阶段地进行训练，有代表性的主要有两种：

1.以写作的基本能力进行分阶段训练

这种序列主要进行观察力、思考力、联想力和想象力的训练。可以把写作训练分成三个教学阶段，每一阶段重点抓一项能力训练，掌握一种作文形式。

（1）以培养学生的观察能力为重点，练习写观察日记。观察日记是指把生活中看到的事物记录下来，不论是山川地貌、奇异景观，还是动物、植物、趣闻场面等等。写观察日记，重在观察二字上，只有通过认真、仔细的观察，再掌握一定的技巧，就能写出很好的观察日记来。

（2）以培养分析能力为重点，练习写分析笔记。分析就是将研究对象的整体分为各个部分、方面、因素和层次，并分别地加以考察的认识活动。分析的意义在于细致的寻找能够解决问题的主线，并以此解决问题。分析笔记就是在分析的过程中将它们的各种现象记录下来。

（3）以培养学生的联想、想象能力为重点，写想象作文。指导学生以想象为主要内容或以想象为主要技法进行作文训练。以想象为主要内容的作文主要以作文的内容突破现在的时空限制，进入非现实情境，比如寓言、童话、科幻故事、神话传说等文体也属于此类。以想象为主要技法的作文的实质是联想作文。想象能力是思维能力的核心，而思维能力是作文过程中最重要的能力。当你拿到一个作文题目，你首先要启动你的思维，对题目进行分析与思考，然后要启动你的联想，搜索自己脑海里存储过的或者生活中经历过的与作文题目相关的人、事、物、理。（从广义上来说，所有作文都是想象作文。）

通过这三个阶段的训练，使学生养成随时观察生活、积累写作素材，分析生活、表达思想感情的良好的写作习惯，由此不断提高写作水平。

2.以写作的专门能力进行分阶段训练

以写作的专门能力进行分阶段训练序列主要有两种：

（1）以学习写作常用文体(记叙文、说明文、议论文、应用文)为序，设计写作能力训练。主要是根据各种文体的写作要领，分别列出细目，依次进行训练。例如，记叙文写作能力训练，可分成状物、绘景、写人、记事等项目，这些项目还可以分解成若干细目，如记事又可分解为片断、综合、场面、复杂记事等训练项目进行训练。说明文写作能力训练可分阶段地训练说明事物的特征和本质、说明事物发展变化的过程、说明事物各方面的主要和次要因素、说明事物之间的联系和区别等等，每一阶段再分解为若干细目进行训练。议论文写作能力训练同样要分项目进行，如学习最基本的立论和驳论、论证结构等，其中再分细目，以至熟练运用各种论证方法等等。按文体进行写作能力训练的序列，在不同的学习阶段有不同的重点。初中阶段把记叙文写作能力训练作为重点，高中阶段将议论文写作能力训练作为重点。也有的在每一年级中依次列出记叙文、议论文、说明文的写作能力要领进行训练。

（2）进行各种文体写作所共有的审题能力、立意能力、选材能力、布局谋篇能力、表达能力、修改文章的能力的训练。

① 审题训练。审题训练就是对文题进行分析研究能力的训练。这是学生作文前的重要工作，其任务是弄清命题者的主要意图与基本要求，以便据此进行写作。题目审得好，就会写出符合题意要求的文章来，题目审不好，就会差之毫厘谬以千里。学生的审题能力不是自发形成的，需要进行必要的训练。首先，要明确写作的目的、读者对象，即知道为什么要写这篇文章，是写给谁看的；其次，要明确选材范围，其中包括对象范围、时间范围、空间范围、数量范围。范围是由写作目的、读者对象决定的；再次，要明确文体的写法。如果题目已要求写成什么体裁的文章、用什么样的写法，按要求写作即是；如果未明确要求，就要由学生自己去认定。文题中一些特定词语如"记""论""赞"等，会帮助学生确定文体。教师在训练时可以给出一组题目，让学生辨析题旨、要求，写审题提纲，不必写成文章。

② 立意训练。立意训练就是确定文章的中心思想或主题能力的训练。对于写作来说这是最重要的工作。学生在拿到题目、审清题意之后，首先要做的工作就是确定一个合适的中心思想或者主题。在立意训练中，教师的任务就是帮助学生确立中心思想。教师可以让学生根据题目，写出立意提纲，然后进行教学立意比较、评价。

③ 选材训练。选材是写作至为重要的工作。材料的优劣关系到写作的成败。学生面对着作文题目往往不知到何处去选材，选到材料后又不知如何取舍。选材的训练就是让学生掌握选择材料的方法。材料的来源只有两条，一条是到现实生活中取材，另一条是通过对过去的回忆取材。到现实生活中取材又有观察、调查、体察、翻查（文字材料）等途径。每一次选材训练，教师都应该进行具体的指导，让学生知道到什么地方去选，怎样选，选到材料之后，要逐一的与中心思想对号，凡是能说明主题或支撑中心思想的就留下，凡是不能说明主题或支撑中心思想的就剔除。

④ 布局谋篇训练。学生在弄清了文题的意思、确立了作文的中心思想、占有了足够的写作材料之后，如何安排材料进行表达就提到日程上来了。教学实践表明，学生在安排作文材料上常常感到困难，这就需要对学生进行布局谋篇能力的训练。

首先，要训练学生理清作文的思路。思路就是思考问题的顺序。人们思考问题总是按一定的顺序进行，不按顺序思考问题，自己不会将问题考虑清楚，表达出来别人也不好理解。思考问题的顺序有：时间顺序、空间顺序、逻辑顺序（一般和特殊、原因和结果、整体和部分）、联想顺序（形相似、质相同、神相近、意相反）等。要训练学生按照一定的顺序（或一种，或几种顺序交错）将材料组织安排起来，使之具有某种内部的联系，形成一个完整的统一体。

其次，要训练学生编写作文提纲的能力。提纲是文章的"骨架"，作文之前编提纲，就像工人盖楼房要有设计图一样重要。作文的时候，你有很多话要说，有很多材料要写，如果事先不编提纲，而是想到什么就写什么，这样写出的文章往往结构松散，条理不清。如果事先大略考虑一下：哪些材料先写，哪些材料后写，哪些材料要写得详细，哪些材料可以简略，文章分几层意思来说，前前后后怎样连贯起来，事先列出个纲目，那么，写起来就比较顺利，往往可以做到一气呵成，顺理成章。所以，编写作文提纲，有助于理清思路，巩固记忆，使你不至于把原来准备写的某些内容忘掉，避免想到哪里写到哪里，又可以把作文写得重点突出，条理清楚。编提纲训练因人而异，因文而异，不要把提纲变成公式，即使同类题材的文章，也不宜用同一格式的提纲。为了提高编写提纲的能力，可以先学会课文划分段落，概括段落大意。经常练习编课文提纲，对提高阅读能力和写作能力都是很有帮助的。

再次，要训练学生开头、结尾、过渡、照应、分段等基本能力。这些方法在阅读教学中大多已经了解，在写作训练中有针对性地进行必要的强化。

⑤表达训练。写作中的表达能力，也就是文字水平的能力。运用语言文字阐明自己的观点、意见或抒发思想、感情的能力，是将自己的实践经验和决策思想，运用文字表达方式，使其系统化、科学化、条理化的一种能力。写随笔是一种表达能力训练的有效方法。随笔又称笔记、札记、杂识等，是随时笔录所见、所闻、所思、所想、所感的作文样式。写随笔就像与邻家谈心般轻松，没有任何的负担，没有华丽的词藻，没有严密的结构。随笔的形式可以不受体裁的限制，灵活多样，不拘一格，可以观景抒情；可以睹物谈看法；可以读书谈感想；可以一事一议，也可以对同类事进行综合议论。随笔也不受字数的限制，短的几十字，长的几百字，篇幅长短皆由内容而定。随笔中涉及的往往是一些即时发生的事件和看到事件当时产生的想法，那种想法也有点火花闪动似，所以需要及时捕捉，记录下来。因为扔了一段时间之后，您对事件的记忆可能就不那么清晰了，故事就很难说得完整，思想的火花可能也消失不见了。所以要养成随手写的习惯。

⑥修改文章训练。近年来，培养学生自己动手修改文章的能力越来越引起教师们的关注。传统的"学生作文，教师批改"的方式使学生产生了依赖心理，学生处于消极被动、无所作为的地位，教师批改作文成了一个沉重的负担。培养学生修改作文的能力并形成习惯，有助于提高学生的写作能力，培养学生的一丝不苟的学习作风。修改文章训练首先要让学生端正态度，要引导学生认识到学会独立修改文章的重要性；其次要让学生掌握要领，学会运用修改符号；最后要教给修改方法。有的教师将修改作文的方法概括成"十看十查"：看思想，查观点；看题目，查中心；看选材，查内容；看剪裁，查详略；看组织，查结构；看表达，查语言；看衔接，查过渡；看首尾，查照应；看卷面，查书写；看句意，查标点。

以写作能力的结构因素训练（写作单项训练）的方式可以归纳如下：

观察：空间观察训练、方位观察训练、远近观察训练、时序观察训练、主次观察训练、多角度观察训练。

思维：分析训练、综合训练、比较训练、归类训练、求同思维训练、求异思维训练。

记忆：语言记忆训练、形象记忆训练、情感记忆训练、逻辑记忆训练。

联想：形似联想训练、神似联想训练、质同联想训练、相反联想训练、因果联想训练、类比联想训练、引申联想训练、聚合联想训练。

想象：再造想象训练、创造想象训练。

叙述：顺叙训练、倒叙训练、插叙训练、补叙训练、分叙训练。

描写：肖像描写训练、语言描写训练、行动描写训练、心理描写训练、景物描写训练、场面描写训练、侧面描写训练、细节描写训练。

抒情：直接抒情训练、借景抒情训练、借物抒情训练、借人抒情训练。

议论：确立论点训练、事实论据训练、事理论据训练、归纳论证训练、演绎论证训练、比喻论证训练、类比论证训练、驳论训练。

说明：举例说明训练、比较说明训练、比喻说明训练、定义说明训练、分类说明训练、数据说明训练。

审题：意义分析训练、结构分析训练、比较分析训练、命题训练。

立意：根据题目立意训练、根据材料立意训练。

选材：生活选材训练、书本选材训练、选相同材料训练、选相反材料训练。

组材：编提纲训练、构段训练、开头训练、结尾训练、过渡训练、照应训练。

修改：炼字训练、炼句训练、调整结构训练、调整语序训练、调换材料训练。

（三）以读写结合的训练为序

这种训练序列主要是根据读写结合的原则，按照阅读教学顺序，充分发挥语文教材范文的榜样作用，引申出写作能力训练点，使阅读和写作结合成一个整体。这种训练序列也是常见的。具体的训练方法有许多，如以读带写，进行仿写训练，由模仿到创造过渡；以写促读，根据训练要求，先写作后学范文，带着写作中存在的问题阅读，使阅读和写作有针对性，读写相得益彰。读写结合的训练序列，不能仅仅理解为读什么写什么，而应该把它看作是充分利用阅读教学的优势，进行写作能力训练，两者有机结合，互相促进。

第三节　一体两翼三沟通语文教学的作文指导

怎样进行作文训练的指导？下面以初中语文第五册第一单元作文为例。

一、难点指津

学习语文要着眼于实际应用。从全面提高学生语文素质的目的出发，初中语文第五册开始进行实用文的写作训练。本单元作文训练是学习写新闻报道。

初中三年级的学生，对一般记叙文、说明文、议论文写作，已进行过专门的训练，而新闻报道则是初次写作。由于是初次写作，学生往往抓不住"新闻"。这是难点之一。难点之二，是将新闻报道与一般的记叙文混淆起来。克服难点的办法，一是让学生知道"新闻"是什么，二是掌握新闻报道的特点和写作要求。

新闻是对现实生活中富有意义的最新事实的报道。对于初学者来说，对新闻的理解容易走极端：或者把新闻理解为国家大事，抓不住"新闻"，无法下笔；或者把新闻理解为发生的一切事情，将一些细枝末节的生活琐事当作"新闻"。针对这一问题，教师要引导学生对身边、社会上发生的事件进行辨析，哪些有代表性、典型性，有报道的价值，哪些虽然天天发生，但没有报道的价值，不能成为新闻。比如，学生的迟到现象是经常发生的，如果每天都对迟到进行报道就毫无意义；如果某同学从不迟到，而这一次却只有他迟到，这就成为"新闻"，具有报道的价值。总之，凡是新近发生的、新鲜的、具有代表性或典型性，在一定范围内比较重要的事件，都可以报道而成为新闻。

从广义上讲，新闻包括消息、通讯、特写等，狭义的专指消息。消息是新闻中最经常、最广泛使用的一种体裁。在内容上，新闻包括时间、地点、人物、事件、原因五要素，在国外叫"五 W"——何时（when）、何地（where）、何事（what）、何因（why）、何人（who）。

新闻报道的写作必须遵循三条基本原则：

一是真实准确。"真实"指报道的事实不是虚假的、编造的，"准确"指报道的内容确凿可靠。新闻报道不能像想象作文那样随意添枝加叶，搞合理想象，更不能像文学创作那样通过艺术的虚构，达到人物、情节、环境的典型化。必须完全如实地反映现实生活中的真人真事，绝对不允许虚构和夸张。

二是迅速及时。迅速主要指报道的速度"快"，及时主要指报道的内容"新"。快和新是紧密联系着的。新鲜的事报道迟了，新闻就变成了"旧闻"，失去了新意。重大事件、动态、动向的报道，如果延误了时机，就会给社会造成很大的影响。

三是简明扼要，用事实说话。新闻报道的简明扼要表现为用经济的文字，准确地报道新闻事实，语言简洁，篇幅短小，内容实在而精炼。用事实说话表现为事实，是新闻内容的主干，在新闻中占有重要比重。特别是消息对事实的应用，比通讯、特写等更为纯粹。这一条，比较鲜明地体现出消息的个性特点。

新闻报道的结构由五部分组成：标题、导语、主体、背景、结尾。有的新闻根据不同主题的事实，或省略背景，或省略结尾，不一定五个部分都齐全。

标题：标题是新闻的题目。它是新闻内容的概括，内容的精粹。一则新闻的标题能够表达作者的观点、思想倾向，也能显示新闻的精神、风采和神韵。所以，标题拟得好，可以使新闻大为增色，吸引读者的注意力。比如通讯《谁是最可爱的人》的标题，充分体现了文章的主题和作者的思想倾向，采用问句的形式，使读者一看到就被深深地吸引住，欲罢不能。标题主要有三种形式：一种只有正题，另一种有正题和副题，第三种引题、正题、副题俱全。一篇新闻报道采用什么形式的标题，要根据新闻的内容和报道的需要决定。

导语：导语是新闻报道独有的一个概念和组成部分。一般来说，导语就是新闻的第一句话或第一个自然段。是新闻最有价值、最精华的部分。它在新闻中"立片言而居要"，以简明精炼的文字，开门见山地概括出新闻最主要、最新鲜的事实，揭示出新闻的中心思想，提纲挈领，统领新闻内容，使读者首先得到一个总的印象，以引起注意和阅读兴趣，帮助阅读。

主体：主体是新闻内容的主要部分。它紧承导语，围绕一定的主题，对新闻事实作具体的叙述和展开，写作中要力求内容充实，并根据报道内容的具体特点安排好层次。方式主要有：按时间顺序写出事件的发展，按逻辑顺序反映出有关事物之间的内在联系，将时间顺序和逻辑顺序结合起来。

背景：背景是新闻事实的历史和环境。交代背景是为了从更深更广的范围，去反映新闻事实发生的具体条件与独特原因，起到烘云托月的作用。背景材料大致可分为对比性的、说明性的和注释性的三种，它的使用应考虑报道内容的实际情况和读者的需要。更要紧扣和突出主要新闻事实，用语简练，不可喧宾夺主。

结尾：结尾是新闻报道的最后一句话或最后一个自然段。许多好的新闻结尾可以起到深化主题、发人深省、回味无穷的作用。新闻结尾写法多种多样，常见的有"小结式""分析式""号召式"等。写结尾不能与主体和导语内容重复，要有新意，切忌画蛇添足。但不是所有的新闻都要有结尾，如果已将事实交代清楚完毕，也可不必煞费苦心去想出一条"绝妙的尾巴"。

二、审题立意指导

本单元有三个题目，训练重点可放在一、二两题上，学有余力的学生可以选作第三题。

（一）写一篇300字左右的行为报道

题目要求先开展活动，再进行写作。设计意图是让学生在动手、动口的实践活动中提高写作兴趣和写作能力。学生由于是初次写作新闻，报道什么，怎样捕捉"新闻"是一个首要问题。要使学生人人能写，范围不可限制太窄，"新闻"的内容可以是校内的，也可以是校外的，但应以校内、班内新闻为主。因为这些内容紧扣学生实际，容易采访；其次要让学生充分占有材料，了解事件发生的时间、地点、起因、经过、结果、人物等，所以必须组织学生进行采访。在采访时要注意指导，为防止采访中有事实遗漏，可以先作采访计划，依据学过的新闻知识拟好采访提纲。

（二）把《第二次考试》改写成400字左右的新闻报道

写好这个题目先要重温第二册有关内容，弄清《第二次考试》的主题思想，准确地确定新闻报道的写作角度，使所写的新闻报道与《第二次考试》的主题一致。其次是理清原文的线索，写作时以叙事为主体，交代清楚记叙的要素。另外还可以有简要的背景说明和恰当的议论。

（三）配合第二题的报道，以《严峻的人生答卷》为题，写一则400字左右的评论

写新闻短评，是写一篇议论文，要求紧扣新闻发表评论。可以先对陈伊玲的事迹作简要的概述，然后紧扣她是如何对待公与私这一人生重大问题展开评论；也可以是概述事实，提出论点，论证论点。

三、课文借鉴

从第五册开始，读写训练进行到第三阶段，着重培养学生实际运用语言的能力，教材将读与写有机地结合起来，所安排的课文，对于作文训练有很高的借鉴价值。对于新闻报道，学生并不陌生，已经学过的第二册《刘胡兰慷慨就义》一文就是一篇很好的新

闻报道，只不过学习的重点是放在"记叙文的要素"上；第三册又设"读报单元"，专门介绍了与报纸有关的消息、通讯、评论等方面的知识，侧重点在于了解报的形式、内容和读法。本单元安排的几篇课文，目的是对如何阅读与写作新闻体裁的具体训练。以前的是有关知识的介绍，本单元是实际应用，是前面学过的有关知识的扩展和深化。下面结合课文具体谈谈标题、导语、主体的写法及作用（标题、导语、主体是新闻报道必不可少的部分），以资借鉴。

新闻报道的标题分为引题、正题和副题，采用分行形式排列。如《美"挑战者"号航天飞机升空后爆炸》这篇课文就有正题和副题。正题就是课文题目，字体最大，副题是"七名宇航员全部遇难 里根总统表示哀悼"，字体略小。正题概括了事件本身，副题的前半部分写灾难惨重，后半部分写最高领导人的态度。正题和副题用词简明、准确，概括了消息的核心内容。学生在进行第一或第二题写作时都可以借鉴这种拟题法。

导语的写法，教材提供了精彩的范例。"人民解放军百万大军，从1000余华里的战线上，冲破敌阵，横渡长江。西起九江（不含），东至江阴，均是人民解放军的渡江区域。"（《人民解放军百万大军横渡长江》）这则导语气势壮阔，激动人心，以极其精练凝缩的文字，及时准确地概述了渡江战役的胜利成功。导语交待了人物、地点、事件、结果（时间已在电头注明），给读者以完整、鲜明的印象，同时又领起了下文。《美"挑战者"号航天飞机升空后爆炸》的导语，写明了事件发生的时间和结果，不仅概述了"挑战者"号爆炸的情况，而且点明了事故的严重程度。教材提供的例文《漫画之真谛》一文的导语，则采用设问的方式，不仅点明了报道的内容，而且还深深地吸引了读者。

主体部分是新闻报道的重心，写法上最能体现作者的匠心独运，其结构顺序的安排一般是以时间为序。如《人民解放军百万大军横渡长江》的主体部分就是以时间为序来安排的：从20日夜到21日下午五时，21日下午到22日下午。同时又考虑到各路军的进展情况，中路军和西路军所遇敌人的抵抗均微弱，东路之敌抵抗较为顽强，所以东西两路虽同时发起进攻，而将中、西路放在一起先写，东路后写。并且中路军渡江行动在前，新华社此前已有报道，这里只要略作交代即可转入下文。从这两方面的原因考虑，课文先写中路，再写西路，后写东路。再如《美"挑战者"号航天飞机升空后爆炸》主体部分的结构安排，总体上是按时间顺序安排的，但在3至6自然段的安排上，却按"总—分—总"的顺序安排：先总写"全国上下极为震动"，后分写上层人士和平民大众的反映，再用总统的讲话作结。此外，作者在主体部分还交代了有关"挑战者"号的背景材料，最后对这次空难产生的影响进行展望作结。

一般地，新闻以记叙为主，也可以根据需要穿插恰当的议论。如《人民解放军百万大军横渡长江》主体部分的第二层，交待了战况后插入一段议论："此种情况……都很泄气。"80多字的议论，突出了我军英勇善战，揭露了国民党反动派拒绝签订和平协议的反动本质及军无斗志，不堪一击的军情，从而使文章增强了思想性和政治性。

四、学生例文点评

服务教学　美化环境　防止水土流失
我校建起生物园

前日，我校在学生宿舍楼通向教学楼的道路两旁，筑起栏杆，建起了生物园。过去每逢刮风下雨，校园黄沙横飞，遍地淤泥，人们戏说道：下雨是"水泥地"，天晴是"洋（扬）灰场"。情况虽然谈不上严重，但着实叫人不便。如今，学校因地制宜，在道路两旁建起了生物园，不仅美化了环境，而且能使教师的生物课更形象、更生动。生物课上多多少少会有些小实验，为了做个小实验同学们要准备好多天，现在有了生物园，我们就不用愁了。现在，生物园内的种子已经发出嫩芽，希望同学们能保护好她。

【评点】

这则新闻比较合乎要求：引题"服务教学，美化环境，防止水土流失"点出了事件的原因和意义；正题"我校建起生物园"概括了事件本身；导语交待了事件发生的时间、地点、结果；主体部分上承导语，采用对比方法，具体叙述了生物园建立前后的情况，使人有非建不可之感；结尾是对同学们提出的希望。整篇新闻语句通顺，记叙清楚。中间部分"人们戏说道……叫人不便"的议论语言诙谐，画龙点睛。

陈伊玲复试失重望
苏教授暗访得英才

昨天晚上，初试成绩十分出色的陈伊玲因抢险救灾，劳累过度，复试中一反常态，令人大失所望。苏林教授明察暗访，弄清事情原委，陈伊玲终被录取。一个星期以前，陈伊玲参加音乐学校考试，在200多名考生中，她成绩十分优异，尤其是她那优美的音色和深沉的感情，惊动了四座，连一向以要求严格闻名的声乐家苏林教授也颔首赞许。初试之后，陈伊玲正加紧训练，准备参加安排在昨天的决定她终身事业的考试。不料在两三天前，因台风袭击，杨树浦地段发生火灾，陈伊玲毅然投入救灾行列。陈伊玲是某厂干部，转业前是文工团战士，她工作积极，助人为乐，里弄受灾她能不抢救吗？第二天上午，她焦急地参加复试，唱的还是初试时的那两支歌，但声音发涩，毫无光彩，听起来判若两人。这一现象令考试委员会大失所望，而苏林教授决定弄清原委。今天一大早他根据报名表上的地址找到了陈伊玲家，从她的弟弟那里详细了解了陈伊玲的情况，深为陈伊玲公而忘私的精神所感动，决定录取这位品学兼优的学生。

【评点】

这则改写的新闻很有特色，标题、导语、主体皆合乎要求，尤其是标题采用对偶方式，富有文采；主体部分插入夹叙夹议的背景材料，对深入理解陈伊玲的行为有重要意义。文章用词准确，倾向鲜明。

（参见《初中语文第五册第一单元作文指导》，作者戴红顺。原载中国临汾《语文教学通讯》1997年第7-8期第70-72页。）

第八章　一体两翼三沟通语文教学的口语交际与综合性学习

口语交际和综合性学习都是《义务教育语文课程标准（2011年）》规定的五大教学内容之列。他们的共同特点是实践性，不同之处是口语交际核心在于"交际"，综合性学习的核心在于"综合"。一体两翼三沟通语文教学要求认真开展口语交际教学，认真组织学生的综合性学习。这是发展学生个性特长，提高学生综合能力不可替代的课程内容。

第一节　一体两翼三沟通语文教学的口语交际教学

一、口语交际教学的意义、目标与内容

（一）口语交际的内涵

自新课改全面实施以来，口语交际教学中产生的问题很多。主要原因是大家对口语交际概念的理解有偏差，不够准确，不够深入而导致的。为使口语交际教学不致误入歧途，有必要对口语交际的概念进行基本的界定。

1. 口语交际是"口语"的交际，而非"书面语"的交际

有老师认为，口头说出来的就是口语，在口语交际课上，只要学生在进行口头表达，只要学生在听、在说，他们的口语交际能力就在发展，其结果是把口语交际课上成了口头作文课。事实上，口头作文充其量是书面语的口头表达，与语文教学所要求的口语交际完全不能等同。从形式上看，口头作文是单向的，是直接为习作服务的，是作为习作指导的环节出现的，是不需要考虑交际效果的；口语交际则是多向的，是为了交际的目的服务的。从成果上看，口头作文是书面语，口语交际则是口头语，二者在词汇的选择、句式的运用等方面，都有着显著的区别。

人教版的中小学语文教材将口语交际与习作整合编排，要求学生进行同题的口语交际和习作活动。编写的意图是整合听说读写，使之互为背景，相互促进，相得益彰。如，阅读教学可以给口语交际提供某些词汇的积累、表达的样式和思考的空间；口语交际的成果可以为学生提供习作的素材、习作的思路。在教学时，如果能够充分发挥书面语和口语互相促进的一面，可以大大提高教学效率。具体到教学实施，虽然话题是一致的，但是口语交际教学和习作教学却应该有相对的独立性，应该有各自不同的特点。不能把口语交际和口头作文混为一谈，也不应把口语交际等同于习作指导。

2. 口语交际的核心在于"交际"

交际是每一个社会人生存的基本需要。交际的意义在于达成理解，进行沟通。通过

口语交际，达成对世界的认识和理解；通过口语交际，沟通信息、沟通思想、沟通情感。口语交际是我们探索世界、理解世界的最重要的方式，也是我们最基本的生存方式。所以，基本的交际能力，不但是社会人才培养的需要，更是个人追求幸福生活的需要。

口语交际的核心是"交际"。与过去的听说活动相比，这是根本的、价值取向上的转变。其区别在于，口语交际是在真实的交际状态下发展听和说的能力，所有的口语交际，都直接指向交际的目的、交际的功能，即使是独白式的表达，也不是自说自话，而是为了谋求某种理解和沟通，是为了达到与人交往的需要。所以，口语交际能力所包含的，绝不仅仅是听说能力的简单相加，而是包含着丰富的交际技巧、交际方法、交际策略、交际心理的因素。听说能力是交际的基础，听不明白、说不清楚，交际无从谈起；但是只会听只会说，也不一定能达到交际效果。要想成功交际，还要考虑交际对象和语言环境，如身份、场合、时机。这是十分重要的。如，有的人表达能力很强，认识事物也很深刻，但在表达观点时表现出争强好胜的性格，不考虑别人的感受，伤害了别人的情感，别人无法接受他的观点，他也不能很好地完成交际任务。

（二）口语交际教学的意义

《义务教育语文课程标准（2011 年版）》特别强调："口语交际能力是现代公民的必备能力。应培养学生倾听、表达和应对的能力，使学生具有文明和谐地进行人际交流的素养。"目前口语交际能力已成为与识字写字、阅读、写作和综合性学习并列的五大教学内容之一，成为素质教育的重要内容。语文课程改革把原来的"听话、说话"训练改为"口语交际"训练，这不是一个简单的名称变换，而是教育观念上的一个重大发展，体现了语文教学注重了对学生交际能力的培养。

口语是最直接、最方便、最经济，也是最重要的交际工具。在社会生活中，人与人交流沟通，每时每刻都离不开口语表达。因此，任何忽视口语认识和口语锻炼的人，都是错误的。尤其是教育工作者，更应该充分认识口语交际能力的意义，发挥口语交际的作用，努力提高口语交际教学的质量。加强口语交际教学，具有重大深远的意义。

1. 培养口语交际能力是社会发展的迫切需要

口语是随着社会的产生而产生，又随着社会的发展而发展的。现代社会已经进入一个高交际化、高信息化的时代，人们对口语交际的质量和要求也更高了。口语交际能力已经成为现代公民必备的能力。开设口语交际课是从教育要"面向世界，面向现代化，面向未来"的战略角度来提出要求的。对新一代青少年加强口语交际能力和习惯的训练，具有时代要求的迫切性和重要性。

2. 培养口语交际能力是学生终身发展的必需

长期以来，受传统观念的影响，大部分人并不重视口语交际能力的发展。正面的说法有"沉默是金"，反面的有"祸从口出"。传统观念主张人们要少说话，少说少错，话多了给人不踏实、滑头、浮夸的印象，不爱说话的人才是踏实的人。中国的家庭很少有家长会有意识地教育孩子多说话，学说话。虽说"说话"是正常人与生俱来的功能，但很明显，并不是人人都"会说话"，都会把话说"好"。无论什么人，提高口头言语的能

力与修养都是必要的。

3.培养口语交际能力有利全面提高学生的语文素养

语文课程应致力于学生语文素养的形成与发展，口语交际能力是语文素养的重要部分。传统的语文教学往往是"重文轻语"——重书面语言而轻口头语言，学生的听、说、读、写能力得不到全面的落实和培养。口语交际课的开设有利于扭转"重文轻语"的偏向。加强口语交际能力训练，不仅有利于提高学生的普通话水平，而且更有利于培养学生的听说读写能力，全面提高学生的语文素养。因为口语交际是"听与说"双方的互动过程，同时也是"说与写"的互补互助过程。在这一过程中，学生的语文素养得到了较快的发展。

4.培养口语交际能力有助于开发学生的智力

加强口语交际教学，不仅可以提高学生的表达能力，也能提高学生的智力。人们在交际过程中都需要智力。智力是思维力、观察力、注意力、记忆力、想象力等多种能力的综合体。而口语表达，看起来是"说"，但实际上它是将倾听、观察、思维、记忆、想象、应对融为一体，需要融会贯通。"说"也是一种智力比拼。在口语交际教学中，学生在你一言我一语地进行着，其过程能有效地激起学生的智力潜能，同时使学生的智力也得到培养和训练。当口语交际教学过程进入正常状态时，你会看到学生们在听、说的同时还会善于察颜观色，他们还会根据说话人的表情、动作、神态、语气等，揣摩其弦外之音。

（三）口语交际教学的目标与内容

1.《义务教育语文课程标准（2011年版）》规定了义务教育阶段口语交际的教学目标

（1）总体目标与内容。具有日常口语交际的基本能力，学会倾听、表达与交流，初步学会运用口头语言文明地进行人际沟通和社会交往。

（2）学段目标与内容。

① 第一学段（1-2年级）。

学说普通话，逐步养成讲普通话的习惯。

能认真听别人讲话，努力了解讲话的主要内容。

听故事、看音像作品，能复述大意和自己感兴趣的情节。

能较完整地讲述小故事，能简要讲述自己感兴趣的见闻。

与别人交谈，态度自然大方，有礼貌。

有表达的自信心。积极参加讨论，敢于发表自己的意见。

② 第二学段（3-4年级）。

能用普通话交谈。学会认真倾听，能就不理解的地方向人请教，就不同的意见与人商讨。

听人说话能把握主要内容，并能简要转述。

能清楚明白地讲述见闻，说出自己的感受和想法。讲述故事力求具体生动。

③ 第三学段（5-6年级）。

与人交流能尊重和理解对方。

乐于参与讨论，敢于发表自己的意见。

听人说话认真、耐心，能抓住要点，并能简要转述。

表达有条理，语气、语调适当。

能根据对象和场合，稍作准备，作简单的发言。

注意语言美，抵制不文明的语言。

④第四学段（7–9年级）。

注意对象和场合，学习文明得体地交流。

耐心专注地倾听，能根据对方的话语、表情、手势等，理解对方的观点和意图。

自信、负责地表达自己的观点，做到清楚、连贯、不偏离话题。

注意表情和语气，根据需要调整自己的表达内容和方式，不断提高应对能力，增强感染力和说服力。

讲述见闻，内容具体、语言生动。复述转述，完整准确、突出要点。能就适当的话题作即席讲话和有准备的主题演讲，有自己的观点，有一定说服力。

讨论问题，能积极发表自己的看法，有中心、有根据、有条理。能听出讨论的焦点，并能有针对性地发表意见。

2.《普通高中语文课程标准》在必修课中规定了普通高中阶段口语交际的教学目标与内容

（1）增强人际交往能力，在口语交际中树立自信，尊重他人，说话文明，仪态大方，善于倾听。敏捷应对。

（2）注意口语的特点，能根据不同的交际场合和交际目的，恰当地进行表达。借助语调、语气、表情和手势，增强口语交际的效果。

（3）学会演讲，做到观点鲜明，材料充分、生动，有说服力和感染力，力求有个性和风度。

（4）在讨论或辩论中积极主动地发言，恰当地应对和辩驳。

（5）朗诵文学作品，能准确把握作品内容，传达作品的思想内涵和感情倾向，具有一定的感染力。

二、口语交际教学的误区与策略

（一）口语交际教学的误区

1.口语交际教学的内容远离学生生活，缺乏真实性和实用性

许多教师在口语交际教学话题的选择上，偏离了学生生活，只注重趣味性，忽视了真实性和实用性。比如有的教师喜欢以动物为支撑点展开口语交际训练，可是，学生对动物并不熟悉，特别是某些珍稀动物，学生连见也没见过。所以，在教学过程中，学生的表现总是不尽如人意，不是无话可说，就是把口语交际变成普通的看图说话，丧失了课堂的生机和灵气。还有的教师运用多媒体创设生活情境，诱发学生的口语交际的兴趣，可事先没有引导学生获得真实的生活体验，学生的语言缺乏真诚，显得空洞、虚假。事

实上，没有真实的说话情境，就不能诱发学生的说话欲望，没有说话意愿，口语交际就失去了基础。所以，恰当地选择口语交际的话题，是实现口语交际的前提和保证。

2. 口语交际教学过程处于单向活动，缺乏交互性

当前，许多口语交际教学有很浓的说话训练课的色彩。特别是说动物的口语交际课，其操作程序基本分如下三个阶段：（1）录像导入，形象感知；（2）回忆图像，口语表达；（3）选择几种动物，创编故事。整个教学过程中的说话训练都以个体、单向交流为主，即便有一些表面看似双向的交流，如教师提问，学生回答；这人说一句，那人说一句等，由于没有建立在倾听的基础上，学生的语言都没有内在的联系，并不是真正意义上的言语交互。没有互动、应对和合作，口语交际就丧失了它的本质属性。

3. 口语交际变成优等生的游戏，缺乏参与的全体性

几个学生撑场面、大多数学生当陪客的现象，在口语交际课中表现得最为明显。究其原因，主要有三个方面：一是传统教学长期偏重书面语言培养，忽视口头语言训练，有很多学生说话不规范，或根本就不会说话；二是某些学生不愿说，或想说而不敢说；三是教师的调控技巧不够，让部分学生牵着走，有些学生一连发言好几次，影响了其他学生参与的积极性和主动性。缺乏参与的全体性，口语交际也就失去了应有的价值追求。

4. 教师只是言语交际的参与者，缺乏教学过程中的主导性

随着民主、平等的教学理念不断形成，课堂中的师生关系发生了根本的转变。教师作为口语交际的积极参与者已被广泛认同。教学过程中，师生互动的学习方式也被广泛采用。可是教师只是口语交际的参与者，忽视了其在教学过程中的组织者和引导者的角色，就丧失了教师的主导作用，从而使课堂教学缺乏纵深延伸，出现散而乱的现象，降低了课堂教学效率。

（二）口语交际教学的策略

《义务教育语文课程标准（2011年版）》在总目标中要求：使学生"具有日常口语交际的基本能力，学会倾听、表达与交流，初步学会运用口头语言文明地进行人际沟通和社会交往。"这是为适应现代社会生活的需要而提出的能力要求，不是一般的听和说的能力，所以口语交际教学显得尤为重要。怎样进行口语交际教学，提高学生的口语交际能力呢？

1. 选择合适的交际话题

学生的投入程度与其对话题的关注程度密切相关。话题的确定应考虑到话题的现实意义、难易程度、学生的实际情况等因素，这直接关系到口语交际教学能否调动学生的思维，能否产生浓厚的交际氛围。中小学语文口语交际教学的话题内容，可以分为以练自主性说为主和以练目的性说为主两种形式。以练自主性说为主的话题的范围要尽量广泛，可涉及学生生活、学习的方方面面，而且同一个内容还可以从多角度谈。以训练目的性说为主的话题既可选取教材中的阅读和写作中的材料拓展延伸，又可以选取社会中的热点话题，激起学生参与讨论的兴趣，引导学生评析时事，针砭时弊。

2. 精心创设交际的情境

在口语交际的教学中，教师在教学过程中要创设恰当的交际情境，利用听、说、演

的方式，让学生理解用语文明、得体的重要性及注意事项，以培养学生的合作精神，提高学生的口语交际能力，从而提高学生整体的语文素质。语文课是经常进行口头语言表达实践的场所，我们可以根据教材内容、特点，灵活机动地安排听说训练。在口语交际的训练中，教师要大量创设情境，给学生营造一个交际的环境。我们创设的交际情境，不能完全等同于生活，不应该是对生活的简单复制。如果只是简单重复生活，不但达不到提高学生口语交际能力的目的，反而是对语文课程资源的巨大浪费。情境的创设还要遵循真实性原则。在情境中，所有的学生都应真实地参与到交际活动中来。要避免一切虚假的情境，体现对学生的充分尊重，致力于发展健全人格。

3.注意训练的层次和方法

在口语交际教学中，教师要根据《义务教育语文课程标准》的要求，针对不同学段的学生特点，确定口语交际训练的"序"，有计划、有步骤、有层次地进行。在训练过程中要体现由易到难、由简单到复杂、由低级到高级这样一个符合人们规律的"序"。第一步，帮助学生克服在公共场合不愿讲、怕丢丑的心理障碍，鼓励他们张口说话；第二步，低起头，严要求，让学生先想后说。即每天提前抽取题目，让学生稍做准备后再当众说话，比如每天课前五分钟演讲；第三步，提高要求，让学生现想现说。如开展辩论会，围绕一个主题，让学生各抒己见，从中训练他们思维的敏捷性和表达的准确性。

4.充分发挥榜样示范的作用

口语交际教学要注重典型示范作用，这是由我们的教学对象决定的。我们中小学生阅历浅，语言表达还处于生长发育期，特别是对小学低年级的学生，口语交际教学的典型示范尤为重要。教师是学生学习的一面最直接的镜子。要学生学会倾听，我们教师必须要自己先学会倾听。示范也不一定全由教师来承担，可以让一些优秀的学生来示范。学生示范，其他同学也易于接受。

5.优化口语交际大环境

语文教学有着显著的社会性特点，口语交际教学自然也是如此。学习口语交际需要有一个良好的社会环境，除了语文课堂以外，学校、家庭、社会各种场合的各种活动，都应成为学生进行口语交际训练的场所和机会。要有计划地把口语交际训练同各科教学活动，同文体活动、生产劳动以及校外社交活动紧密结合起来，开展丰富多彩的口语交际活动，使口语交际训练经常化、系列化、生活化。

6.正确处理口语交际课中的师生关系

什么是真正的口语交际？其重要的标志就是，交际者之间、不同发言者之间的语言有内在的联系。遗憾的是，现在，这种内在的联系大都通过老师来实现。如在一些独白性的话题中，学生讲述完毕，老师就会提出："有谁想向他提问题？"有学生提出问题后，老师又会转回讲述者："你怎么回答他的这个问题？"……老师总是不自觉地把双边关系变成多边关系，一切交际的因素都要在老师这里进行中转。事实上，这样的交际状态已经丧失了其应有的真实性，实际的交际效果也是大打折扣。在口语交际教学过程中，老师的指导要适时、适度，尽量不要当"第三者"，不要插足，要放手让学生自己主讲，自己主持。如，学生讲述以后，可以自己请同学提出问题，并选择几个问题进行解答。完全可以让这种交际模式成为惯例，成为班级交际常规。

三、口语交际能力的训练

口语交际是指交际双方在一定的语言环境中运用语言来口头传递言语信息的过程。从信息论的角度看，口语交际过程就是获得信息和传递信息的综合能力实践与运用的过程。这一过程的实现，需要说者表达与听者倾听的应对。说者与听者的信息传递就是在两者的交互性与反复性的过程中完成的。由此，我们可以依据口语交际教学的目标与内容和交际双方、语言能力和非语言能力（场景、态度、习惯）的角度，选择口语交际训练的方法。

（一）以培养倾听能力为主的方法

倾听能力训练以听规范的普通话为前提。它的主要目标是培养辨音力、注意力、理解力、记忆力、鉴赏力等五种倾听能力。

1. 聆听训练

聆听训练，是指对学生进行耐心专注地倾听说话人话语的一种训练。聆听训练的主要方法有三种：一是课前、课中培养学生的注意力。课前，可以采用精巧、恰当的导入，让学生收心，将注意力集中到课堂上来，迅速进入学习状态。课中，学生走神，可采用提高声音、中断讲课或暗示的方法，唤醒学生的注意力，保证课堂脑力劳动的效率；二是训练闹中取静的能力。可以向学生介绍导师、名人闹中取静的故事，激发学生的欲望；可以通过播放音乐或噪音来干扰学生，以训练学生的注意力；三是训练注意的分配能力。在口语交际中，由于说话人的水平能力差异，有的人说话滔滔不绝，有的人说话条理不清、颠三倒四，有的人说话艰涩费解，有时甚至几种声音同时存在。这就要求听话人在倾听过程中善于调整和分配自己的注意力，集中精力捕捉那些最有价值的信息，排除那些插科打诨、与主题无关的多余信息。

2. 听说训练

听说训练，是指把听和说的练习结合起来进行，听后作复述、评述，或说出听后的感受的训练。这是听话训练最基本的常规手段。这种方法的主要价值在于训练学生的听话注意力和听话记忆力，同时也是训练学生表达能力的有效方法。听说训练的方式有四种：一是听述训练。听述，就是把听到的内容用自己的话复述出来。其方式主要有听后概述、听后详述、听后综述等几种。要求学生听话时作分析概括，详述要求学生听话时作详细记忆，综述要求学生听话时作综合整理。听述的要求：复述要符合原意，不要篡改、歪曲原来的内容；要用自己的语言顺畅地、有条理地复述；二是听评训练。听评，就是让学生对听到的内容作出评价。例如，听读一篇文章，可以对文章的中心思想、故事情节、人物形象、篇章结构、语言表达等方面进行评论。如果是几篇文章，可以分别评论、对比评论或综合评论；三是听后感训练。听后感，就是让学生对听到的内容发表个人感想。听后感的要求：要边听边作要点记录，边引发个人感想；要听得仔细，记得准确，感想要合情合理，真实自然；表述感想要有中心、有条理；四是问答训练。这是一种有针对性的听说训练，在智力要求上比前面几种训练要高。这种训练的价值在于培养听话过程中的注意力以及判断、推理的能力。问，是指口头提问；答，可以是口头的，也可以是书面的。这种训练的侧重点是培养听的能力。一般只要求回答准确，而不要求面面俱到。问答训练要同培养良好的听话态度和习惯结合起来，要求学生全神贯注，耐心细致，适应紧张的思维活动。

3. 听记训练

听记训练，是指把听到的信息运用文字或符号迅速地记录下来的技能训练。听记训练是一种听和记相互促进的能力层次较高的技能训练。它对培养积极思维、概括要旨，眼、耳、脑、手并用都有重要的价值。而最有实用价值的是可以提高听课笔记和讨论、会议记录的能力。这种能力是自学能力的重要基础。听记的训练方法较多，可以慢读细听慢记，可以快读快听快记，可以听后追记。

4. 听写训练

听写训练，是指把听读的材料逐字逐句准确地记录下来的训练。这是使用较为广泛的传统的语文训练方法。一般由教师读出字音或朗读一段材料，学生用笔准确无误地写下来，训练中听与写并重。这种训练对于培养学生的语音辨识能力、语义理解能力和文字书写能力都具有重要意义。它加强字词的音、形、义联系，对调动耳、脑、手的协同工作起到积极作用。训练的方式较多，主要有：记录性听写，教师读或放录音，学生边听边写，用写来检验听的效果。记忆性听写，先让学生认真反复地听几遍，再要求学生把听到的内容写出来。辨析性听写，教师在听写的内容里有意识地安排一些错误，训练学生的听辨能力，培养学生敏锐的语感。选择性听写，汉语的字词有同音、近音、形近和同义等现象，学生容易混淆。选择性听写从听感上进行训练，有助于听得准，读得准，写得准。

5. 听辨训练

听辨训练，是指对听话材料或听到的话进行思考、辨析，从而得出正确判断的训练。听人说话，对一字、一词、一句都要细心听，边听边辨。听辨训练主要是培养学生的思维敏捷性。听辨包括辨音和辨意。辨音，就是要求能正确分辨音节，辨别讲话中的音节、声调、语调等有关声音方面的一些差异，并把它和所代表的意思联系起来。辨意，就是对语言信息的正误进行鉴别。听辨能力训练的方式方法有许多，常采用的有几种：一是辨异同训练。辨异同，就是找出听话材料中的相同点和相异点。例如，让学生参加讨论、辩论、对话活动，辨别发言人发言的共同点和分歧点；二是辨正误训练。辨正误，就是能听出别人说话或语言材料中的正确与错误。例如，能听出别人说话中的语病，参加讨论、辩论活动，让学生辨别哪些观点正确，哪些观点错误。这种训练对提高语言辨析能力和表达能力有很大的帮助，而且有助于提高学生分析、比较的思维能力；三是辨类别训练。辨类别，就是根据材料的固有特征，听出不同类别的材料。例如，辨别不同材料的体裁、题材、表达方式和写作方法等；四是辨美丑训练。辨美丑，就是对所听材料作出审美判断。

例如，听读不同的文学作品，对材料的内容和形式进行审美评论。

6.听测训练

听测训练，是指从听到的话语推测没有听到的话语或言外之意的训练。听测训练主要是培养学生的语言感受能力、想象能力和推理能力。听测训练的方法有以下几种：一是推测结果训练。推测结果，就是根据已知材料，推测可能出现的结论或结局。推测结果训练可以跟续写训练结合起来进行；二是推测意图训练。推测意图，就是根据说话的内容和说话人的体态、表情、语气等，推断他讲话的意图。这是口语交际中重要的能力；三是推测人物训练。推测人物，就是根据说话的内容、用语特点和说话时的神态、动作、语气等，推断说话人的职业、身份、年龄、性格、爱好等。推测人物训练，有利于更深刻地理解话语的含义和说话人的意图，增加对人物的了解，并发展观察力、想象力和逻辑推理能力。

7.听赏训练

听赏训练，是指引导学生反复收听标准的作品朗读录音，鉴赏作品的语言美、音韵美、风格美，从而培养学生的听话鉴赏力和口语交际能力的训练。这种方法多用于文学作品的教学当中。俗话说：锣鼓听声，说话听音。语音的轻重缓急，高低抑扬，延续停顿，可以营造一个特殊的环境。通过旋律优美、节奏鲜明的声音感染，听音入情，驰骋想象，深入文学作品的艺术美景，引发强烈的艺术共鸣，受到强烈的艺术感染。

（二）以培养表达和交流为主的方法

在口语交际中，中小学生说的能力训练重在打基础，掌握说话的基本原则，提高说话的基本技能。在说话的技巧性及说话的艺术性方面不应要求过高。中小学生的说的能力训练主要通过阅读教学、作文教学和课外活动进行。

1.通过阅读教学培养说的能力

阅读教材绝大多数都是文质兼美的文章，通过由读到说的"外化"过程，可以为学生树立说话的典范。阅读教学中进行说的训练，主要通过问答、朗读与背诵、复述、讨论等方式进行。

（1）问答。在日常教学中，师生之间的问答是一种最常见的练说形式。为了激发学生答问的积极性，教师应当在课前精心设计提问的问题，坚决摒弃那种"对不对""是不是"的"是非问"。教师的提问要富有启发性，问题要难易适度。学生的答问要把讲述语体作为训练重点，即引导学生能够就某个问题进行较长时间的有分析、有判断的发言。学生回答问题之后，教师要及时点评，不断评点回答问题的正误，还要评点表达的技巧，甚至评点回答问题时的姿态，使学生时时不忘说话技能的提高。

（2）朗读与背诵。朗读与背诵是把书面语言转换成口头语言的一种方式，是提高口头表达能力的有效手段。朗读与背诵可以使学生深入理解课文内容，增强记忆。此外，在反复的诵读过程中，学生可以丰富词汇、增强语感，学会多种句式，进而把课文的语言变成自己的语言，形成精练、准确、流畅的口语表达能力。较高水平的朗读与背诵，应当表达出符合诗文内容的情感，运用符合诗文内容的语调。这是的"读"与"背"就更接近说。

（3）复述。复述就是在理解的基础上，用自己的语言叙述课文的内容。复述有利于培养学生有条理的、连贯的、较长时间的说话能力，复述与朗读有相同之处，它们都有书面语言材料作为凭借物，但它们又有区别，复述扔掉了凭借物，并要对凭借物进行加工改造。这降低了学生对凭借物的依赖性，有利于由读向说过渡。复述的类型主要有三种：一是详细复述。这种复述要求内容、顺序、表现方式、语言风格基本上忠实于原文；二是简要复述。这种复述要求抓住文章的主干，对那些说明性、描写性及举例的内容进行必要的删减；三是创造性复述。这种复述要求对课文内容、形式进行一些调整，还可以通过联想和想象，对课文的内容进行适当的补充。

（4）讨论。讨论就是利用阅读教学的有效时机组织课堂讨论，由教师提出特定的议题，让学生发表自己的主张和见解的活动。这是提高学生说话能力的有效形式。这种训练涉及面广，学生发言的机会多，人人都能得到锻炼。参加讨论，一是要仔细分析议题，确定发言的观点，准备好发言的材料；二是发言要积极。这是锻炼自己提高口语交际能力的好时机；三是发言要紧扣议题，做到观点鲜明、论据充分、重点突出、简明扼要；四是要有礼仪。发言要用语文明，举止得体，不奚落人、讥讽人；不垄断会场、抢话头、占用别人的发言时间；不打断和阻止别人讲话。

2.在作文教学中培养说的能力

结合作文教学进行经常性的口语训练，不仅可以提高学生的说话能力，而且还可以提高写作能力。因为写作课上的说话训练对中心、选材、构思、语言有更具体的要求，稍加整理便可形成一篇文章。而形成文章的口语又可以促进口语表达。这样说写循环往复、协同发展，共同提高。在作文教学中培养说的能力的方式主要有口头作文和先说后写等。

（1）口头作文。口头作文，就是根据命题，让学生稍作准备之后进行连贯、系统地口头表达。这是一种十分有效的口语表达训练方法。它要求边想边说，而且要做到言之有物、言之成理、言之有序、言之有情，因此它是一种难度仅次于辩论与演讲的训练形式。口头作文的方式多种多样，主要常用的有看图作文、看实物作文、看建筑作文、看风景作文，参观后作文、参加活动后作文等等。

（2）先说后写。学生平时对生活的观察和积累是零散的、片断的、缺乏内在联系的。学生按一定的要求，将这些片断的、零散的感受用口头语言表述出来，是口头作文。把口头作文写下来变成文字稿，成为书面作文。在这个过程中，学生完成了两个转化：一是将内在的言语转化成口头语言；二是将口头语言转化成书面语言。这两个转化，是语言训练的重要方式。

3.在课外语文活动中培养口语交际能力

（1）谈话。谈话，是指说与听在共同创设的语言情境中相互应答的活动形式。谈话是人们最常用的交际方式之一。其主要特点是：信息双向交流或多向交流，话题灵活，语句松散。谈话训练的方式：一要自拟身份。身份是一个人在社会生活中的地位，是人的社会关系的一种反映。身份是在与谈话对象的关系中表现出来的，由于身份不同，说话的口气自然不同。对长辈、老师应以求教者的身份说话，口气中应表现出礼貌与尊重；

对同学应以平辈朋友的身份说话，口气中应表现出和蔼与亲切；二要讲究态度。要讲礼貌，谈话要专注，态度要诚恳；三要选好话题。话题不好就会出现"话不投机半句多"的尴尬局面；四要控制中心。谈话质量的高低，取决于对谈话中心的控制。谈话中该放则放，该收则收。该放时不放就会显得死板；该收的不收就会越扯越远。

（2）报告会。报告就是围绕某个问题、某个事件、某项活动的前因后果，向听众作比较完整的口头介绍活动。如：读书报告、实验报告、参观活动报告、实践活动报告、调查活动报告等等。报告从准备到完成的过程对提高学生发现问题、分析问题、解决问题的能力及系统的口头表达能力有重要意义。

（3）故事会。故事是学生喜闻乐见的说话训练方式。讲故事是以看、听、读获得的原始材料为基础，经过讲述者的消化理解，用生动形象的口头语言表述出来的过程。讲故事有利于发挥学生说话的创造性，是培养学生长篇讲话能力的有效形式。讲故事一要要有好的素材；二要对素材进行创造性的加工；三要提高讲述的技巧。

（4）演讲会。演讲就是在公开场合面对较多听众，针对某一问题或某一事件发表见解、阐明道理、宣传鼓动的说话形式。演讲是"讲"与"演"的统一，是一种既诉诸于听觉，又诉诸于视觉的带有某种表演色彩的口语表达的高级形式。演讲要看对象，因此内容要有针对性；演讲要看目的，所以要观点鲜明，主张什么，反对什么，应当毫不含糊；演讲要使听众明白，所以语言必须通俗易懂；演讲要打动听众，所以在表达上要有较强的感情色彩。分析事理，要让人点头称是；抒发感情，要使人心潮澎湃，激动不已。

（5）辩论会。辩论就是就同一问题，双方形成对立观点而进行的争论。辩论是一种高层次的口语表达形式，在培养学生的思辨能力及说话的机敏程度方面有着特殊的意义。辩论前要认真研究辩题，了解辩因，分析明确辩论的焦点，做好材料、技巧和心理等方面的准备。在辩论中，辩论人要旗帜鲜明地亮出自己的观点并进行严密的论证，找出对方发言中的漏洞进行反驳。只要驳倒对方的观点，自己的观点自然就成立了。反驳通常有三种途径：一是直接证明对方的论点是错误的；二是指出对方论据是虚假的、不充分的；三是指出对方从论据推导出论点的方法是不合逻辑的。在辩论中要文明礼貌，以理服人。不强词夺理，不讽刺挖苦别人。

（6）编演课本剧。编演课本剧是一种既能增添学习兴趣，又能训练艺术语言的活动方式。这种训练方式，既能有效地训练学生个性化语言的表达技巧，又能加深对课文内容的理解。训练程序：首先对课文进行改编；其次让学生分角色朗读，体会剧中人物的个性和情节的矛盾冲突；最后待熟练之后根据故事情节发展的要求配以动作、手势、表情。表演时可以适当地化妆。

第二节　一体两翼三沟通语文教学的综合性学习

《义务教育语文课程标准（2011年版）》在"课程基本理念"中指出："语文学习应

注重听、说、读、写的相互联系，注重语文与生活的结合，注重知识与能力、过程与方法、情感态度与价值观的整体发展。综合性学习既符合语文教育的传统，又具有现代社会的学习特征，有利于学生在感兴趣的自主活动中全面提高语文素养，有利于培养学生主动探究、团结合作、勇于创新的精神，应该积极提倡。"综合性学习是《义务教育语文课程标准（实验稿）》首次提出的概念，在 2011 年版中得到了继承。综合性学习究竟是什么，综合性学习内容是什么，怎样进行综合性学习等问题，仍然需要进行认真研究。

一、综合性学习的概念和特点

（一）综合性学习的概念

1.什么是综合性学习

综合性学习是语文学科的教学内容，也是学生学习语文的一种有效的方式。综合性学习在四个层面上综合：一是学科内部听、说、读、写的综合；二是课内语文学习与课外语文活动的综合；三是语文学科与其他学科的综合；四是语文学习与社会生活的综合。《义务教育语文课程标准（2011 年版）》将"语文综合性学习有利于学生在感兴趣的自主活动中全面提高语文素养，是培养学生主动探究、团结合作、勇于创新精神的重要途径，应该积极提倡。"确定为"课程的基本理念"。《义务教育语文课程标准（2011 年版）》在"课程设计思路"中指出："学段目标与内容从'识字与写字''阅读''写作'（第一学段为'写话'，第二、第三学段为'习作'）'口语交际'四个方面提出要求。课程标准还提出了'综合性学习'的要求，以加强语文课程内部诸多方面的联系，加强与其他课程以及与生活的联系，促进学生语文素养全面协调地发展。"

从《义务教育语文课程标准（2011 年版）》的各种表述来看，"综合性学习"既是一种学习方法，也是一个学习内容，更是一条培养语文综合素养的的途径。作为一种学习方法，就好像"温故知新"这学习方法一样，通行于各个学科的学习，并不止于语文。而这种方法，对于培养学生的沟通能力、协作能力、研究能力是更为有利的。作为一个学习内容，它与"识字与写字""阅读""写作""口语交际"四大板块并列，并在它们之后，表明"综合性学习"既是语文学习内容的五架马车，同时又表明"综合性学习"是以前面四大块为基础，进行综合运用，使得看似自成一体的四大板块得到有机整合。作为一条培养语文综合素养的途径，在综合性学习过程里，学生为完成某一项学习任务，通过一系列听、说、读、写的活动来进行，更好地体现语文工具性的特点。学习语文的一个重要任务，就是利用自己所拥有的语文素养更好地生活、学习和工作。语言文字是人类最重要的交际工具和信息载体，是人类文化的重要组成部分。语文既然是工具性的，就天然的决定它与其他学科密切的联系。语文综合性学习的内容，无论它是社会科学的还是自然科学的，都是在语文范畴内完成的。实质上，综合性学习只不过是借着社会科学和自然科学的这块"地"，来实现对学生主动探究、团结合作、勇于创新精神的培养，实现对学生语文素养目标的达成。

2.三沟通语文教学的实质就是综合性学习

所谓三沟通语文教学，就是语文教学与社会生活相沟通，语文学科与其他学科相沟通，课内语文学习与课外语文活动相沟通。这是为了打破封闭的、线性的、单一的语文教学，建立开放的、立体的、系统的语文教学而探索的语文教学方式。这种方式与《义务教育语文课程标准（2011年版）》的"综合性学习"要求密切吻合。三沟通语文教学的实质就是综合性学习，综合性学习实施的途径就是语文教学的三个沟通。《义务教育语文课程标准（2011年版）》将综合性学习内容纳入语文课程的目标与内容，使三沟通语文教学的地位得到进一步的提升和巩固。

开展综合性的学习，对于培养学生的创新精神和实践能力，具有终身学习的愿望和能力，意义深远。语文的综合性学习是形成"自主、合作、探究"学习方式的重要途径。它重在学科内外的联系，课堂内外的联系，语文与生活的联系，重在学习过程的实践，注重激发学生的创造潜能，能较好地整合知识和能力，尤其有利于在实践中培养学生的观察感受能力、综合表达能力、人际交往能力、搜集信息能力、组织策划能力、互助合作和团队精神等等。所以我们要充分利用现实生活中的语文教育资源，优化语文学习环境，努力构建课内外联系，学科之间的联系，校内外沟通的语文教育体系，实现语文教学的"三个沟通"。

（二）综合性学习的特点

综合性学习的设置，是我国语文教育内容的重要突破，与语文课程的其他内容相比，具有鲜明的特点。

1. 综合性

"综合"是综合性学习的核心。《义务教育语文课程标准（2011年版）》在"课程性质"中指出："语文课程是一门学习语言文字运用的综合性、实践性课程。"由此可以认为，语文学习的综合性，是语文课程的重要特点。顾名思义，综合性学习的最大特点就是"综合"。综合性学习的本质特征，主要体现在几个方面：

（1）目标的综合性。综合性学习的目标是多元的，隐性目标呈现为知识与能力、过程与方法、情感态度与价值观三个维度的综合。显性目标表现为语文知识的综合运用、听、说、读、写能力的整体发展、语文课程与其他课程的相互沟通、书本学习与生活实践的紧密结合。

（2）内容的综合性。综合性学习的内容涵盖了语文课程的全部内容。从语文课程的资源来看，既有课内资源，也有课外资源，还有生活资源；从语文教学目标来看，既有知识的掌握，又有能力的培养，还有智力的发展；从知识学习的内容来看，既有语文知识，又有社会科学知识，还有自然科学知识；从能力培养上来看，既有听、说、读、写的语文能力，又有创新思维能力，还有审美能力。

（3）方法途径的综合性。综合性学习的目标与内容的综合性，决定了方法与途径综合性。综合性学习的方法和途径，既有语文各种知识的综合，又有语文各种能力的综合，还有知识与能力的综合；既有课内与课外的综合，又有语文学科与其他学科的综合，还有语文学习与社会生活的综合。

2. 开放性

综合性学习具有开放性。语文教学的课堂，犹如京剧的舞台，上下数千年，纵横数万里，海阔天空，百川汇聚。语文教学不但内容上具有开放性，教学方式上也是具有多样性。可以读，可以问，可以说，可以唱；有时哄堂大笑，有时屏声静气；有时口若悬河，滔滔不绝，有时伏案疾书，洋洋洒洒。语文教学不仅仅限于课堂，面对社会，面对生活，语文学习无处不有。看小说、看报纸、看电视、看文艺演出都是语文学习的时机，甚至街头的标语、广告都是学习语文的良好机会。"处处留心皆学问"这句话用在语文学习上是非常恰当的。综合性学习的综合性决定了它的目标、内容和实施途径必须是开放的。综合性学习只有在目标上、内容上和实施途径上具有开放性，才能保证综合性学习的目标、内容、方法和途径实现综合。试想，一个各自封闭的、孤立地对象，怎能与其他对象实现综合？长期以来，由于种种原因，我们的语文教学处于一种相对封闭的状态，"语文的外延与生活的外延相等"，很大程度是停留在口头上。课本是唯一的信息源，教师是唯一的信息传递者，教室是唯一的信息交流场所。在全球都在呼唤"让学生学会学习"的当代社会，语文教学的这种现状再也不能继续下去了，综合性学习必然要进入我们的视野，运用到语文教学中来。综合性学习以学生主体性活动为构成要素，在内容上、形式上、空间上、时间上都具有开放性。

3. 实践性

综合性学习具有实践性。语文教学的过程是一个实践过程，学生的识字、写字是一个实践过程，学生的阅读是一个实践过程，学生的写作是一个实践过程，学生的口语交际是一个实践过程，学生的综合性学习，自然是一个实践过程。《义务教育语文课程标准（2011年版）》指出："语文课程是实践性课程，应着重培养学生的语文实践能力，而培养这种能力的主要途径也应是语文实践。"语文课程的实践性，决定了语文学习的实践性、语文能力培养的实践性、语文素养形成的实践性。综合性学习强调以学生的现实生活和社会实践为基础发掘课程资源，而非在学科知识的逻辑序列中构建课程。综合性学习以活动为主要形式，必须是在学生的亲力亲为中展开，要求学生积极参与到各项活动中去，在做中学，在学中做，在"做""考察""实践""实验""探究"的过程中发现问题、解决问题、体验生活、感受生活、学会学习、学会生活，培养实践能力，提高语文素养，发展创新能力。

4. 自主性

综合性学习具有自主性。《义务教育语文课程标准（2011年版）》在"实施建议"中指出："综合性学习应突出学生的自主性，重视学生主动积极的参与精神，主要由学生自行设计和组织活动，特别注重探索和研究的过程。"综合性学习的实践性决定了它的自主性。因为综合性学习是学生在实践中完成的，必须是学生的亲身经历，必须是学生的自主活动。综合性学习充分尊重学生的兴趣爱好，为学生自主性的充分发挥开辟了广阔的时间和空间。综合性学习是一种自主学习的方式。自主学习就是指学习者在学习中或教师的指导下，依据一定的相关的媒体资源，通过多种途径，自主获取信息、建构自己的知识体系的过程。在这一过程中，学习者的学习目标、学习方法、学习时间、学习进程都是由学习者本人自主选择确定的。和传统学习相比，自主学习具有三个最明显的主要特征：一是自发的学习。传统教学中学生的学习是在学校、家庭及教师的督促和组织下进行的，学生的学与不学、学什么，都受到周围人群和环境的制约，因而带有一定的被动姓。而自主学习者对于学习的选择是出于自身的需求（生存的、兴趣的、希望被认可的，等等），因而可以忽略周围人群和环境的影响，呈现出主动介入的特性；二是自由的学习。传统学习中的学生对学什么、怎么学没有选择的权利，一切必须听从学校和教师的安排，学习者个人只是这一计划实施的客体对象。而自主学习者对所学内容、学习方法、资源、时间、地点、节奏等有着充分的选择空间，整个学习过程如何进行，完全由学习者根据现实状态自主控制，不必顾及其他人或团体的态度；三是自律的学习。在传统学习的模式中，学生由于是在学校及教师的组织和计划下开展学习的，因而对学习的环境有着严重的依赖性，如果离开了这一既定环境，学习者的学习活动就会受到严重的影响，甚至会造成学习的中断。而自主学习者由于在学习中获得了主体需求和客体对象（指学习的目标、内容、形式等）的最大一致，他既是学习目标的确立者、学习计划的制定者，又是学习过程的管理者，因此对外界的依赖性相对较弱，在学习过程中比较容易约束和调整自己的学习行为，最终实现学习目标。

在对《义务教育语文课程标准（2011年版）》阶段目标的分析中我们发现，在综合性学习活动板块，从第一学段、第二学段至第三、四学段，教师教的成分明显在减少，学生自主学习的成分明显增多。在第一学段里，主要是教师组织，学生"热心参与"；在第二学段，"能在教师的指导下组织有趣味的语文活动"；第三学段，开始学习策划活动；第四学段，则是"自主组织"；四个学段，教师的主导作用——作为教的主体的作用在逐步消解，教师的职能在发生着不可逆的变化；学生的主体作用在不断增强，作为学的主体的地位不断提升。传统教学中教师的"传道授业解惑"的职能越来越淡化，教师以学生学习的参与者、引导者和促进者的角色而存在，教师与学生组成"学习共同体"，共同完成教学任务。《义务教育语文课程标准（2011年版）》对综合性学习阶段目标的表述中，我们还可以发现一个很值得教师关注的问题，那就是，不论是在哪一个学段，都是以学生的学为基础，极为关注学生的身心发展和认知规律及语文学习的规律。学生是语文学习的主人，同样学生也是语文综合性实践活动的主人，教师不能包办学生的行为，不能主宰学生的行为。

5.生成性

综合性学习具有生成性。在语文教学过程中，师生由于自身的理解而产生的新知识，师生的体验，师生的行为，师生的情感态度和价值观等等，都可以成为课程的素材或来源。对此加以合理的利用，有利于对知识的理解和把握，有利于创造良好教学气氛，有利于教学生动活泼地展开，有利于学生的发展。动态生成性课程资源注重通过多种因素相互作用而形成的发展过程，体现了课程的实践性质和创生取向，不仅仅关注知识和技能的习得，更重要的是使师生在教学过程中创造知识，获得发展。综合性学习过程是一个动态过程，是一个动态的生成过程。动态生成包括两层意思；首先，动态是事物运动的状态，与静态相对而言，强调事物非预定的、变化的、生动活泼的和丰富的特征；其次，生成指事物的发生与形成具有过程性、开放性和发展性的意义，强调事物的生命活力和潜在的创造价值。综合性学习的生成性是由综合性学习的过程取向所决定的。每一个班级、每一位语文教师都要对综合性学习有所安排，每一个活动项目都有周密的设计，这是综合性学习计划性的一面。计划的目的是把握活动的方向，并不是限制活动情境的生成。综合性学习是一个活动过程，活动过程的特性却是生成性。在活动过程中会发生预想不到的问题，随着活动的不断展开，新的目标不断生成，新的主题不断生成，新的情境不断生成，学生在这个不断生成新的情境的过程中兴趣盎然，认知和体验不断加深，创造性的火花不断迸发。这是综合性学习生成性的集中表现。

二、综合性学习的目标和意义

（一）综合性学习的目标与内容

《义务教育语文课程标准（2011年版）》规定了综合性学习的目标与内容。

1. 第一学段（1-2年级）

（1）对周围事物有好奇心，能就感兴趣的内容提出问题，结合课内外阅读共同讨论。

（2）结合语文学习，观察大自然，用口头或图文等方式表达自己的观察所得。

（3）热心参加校园、社区活动。结合活动，用口头或图文等方式表达自己的见闻和想法。

2. 第二学段（3-4年级）

（1）能提出学习和生活中的问题，有目的地搜集资料，共同讨论。

（2）结合语文学习，观察大自然，观察社会，用书面或口头方式表达自己的观察所得。

（3）能在教师的指导下组织有趣味的语文活动，在活动中学习语文，学会合作。

（4）在家庭生活、学校生活中，尝试运用语文知识和能力解决简单问题。

3. 第三学段（5-6年级）

（1）为解决与学习和生活相关的问题，利用图书馆、网络等信息渠道获取资料，尝试写简单的研究报告。

（2）策划简单的校园活动和社会活动，对所策划的主题进行讨论和分析，学写活动计划和活动总结。

（3）对自己身边的、大家共同关注的问题，或电视、电影中的故事和形象，组织讨论、专题演讲，学习辨别是非、善恶、美丑。

（4）初步了解查找资料、运用资料的基本方法。

4. 第四学段（7-9年级）

（1）自主组织文学活动，在办刊、演出、讨论等活动过程中，体验合作与成功的喜悦。

（2）能提出学习和生活中感兴趣的问题，共同讨论，选出研究主题，制订简单的研究计划。能从书刊或其他媒体中获取有关资料，讨论分析问题，独立或合作写出简单的研究报告。

（3）关心学校、本地区和国内外大事，就共同关注的热点问题，搜集资料，调查访问，

相互讨论，能用文字、图表、图画、照片等展示学习成果。

（4）掌握查找资料、引用资料的基本方法，分清原始资料与间接资料的主要差别，学会注明所援引资料的出处。

（二）综合性学习的意义

1.综合性学习的课程意义

（1）综合性学习突破了传统的语文课程观。传统的课程结构不仅分科过细，而且在学科内部也过于强调知识的条块分割。这样的课程结构客观上造成了本来完整知识的割裂，知识与生活、能力与实践的脱节，不利于学生全面和谐地发展，不利于构建学生健康、完整的人格。综合性学习的设置，突破了长期以来占据主导地位的、孤立封闭的语文课程观，用联系的、综合的、开放的观点来理解语文课程，使语文课程呈现出广阔而多维的空间，把语文课程带进了历史文化、人类生活的大背景当中，带进了自然世界、科学世界、自我世界、社会生活、社会实践当中，带进了与其他课程进行纵横联系的视野当中。语文教育由此拥有了宽阔的渠道、丰富的资源和多样的形式。语文课程不再仅仅是课本，也不仅仅是教师主导下的课堂教学，更不是僵死的语文知识记忆和机械的语文技能训练了。

（2）综合性学习使三沟通语文教学的推广有了合法的依据。三沟通语文教学是20世纪90年代初期，云南省曲靖市（县级）开展的"一体两翼三沟通语文教学研究"的内容。三沟通语文教学的主张与综合性学习的思想不谋而合，三沟通是综合性学习的主要渠道与方法途径。但是三沟通语文教学没有从课程层面设计考虑，只是在教学研究层面进行探索实验，往往左右掣肘，难于进行深层突破，其思想观念接受、教学方式的采用，都是"志愿者"的自觉行为，在学校的推广应用，完全靠学校校长、语文教学的认识水平，大面积推广应用的艰难可想而知。综合性学习纳入语文课程的目标与内容之后，使三沟通语文教学的推广应用有了合法的依据，为全面提高学生语文素养，充分发挥语文课程的教育功能提供了可能。

（3）综合性学习有助于语文课程教育功能的充分发挥。

① 密切了语文课程与多个领域的联系。综合性学习密切了学校教育与家庭教育、社会教育的联系，加强了校内外、课堂内外教育资源的整合，把语文课程延伸到了学生生活与社会活动的各个领域，使社会、社区、家庭乃至大千世界、自然风光、人文精神、传统文化、民俗风情、民间文学都成了语文课程的资源和学生学习的场所，使学生在各种情境中随时受到语文教育，同时也使学校语文教育的成果在各个领域、各种情境中发挥作用。综合性学习使"语文学习的外延与生活的外延相等"的理念不再停留在认识的层面上，"三沟通语文教学"的主张不再停留在实验研究的过程中，而是纳入了课程实施的视野中。

② 为语文学科与其他学科的沟通提供了保障。综合性学习不仅追求听、说、读、写能力的协同发展，而且提倡多学科联系、跨领域学习。这就为语文学科渗透科学教育，加强人文教育，为其他学科成为语文学习的内容和语文能力成为其他学科学习的基础提供了课程保障，为学生语文素养的全面提高开辟了广阔的空间和途径。

③ 促进了学生多种能力的发展。在综合性学习过程中，不仅促进了多种语文能力的

整体发展和协调发展，而且学生面对的大多是真实的问题与情境，学生在真实的问题与情境中，可以使已有的知识得以活用并培养发现问题、解决问题的能力和协调能力及创新能力。

2.综合性学习的教学意义

（1）综合性学习有利于发展学生的个性特长。在综合性学习中，学生可以自主设计、选择项目，自愿组织学习小组开展学习活动。这不仅尊重了学生的学习需要和兴趣，而且还促进了学生个性和特长的发展。学生在面向生活、面对问题的情境中，潜能得到充分发挥，学习过程成为自主发展，自我展示的过程，成为个性张扬和自由创造的过程。综合性学习有利于学生在感兴趣的自主活动中全面提高语文素养，有利于培养学生主动探究、团结合作、勇于创新的精神。

（2）综合性学习有利于促进学生的全面发展。综合性学习打破了传统语文教学片面追求知识的现象，注重听、说、读、写的相互联系，注重语文与生活的结合，注重知识与能力、过程与方法、情感态度与价值观的整体发展。综合性学习加强了语文课程内部诸多方面的联系，加强了语文课程与其他课程以及与生活的联系，有利于促进学生语文素养全面协调地发展。

（3）综合性学习有利于语文学科教育目标的全面达成。九年义务教育阶段的语文课程，必须面向全体学生，使学生获得基本的语文素养。语文课程应激发和培育学生热爱祖国语文的思想感情，引导学生丰富语言积累，培养语感，发展思维，初步掌握学习语文的基本方法，养成良好的学习习惯，具有适应实际生活需要的识字写字能力、阅读能力、写作能力、口语交际能力，正确运用祖国语言文字。语文课程还应通过优秀文化的熏陶感染，促进学生和谐发展，使他们提高思想道德修养和审美情趣，逐步形成良好的个性和健全的人格。

高中语文课程应进一步提高学生的语文素养，使学生具有较强的语文应用能力和一定的语文审美能力、探究能力，形成良好的思想道德素质和科学文化素质，为终身学习和有个性的发展奠定基础。

在基础教育阶段，语文课程的目标是多方面的，概括起来可以分为德育目标、智育目标和美育目标。这三个大目标又可以细分出许多细目。这些细目的达成，要靠12年的时间,9906学时（依据2001年《义务教育课程设置实验方案》计算，义务教育9522学时；依据2000年《全日制普通高级中学课程计划》计算，普通高中384学时）来实现。头绪多，时间长，教学过程中容易顾此失彼。综合性学习，有利于各种语文能力协调发展，各类目标有效整合并全面达成，形成较高水平的语文综合素养。

三、综合性学习的实施

（一）综合性学习实施中存在的问题

1.综合性学习存在的矛盾

综合性学习作为语文学科领域中的新生事物，不可避免地会给教师教学带来困惑和挑战。综合性学习目前主要存在五大矛盾：

（1）学科性与活动性之间的矛盾。关于语文综合性学习的主题设计的目的与意义，目前的几套新版教材均未作深入的具体说明，需要教师自我理解。这就给师生误读提供了可能，教师有理由怀疑语文综合性学习活动开展的必要性，从而忽视语文综合性学习，把"学科"与"活动"对立起来，综合性学习名存实亡。教师普遍不重视语文课程标准实验教科书中的综合性学习。这除了历史与现实因素外，与教师对综合性学习的价值与意义认识不清有关系。我国传统基础教育中，语文教学重视选文教学，而课外活动却并未在学校教育中受到重视。同时，应试教育的升学取向更加剧了这种情势。随着社会的迅猛发展，教育受关注的程度越来越高，社会、家庭对学校的重视程度也与日俱增。然而不可否认，社会、家庭过多关注着学生的考试分数，很少留意学生的未来发展。综合性学习要获得社会的理解和支持，需要进行教育的综合改革。

（2）普适性与本土性之间的矛盾。综合性学习的资源开发应该高度体现出本土化特征，而教材中综合性学习的主题设计则表现出寻求普适性的倾向。普适性的设计目的是保证教学的基本要求。综合性学习作为语文学科领域内的新生事物，旨在突出实践在语文学习中的特殊地位与重要作用。它建立在把握并尊重学生的知识经验与兴趣能力的基础上，在主题、内容、方法与形式上都可以做到因人而异，能够实行合作学习和个别化学习有机结合，并真正体现因材施教。与选文教学相比，综合性学习的教学更强调人本化，具有更高的自由度。与之相适应，综合性学习的资源开发应该高度体现本土化特征，而教材中明确综合性学习的主题表现出寻求普适性的倾向，不利于师生创造性地开展活动。尤其像我国这样一个幅员辽阔的国度，自然景观差别大，风俗民情多样化，经济发展不平衡，追求普适性的设计会导致消解本土化的危险，并不利于学生的个性发展。综合性学习的设计应在普适性与本土化中间寻找一个恰当的平衡点。

（3）灵活性与随意性之间的矛盾。在几种版本的实验教材中，语文综合性学习的灵活性设计具体体现在以下两点：一是每单元安排一次综合性学习活动，每次活动又设计多项小活动，给学生留有选择的余地。如人教版"课标实验教材"八年级上册中"让世界充满爱"综合性学习活动便设计了"关爱每个伙伴""同在一片蓝天下"和"人人都献出一份爱"三项活动，由学生任选一项；二是教材中的综合性学习活动只是提出学生学习和生活中值得关注的问题、社会中的热点问题等，以引起学生关注与思考，并在教师的引导下自行设计活动方案，自主组织并合作探究，编者只是就活动的开展作简要提示，并没有就活动目标、活动程序与做法等进行设计和研制。综合性学习对教师和学生而言是经验上的盲区，因此教材关于综合性学习的弹性设计更有可能导致活动实施的盲目性与随意性。因为对于长期习惯于教师讲授的中学生而言，适应自主、合作与探究的综合性学习方式可能还需要一个过程。对教师而言，他们一直承续的选文教学的学习经历直接影响到他们的教学策略，加上活动具有高度弥散性，许多教师让学生自学，放任自流，或者干脆回到课堂教学的原有步骤。

（4）宏观性与区域性之间的矛盾。部分语文综合性学习活动主题偏向宏大，对经济发达地区与条件优越学校的学生较为有利，而经济落后地区与偏僻农村学校的学生大多只能望洋兴叹。开展综合实践活动，要现场观察，调查走访，牵涉到社会的方方面面，但目前学校缺乏有利的社会环境。参观工厂厂家不配合，查阅资料要收费，学生只能在有限范围内活动。特别是农村中小学，硬件设备建设相对滞后，有的学校虽然有了网络室、图书馆、实验室，但作用却很难发挥出来。图书室的图书几乎是摆设，难得对学生开放，真正适合学生的图书微乎其微，即使对学生开放，学生也被繁重的各科作业所累，没有时间迈进图书室；实验室设备简陋，几乎不能做实验；网络室能按照规定正常进行教学已实属不易。像人教版"课标实验教材"中的"探索月球奥秘""黄河，母亲河"及"莲文化的魅力"等，涉及到大量的资料搜集工作，这对于缺少网络资源与图书资料的偏僻农村学校无疑是"巧妇难为无米之炊"，像其中的参观天文台等活动更让农村学生望尘莫及。

（5）综合性与主导性之间的矛盾。语文综合性学习的"综合性"主要表现在学习内容的综合性、学习方法的系统性、学习功能的整合性。一是在学习内容上，改变过去强调语文课本学习，注重语文课程与其他课程的融合，书本知识与社会生活的结合；二是在方法途径上，改变过去过于注重知识的记忆和技能训练的单一的方法，而是利用各种可资利用的资源，运用各种学习方法和手段，包括运用科学探究、发现学习以及小组合作、独立探究等多种学习方法和手段；三是在学习功能上，不再单单追求智育目标，而是注重知识与能力、情感态度和价值观的整合。这就要求教师要充分发挥主导作用，找准课内课外知识的结合点，通过与学生对话，发现他们的真实需求，在课堂教学中大胆创新，开展学生感兴趣的活动，做到导在活动前，引在活动中，评在活动后。教师的这种主导，对教师自身素质和能力提出了更高要求。但目前，大多数教师属于"知识传授型"，一旦离开教科书，便显得无所适从，不知所措，力不从心，在综合性学习的教学实践中，教师的主导性未能真正发挥出来。

2.综合性学习实施中存在的问题

由于综合性学习五大矛盾的存在，在实施过程中并没有得到应有的重视。大多数教师没有开展过活动，少数尝试者也还只是停留在本本上的综合性学习、教室里的综合性学习、教师包办的综合性学习。

综合性学习主要存在以下问题：

（1）设备设施问题。学生家庭缺乏书刊，没有电脑或即使有电脑家长也不让上网；学校没有图书阅览室或图书阅览室的藏书少；学校所在社区没有图书馆、展览馆等等。这些的确是不可否认的现实。

（2）学生的问题。学生不爱去查资料，不配合教师；学生基础参差不齐，没有养成良好的学习习惯和掌握正确的方法。

（3）教师的问题。教师的问题主要有两个方面：

① 教师教学观念落后。有的教师仍把语文课本视为唯一的教材，认为不把课本讲完、教完就是没有完成教学任务，花时间去搞综合性学习活动，会影响教学进度。他们把教

材当作法典，唯教材是尊，眼中只有手中的那一本教科书，目标只盯着教材里的课文。

② 教师的知识结构不适应开展综合性学习的需要。这主要表现在五个方面：一是缺乏研究性学习的系统知识，不清楚研究性学习的目标、特点、内容、实施步骤、评价、管理等方面的知识；二是缺乏网络学习的能力。有的教师还不会上网、不会使用计算机。三是缺乏科研和指导能力。许多教师对综合性学习的过程、方法不了解；不具有设计活动的能力；不能充分利用校内外教育资源，不能指导学生规范地开展综合性学习和总结撰写综合性学习成果；四是缺乏良好的管理能力和沟通能力。不少教师仍缺乏与学生交流的能力以及协调学生之间关系的能力；五是没有自己所熟悉的教学套路。综合性学习的许多内容具有广泛性和不确定性，学生思考的问题很多都超出了教师的专业范围，教师几乎没有专业知识的优势。所以教师除了要更新观念之外，还要学习综合性学习的有关知识、加强网络应用能力的培养，学习实践活动的指导方法，学习管理和沟通的方法。

课程改革的关键是教师。教师的素质将成为维系和决定全局的关键因素之一。所以，教育行政部门和学校必须采取有效措施，以制度的形式促使教师不断提高自身的综合素质，帮助教师逐步确立现代教育观、不断完善知识结构。

（二）综合性学习实施的策略

1.《义务教育语文课程标准（2011年版）》对综合性学习的实施建议

（1）综合性学习主要体现为语文知识的综合运用、听说读写能力的整体发展、语文课程与其他课程的沟通、书本学习与生活实践的紧密结合。

（2）综合性学习应贴近现实生活。联系生活中的实际问题开展学习活动，在实现语文学习目标的同时，提高对自然、社会现象与问题的认识，追求积极、健康、和谐的生活方式，增强抵御风险和侵害的意识，增强在与自然、社会和他人互动中的应对能力。

（3）综合性学习应突出学生的自主性，重视学生主动积极的参与精神，主要由学生自行设计和组织活动，特别注重探索和研究的过程，要加强教师在各环节中的指导作用。

（4）综合性学习应强调合作精神，注意培养学生策划、组织、协调和实施的能力。

（5）综合性学习的设计应开放、多元，提倡与其他课程相结合，开展跨领域学习。跨学科学习，也应以提高学生语文素养为目的。

（6）积极构建网络环境下的学习平台，拓展学生学习和创造的空间，支持和丰富语文综合性学习。

2.综合性学习实施的策略

（1）掌握课程目标。掌握课程目标，这是提高效率的前提。《全日制义务教育语文课程标准（2011年版）》对综合性学习的目标定位是十分明确、具体的，对各学段综合性学习提出了明确的目标要求。这些要求有三个特征：

① 突出综合性。包括识字与写字、阅读、写作和口语交际这四个方面的结合，同时也包括跨学科领域内容的综合，学习方式的综合等。

② 强调实践性。因为综合性学习主要体现为语文知识的综合运用，听说读写能力的整体发展，语文课程与其他课程的沟通，书本学习与实践活动的紧密结合。因此，实践

是第一位的。

③体现自主性。综合性学习突出自主性，主要由学生自己设计和组织活动，特别注重探索和研究的过程。教师明确并掌握课文综合性学习的这些目标和特征，是指导学生语文综合性学习活动的第一步。当然，综合性学习的内容和形式是多种多样的，课程标准也只是提出一些列举性的建议，其阶段目标仍然具有开放性的特点，给语文教师留下很多的创新空间。

（2）明确编者意图。语文教师明确教材的编写意图，这是语文综合性学习实施不容忽视的问题。否则，在组织学习活动的内容和形式上，就有可能随意、盲目，达不到编者所设定的预期目标，自然也就很难收到好的学习效果。根据课程标准编制的的语文教材，目前有多种版本。但无论是哪种教材，都考虑到了各个年龄段学生身心发展和语言能力发展的特征。各种版本教材的综合性学习往往与各单元中的阅读课文相并列、照应，又相对独立，共同构成了一道亮丽的风景线。综合性学习编写的一个共同点，从总体上看，都是由浅入深，由易到难，按循序渐进的规律排列。例如：人教版七年级上册教材，全册共编排了六次综合性学习，形成一个系统。这六次综合性学习专题是：（1）这就是我；（2）漫游语文世界；（3）感受自然；（4）探索月球奥秘；（5）我爱我家；（6）追寻人类起源。其中（1）（3）（5）为小综合性学习，它的规模相对小些，层次低些，一般是比较简单的语文学习活动。（2）（4）（6）为大综合性学习，相对要求比较高，规模大，难度也增加。这类综合性学习以培养学生自主、合作、探究的学习习惯为主要目标，在提供一个母课题的基础上，往往又设计了若干个子课题，倡导发挥自主精神，自行设计，自行组织，自行探究，培养学生搜集、筛选、整理资料的能力。

（3）综合各种能力。综合性学习与识字写字、阅读、写作、口语交际四个板块等重的一个板块，把它列入语文课程标准之中，努力实现语文知识的综合运用，听、说、读、写能力的整体发展，语文与其他学科的有机沟通，课堂学习与实践活动的紧密结合，充分体现了语文教学要全面提高学生语文综合素养的这一基本目标。语文综合性学习除了学习内容、课程目的综合之外，还包括学习方式的整合，培养学生自主、合作、探究的能力。在综合性学习的过程中，必须调动多种能力协同，才能顺利的、高质量的完成学习任务，达成学习目标。从整体上来看，需要学生具有独立思考能力、项目的设计能力、活动的协调能力、成果的总结能力等。从局部上来看需要学生具有听、说、读、写能力、观察能力、思考能力、创新能力等。

（4）注重活动过程。综合性学习的课程目标，并不是单指某种知识或能力的达成水平，而是提出一些学习活动及其要求。活动的意义在于过程。语文课程标准把这种过程纳入了目标体系，要求教师在实际教学中，不仅要关注学习活动的结果，而且更应当关注学习的过程。关注过程也就是一种隐性的目标，或者说过程就是目标。综合性学习过程就是听、说、读、写的整体发展过程，就是语文教学与社会生活相沟通的过程，就是语文学科与其他学科相沟通的过程，就是课内语文学习与课外语文活动相沟通的过程。从某种意义上讲，学生富有个性的学习过程比所要追求的结果更重要。注重活动过

程，就是关注学生对学习活动的参与及参与程度、态度。学生有强烈的参与意识和合作意识，每个学生都主动、积极地投入其中，就为提高综合性学习效率提供了有力的保证。这就要求语文教师重视学生的调查、访问、查阅和收集资料等活动过程与方法，鼓励学生多渠道获取信息、收集资料，使学生逐步掌握互联网、图书馆、人际交流等获取资料的方法与能力，从而提高学生的语文素养。

（5）改变学习方式。综合性学习要改变学生的学习方式，培养学生的实践能力与创新精神。《义务教育语文课程标准（2011年版）》在"课程基本理念"中强调："学生是学习的主体。语文课程必须根据学生身心发展和语文学习的特点，爱护学生的好奇心、求知欲，鼓励自主阅读、自由表达，充分激发他们的问题意识和进取精神，关注个体差异和不同的学习需求，积极倡导自主、合作、探究的学习方式。教学内容的确定，教学方法的选择，评价方式的设计，都应有助于这种学习方式的形成。"综合性学习应突出学生的自主性学习，重视培养学生主动、积极的参与精神。一般的学习活动，都应放手让学生自行设计和组织，从而培养学生自主、独立的学习习惯和能力，其实这也是基础教育的一个重要目标。教师在组织学生进行综合性学习活动过程中，应指导学生认真观察周围的事物，亲身去体验包括自然、生活、社会等各个方面，力求有感受，有发现。教师不要给学生过多的限制，让学生有比较多的选择余地。活动内容、空间和方式，通常也可以由学生自主选择确定。语文综合性学习还必须强调合作与探究的学习方式。事实证明，每项综合性学习活动，都需要学生之间的相互合作，共同努力。每次合作活动，小组成员分工应当明确，注意成员之间的通力、有效的合作。教师要指导学生学会在合作与人协调中施展自我，培养学生的自觉合作的意识与合作精神。综合性学习突破了课堂中心、教师中心的学习模式，学生根据学习活动课题，在研究过程中主动地获取知识、应用知识以及解决实际问题，从而全面提高学生整体语文素养。只要我们充分明确这种学习活动的指导原则，掌握它的特征和指导方法，在实践中不断地探索和研究，就一定能有效地引导和规范语文综合性学习，全面发展学生的语文素养。

（6）发挥教师作用。发挥教师的指导作用，在综合性学习过程中有重要的意义。语文综合性学习强调学生自主、合作、探究的学习方式，多让学生自己组织、主持活动，真正让学生成为学习活动的主人。但这不等于教师什么也不管，放任自流，恰恰相反，仍然需要充分发挥教师的指导者、参与者与合作者的作用，需要师生双方互相信任，互相尊重，互相对话与交流。这对提高语文综合性学习的有效性具有重要的作用。

① 教师应制定综合性学习的教学方案，对学生提出明确的活动目标。目标的确定不要求大、求全、求高、求深，要从当地的实际和学生的实际出发，分析论证活动实施的可能性和可行性，将活动的重点放在培养学生的综合能力上面。

② 教师与学生共同设计、制定活动计划、安排好活动时间表。时间进程及安排尽可能具体一些，让每段时间的活动内容具体明白，同时注意时间的伸缩性，能根据实际需要作适当调整。

③ 教师在指导学生进行综合性学习时，要清楚自己在每一个活动阶段应该做些什么，

怎么去做。教师要精心设计学习情境，并做好组织协调，每个学生都有明确的任务，做到有计划、有序列地展开活动。综合性学习在实施过程中，要防止教师什么都不管，或者什么都包办代替。这两种做法都是不可取的。

在学生参与学习活动的整个过程中，除了给予学生有效指导外，还应给予学生多一些鼓励，特别是一些学困生，哪怕活动过程中的一点点进步和收获，都应充分肯定。对学生要加强引导，多一些关怀，更要激发、激励，不要仅仅在活动结束后来甄别优劣。

四、综合性学习的评价

（一）综合性学习评价的要求

1.课程标准对综合性学习的评价建议

《义务教育语文课程标准（2011 年版）》指出："综合性学习的评价，应着重考察学生的语文综合运用能力、探究精神与合作态度。主要着眼于学生在综合性学习过程中的表现，如是否能积极参与活动，是否能主动提出问题，还有搜集整理材料、综合运用语文知识探究问题、展示与交流学习成果等方面的情况。第一、第二学段要较多地关注学生参与语文学习活动的兴趣与态度。第三、第四学段要多关注学生在语文活动中提出问题、探究问题以及展示学习活动成果的能力。各个学段综合性学习的评价都要着眼于促进学生提高语文水平的效率，并有助于他们扩大视野，更好地掌握学习语文的方法。"

2.综合性学习评价各学段要有侧重点

第一、第二学段要比较多地关注学生参与语文学习活动的兴趣爱好。语文学习活动包括学生读书活动、课外的阅读活动、读书报告会的交流活动，也包括调查、访谈以后的交流共享活动等，更多地是强调学生参与活动的兴趣和态度。低年级学生通过观察，通过参与活动，有所发现，有所感受，能说一说，能够写几句话，能够用自己学过的词语形容一下，这都是很重要的，但这不是最关键的。最关键的是他愿意参与这些活动，而且认真地参与这些活动，在活动中态度端正，兴趣高涨，这些才是评价综合性学习的关注点。第三学段，要关注学生在综合性学习活动中是否能够提出问题、探究问题，并且能够运用口头的书面语言等多种方式展示学习成果。这些评价重点是随着学生年龄的增长而逐步提出来的。

3.综合性学习评价要着眼于学生的发展

各个学段的综合性学习评价都要着眼于促进学生发展，提高语文学习的效率，有助于开放学生的视野，有助于让学生更好地掌握学习语文的方法。对学生综合性学习的评价一定要着眼于学生运用语文的能力。比如，看到一个景色，就能够吟诗，参加一个活动，就能够即兴演讲，可以参加辩论会等，考查的就是学生的这些语文综合能力。语文教学评价强调的就是语文的实际运用能力，语文教学的根本目的就是培养学生的基本语文素养，最终是让学生正确地理解和运用祖国语言，用语言服务于他的生活，服务于他的发展，而不仅仅是掌握一些语文知识。强调语文的实践应用，是语文课程特别关注的内容，也是评价的重要方面。

4.综合性学习评价要重视解决问题的能力

综合性学习评价还要关注学生的自主性和积极性，关注解决问题的思路和方法。就是要给学生一个开放的空间，引导学生主动地、积极地参与综合性学习。同时，综合性学习的评价还要看能不能运用语文学习的知识和能力去解决问题，用什么样的方法解决问题，解决问题的思路如何，这些都是我们要关注的。课程标准里强调，不仅要关注学生的兴趣和积极性，还要关注解决问题的思路和方法，这也是作为我们综合性学习评价要特别注意的事情。

5.综合性学习评价的着眼点

综合性学习评价要着眼于以下几个方面：

（1）在活动中的合作态度和参与程度。

（2）能否在活动中主动地发现问题和探索问题。

（3）能否积极地为解决问题去搜集信息和整理资料。

（4）能否根据占有的课内外材料，形成自己的假设或观点。

（5）语文知识和能力综合运用的表现。

（6）学习成果的展示与交流。

（7）在评价时，要充分注意学生在解决问题的过程中所采用的思路和方法，及时发现差异。

（8）对不同于常规的思路和方法，尤其要给予足够的重视和积极的评价。

5.综合性学习评价要有评价标准

综合性学习评价要制定评价标准。标准一旦制定，就要组织评价主体认真学习，掌握标准，正确地使用标准。但这个评价标准不是一成不变的，它要随着学生学习的不断深入，随着学习体验和经历的丰富而不断调整、完善和提高。在评价过程中，如果我们充分地调动学生的主动性、积极性，学生会在评价过程中创造更鲜活、更有实际意义的方法。从更深层次说，学生通过对学习活动的反思，实际上是在不断地完善自己的学习经验，明确评价标准的过程，就是一个认识自己学习特点的过程，也是一个树立学习方向的过程。

（二）综合性学习评价的方式

1.多元化评价

综合性学习的评价主体是多元的。提高语文学习的效率，不能只靠老师去评价。学生的评价，学生的参与，学生之间相互的交流，这些是促进学生发展的重要方式和手段。所以在整个的评价过程中，我们要通过教师评价，学生的互相评价，学生自我评价，包括家长、不同学科的老师参与评价（综合性学习活动会有跨学科领域的活动）。这些老师可以评价在自己学科教学里，学生是不是更好地运用了所学的语文知识解决了实际问题，是不是在学习过程中很好地表达、交流、展示了自己，而且能形成更新的表达思路，更准确地表达方法。综合性学习的评价还可以让家长参与评价，甚至邀请社区有关部门和人员参与评价。

2.多维度评价

对综合性学习的评价，教师要用多元智能理论来指导，从多维度、多层面来评价学生的素养、能力及思维特点等。每一次活动对促进学生发展的作用都不可能是单方面的、等同的。所以，教师不能仅仅从知识技能方面来评价，更不能用分数来排名次、分等级。

3.个别化评价

对综合性学习的评价要有标准，但不宜用统一的标准，不宜用"一把尺子"去衡量内容不同的学习和性格各异的学生。评价标准应该因人而异，采用多重标准，以此来鼓励学生的个性发展和互有差异的发展。

4.表现性评价

综合性学习的主要特点是综合性、实践性、开放性。这些特点需要的是与之相适应的评价方法，这是单一的纸笔测验所难以胜任的。因此，表现性评价成为综合性学习评价的重要方式。表现性评价也称"真实性评价"，它强调在真实情境中完成真正的任务。但真实性有不同的程度，实际应用中并不强求任务的情境一定要绝对真实。表现性评价的形式包括口头表达、问题讨论、写简单的研究报告，以及运用语文知识和能力解决实际问题等。表现性评价强调的是"做"，而不只是知道；在表现性评价中，过程与结果一样重要。表现性评价更适合于评价学生提出问题的能力，搜集、组织、分析和处理信息的能力、创造能力以及口头或行为表现等。

5.灵活性评价

综合性学习提倡诊断性评价、形成性评价与终结性评价相结合，教师评价、学生自我评价与小组评价相结合，书面材料评价与学生口头报告评价相结合等多种评价方式的综合应用。这不仅包括了对知识掌握、能力发展的评价，也有对情感态度与价值观发展的评价。运用灵活多样的评价方式，可以实现对学生真实、客观、全面的评价。

第九章　一体两翼三沟通语文教学的学法指导

在当今的知识社会里，知识更新速度飞快，如果不随时学习、充电，很快就会对新技术、新知识一无所知，从而被淘汰出局。对于学生而言，学习不仅仅是要掌握知识，更重要的是要学会如何学习。老师传授的知识是会被遗忘的，但学习方法则会使我们终生受益。"工欲善其事，必先利其器。"如果我们想做好一件事，很重要的一点就是拥有精锐的工具、具备适当的手段。适宜的学习方法就是"利器"，它可以帮助学生更顺利、更有效地完成学习任务。一体两翼三沟通语文教学重视学生学习方法的指导。通过学习方法的指导，让有效的方法变成学生自己的学习常规，形成自己独特的学习习惯。

第一节　一体两翼三沟通语文教学的学习常规

一、中小学生日常行为规范

2004 年 3 月 25 日，教育部发布了《中小学生守则》《小学生日常行为规范（修订）》和《中学生日常行为规范（修订）》的通知。通知指出：《小学生守则》《中学生守则》和《小学生日常行为规范》《中学生日常行为规范》分别自 1981 年、1991 年、1994 年发布以来，对中小学生良好行为习惯的养成，以及学校形成良好的校风、学风、教风等都起到了十分重要的作用。随着社会发展变化，中小学生思想道德建设面临许多新的情况和新的问题，根据《中共中央国务院关于进一步加强和改进未成年人思想道德建设的若干意见》《公民道德建设实施纲要》的要求，我部对上述守则和规范进行了修订，将《小学生守则》和《中学生守则》合并为《中小学生守则》，对《小学生日常行为规范》《中学生日常行为规范》的内容进行了必要的调整和补充，形成新的《小学生日常行为规范（修订）》《中学生日常行为规范（修订）》。修订后的"守则"及"规范"自 2004 年 9 月 1 日起执行。

（一）充分认识实施"守则"和"规范"的重要性

《中小学生守则》和"中小学生日常行为规范"集中体现了对中小学生思想品德和日常行为的基本要求，对学生树立正确的理想信念，养成良好行为习惯，促进身心健康发展起着重要作用。教育部指出：" 守则"和"规范"的发布，是教育系统加强青少年学生思想道德建设的一项重要措施，各级教育行政部门和中小学校要给予高度重视，认真组织干部、教师及中小学生学习《中小学生守则》和"中小学生日常行为规范"，从本地本校实际出发，健全制度，制定切实可行的实施计划，做到教育的经常化、制度化。

（二）全面理解"守则"和"规范"的内容

合并后的《中小学生守则》仍为十条，修订后的《小学生日常行为规范》《中学生日常行为规范》仍各为 20 条和 40 条。根据中小学生身心发展特点和规律，《中小学生守则》从大处着眼，对学生思想品德形成和行为习惯养成提出了基本要求，"中小学生日常行为规范"从小处着眼，从行为习惯养成入手，提出具体的、操作性较强的要求。"中小学生日常行为规范"是对《中小学生守则》的细化，两者应结合使用。《中小学生守则》和"中小学生日常行为规范"除对部分内容进行修改和调整外，根据社会发展对人才培养提出的新要求，分别增加了符合时代特征的内容。如诚实守信、加强实践、合作意识、创新意识、网络文明、安全自护、远离毒品等。广大干部、教师应根据学生的学习、生活实际及思想状况变化，帮助学生增强国家观念、道德观念、法制观念，懂得什么是正确的，什么是错误的，提高分辨是非、区分善恶的能力和道德选择与行为评价的能力。要组织开展多种形式的校、内外教育活动，帮助学生理解、记忆，增强守法、守规、守纪的意识。

（三）总结经验，改进工作

教育部要求各级教育行政部门和中小学校，要认真总结以往贯彻"守则"和"规范"的经验和问题。坚持过去好的做法，改进工作中的不足，切实增强对学生思想品德教育和日常行为规范教育的针对性和实效性。实施过程中，要充分发挥学校、家庭和社区的作用，特别要通过家长会、家长学校、社区教育委员会等多种途径，宣传"守则"和"规范"，协调社会各界，形成教育合力。

（四）中小学生日常行为规范的具体内容

1. 中小学生守则

（1）热爱祖国，热爱人民，热爱中国共产党。

（2）遵守法律法规，增强法律意识。遵守校规校纪，遵守社会公德。

（3）热爱科学，努力学习，勤思好问，乐于探究，积极参加社会实践和有益的活动。

（4）珍爱生命，注意安全，锻炼身体，讲究卫生。

（5）自尊自爱，自信自强，生活习惯文明健康。

（6）积极参加劳动，勤俭朴素，自己能做的事自己做。

（7）孝敬父母，尊敬师长，礼貌待人。

（8）热爱集体，团结同学，互相帮助，关心他人。

（9）诚实守信，言行一致，知错就改，有责任心。

（10）热爱大自然，爱护生活环境。

2. 小学生日常行为规范

（1）尊敬国旗、国徽，会唱国歌，升降国旗、奏唱国歌时肃立、脱帽、行注目礼，少先队员行队礼。

（2）尊敬父母，关心父母身体健康，主动为家庭做力所能及的事。听从父母和长辈的教导，外出或回到家要主动打招呼。

（3）尊敬老师，见面行礼，主动问好，接受老师的教导，与老师交流。

（4）尊老爱幼，平等待人。同学之间友好相处，互相关心，互相帮助。不欺负弱小，不讥笑、戏弄他人。尊重残疾人。尊重他人的民族习惯。

（5）待人有礼貌，说话文明，讲普通话，会用礼貌用语。不骂人，不打架。到他人房间先敲门，经允许再进入，不随意翻动别人的物品，不打扰别人的工作、学习和休息。

（6）诚实守信，不说谎话，知错就改，不随意拿别人的东西，借东西及时归还，答应别人的事努力做到，做不到时表示歉意。考试不作弊。

（7）虚心学习别人的长处和优点，不嫉妒别人。遇到挫折和失败不灰心，不气馁，遇到困难努力克服。

（8）爱惜粮食和学习、生活用品。节约水电，不比吃穿，不乱花钱。

（9）衣着整洁，经常洗澡，勤剪指甲，勤洗头，早晚刷牙，饭前便后要洗手。自己能做的事自己做，衣物用品摆放整齐，学会收拾房间、洗衣服、洗餐具等家务劳动。

（10）按时上学，不迟到，不早退，不逃学，有病有事要请假，放学后按时回家。参加活动守时，不能参加事先请假。

（11）课前准备好学习用品，上课专心听讲，积极思考，大胆提问，回答问题声音清楚，不随意打断他人发言。课间活动有秩序。

（12）课前预习，课后认真复习，按时完成作业，书写工整，卷面整洁。

（13）坚持锻炼身体，认真做广播体操和眼保健操，坐、立、行、读书、写字姿势正确。积极参加有益的文体活动。

（14）认真做值日，保持教室、校园整洁。保护环境，爱护花草树木、庄稼和有益动物，不随地吐痰，不乱扔果皮纸屑等废弃物。

（15）爱护公物，不在课桌椅、建筑物和文物古迹上涂抹刻画。损坏公物要赔偿。拾到东西归还失主或交公。

（16）积极参加集体活动，认真完成集体交给的任务，少先队员服从队的决议，不做有损集体荣誉的事，集体成员之间相互尊重，学会合作。积极参加学校组织的各种劳动和社会实践活动，多观察，勤动手。

（17）遵守交通法规，过马路走人行横道，不乱穿马路，不在公路、铁路、码头玩耍和追逐打闹。

（18）遵守公共秩序，在公共场所不拥挤，不喧哗，礼让他人。乘公共车、船等主动购票，主动给老、幼、病、残、孕让座。不做法律禁止的事。

（19）珍爱生命，注意安全，防火、防溺水、防触电、防盗、防中毒，不做有危险的游戏。

（20）阅读、观看健康有益的图书、报刊、音像和网上信息，收听、收看内容健康的广播电视节目。不吸烟、不喝酒、不赌博，远离毒品，不参加封建迷信活动，不进入网吧等未成年人不宜入内的场所。敢于斗争，遇到坏人坏事主动报告。

3. 中学生日常行为规范

（1）自尊自爱，注重仪表。

维护国家荣誉，尊敬国旗、国徽，会唱国歌，升降国旗、奏唱国歌时要肃立、脱帽、行注目礼，少先队员行队礼。

穿戴整洁、朴素大方，不烫发，不染发，不化妆，不佩戴首饰，男生不留长发，女生不穿高跟鞋。

讲究卫生，养成良好的卫生习惯。不随地吐痰，不乱扔废弃物。

举止文明，不说脏话，不骂人，不打架，不赌博。不涉足未成年人不宜的活动和场所。

情趣健康，不看色情、凶杀、暴力、封建迷信等书刊、音像制品，不听不唱不健康等歌曲，不参加迷信活动。

爱惜名誉，拾金不昧，抵制不良诱惑，不做有损人格的事。

注意安全，防火灾、防溺水、防触电、防盗、防中毒等。

（2）诚实守信，礼貌待人。

平等待人，与人为善。尊重他人的人格、宗教信仰、民族风俗习惯。谦恭礼让，尊老爱幼，帮助残疾人。

尊重教职工，见面行礼或主动问好，回答师长问话要起立，给老师提意见态度要诚恳。

同学之间互相尊重、团结互助、理解宽容、真诚相待、正常交往，不以大欺小，不欺侮同学，不戏弄他人，发生矛盾多做自我批评。

使用礼貌用语，讲话注意场合，态度友善，要讲普通话。接受或递送物品时要起立并用双手。

未经允许不进入他人房间、不动用他人物品、不看他人信件和日记。

不随意打断他人的讲话，不打扰他人学习工作和休息，妨碍他人要道歉。

诚实守信，言行一致，答应他人的事要做到，做不到时表示歉意，借他人钱物要及时归还。不说谎，不骗人，不弄虚作假，知错就改。

上、下课时起立向老师致敬，下课时，请老师先行。

（3）遵规守纪，勤奋学习。

按时到校，不迟到，不早退，不旷课。

上课专心听讲，勤于思考，积极参加讨论，勇于发表见解。

认真预习、复习，主动学习，按时完成作业，考试不作弊。

积极参加生产劳动和社会实践，积极参加学校组织的其他活动，遵守活动的要求和规定。

认真值日，保持教室、校园整洁优美。不在教室和校园内追逐打闹喧哗，维护学校良好秩序。

爱护校舍和公物，不在黑板、墙壁、课桌、布告栏等处乱涂改刻画。借用公物要按时归还，损坏东西要赔偿。

遵守宿舍和食堂的制度，爱惜粮食，节约水电，服从管理。

正确对待困难和挫折，不自卑，不嫉妒，不偏激，保持心理健康。

（4）勤劳俭朴，孝敬父母。

生活节俭，不互相攀比，不乱花钱。

学会料理个人生活，自己的衣物用品收放整齐。

生活有规律，按时作息，珍惜时间，合理安排课余生活，坚持锻炼身体。

经常与父母交流生活、学习、思想等情况，尊重父母意见和教导。

外出和到家时，向父母打招呼，未经家长同意，不得在外住宿或留宿他人。

体贴帮助父母长辈，主动承担力所能及的家务劳动，关心照顾兄弟姐妹。

对家长有意见要有礼貌地提出，讲道理，不任性，不要脾气，不顶撞。

待客热情，起立迎送。不影响邻里正常生活，邻里有困难时主动关心帮助。

（5）严于律己，遵守公德。

遵守国家法律，不做法律禁止的事。

遵守交通法规，不闯红灯，不违章骑车，过马路走人行横道，不跨越隔离栏。

遵守公共秩序，乘公共交通工具主动购票，给老、幼、病、残、孕及师长让座，不争抢座位。

爱护公用设施、文物古迹，爱护庄稼、花草、树木，爱护有益动物和生态环境。

遵守网络道德和安全规定，不浏览、不制作、不传播不良信息，慎交网友，不进入营业性网吧。

珍爱生命，不吸烟，不喝酒，不滥用药物，拒绝毒品。不参加各种名目的非法组织，不参加非法活动。

公共场所不喧哗，瞻仰烈士陵园等相关场所保持肃穆。

观看演出和比赛，不起哄滋扰，做文明观众。

见义勇为，敢于斗争，对违反社会公德的行为要进行劝阻，发现违法犯罪行为及时报告。

二、小学生学习常规

良好的学习行为是学生健康成长的重要保证和标志，为培养学生积极正确的学习行为，形成扎实严格、健康向上的优良学风，一体两翼三沟通语文教学要求学生遵守学习常规。

（一）课前预习

1.按照教学进度，提前一天或数天预习新课内容，语言学科应倾情朗读，遇到疑难问题，应先思考，并做出标记，带着问题去上课，以提高听课效率。

2.课前预习要充分利用已学知识，借助各种学习手段（包括工具书、参考资料、上网查找）查阅相关参考资料，进行观察、实验和调查。

3.预习时要专心致志，突出重点，对新知识的各个要点做到心中有数。预习中对自己不能理解的知识要做好记录，以备老师授课时重点突破。

（二）上课

1.上课前的准备：上课前把上课时要用的课本、作业本放在桌面的右上角，文具盒放在桌面的正前方，与本节课无关的一切物品一律不能放在桌面上。

2. 预备铃响后，必须迅速、安静地进入教室就座，做好物质上和思想上的准备，静候教师上课。

3. 上课铃响，班长喊"起立"后，必须快、静、齐地起立，然后齐声问"老师好！"，待教师还礼后，才能坐下。

4. 上课迟到的同学，应恭敬地在教室门外站好，轻声喊"报告"，等教师允许后，才能进入教室。

5. 听讲、上课集中注意力，专心听讲，勇于提出问题，敢于发表自己的见解，积极回答教师的提问，主动学习知识，不做与学习无关的活动。

6. 课堂发言或提出问题时，应先举手，并立正站好，举手时用左手，肘放桌面，五指并拢伸直，掌心向内。

7. 坐姿：要挺胸抬头，端正坐好，两肘放在课桌上，左手放在右手上面，两脚平放在地面，距离与肩同宽。

8. 读书：坐着读书时，两手分别握住书本的左右下角，放在课桌上，书面与桌面成45度角。站着读书时应立正站好，双手拿书，左手握住课本下边中间，大拇指和小指在正面分别压住书的两页，其余三指在书的背面，右手拿住书的右下角。

9. 读书或回答问题时，声音要宏亮，要用普通话。

10. 写字时，将纸本放正，身体坐直，头摆正，右手握笔，左手扶书或纸，眼距书本一尺，手指尖与笔尖距离一寸。

11. 下课铃响，教师说"下课"时，全班起立，等老师走出教室或经老师允许后，才能离开座位走出教室，齐声同老师说"再见！"，坐好后再收拾课本、文具，并把下一节课的用具准备好。严禁下课铃一响，教室立即混乱，老师一说下课马上冲出教室的现象。离开教室时，请老师先走，对听课的老师，下课后要说："老师再见"，待听课教师走出教室后，才能离开教室。

（三）复习与作业

1. 正确处理作业与课后复习的关系。一般说，应通过复习进一步弄清所学知识之后，再动手做作业。

2. 作业本要保持整洁、美观，不得乱涂、乱画、乱撕。

3. 作业书写要规范，靠边留出一厘米，做到题号项款分明。书写格式参照课本中的例题。

4. 每次作业，必须在第一行正中写明"练习 X"或"第 X 课 XXX"，每做一题都要抄写做题要求，方格簿的标点符号一律占一格，横格簿的标点符号也应占相应的位置。

5. 认真抄题、审题。抄完题后要与原题对照，检查是否有错误，解题之前要先明题意，了解题目的要求和范围，弄清条件与问题的关系，然后再选择解题的途径、方法。

6. 作业要细致，力求正确，做完之后要认真检查，养成一丝不苟的学习习惯。

7. 对老师批改的作业（包括测验试卷），应认真检查，错误的地方及时改正，遇有不懂的地方，要向老师或同学请教。改正的错题要写在本次作业的后面，并写明"改错"两字。

8. 作业必须字迹端正、清楚，一律用正楷字体书写，不准用草体和不规范的简化字。

9. 作业只准用一种笔书写，不准用红颜色，低年级作业用铅笔或钢笔，中高年级用钢笔，作图时用铅笔。

10. 每次作业之间留一定的空。

11. 要养成自觉复习的习惯，每节课、每天、每周、每月结束时或每一章节的内容学完后，要自觉地对所学内容进行复习。

（四）考试

1. 要有正确的学习态度，对考试有正确的认识，从心理上重视考试评价，认真对待。

2. 每科考前按要求入场，不携带任何与考试无关的书籍、杂志或其他物品。

3. 试卷分发到手后要认真审题，迅速浏览，看是否有错误或缺页，查对无误后，将姓名、班级填写在试卷规定位置。

4. 做题时认真读题，专心致志，力求正确，发挥出自己最高水平。

5. 答卷时要字迹清楚，书写规范，一律用正楷字体，不写不规范的字。

6. 考试过程中绝对保持安静，不准喧哗、吵闹，不准交头接耳。

7. 答卷要实事求是，不准左顾右盼，绝对不允许有传递纸条、交换试卷或有意让他人抄袭等任何作弊行为。

8. 答卷过程中遇有字迹模糊不清等与试题内容无关的问题可举手询问监考老师，遇有不理解题意的一律不准询问。

9. 遵守考纪，维持秩序，积极与作弊或其他有碍考试正常进行的行为作斗争。

10. 在不允许离开考场的一定时间里，不能提前交卷离开考场；终场铃声响后，立即停止答卷，起立将试卷按页码顺序排放好，待老师收卷检查无误后，按顺序依次离开考场。

（五）课外学习

1. 积极参加学科兴趣活动，巩固和拓宽课堂所学内容。积极参加学校和班级组织开展的各项活动，不缺或不应付，在活动中学习知识，增长才干。

2. 根据自己的爱好和特长，积极参加课外兴趣小组活动。主动开展小科研、小实验、小制作等。

3. 广泛阅读课外读物，通过各种媒体收集内容健康、知识性强、文笔优美的读物，自觉参加参观访问、调查研究等社会活动，主动承担义务劳动、公益服务等社会工作，广泛获取有益知识，培养自学能力，扩大知识面，完善自己的素质结构。

4. 积极参加社会活动和科技活动，提高文化素质，陶冶情操，提高认识社会、分析社会的能力，提高劳动技能技巧。

5. 在课外学习中，培养良好的学习品质、学习习惯、健康的兴趣爱好。注意课外观察，养成善于观察、勤于思考的习惯。

三、中学生学习常规要求

为了提高学习效率，掌握最佳学习方法，特制定学习常规要求，每个学生都要自觉地按常规要求，运用正确的学习方法，养成良好的学习习惯，提高学习效率，以保证一体两翼三沟通语文教学学习任务的顺利完成。

（一）制订计划

按计划进行学习，能合理安排时间，适当分配精力，提高整体效益。

1.制订计划时，首先明确一个时期或一个阶段的学习任务，要重点考虑基础差的学科，对基础好的学科也不能放松，争取各科平衡。

2.制订计划时要合理分配好各科的学习时间、注意保证重点、留有余地，学习计划要跟老师的教学计划密切配合，可围绕学校的日课表逐周安排，要保证预习和复习的看书时间，注意安排好周末和单元总结，不要被作业考试牵着鼻子走。

3.安排学习计划也要发扬"钉子"精神，善于钻和善于挤，充分运用零碎时间，作时间的主人。

4.学习计划制订之后，要坚持执行，并定期自查执行情况，及时作必要的调整。

（二）预习

预习常指课前预习，即课前自学新课内容。

1.预习要求

（1）初步了解新教材的内容。排出教材的重点、难点和疑点。

（2）复习有关旧知识，温故而知新。

2.预习可按"五字法"进行

（1）看。仔细看书，边看、边划、边批注，可自定统一符号。如重点加"．"，难点加"△"，疑点加"？"。

（2）想。合上课本想一想，课文要点？要运用哪些旧知识？这些知识是否模糊或遗忘。

（3）查。温习有关旧知识，查工具书或参考资料，解决自己能够解决的疑点。

（4）定。确定听课重点，以便有目的地听课。

（5）验。预习以后可以做一些有关的练习，检查预习效果。

（三）上课

上课是学习的中心环节，在学习的总时间中占时最多。因此，上好课是搞好学习的关键。

1.上课前要做好三准备：

（1）准备好课本、笔记本、草稿纸及其他有关文具。

（2）回忆上堂课讲的内容，准备回答老师提出的问题。

（3）思考本课听课重点，准备有目的地听课。

2.上课必须认真听讲，积极思考，不但要听结论，更要听老师的讲解、分析过程，学习老师分析、研究问题的方法，要善于发现问题，更能提出问题，解决问题，做课堂的主人，充分体现学生学习的主体性。

3.回答老师的提问，声音要响亮，表达要清楚，要讲普通话。要勇于提出自己的问题和不同见解，专心听取别人的意见，并及时提出修正或补充。

4.要认真做好课堂笔记，记下预习不懂的内容，老师总结的解题规律，自己的点滴体会以及尚未弄清的问题，不要照抄老师的板书，不要因记笔记而影响听课和思考。

5.要认真及时地完成课内作业。

6.课上要善于抓住讲课的间隙及时记忆，加深印象，减少遗忘。

7.要注意课间和晚间的休息，保证上课时精力充沛

（四）复习

复习可查漏补缺，将知识梳理，形成系统。从而加深对所学知识的理解和记忆，为运用知识独立作业以及掌握新的技能作好准备。

1.课后复习要逐日进行，并认真做好四件事

（1）尝试回忆。把课堂上所学的知识静心回忆一遍，弄清课上学了些什么，懂了、会了、记了多少，还有什么不清楚的地方。

（2）细读课文。在回忆的基础上细读课文，不能只看结论和粗体字，还要看分析、推导过程，重点、难点、疑点部分要多看多想，要把新知识和旧知识联系起来进行分析、比较，必要和可能时要参看一些有关资料。

（3）整理笔记。抓住新知识的中心问题，根据课本、听课笔记和复习体会整理笔记，使知识条理化和系统化，整理好的笔记要妥善保存，作为复习资料。

（4）及时记忆。对一些重要而又需要记住的基础知识要趁热打铁，及时加以记忆。

2.运用记忆科学来指导学习

（1）要有长远的记忆目标和意图，不要临时抱佛脚。

（2）每次复习的内容要适量，份量少、难度小的内容可集中复习，份量重且难度大的内容可分散复习；复习两门以上的功课在时间上不应过于集中，要有短暂的休息；在内容上文理科应交叉复习。

（3）复习的方法要多样化，通常使用的复习方法有"背诵法""理解记忆法""循环记忆法""练习和实验操作法""编写复习提纲法"等。

（4）要反复记忆，不断强化。

（五）作业

作业是一个深入思考、灵活运用知识解决问题的过程，不仅可以检查效果，巩固所学得的知识，还可以培养分析问题、解决问题的能力，形成和掌握一定的技能。

1.应在复习的基础上再去完成作业。

2.做作业要坚持"四要""四不要"。

（1）四要。一要认真审题。要仔细研究条件和结论之间的关系，通过分析综合，形成解题思路，未形成解题思路时，不要动手解题；二要整洁规范。作业的格式要一致，字迹要工整。解题过程要规范，条理要清楚；三要认真检查。做完作业要进行自我检查，养成认真、细致、迅速、准确的习惯；四要认真订正，做错的作业一定要订正。

（2）四不要。一不要拖拉作业；二不要抄袭别人的作业；三不要粗心大意；四不要先看答案再凑解法。

3.解题时要注意一题多解和一题多变，培养自己分析能力，要善于归纳题型，研究解法，总结解题规律。

4.在完成规定的作业以后，有条件的可围绕中心选做一些课外题，以求见多识广，熟能生巧。

（六）总结

总结是复习整理知识的重要方法，既能加深对已学知识的理解和掌握，又能为接受新知识铺平道路，还可培养自己的自学能力、独立思考能力和分析概括能力。

1.复习总结应着重于使知识系统化、概括化，并进一步发现和解决疑难问题。总结学科知识要抓住三个方面：

（1）纵的体系。要弄清每类知识的内在联系。

（2）横的体系。要弄清性质相近的知识间的联系。

（3）综合体系。要把各类知识组成整个概括化的知识整体。

2.进行复习总结时，应以教材为依据，参照复习时整理的笔记、作业和有关学习资料，对要总结的知识进行全面的系统的复习，在复习的基础上进行总结。总结的形式有三种：

（1）提纲式。制定总结提纲，化复杂的课本内容为简单的章节纲目，系统严密，一目了然。

（2）图表式。列出总结图表，提纲挈领，揭示联系，突出重点。

（3）问题式。提出若干概括性强的问答题，统帅有关内容。

3.在总结过程中要多思、深思，结合基础如识，做一些综合性练习题，有条件的可写一些专题的心得体会。

第二节　一体两翼三沟通语文教学的学法指导

一、学习方法的内涵

（一）正确的学习方法的意义

学习方法分为广义和狭义两种。广义的学习方法指在学习过程中，为达到学习目的、掌握学习内容而采取的手段、方法、途径，以及学习所应遵循的一些操作性原则、组织管理等环节；狭义的学习方法指学习过程中学习者所采取的具体活动措施与策略。通常我们所讨论的是广义的学习方法。学习方法在具体的实践过程中表现的是一系列的小技巧，但在本质上体现的是一个人的大智慧。学习方法是学生完成学习任务的途径和必要手段。从哲学的角度来看，学习方法可分为两类：辩证的学习方法和形而上学的学习法。前者认为，在学习过程中的诸因素是互相联系，互相作用的，而且这些因素不是静止的，是发展变化的，不能片面强调某一方面，而忽视另一方面；后者认为，在学习过程中的诸因素是彼此孤立存在的，静止的，一成不变的。这是两种哲学观点对立的学习方法。

辩证的学习方法是应灵活应用知识，注意分析研究，强调新旧知识联系和综合理解为其特征的；形而上学的学习方法是以死记硬背，生吞活剥，并把知识彼此孤立起来不求综合理解为其特征的。一体两翼三沟通语文教学注重指导学生掌握运用辩证的学习方法。

学习方法对学习成绩有着很大的影响。正确的学习方法是打开知识宝库的钥匙，对于提高学习成绩和培养具有自学能力与创造精神的新型人才都有重大意义。因为在教学过程中，教与学是矛盾双方对立的统一，"教"是外因，"学"是内因，外因通过内因才起作用，教学效果的好坏，在很大程度上取决于学生的学习态度和学习方法。学生一旦掌握了正确的学习方法，就能主动摄取自己所需的知识，培养独立自学能力，就会取得事半功倍的学习效果，将来在知识上引起的连锁反应是无穷的。反之，如果不懂学法，或者采用不科学的学习方法，那必然会事倍功半，在未来的事业中也很难有成就。所以，叶圣陶先生教导我们："在课堂里教语文，最终目的在达到不需要教。"（《叶圣陶语文教育论集》第 492 页），"使种种方法成为学生终生以之的习惯"。（《叶圣陶语文教育论集》第 57 页）

（二）学习方法的形成

方法是人们认识世界和改造世界的程序，道路和途径，严格地说，方法应该是"按照某种途径"这个术语，是指某种步骤的详细说明，这种步骤是为了达到一定的目的而按照规定的顺序进行的。这些步骤的性质及其说明的详细程序取决于所寻求的目的以及达到这些目的的手段的多样性。这样说来，方法是多样的，科学方法因其目的的不同而不同。

学习方法是人们为了达到学习的目的而选择和遵循的步骤和程序，是学习活动必经的途径和道路。归根结底，学习方法是学生认识世界发展自身能力的方法。学习方法受学习规律的制约。学习规律决定学习方法的科学与否。

学习方法是对学习规律的运用，科学的学习方法必然体现人们对学习规律的认识和把握，是以科学的学习观为理论前提的。学习观不科学，对学习过程的规律认识浅，运用起来自然不会深刻。偏离学习规律的学习必然是事倍功半，收到相反的结果，在学习方法上表现为无计划，程序混乱。人既要学习，更要善于学习。善于学习的含义就是能够在最短时间内掌握更多的知识，也就是高效地进行学习。要想提高学习的效率，必须安排学习活动的最佳程序，选择最佳途径，即学会选择，掌握和运用正确的学习方法。

学习方法的确立，有一个漫长的过程。而且对学习方法的掌握也不是一劳永逸的。随着学习的深入和学习内容范围的扩大，学习方法也要不断改进，这种改进，一方面要注意学习别人好的学习方法，另一方面则要在实践中不断摸索，剔除不合理的部分，增加合理要素。

（三）学习方法的内容

从教学过程的发展来看，学习方法有计划、发现、参与、调整、评价几部分，下面分别给以论述。

1. 计划

计划是指对学习的时间和顺序的安排，包括一日，一周的学习活动安排，什么时候进行什么学习，所用的时间是多少等。这就是说需要一个计划才能进行有秩序的学习和工作，才能把事情做得更好。这不仅对现时的学习有益，而且也会对以后获得工作成就带来益处。对中小学学生现在的学习的益处来说，学习计划的制定有利于充分利用时间和精力，提高学习效率，特别对课余时间的支配更是如此。如果没有预先的计划，会有许多时间让看电视、闲聊占了去，也不能保持适度的文体活动。当然，有了计划还要坚持去做，否则，计划再完美也是无用的。

2. 发现

发现是指学习过程中对学习的东西的发现。预习就是个发现问题的过程。预习应当完成以下两个任务：一是了解所要学习内容的要点、结构，即教学目标要求；二是掌握所要学习内容的认知基础。通过复习回忆，使自己具备这个认知基础。听课也是个发现问题的过程。学生听课主要是通过参与发现教师的教学意图，理解教师的行为和操作，从而决定自己应当采取什么样的行为和操作来协调地配合教师的活动。

3. 参与

教学活动是师生双方相互交流和沟通的过程，学生应当积极地参与，而不是仅仅把自己处于被动的接受地位。积极地参与就是把自己作为教学活动的一部分，进行思考、回忆、分析、综合、联想等思维活动。积极参加观察、实验、练习、讨论等活动。通过教师提示，提问和向教师发问等交流活动，把握学习的重点、学习内容的结构及技巧。当然，参与的具体形式是随课程内容、教学方法及个体差异不同的，每个学生都应当在具体学习活动中寻求自己的参与方式，这不排斥向别人学习，但不能生搬硬套，而要结合自己的具体情况。

4. 评价

评价是指学生在学习了一个阶段，例如一节课，一个单元，一个学期，一个学年后，要判断自己学习的成就，教学目标要求是否达到，还差多远。评价的办法很多，如练习、测验、实验、解决实际问题等。所以怎样做练习，分析练习结果；如何参加测验，分析测验结果；怎样完成实验。这里面有许多技术和方法问题，正是这些具体的技术、方法构成了评价的方法。

5. 调整

调整是评价的完成。评价的目的是为了依据评价的结果调整自己的学习计划，变换自己的学习方法。这里主要做两条：一是尚未达到教学目标要求时要进行补习性的学习。补习性学习方式有许多，例如复习，听教师补习课，与同学讨论，问老师，看课本及参考书籍，完成一些练习等；二是在已达到学习目标要求时要进行深化学习，向自己提出更高的学习目标，使学习更深入。

二、学习方法简介

中小学生的学习方法种类繁多。学习方法没有最好，只有适合与恰当。学习方法的选择要依据学习的主体、学习的内容、学习的环境来确定。这里介绍几种通用的学习方法：

（一）薄厚互返学习法

薄厚互返学习法是数学家华罗庚总结出的一种读书方法。由薄到厚，就是在学一本书的时候，要经过斟字酌句，不懂的加上注解，就会觉得学了不少东西，书也就变得厚了。由厚到薄，就是把学到的东西咀嚼消化，组织整理，反复推敲，融会贯通，把握来龙去脉抓住要点，这时你就会觉得书变薄了，越是理解的透彻，越有薄的感觉。也就是，读书学习要经历2个过程，第一个过程即"由薄到厚"，是一个打基础，积累知识的过程；第二个过程即"由厚到薄"，是一个消化基础知识，提炼为自己所有的一个过程——厚积而薄发。在所阅读的书本中找出可以把自己引到深处的东西，并把它的一切统统抛掉，就是抛掉使头脑负担过重和会把自己诱离到不良之处的一切。

（二）点面学习法

"点"的读书法，时间上是读书的第一阶段。根据学习的需要确定一个大致的攻读方向，以此为前提，广泛地阅读与之相关的书籍。目的在于积累知识，以求对攻读的对象有一个总体的、粗略的印象。"面"的读书法，是以"点"读书为目标的进一步扫荡拓围阶段。就是在对某一学科充分了解，把握了其大致脉络的情况下，再学习与之密切联系的临近学科的知识。可见，广泛的阅读博览可形成知识的"面"，专业的深度探索读书可形成学科的"点"。二者有机结合就能达到"以点带面，以少胜多"的目的。广博与精深是知识大厦的两块重要基石，有博无深流于"杂"，有深无博流于"陋"。知识是触类旁通的。总之，广博是精深的基础，精深是广博的方向。初学要广，入门要深；知识面要博，钻研点要深。

（三）矛盾学习法

矛盾的观点是我们采用对比学习法的哲学依据。因为我们要进行对比，首先要看对比双方是否具有相似、相近、或相对的属性，这就是可比性。对比法的最大优点在于：

1.对比记忆可以减轻我们记忆负担，相同的时间内可识记更多的内容。

2.对比学习有利于区别易混淆的概念、原理，加深对知识的理解。

3.对比学习要求我们把知识按不同的特点进行归类，形成容易检索的程序知识，有利于知识的再现与提取，也有利于知识的灵活运用。

综观中学课本，可比知识比比皆是，如政治内容中，权利与义务、民主与法制、物质与意识、和平与发展等等；如语文学习中，复句与单句、设问与反问、比喻与借代、记叙与议论、实词与虚词等等；如数学学习中，小数与分数、指数与对数、奇函数与偶函数、平行与垂直等等；如化学学习中，金属与非金属、晶体与非晶体、化合与分解、氧化与还原、酸与盐等等。对比学习法不仅可以用于同一学科内的学习，还可以进行跨学科比较，如学习政治可用语文中的句子分析法来分析政治概念，如在学习近现代史中的民族解放运动时，又可以利用政治学有关民族的基本观点，学习自然学时，可回忆一下有关语文课本中的有关科学家的传记文章，也可结合唯物辩证法的有关原理进行学习。

（四）问题学习法

带着问题去看书，有利于集中注意力，目的明确，这既是有意学习的要求，也是发现学习的必要条件。心理学家把注意分为无意注意与有意注意两种。有意注意要求预先有自觉的目的，必要时需经过意志努力，主动地对一定的事物发生注意。它表明人的心理活动的主体性和积极性。问题学习法就是强调有意注意有关解决问题的信息，使学习有了明确的指向性，从而提高学习效率。问题学习法要求我们看书前，首先去看一下课文后的思考题，一边看书一边思考；同时，它还要求我们在预习时去寻找问题，以便听课时在老师讲解该问题时集中注意力听讲；最后，在练习时努力地去解决一个个问题，不要被问题吓倒，解决问题的过程就是你进步的过程。

（五）归纳学习法

在现实生活中，存在着这样一种现象，有的同学小学时学习成绩很好，一到了中学学习就感到困难，这在很大成分上是因为没有学会思维，特别是归纳思维。而对中学知识的理解与掌握，一刻也离不开归纳思维。归纳是重要的思维形式，属抽象思维。我们知道知识有感性与理性之分，从认知能力上同样有感知与理智之别，在小的时候，我们所接受的以感性知识为主，我们通常也用感知的学习方式接受知识，即使用机械的死记方法，学习成绩也不会很差。而到了中学绝大部分的知识都属理性知识，如果你依然用感性的死记方法当然是行不通的。学会学习的核心内容就是学会思维。因此，学会分析与归纳就要改变原有的学习方式。为了引起我们的重视，特意把归纳学习法也作为十大学习法之一。所谓归纳学习法是通过归纳思维，形成对知识的特点、中心、性质的识记、理解与运用。当然，作为一种学习方法来说，归纳学习法崇尚归纳思维，但它不等同于归纳思维本身，同时它还要以分析为前提。可见，归纳学习法指的是要善于去归纳事物的特点、性质，把握句子、段落的精神实质，同时，以归纳为基础，搜索相同、相近、相反的知识，把它们放在一起进行识记与理解。其优点就在于能起到更快地记忆、理解作用。

（六）联系学习法

唯物辩证法认为世界上任何事物都是同周围的事物存在着相互影响、相互制约的关系。科学知识是对客观事物的正确反映，因此，知识之间同样存在着普遍的联系，我们把联系的观点运用到学习当中，会有助于对科学知识的理解，会起到事半功倍的效果。根据心理学迁移理论，知识的相似性有利于迁移的产生，迁移是一种联系的表现，而联系学习法的实质不能理解为仅仅只是一种迁移。迁移从某种意义上说是自发的，而运用联系学习法的学习是自觉的，是发挥主观能动性的充分体现，它以坚信知识点必然存在联系为首要前提，从而有目的的去回忆、检索大脑中的信息，寻找出它们间的内在联系。当然，原来对知识掌握的广度与深度直接影响到建立知识间联系的数量多少，但我们可以通过辩证思维，通过翻书、查阅、甚至是新的学习，去构建新的知识联系，并使之贮存在我们的大脑之中，使知识网日益扩大。这一点是迁移所不能做到的。

联系指的是事物内部及事物之间相互影响、相互制约的关系。因此，坚持联系学习法既要寻找内部联系，又要寻找事物间的外部联系。可见，联系学习法可以在学习新知识中直接运用，即使不能产生迁移之时，联系学习法依然发挥出它诱人的魅力。

（七）目标学习法

掌握目标学习法是美国心理学家布卢姆所倡导的。布卢姆认为只要有最佳的教学，给学生以足够的时间，多数学习者都能取得优良的学习成绩。教学内容是由许多知识点构成，由点形成线，由线完成相对独立的知识体系，构成彼此联系的知识网。因此明确目标，就要在上新课时了解本课知识点在知识网中的位置，在复习时着重从宏观中把握微观，注重知识点的联系。另外，要明确知识点的难易程度，应该掌握的层次要求，即识记、理解、应用、分析、综合、评价等不同层次，最重要的就是明确学习重要目标，即知识重点。有了目标能增强我们学习的注意力与学习动机，即为了这目标我必须好好学习。可见，明确学习目标是目标学习法的先决条件。目标学习法的核心问题，是必须形成自我测验、自我矫正，自我补救的自我约束习惯。对应教学目标编制形成性检测题，对自己进行检测，并及时地反馈评价，及时矫正和补救。

学习目标与人生目标不同，它比较具体，可以在短时间内实现。它可以使我们比较容易地享受成功的欢乐。增加我们的信心。因此，目标学习法也是成功教育的主要策略之一，同时，实现学习目标也是实现人生目标的开始，只有使大小、远近目标有机地结合，才会避免一些无效劳动的发生。

三、一体两翼三沟通语文教学的学习方法

（一）语文学习的特点

传统学习和现代学习的一般特点体现在语文学习上，表现为语文学习的特点。这些特点有些与语文课程性质特点相关，有些与语文课程任务相关。

1. 与语文课程性质相关的语文学习特点

（1）注重直接感受体验。语文学习是学生个性化行为。学生要重视自己独特的感受，在主动积极的思维和情感活动中，自行发现和构建文本意义或新的知识经验，加深理解和体验，有所感悟和思考，受到情感熏陶，获得思想启迪，享受审美乐趣。教师要珍视学生独特的感受和体验，引导学生在语文学习活动中作出有个性的、富有想象力的反应。

（2）不忽视间接知识和经验。语文教育在长期的发展中，积累了大量的语文知识和经验。不应忽视来自书本或来自教师的这些知识和经验，掌握了可以举一反三。但需要注意，语文课程具有实践性的特点，如果学生没有在实践中应用这些知识和经验，没有与自己头脑里已有的知识和经验碰撞，重新构建出属于自己的新的知识和经验，是不可能真正掌握这些知识和经验的。

（3）在语文学习的各个过程中都有丰富的情感活动。阅读要体验作品的感情，作文中要抒发自己的感情，课外活动中要鉴别复杂的感情……在这些活动中还要与老师、同学交流感情等。在这些感情活动中，特别是在师生的感情交流中，教师要对学生感情活动的性质、内容和方式等方面进行引导。这些引导在各个教学过程中都要进行。

2.与语文课程任务相关的语文学习特点

（1）语文学习中要运用各种思维形式。文字作品的教学要特别注意发展学生的形象思维，问题讨论中要特别注意发展学生的求异思维，练习中主要是运用分析问题和解决问题的思维，作文中主要是运用选材构思和立意谋篇的思维。在所有教学环节中都要特别注重发展学生的创造思维能力。

（2）语文学习具有阶段性。全面提高学生的语文素养非一日之功。在语文任务中，有基础性任务，有发展性任务，也有提高性任务。各个阶段有各个阶段的任务。例如写字任务，《义务教育语文课程标准》规定：第一学段"能按笔顺规则用硬笔写字，注意间架结构。"第二学段"能使用硬笔熟练地书写正楷字，做到规范、端正、整洁。用毛笔临摹正楷字贴。"第三学段"硬笔书写楷书，行款整齐，有一定的速度。能用毛笔书写楷书，在书写中体会汉字的优美。"第四学段（初中）"在使用硬笔熟练地书写正楷字的基础上，学写规范、通行的行楷字，提高书写的速度。临摹名家书法，体会书法的审美价值。"各个阶段，写字要求不一样，学习中要注意，不要混淆远期任务和近期任务。

（3）语文学习的外延同生活的外延相等。语文学习中，要引导学生努力开发、积极利用蕴藏着的自然、社会、人文等语文课程资源，要关注学校、关注社会、关注他人、关注自身、关注生活、关注学习，要在语文学习的过程中掌握方法，获取知识，形成能力，培养情感态度和价值观，整合各种课程资源，整合多种课程任务，提高语文学习的效率和质量。

（4）重视语文学习过程。不仅要注意掌握学习内容，而且更重要的是让学生理解自己的学习过程；不仅要知道完整的结果，而且要追溯达到结果的步骤。在教学活动中，学生要注意分析学习过程，弄清解决问题的方法和程序，并能对其论证、检验、反馈调整。实际上，这就是学生学会怎样学习。

（二）语文学习方法的内容

1.语文学习方法的类型

根据方法的层次特点和思维特点，语文学习方法可以分为四个类型：

（1）一般思想方法。一般思想方法就是哲学方法，例如理论与实际相结合，透过现象认识本质，认识内容和形式的关系等。

（2）一般的学习方法。一般学习方法就是多学科适用的学习方法。例如各学科学习在读书时都可以使用批注法，就是针对读物中某一点，言简意赅地写出自己的理解或感受。

（3）语文学科学习的一般方法。这种方法就是语文学科学习活动中普遍使用的学习方法。例如语文学习中的读写结合法，循文解意、因意悟文法等。

（4）语文学科学习过程中的具体学习方法。

① 制定计划的方法。包括如何明确学习目标，如何确定学习内容，以及如何分析学习目标，如何分配学习内容等。

② 有效学习的方法。包括预习时间如何安排，内容如何确定，如何抓住重点、难点，找出疑点，为听课做好准备。

③ 高效听课的方法。上课时如何集中精力，做到眼到、口到、手到、心到，将听、

思结合起来，将读、辨结合起来。

④ 优质作业的方法。看清题目要求，掌握问题要领，先研读原文再独立作业，作业后反复自查。

⑤ 扎实复习的方法。科学地安排时间和内容，把平常复习与阶段性复习结合起来，每篇课文复习与单元练习结合起来，重点复习与一般复习结合起来。

⑥ 课外学习的方法。掌握一般阅读及写作的步骤和方法，有选择地进行课外自读，写好读书笔记及其他习作。

⑦ 系统小结的方法。经常总结学习过程的知识内容和掌握的方法，通过整理，使学过的知识和掌握的方法条理化、系统化。

2.语文学习的传统方法

语文学习的传统方法，主要是指我国古代的语文学习方法。

（1）中国传统学习方法的特点。语文教学在我国已有两千多年的历史。在我国教育教学发展过程中，通过接受、仿效、练习等活动获取知识和技能的学习方法被确定下来，并逐渐成为我国传统教育教学中的主要学习方法，其特征主要有五方面：

① 依赖性。学生学习依赖教师、受教师控制，教师的作用较大，教师的教决定学生的学。

② 被动性。学生被动地接受教师传授，被动地接受书本知识。

③ 封闭性。学习范围在课堂，不关注人和社会发展的实际情况和需要。

④ 个性化。缺少学习交流活动，很难产生互助互动。

⑤ 保守性。恪守标准答案，缺少深入探究和多角度思考，不易提出创新看法。

（2）中国传统学习方法简介。

① 诵读法。就是放开声音，反复地读，直到熟练地记住并准确理解为止，即"熟读成诵"。诵读的作用主要有两个：一是通过反复读，加深理解和领会；二是加强记忆，丰富储备。古人诵读的具体作法大体有四种：第一种，连续反复诵读。这种做法多用于集中研诵某一篇文章；第二种，间歇反复诵读。主要是为了防止遗忘，间隔一段时间后或变换场合后再重新诵读；第三种，连续与间歇相结合的诵读法。如孔子读《易》至"韦编三绝"；第四种，与抄读结合的诵读法。就是诵读一遍再抄写一遍，用来强化记忆。

② 出入法。"入"就是要深入。深入到书中去细细钻研，认真思考，以求得真谛。反对泛泛地浏览。朱熹说："用力深，便见意味长，意味长，便受用牢固。"陆九渊在《读书诗》中说："读书切戒在慌忙，涵咏功夫兴味长。""出"就是在深入钻研，把握了书的实质后，又不受书中思想束缚，能在此基础上有所创造，有所前进，即读书要从书中跳出来。袁枚主张，学习应像"蚕食桑""蜂采花"一样，"蚕食桑，而所吐者丝，非桑也；蜂采花，所酿者蜜，非花也。"所谓"出入法"，就是既强调学习要深入，又注重有所创新，这样才能真正达到学习的目的。

③ 循序渐进法。就是将学习内容按其内部结构和关系，排列出一个由低到高，由浅入深的次序。订出一个合理的计划，有步骤有次序地进行学习的方法。因为知识是有系

统的，有其内在的规律和结构层次，学习时就必须按其系统秩序的先后，有规则地进行，没有秩序，杂乱无章，就会影响记忆和思维活动的展开。朱熹说："读书之法，莫贵于循序而致精。""所谓读书太多，如人大病在床，而众医杂进，百药交下，决无见效之理。不若尽力一书，令其反复通透，而复易一书之为愈。"

④"八面受敌"法。这是苏轼在总结治学经验时提出的一种学习方法。为了便于理解和领会，对书中内容可采取分而治之，化整为零的办法，一个问题一个问题，一个部分一个部分地逐步加以解决。读一遍解决一个问题，再读一遍再解决一个问题。直到最后全部弄通为止。苏轼在《又答王庠书》中说："书富如入海，百货皆有，人之精力不能兼收尽取，但得其所欲求者尔。故愿学者每次作一意求之，如求古今兴亡治乱，圣贤作用，但作此意求之，勿生余念。又别作一次求事迹故实。典章文物之类亦如之，实皆仿此。此虽迂钝，而他日学成，八面受敌，与涉猎者不可同日而语也。"

⑤ 钩玄提要法。所谓"钩玄提要法"，就是指学习要善于抓住主要矛盾，抓住书中本质的东西。书本知识浩如烟海，读书时虽然要仔细深入，字斟句酌，但要把书中所有的内容都记下来，则要花费很大的精力。韩愈在总结自己的治学经验时说："口不绝吟于六艺之文，手不停披于百家之编；记事者必提其要，纂言者必钩其玄。"（《进学解》）

3. 语文学习的现代方法

（1）现代学习方法的分类。在现代学习观的指导下，出现了多种多样的学习方法，主要有三类：

① 行为主义。强调学习刺激与反应的联结，主张通过强化或模仿来形成或改变行为。巴甫洛夫的条件反射、桑代克的尝试错误，斯金纳的条件作用、班都拉的社会学习都属于这一类。

② 认知主义。强调学习是利用自己原有的认知结构，对外部刺激所提供的信息主动作出的，有选择的信息加工过程，进一步强调学习是认知结构的建立与组织的过程，即建构主义，重视整体性与发现式学习。格式塔的完形说、托尔曼的认知目的说、布鲁纳的发现学习说，以及皮亚杰、奥苏伯尔等，都对认知主义做出过重要贡献。

③ 人本主义。强调学习是发挥人的潜能、实现人的价值的过程，要求学生愉快地、创造地学习。罗杰斯"以学习者为中心"的"非指导性教学"是其代表，强调学生"自我实现"，教师起"促进作用"。

（2）语文学习现代方法简介。语文学习的现代方法较多，现介绍以下六种：

① 自主学习法。自主学习法是心理学家根据学习的规律和学习过程的心理特点，总结出来的一种个人自学的方法，其核心在于发挥学习的主动精神，有计划、有步骤地去探求知识，去研究问题、解决问题，并力争有所发现，有所创造。运用自主学习法的要点是：第一，要有明确而具体的学习计划；第二，要尽量利用所能掌握的学习条件和学习手段；第三，定期取得学习反馈；第四，要注重发挥心理因素的作用。

② 合作学习法。所谓合作学习法，是相对"个体学习"而言的，是为了完成共同的任务，学生在小组或团队中有明确责任分工的互助性学习。合作学习具有以下特征：第一，

积极的相互支持、配合，特别是面对面的促进性互动；第二，积极承担在完成共同任务中个人的责任；第三，期望所有学生能进行有效的沟通，建立并维护小组成员之间的相互信任，有效地解决组内冲突；第四，对于各人完成的任务进行小组加工。第五，对共同活动的成效进行评估，寻求提高其有效性的途径。

③ 探究学习法。所谓探究学习，就是从学科领域或现实生活中选择和确定主题，在教学中创设类似于学术（或学科）研究的情境，通过学生自主独立地发现问题、实验、操作、调查、搜集与处理信息，表达与交流等探索活动，获得知识、技能、情感与态度的发展，特别是探索精神和创新能力的发展。

④ 织网学习法。织网学习法，就是把学习的知识编织成网络，进行系统化的处理，使之便于理解和记忆的一种学习方法。编织知识网络的具体作法：第一，阅读有关书本前先详看目录和各章节的小标题，使自己对全书各部分内容及其逻辑层次，内在联系有个大致粗略的了解；第二，阅读具体内容要注意三点。A、利于新旧知识联系，以旧带新，把新知识整理、同化于原有知识结构中。B、探寻本章节内容与前后章节之间的联系，以及在全书中的地位。C、找出本部分内容的重点、难点、疑点和新点；第三，每读完一个部分暂停一下，概括其要点，领悟其要义，找出贯穿全文的主线；第四，读完全书后，在对原有各部分概括要点的基础上，进行较全面的整理归纳；第五，重新调整认知结构，再次详细看目录和各部分的大小标题，并根据初步编织的知识结构，进一步分析探寻各章节、各部分的逻辑关系，掌握全书的筋骨脉络。

⑤ 锥型学习法。这是集中精力专门钻研一个方面问题的速效学习法。这种学习方法强调学习内容的专一性。把学习知识的专一性比作锥尖，集中精力学习比作对锥子的作用力，时间的连续性好比是在不停顿地使锥子往前钻。

⑥ 暗示学习法。运用有关生理或心理方面的某些技术和暗示的手段，来发掘无意识知觉和特定心理反映的作用，激发学习的心理潜力，以取得异乎寻常的学习效果，并使学习成为轻松愉快的一种方法。这用暗示学习法需要借助一些有关的技术措施：一是全身放松，消除紧张；二是心理放松，主要是通过想象来进行放松；三是肯定学习能力的暗示；四是使大脑镇静的想象练习；五是回味以往的学习乐趣；六是有节奏地呼吸练习。

四、一体两翼三沟通语文教学学习方法的指导

（一）在语文学习过程中指导方法

我们把语文学习的常规过程确定为："引导→探究→运用"三个阶段（它不构成具体的学习模式，但适应构成各种学习模式的需要），各个阶段语文学习方法指导有不同内容。

1. 引导阶段的方法指导

引导阶段的方法指导主要包括预习、介绍学习内容，提供相关的学习资料和知识，在教师和学生的交流谈话中设计学习目标任务和学习过程方法。

2. 探究阶段的方法指导

这一阶段主要指导感知、分析、综合等方法。指导感知主要是引导学生整体把握。

指导分析主要是引导学生具体认识各局部、各细部，包括重点分析、疑点辨析、难点解析；指导综合主要是引导学生概括和抽象，在整体认识和分析把握的基础上通过概括由局部到整体，通过抽象由现象到本质。

3.运用阶段的方法指导

这一阶段主要指导知识和经验的构建和迁移。要引导学生在语文实践活动中观察具体的材料，捕捉某些具有特殊性的现象，在现象的观察中发现问题，在问题的探究中发现规律，在认识规律的活动中，反思自已原有的知识和经验，构建新知识，并运用新知识解决新问题。借助于解决新问题的过程，引导学生积累新经验，迁移为新的能力，逐步提高学生的语文素养。

（二）在指导语文学习方法时调动智力因素和非智力因素

1.调动学生的智力因素

调动学生的智力因素主要包括调动学生的语感能力、记忆能力、思维能力、想象能力。

（1）调动学生的语感能力。在指导学生掌握语文学习方法时，要引导学生感知语言，提高语感的质量和发展速度，引导学生发展语言的质感、敏感、通感、幽默感、美感。

（2）调动学生的记忆力。通过整理，把记忆的内容由繁化简，以简驭繁；通过反复，及时巩固；通过形成完整的知识结构和合理的记忆单位，把记忆同观察、思维、想象联系起来，把记忆同感知、理解、体验结合起来。

（3）调动学生的思维力。借助语言材料展开各种方式的联想和推理，包括横向联想和推理，纵向联想和推理，其具体形式有接近、因果、种属（整体与部分）、表里（现象与本质）、对比（相异、相对、相反）、类比（相同、相似、相关）等各种联想和推理。

（4）调动学生的想象能力。教师可利用语言描述、设置场景、设置悬念等方法引发学生的想象力，也可在阅读中，利用文章中的生活情景、美好情境等引发学生的想象力，其他如写作中改写、扩写，口语交际中的讲故事、听科普报告等，都可以引发学生的想象力。

2.调动学生的非智力因素

调动学生的非智力因素，主要包括调动学生的动机、兴趣、情感、意志。

（1）动机的调动。通过人生观、世界观教育培养良好动机，通过树立远期的和近期的学习目标激发动机，通过正确的评价强化动机，通过内部需要与外部压力互相结合发展动机。

（2）兴趣的调动。由需要产生间接兴趣，由选择产生直接兴趣，由审美产生乐趣。教师、教材、教学方法、学习方式对兴趣都会产生影响。

（3）热情的调动。由肯定或否定可以直接产生情绪；由肯定或否定引起，经过观察、记忆、思维、想象等其他心理活动产生情感；由肯定或否定引起，经过观察、记忆、思维、想象、动机、兴趣、意志等心理活动产生情操。

（4）意志的调动。指导学生明确学习语文的目的，端正学习态度，下定学好的决心，即具有沿着正确方向前进的意志。指导学生掌握学习语文的途径和方法，树立学好的信心，即具有开展有效活动的意志。帮助学生克服语文学习中的各种困难，形成坚持不懈的恒心和坚忍不拔的毅力，即克服困难的意志，或称坚强的意志。

这些指导工作是多方面多层次的，但对中小学生来说，最主要的是在学习活动中集中注意和分配注意的注意力训练。

（三）学习法指导的途径

1.实践上熟悉语文学习方法指导的途径

（1）教师的教学影响学生的学习方法。教师的教法是自己学习方法的体现，教师的教法如果是科学的、系统的、完整的，或者是艺术的、形象的、生动的，并且具有一贯性，往往就成为学习楷模。教师是学生学习的榜样和指导者，从一定意义上讲，教师的教法往往成为学生学习的模式。学生在接受知识的同时，也就接受了教师通过教学展示给学生的学习方法。因此，教师要不断地改进教学方法，给学生掌握学习方法提供良好的模式和积极的影响。

（2）在语文学习实践中引导学生创造学习方法。学生在知识和能力方面有一定的储备和积累后，就为全面掌握学习方法奠定了基础。在此基础上，语文教师要引导学生，在语文学习实践中总结自己学习过程中成败得失的经验教训，通过交流、学习和借鉴他人的学习经验，重新建构，逐渐地形成学生自己的学有成效的方法。

（3）学生学习时借鉴名人。中外古今许多名人都有自己的学习经验和教训，学生学习语文时借鉴这些经过他人或自己的总结过的学习经验和教训，可以构建自己的语文学习方法。

2.行为上培养语文学习的良好习惯

（1）培养学生语文学习的良好习惯。心理学指出，习惯是人们在长期的实践活动中逐渐形成的一种具有系统性和稳定性的心理和行为方式，是由非智力因素和智力因素相结合而产生的个性心理特征。学习习惯是人们在长期的学习过程中逐渐形成的具有系统性和稳定性的学习心理和学习行为方式，是个性特征的重要方面。指导学生掌握学习方法、培养学生自学能力，一定要注意培养学生的良好习惯。其中包括培养学生良好的写字习惯，说普通话的习惯，读书看报的习惯，留心观察周围事物的习惯，默读习惯，积累语言材料的习惯，修改自己作文的习惯，等等。

（2）练习中形成技能技巧。叶圣陶说："大凡传授技能技巧，讲话一遍，指点一番，只是个开始而不是终结。要待技能技巧在受教育的人身上生根，习惯成自然，再也不会离谱走样，那才是终结。所以讲说和指点之后，接下去有一段必要的工夫，督促受教育的多多练习，硬是要按照规格练习。练成技能技巧不是别人能够代劳的，非自己动手，认真练习不可。"

第三节　一体两翼三沟通语文教学的习惯培养

习惯，是指积久养成的生活方式。学习习惯是指学生在长期的学习实践过程中逐渐形成的不需要意志努力和监督的自动化行为倾向。古今中外的教育学家、心理学家都非常重视学生学习习惯的培养。古人云："予人以鱼，不如授人以渔。"我国当代教育家叶圣陶曾明确指出：什么是教育？一句话，就是要养成良好的学习习惯。良好的学习习惯则是他们顺利进行学习活动的保证。一个人养成了良好的习惯，对他的生活、学习和工作都大有好处。良好的习惯一旦养成，将会成为他们一生受用的宝贵财富。一体两翼三沟通语文教学注重学生良好学习习惯的培养。

一、培养良好学习习惯的意义

国内外教学研究统计资料表明，对于绝大多数学生来说，学习的好坏，20%与智力因素相关，80%与非智力因素相关。而在信心、意志、习惯、兴趣、性格等主要非智力因素中，习惯又占有重要位置。古今中外在学术上有所建树者，无一不具有良好的学习习惯。习惯是行为的自动化，不需要特别的意志努力，不需要别人的监控，在什么情况下就按什么规则去行动。习惯是人在较长时间内形成的规律性的行为方式，一旦形成便难以改变。长期有规律地安排学习的人，便可以养成良好的学习习惯。

（一）有利于形成学习行为规律化

养成良好的学习习惯，可以形成学习的生物钟、通过条件反射自动提醒你自觉地去做应该做的事，使学生的学习行为规律化。比如每天早晨及时起床，自觉地为上学做好一切准备；上课铃声一响自觉跑回教室做上课的准备；放学回家，每到广播英语或电视英语节目时间，就自觉地及时打开收音或电视机。这些事情，对于一个有良好习惯的人来说，几乎都是靠生物钟、靠条件反射来自动控制的。如果不是靠习惯，这许许多多看似平常的事做起来就会显得手忙脚乱，甚至丢三落四，以至于使你动辄被动，造成心烦意乱。

（二）有利于形成学习行为的自动化

养成良好学习习惯，可以发挥下意识的作用，形成学习行为的自动化。下意识的特点是直接受习惯的支配。一般人都有这样的体验：吃完早饭准备上学，刚一走近自行车便随手掏出钥匙，接着打开车锁，然后朝着学校的方向前进。这些动作几乎连想都没有去想。这是下意识在发挥作用。同样道理，一个具有良好学习习惯的人，他的下意识会随时随地支配他按照平时习惯了的套路做那些与学习相关的事，使之在不知不觉中，事情做得轻轻松松，有条有理。好的习惯一旦养成，便可终身受益。世界上著名的"铁娘子"英国首相撒切尔夫人在谈及习惯时说：有时事务太忙，我也可能感到吃不消，但生活的秘诀实际上在于把90%的生活变成习惯，这样你就可以习惯成自然了。毕竟你想都不用想就去刷牙，这是习惯。撒切尔所说的"想都不用想"，实际上就是受习惯支配着的下意识在发挥作用。

（三）有利于激发学生的学习兴趣

养成良好学习习惯，可以调动潜意识为学习服务，激发学生的学习兴趣。潜意识的特点是直接受人的情感和需要支配，受情景因素的影响。大多数学生都有这样的体验：

心里已经清醒地意识到，嘴上也在说：贪玩儿不利于学习，今后不再贪玩儿了，可是鬼使神差地又贪玩儿了。为什么会这样？这实际是潜意识在支配他，是他的潜意识中有一种强烈的玩儿的渴望。一个养成了良好学习习惯的人，他对学习有一种亲合心理，他从心底里把学习当成了第一需要，当成了乐趣，不学习便难受。那些愿意玩儿的人拖他去整天打麻将、玩游戏机或保龄球，他会感到没意思、无聊、难受。即使出于身体锻炼的需要或者不得已而逢场作戏，他的心思也仍然始终在学习上，甚至连睡眠做梦的内容也都与学习相关。这也是潜意识在发挥作用。

（四）有利于提高学生形成学习策略

学习习惯是学习方法的自动化的表现。良好的学习习惯能使科学的学习方法自然而然地得以运用，形成学习策略，提高学习效率，从而提高学习成绩。通过调查发现，学生的成绩与他们的学习习惯是成正比的，凡是学习成绩好的学生，往往也是学习习惯好的学生；凡是学习成绩差的学生，往往学习习惯也不好。所以，成绩好坏与学习习惯有直接关系。尽管提高学习效率和学习成绩可以从多方面入手，如学习动机、学习态度、学习兴趣和学习方法等。但从训练学习习惯入手往往是最见效的，是一劳永逸。学生只有养成了良好的学习习惯，才会使漫长的学习生涯始终充满幸福的体验，并且他的学习不但不会随着学生时代的结束而终结，反而还会随着生命的进程而延长，从而将自己提升到终身化学习的理想境界。

（五）有利于学生形成健康的人格

养成教育是提高学生修养、完善人格不可缺少的教育。学习习惯虽然看起来是学习方面的教育，但它却是修养和人格的重要体现，影响人的一生。培根说：习惯是一种顽强的巨大的力量，它可以主宰人生。学习习惯会影响学生的生活、人际关系、性格等各方面。例如：专注的习惯会影响到将来工作的专心程度、虚心好问的习惯会影响到将来的人际关系、勤学的习惯会影响将来的工作态度、仔细认真的习惯会影响将来对工作的责任。良好学习习惯培养使学生终身受益。

二、良好的学习习惯举例

良好的学习习惯较多，现列举以下三个方面的习惯：

（一）普适性学习习惯

1. 主动学习的习惯

别人不督促能主动学习，一学习就要求自己立刻进入状态，力求高效率的利用每一分钟学习时间。要有意识地集中自己的注意力用于学习，并能坚持始终。

2. 及时完成规定的学习任务的习惯

要在规定的时间完成规定的学习任务。把每个规定的学习时间分成若干时间段，根据学习内容，为每个时间段规定具体的学习任务，并要求自己必须在一个时间段内完成一个具体的学习任务。这样做，可以减少乃至避免学习时走神或注意力涣散的情况，有效地提高学习效率。还可以在完成每个具体学习任务后，产生一种成功的喜悦，使自己愉快地投入到下一时间段的学习中去。

3.各学科全面发展，不偏科的习惯

现代社会迫切需要的是发展全面的复合型人才，所以要求中学生要全面发展，不能偏科。这就要求中学生对自己不喜欢的学科更要努力学习，在学习中不断提高兴趣。对不喜欢的学科或基础比较薄弱的学科，可以适当降低标准，根据自己的实际情况，确立经过努力完全可以实现的初期目标、中期目标、远期目标，然后要求自己去完成。这是克服偏科现象的有效方法。

4.多思、善问、大胆质疑的习惯

学习要严肃认真、多思善问。"多思"就是把知识要点、思路、方法、知识间的联系、与生活实际的联系等认真思考，形成体系。"善问"不仅要多问自己几个为什么，还要虚心向老师、同学及他人询问，这样才能提高自己。而且，还要在学习的过程中，注意发现问题，研究问题，有所创造，敢于合理质疑已有的结论、说法，在尊重科学的前提下，敢于挑战权威，要做到决不轻易放过任何一个问题。要知道"最愚蠢的问题是不问问题"，应该养成向别人请教的习惯。

5.阶段复习的习惯

经过一段时间的学习，要对所学的知识进行总结归纳，形成单元、章节知识结构，在大脑中勾画图式。这是使知识系统化，牢固掌握知识，形成学科能力的重要一环。

6.尊重与欣赏老师的习惯

亲其师，信其道。一个学生同时面对的各学科教师，长短不齐，在所难免。所以学生要学习好，除了我们老师努力提高能力水平，适应学生外，学生更要尊重老师，适应老师，并学会欣赏自己的老师。不同层次的老师，学生用不同的方式，眼睛向内、提高自我的方式去适应，与老师共同进步。从现在适应老师，长大了适应社会。不会稍不如意就埋怨环境。

（二）课堂学习习惯

1.课前预习的习惯

课前预习可以提高课上学习效率，有助于培养自学能力。预习时应对要学的内容，认真研读，理解并应用预习提示、查阅工具书或有关资料进行学习，对有关问题加以认真思考，把不懂的问题做好标记，以便课上有重点地去听、去学、去练。

2.认真听课的习惯

上课时，老师不仅用语言传递信息，还会用动作、表情传递信息，用眼神与学生交流。因此，中学生上课必须盯着老师听，跟着老师想，调动所有感觉器官参与学习。能否调动所有感觉器官学习，是学习效率高低的关键性因素。上课要做到情绪饱满，精力集中；抓住重点，弄清关键；主动参与，思考分析；大胆发言，展示思维。

3.上课主动回答问题的习惯

中学生应该成为学习的主人，在课上要认真思考每一个问题，积极回答问题可以促进思考，加深理解，增强记忆，提高心理素质，促进创新意识的勃发。回答问题要主动，起立迅速，声音宏亮，表述清楚。

4.上课记笔记的习惯

在专心听讲的同时，要动笔做简单记录或记号。对重点内容、疑难问题、关键语句进行"圈、点、勾、画"，把一些关键性的词句记下来。有实验表明：上课光听不记，仅能掌握当堂内容的30%，一字不落的记也只能掌握50%，而上课时在书上勾画重要内容，在书上记有关要点的关键的语句，课下再去整理，则能掌握所学内容的80%。

5.课后复习的习惯

课后不要急于做作业，一定要先对每一节课所学内容进行认真的复习，归纳知识要点，找出知识之间的联系，明确新旧知识之间的联系，形成知识结构或提要步骤式知识结构。主动询问，补上没有学好的内容。对不同的学习内容要注意进行交替复习。

6.及时完成作业的习惯

按时完成老师布置的作业和自己选做的作业，认真思考，认真书写，一丝不苟，对作业中存在的问题，认真寻找解决的办法。作业写完后，要想一下它的主要特征和要点，以收到举一反三的效果。作业错了，要及时改过来。

（三）一体两翼三沟通语文教学的学习习惯

1.良好的识字写字习惯

写字，不仅是一项重要的语文基本功，而且是一个人文化素养的体现。俗话说：字如其人。所以我们要从小就养成正确的写字姿势和良好的写字习惯。也要从小就形成这样一种习惯：只要提起笔来，就要端端正正地一笔一画地写，力求做到姿势端正，笔划清晰，结构合理，行款整齐，美观大方。在识字过程中要重视发现识字方法、识字规律以及适合自己的识字方法，把点点滴滴的发现积累起来，逐步养成独立识字的能力，进而养成主动识字的习惯，在校内，在家里，在社区……只要见到汉字，就有识字的欲望，自觉地识记。

2.朗读背诵的习惯

朗读背诵是我国传统的语文学习的重要方法，是积累语言、培养语感的重要途径，有助于发展我们的记忆力，提高我们的表达能力。要扎实提高语文素养，非要养成朗读背诵的习惯不可。这样让我们从小背诵最有价值的经典，使我们常常耳濡目染于圣贤的智慧思想之中，可以起到潜移默化的作用。为此，学校和老师要给学生安排定时、定量的诵读内容，使我们可以拳不离手，曲不离口，日有所读，日有所获，从而养成良好的朗读背诵习惯。

3.课外阅读习惯

课外阅读对于开拓学生视野，丰富知识，提高阅读与表达能力具有重要的作用。苏联教育家苏霍姆林斯基认为："凡是那些除了书以外什么也不读的学生，他们在课堂上掌握的知识就非常肤浅。"他还说，让学生变聪明的办法不是补课，不是增加作业量，而是阅读，再阅读。我国著名语言学家吕叔湘在谈到自己语文能力的获得时，说课内学习、课外阅读应是"三七开"。在信息化时代，阅读将是人们搜集、处理信息最重要的方式之一，会不会阅读将决定一个人向社会获取智慧的能力。要学好语文，光读几册教材是远远不够的。因此，要增加我们的知识，提高学生的语文素养，必须重视课外阅读，必须大量地阅读课外书籍，从书中获取丰富的精神养料。

4.使用工具书的习惯

孩子在阅读和写作时常常会遇到一些自己不认识或难以理解的字、词，会影响我们对文章的正确理解，成为阅读障碍，或写作上的拦路虎。许多学生遇到困难时，要么跳过去不理睬，结果是囫囵吞枣；要么向别人求助，养成一种依赖心理，不利于我们独立人格的发展。因此读书要养成勤查工具书的习惯，让工具书成为我们的良师益友。最常用的工具书为字典、词典，如《新华字典》《现代汉语词典》等。近年来涌现了大量的语文知识、各种专业辞典等，如《唐诗鉴赏辞典》《学生作文辞海》等，有条件的可以买几种必备的工具书，培养孩子勤查工具书的习惯。

5.在生活中多观察的习惯

观察是启迪我们思维的最基本的途径。自然、社会、生活都是语文学习取之不尽、用之不竭的课程资源，使学生留心自己的生活，仔细观察周围的人、事和景物，把看到的、听到的随时记下来，这对语文素养的形成起着很重要的作用。正像老舍先生说过的："你要仔细观察身旁的老王或老李是什么性格，有哪些特点，随时注意，随时记下来。这样的记录很重要，它能锻炼你的文字表达能力……刮一阵风，你记下来，下一阵雨，你也记下来，因为不知道哪一天，你的作品里需要描写一阵风或一阵雨，你没有这些积累，就写不丰富。这样日积月累肚子里的货就多起来。"

6.勤于动笔的习惯

平时阅读自己的课外书时，可以在书上写写画画，把自己感兴趣的地方画下来，把自己的感受写下来；阅读别人的书籍时，遇到精彩的部分可以积累下来；外出时，及时把所见所闻和感想写下来，哪怕是只言片语，要像茅盾先生说的那样，身边应当时时刻刻有一支铅笔和一本草簿，无论到哪里，都要竖起耳朵，睁开眼睛，像哨兵似的警觉，把你所见所闻随时记录下来。同时要教育学生从小养成写日记的习惯。写日记不仅是小学生练笔的好形式，而且也是加强品德修养、锻炼思维能力的有效途径。大凡作家、名人都有写日记的习惯。日记不但形式十分灵活，可长可短，可叙可议，可描写，可抒情，可说明，而且内容也非常广泛，可以海阔天空，无所不谈。但要注意从这些琐事中表达出自己的思想感受，反映出自己的观点、看法，而且要坚持写真事，说真话，抒真情，真正做到"我手写我心"。

三、一体两翼三沟通语文教学学习习惯的培养

古人云："予人以鱼，不如授人以渔。"一体两翼三沟通语文教学要求，教师在传授知识的同时，要在培养学生学习的习惯上下功夫，既可提高学生的学习水平，也可提高自己的教学水平，达到双赢的效果。

（一）心理方面的培养

1.激发学生的学习兴趣

兴趣是求知的内在动力。激发起学生的兴趣，学习就会积极主动，学得轻松而有成

效。但是学习兴趣不是天生的，主要在于教师如何引导学生，充分调动学生对学习的积极性和主动性，进而能创造性地学，最终达到优化课堂教学和提高教学效率的目的。激发学生学习的兴趣，挖掘学生兴趣的潜在因素，做到一上课就紧紧地抓住学生的注意力，激起学生的兴趣，使他们很快进入"最佳学习状态"。学生的学习兴趣越浓，自学的积极性就越高。激发兴趣就是要把学生已经形成的潜在学习积极性充分调动起来。

2.培养学生的自信心

信心是进取心的支柱，是有无独立工作能力的心理基础。自信心对孩子健康成长和各种能力的发展，都有十分重要的意义。要重视与保护孩子的自尊。多赞许，少责备，有助于提高孩子的自尊心，因为有高度自尊心的孩子，对自己所从事的活动充满信心，而缺乏自尊心的孩子，不愿参加集体活动，认为没人爱他，缺乏自信。平时多创设培养孩子自信心的环境，让孩子在潜移默化中"自信"起来。平时，遇事常对孩子说一些鼓励的话，"你一定能行，你肯定做得不错"。因为孩子自我评价往往依赖于成人的评价，成人以肯定与坚信的态度对待孩子，他就会在幼小的心灵中意识到：别人能做到的，我也能做到。特别对于学困生，学困生的成因很多，有智力发展的先天不足，有家庭关爱的营养不良，有学校教育的知识断层。作为教师，有必要对学生调查研究，摸清情况，利用学习心理学、儿童心理学等知识为依托进行针对性的个案研究，并找出能切实有效地改善学生学习行为的办法来。这样的个案研究，既是对学生的终生发展负责，也能很好地提升教师自身的专业素养。

3.教育学生树立积极的学习态度

每次上课前，一定要把老师准备讲的内容预习好，把不好理解的、不会的内容做好标记，在老师讲到该处时认真听讲。如果老师讲了以后还不会，一定要再问老师，直到明白为止。当一个问题问了两遍三遍还不会时，一般的同学就不好意思问了，千万别这样，老师们最喜欢"不问明白誓不罢休"的性格了。上课时要认真听讲，认真思考，做好笔记。做笔记时一定要清楚，因为笔记的价值比课本还要大，将来的复习主要靠它。课下首先要做的不是做作业，而是把笔记、课本上的知识点先学好，该记的内容一定把它背熟。这样会大大提高你做作业的速度，即平常说的"磨刀不误砍柴工"。做作业时应该独立思考，实在不能解决的问题，再和同学、老师商量。问同学时，不要问这道题结果是什么，而是要问"这道题究竟怎么做？""这道题为什么这样做？"有的同学总是问："这道题是什么意思，读不懂。"这是低级问题。如果读不懂题就问，能问出什么名堂，别人讲的你能听懂吗？所以，一定要多读几遍题，理解题目的内涵，大部分题其实你是会做的。

4.教育学生正确面对错误和失败

当有的知识你没有在课上学会、当你的练习做错时或者在考试中成绩太差时，你既不要报怨，也不要气馁，你应该正视这自已不愿得到的现实。错误和失败并不可怕，只要你能正视它，一切都会成为成功的动力。有的同学一开始错题很多，抄也抄不完。通过归类进行分类汇总之后，你会发现多处错误竟然都是因为一个知识点不会造成的。有时的确是多个知识点都不会，那么应该尽自己的最大努力，攻克一个是一个。"学无止境"是人生的一个态度，学校阶段的学习是有止境的，学会一个，不会的地方就减少一个，学习成绩就会前进一步。之所以越学越差，就是因为对每一个知识点都是一知半解，似乎都学了，其实考试时又不完全会，结果就得不到分数，这时你可能又归结为"粗心、大意、马虎等等"，而继续随波逐流，用一知半解的旧知识去理解和学习新知识，新知识对你来说就会更加难学。可见关键是"学一个、懂一个、会多个"。

（二）行为方面的培养

1. 细节

学生养成良好的学习习惯，必须从细节开始。在教学中，有许多的"细节"，诸如坐的姿势，读书的姿势，回答问题的声音要响亮等，教师在教学中要注重把这些细节养成好的习惯。老子《道德经》中有这样一句话："合抱之木，生于毫末；九层之台，起于垒土；千里之行，始于足下。"教师必须注意从一点一滴的小事抓起。习惯是经过重复或练习而形成的自动化了的行为动作，它不是一朝一夕就能形成的，而是必须有一个过程，要养成良好的学习习惯，需要不断强化，需要持之以恒地渗透。久而久之，学生的习惯就自然形成了。

2. 榜样

身教胜于言教。榜样的力量是无穷的，父母是孩子的榜样！孩子的自制力还不够好的时候，希望家长能陪着孩子学习。当然这种陪，不是让家长在旁边絮絮叨叨，不停地指手画脚。你可以做自己的事请，只是在他旁边坐着，可以看书，可以学习，可以缝缝补补，而不是他写作业你看电视，或者玩电脑，或者打麻将。家庭的学习氛围对孩子的成长很重要，一个学习型的家庭必定能培养出爱学习的子女。

3. 惜时

被誉为"发明大王"的美国科学家爱迪生从来不让自己空闲一会儿，只要脑子里出现一个新的想法，无论吃饭吃到一半时，还是半夜一觉醒来时，他都会立即抓住不放。他每天工作十几个小时，直到实在疲倦，才在实验室内稍睡一会。由于他每天工作时间比一般人长得多，相当于延长了生命，所以在他79岁时，就宣称自己是135岁的老人了。时间就是生命，时间可以创造奇迹！道理虽然十分简单，然而在现实生活中，真正懂得珍惜时间的人却不是很多。所以，有志者就应当像那些科学家一样惜时如金，分秒必争。

4. 作息

把作息安排变成作息习惯。作息时间表，其实就是给学生订生活、学习规矩，即什么时候学习，什么时候玩，什么时候休息。因为爱玩是孩子的天性，我们不能剥夺孩子玩的权利。孩子不玩痛快，学习时就不会很好集中思想，也不会精力充沛。很多学生其实有着非常适合自己的时间表、计划书，但无法做到每天坚持。如果始终把按计划做当成一件痛苦的事，为了遵循而遵循，这样很难持之以恒。计划可以很简单，但不可以老改变，应努力把计划日程变成一种生活习惯，就和一天三顿饭一样自然，这样可以保证稳定的学习。定了时间表就要坚持。制定严格的作息时间表，贴在墙上，自己遵守并由父母监督，每当自己觉得不能执行下去的时候就看一看作息时间表，遵守诺言的力量就会促使自己坚持下去。另外，养成一个良好的学习习惯，不仅要合理安排自己的时间，而且还要做到"松紧一致"。有的学生到了假期就会比较放纵自己，作息时间比较乱，因为作息规律一旦乱了，到上学的时候要调整过来又比较困难，而且是很累的一件事情。假期的时间安排和上学时应差不多，学习有一个惯性，可以适当间歇，但是不能一下丢开过久，要"松紧一致"。

作息时间在学习过程中要不断调整。作息时间关系到学习的精神状态，所以在平时学习的时候应当有良好的作息安排。按照自己的特点制定作息时间表固然有其优越性，但有时却与考试期间的作息时间不一致。而人体的节律具有"惯性"，很难一下子完全调整过来，所以必须提前行动，以使自己各方面的情况在考前调节到最理想的状态。总的来说，一个人的作息时间应根据自己的情况来定，并且在学习的过程中不断调整，以适应新的学习情况。

5. 记忆

记忆是学习非常重要的环节，任何知识即使理解了也绝不等于掌握了，没有记住知识是根本谈不上运用知识的。在理解的基础上牢记知识，才能在需要用到所学知识时迅速地找到解决问题的办法。就学习而言，理解是必须的过程，但记忆才是最终的目的。对于理科知识来说，先理解会帮助学生有效地记忆；对于文科知识而言，先记忆可能会有利于理解和掌握。

要规定记忆时间，并且一个人独自在不受干扰的情况下进行记忆。记东西的时候，不要仅仅默读默记，而是动用尽可能多的感官，比如一边看、一边念、一边写。要注意的是不能老是打开书本。在记忆了一段东西之后，一定要把书合起来，在脑海里过一遍，有时想不起来时不要马上翻书，而是努力回想，实在想不起来再看书。最好是睡前把背过的东西再回忆一遍，因为睡眠时没有新的信息输入大脑，刚刚记忆的东西就不受干扰。如果书上的内容太散太杂，就要先在一张大纸上画关系图，自己归纳组织后再记忆，这相当于把零散的个体结合成了有机的整体，再记忆时就容易得多了。每次记忆的量也有讲究，要定量记忆，日积月累，效果就慢慢显现出来了。光有好的记忆方法还不行，有的知识还需要扎扎实实地坚持硬背下来。

第十章　一体两翼三沟通语文教学的教学评价

　　教学评价是依据教学目标对教学过程及结果进行价值判断，并为教学决策服务的活动，是对教学活动现实的或潜在的价值做出判断的过程。教学评价是研究教师的教和学生的学的价值的过程。教学评价涉及的内容较多，但主要是对学生学习结果的评价和教师教学过程的评价。教学评价的实质是对教师的能力进行评判。对教师教学工作进行评价的核心是教师的课堂教学评价。一体两翼三沟通语文教学的教学评价提出了教师的能力要求，在教师具备教学能力的背景下，开展课堂教学评价，引导教师教学能力的进一步提高和教学艺术的形成。学生素质发展水平的评价，是一体两翼三沟通语文教学评价的核心。

第一节　一体两翼三沟通语文教学的教师能力要求

　　能力是人们表现出来的解决问题可能性的个性心理特征，是活动顺利完成的最重要因素，是完成一项目标或者任务所体现出来的素质。能力是以人的一定的生理和心理素质为基础，在认识和实践中形成、发展的，完成某种任务的能动力量。一体两翼三沟通语文教学对教师提出了高标准的能力要求。

一、一体两翼三沟通语文教学的教师能力结构

（一）教师的基础能力

　　基础是事物发展的根本或起点。教师的基础能力，是指教师应具有的最起码的带根本性质的能力。一方面，教师的基础能力没有明显的教育指向性，教育性不是它的唯一功能；另一方面，它又是教师职业能力产生的前提和基础。离开教师的基础能力，教师实施教育的其他能力就无从产生，因而就无法从事教育工作。教师的基础能力主要包括智力范畴内的观察能力、思维能力、想象能力、记忆能力。

　　1.观察能力

　　观察能力是一种有意识、有目的、有组织的知觉能力。它不只是单纯知觉问题，而是包含着理解、思考，有目的、有计划的知觉。它是人的多种感知觉的综合。简单地说，观察能力就是人们感知周围事物的能力。观察力的敏锐程度决定了从一个人身上得到的信息的多寡。也就是说，只有敏锐的观察力才能尽可能多地将一个初次见面的人的信息更好地把握住。教师的观察能力就是对学生由外表到内心的认识能力。教师只有具备了观察学生的能力，才能把握学生的个体个性特征和学生群体的共性特征，把握教育教学的主动权。

一体两翼三沟通语文教学对教师观察能力的要求。

（1）观察的目的性。目的性是区分一般感知和观察能力的重要特点之一。作为观察的目的性，至少应当包括：明确观察对象、观察要求、观察的步骤和方法。观察的目的性，还要求我们在进行观察时，必须勤做记录。这种记录是我们保存第一手资料最可靠的手段。

（2）观察的条理性。观察是一种复杂而细致的艺术，不是随随便便，漫无条理地进行所能奏效的。观察必须全面系统，有条不紊地进行。长期的观察需要如此，短期的观察也需要如此。观察的条理性，可以保证输入的信息具有系统性、条理性，而这样的信息，也就便于智力活动对它进行加工编码，从而提高活动的速度与正确性。

（3）观察的理解性。在观察过程中，运用基本的思维方法，对事物进行有效地比较分类、分析、综合，找出它们之间的不同点和相同点，这样，就易于把握事物的特点。考察事物的各种特性、部分、方面以及由这些特性、部分、方面所联成的整体，就会使我们易于把握事物的整体和部分。

（4）观察的敏锐性。观察的敏锐性指迅速而善于发现易被忽略的信息。敏锐性的高低是观察力高低的一个重要指标。观察的敏锐性与一个人的兴趣往往是密切相关的。不同的人在观察同一现象时，会根据自己的兴趣而注意到不同的事物。兴趣可以提高人们观察力的敏锐性。观察的敏锐性是与一个人的知识经验密切相关的。一个知识渊博、经验丰富的人，他在错综复杂的大千世界中，自然容易观察到许多有意义的东西。相反，一个知识面狭窄、经验贫乏的人。他面对许多被观察的对象，总有应接不暇的感觉，而结果什么都发现不了。当然，知识对观察的敏锐性还有消极作用。有些人常常凭借知识对一些事物进行主观臆断。

（5）观察的准确性。正确地获得与观察对象有关的信息。首先，在观察过程中，不只是注意搜寻那些预期的事物，而且还要注意那些意外的情况；其次，是对事物进行精确地观察：既能注意到事物比较明显的特征，又能觉察出事物隐蔽的特征；既能观察事物的全过程，又能掌握事物的各个发展阶段的特点；既能综合地把握事物的整体，又能分别地考察事物的各个部分；既能发现事物相似之处，又能辨别它们之间的细微差别；再次，搜寻每一细节。一个具有精确观察力品质的人，他在观察事物的过程中，就会避免那种简单的、传统的、老一套的方式，选择那种不寻常的、不符合正规的、复杂多变的创新方式，这往往是富有创造力的表现。

2.思维能力

思维能力包括理解力、分析力、综合力、比较力、概括力、抽象力、推理力、论证力、判断力等能力。它是整个智慧的核心，参与、支配着一切智力活动。教师工作的主要特点是脑力劳动，脑力劳动的核心是思维。因此，教师工作从根本上说就是思维活动过程。

一体两翼三沟通语文教学对教师思维能力的要求。

（1）思维的敏捷性与灵活性。敏捷性是指思维活动的反应速度和熟练程度，表现为思考问题时的快速灵活，善于迅速和准确地作出决定、解决问题。古人云："眉头一皱，计上心来"，这是思维敏捷性的一种表现。在日常生活和工作中，有的人遇事胸有成竹，善于迅速做出判断，但又不流于匆忙草率；有的人遇事心中无数，不是不能解决问题，就是匆忙了事。思维的灵活性是针对思考问题、解决问题的随机应变程度而言的。具体来说，是指当问题的情况与条件发生变化时，能够打破旧框框，提出新办法。思维的这一品质与思维的敏捷性联系密切，可以说，没有敏捷性，也就没有灵活性。有的人足智多谋，善于随机应变；有的人头脑僵化，惯于墨守成规。凡是能举一反三的人，其思维较灵活；反之思维较迟钝。"灵活性"包括四个方面：一是思维起点的灵活性，即能否从不同的角度、方向、方面按照不同的方法来解决问题；二是思维过程的灵活性，即能否从分析到综合，从综合到分析，灵活地进行综合分析；三是概括和迁移能力，是否愿意和善于运用规律，能否触类旁通；四是思维的结果是不是多种合理而灵活的答案。

（2）思维的广阔性与深刻性。凡事善于抓住整个问题从多方面进行思考，既不忽视对事实的本质部分的分析，也不放弃对具体细节的考虑，这就是思维的广阔性。其个体差异表现在：有的人思路能围绕关键问题展开，有的人则思路闭锁，往往抓住一点不及其余。凡事善于透过现象抓住本质，能深入思考问题而不停留在表面上，说明思维具有深刻性。深刻性指思维活动的抽象和逻辑推理水平，表现为能深刻理解概念，分析问题周密，善于抓住事物的本质和规律。思维的深刻性与广阔性密切相关，两者是博与专的关系：在博的基础上专，在专的要求下去博。

（3）思维的独立性与批判性。思维的独立性即善于独立分析问题和解决问题。独立性的思维主要在于不寻求现有的解决方案，不依赖别人的思想和原则，能创造性地寻求并获得研究现实的新途径、新事实和规律，提出新的解释和结论。在独立性方面，人与人之间的差异十分明显，有的人遇事有独立见解，解决问题时既不固执己见，唯我是从，也不人云亦云，随波逐流。而有的人具有明显的依赖性，遇事盲从附和，表现出很大的受暗示性。批判性是指善于批判地对待与评价他人和自己的思想与成果。在没有确认真实性之前，不轻易相信某个结论和观点就是真理。有的人能辩证地分析一切，从不持"好就是绝对的好，坏就是绝对的坏"的形而上学观点。有的人则缺乏批判性，不能辩证地分析事物，摆脱不了形而上学的束缚。

（4）思维的创造性和系统性。创造性指思维活动的创造意识和创新精神，不墨守成规，奇异、求变，能够创造性地提出问题和创造性地解决问题。突出表现在：一独立性、二分散性、三新颖性。系统性指善于抓住问题的各个方面，又不忽视其重要细节的思维品质。考虑问题，总是要从整体出发，能够很好地处理整体与局部的关系。系统思维，可以使一个人变得非常理智，而且统筹能力及预见能力会得到很大的提高，而系统思维能力对一个领导者来说是不可或缺的能力。

3. 想象能力

想象是人在头脑里对已储存的表象进行加工改造形成新形象的心理过程。它是一种特殊的思维形式。想象与思维有着密切的联系，都属于高级的认知过程，它们都产生于问题的情景，由个体的需要所推动，并能预见未来。想象能力是人脑在感性形象的基础上，

创造出新的形象的能力。教师理解教材、设计教学、教育学生都需要想象能力。

一体两翼三沟通语文教学对教师想象能力的要求。

（1）想象的丰富性。丰富性是指想象内容的充实程度。想象是在表象的基础上形成，其丰富性取决于表象的多样性。为了充实想象的内容，就必须丰富自己的种种表象，亦即充实旧有表象的数量和质量，以扩大旧有表象的储备。想象的丰富性就是想象过程中事物间建立宽广的联系，形成众多的新形象。例如，有的人想象丰富多彩，内容充实；有的人想象贫乏单调，内容不充实。具有丰富想象的人，他们在围绕某一主题展开想象时，就会在自己的头脑中出现一幅幅的画面。想象贫乏的人在围绕某一主题展开想象时，既难"思接千载"，也难"视通万里"，在头脑中只会出现为数有限的某些表现，很难把有限的表象融合成一幅幅画面。教师具有丰富的想象力，是由他们的工作性质决定的。对于文学作品的教学，教师要有丰富的想象，才能进入作品的意境，才能深入地理解作品内容。几何教学，教师要根据平面的图形，想象出立体、断面和某些动态形象。地理历史教学中，教师要根据地图的暗示和形象化的描述，使学生想象出山川河海的自然形象和历史上的生活情境，等等。

（2）想象的合理性。我们既可以抓住事物间相似、相关、相反的关系，作横向的联想；也可以穿通古今，面向未来，做纵向的联想；甚至可以大胆虚构，超越时空。但是，一定不要忽略了想象的合理性——那就是符合事物的特征，符合生活的逻辑。教师的想象要合乎情理、合乎事理、合乎现实。任何想象既是超越现实，但又不能绝对摆脱现实。不仅再造想象、创造想象如此，幻想、甚至那些荒诞无稽的想象也莫不如此。例如，关于北极风光、南极景色的想象，就是以对北极、南极的现实描述为基础构成的。有些人的想象与现实的关系若即若离，可望而又可即；有的人想象与现实的关系完全脱节，可望而不可及。前者表现为理想，后者则表现为空想。一个富有理想的人，他的想象虽然跑在现实的前面，但却是经过一定努力可以实现的。实践证明，这样的理想常常会成为人们事业的巨大力量，促人奋进，而空想只能给事业带来巨大危害，使人成为空想家、吹牛家。

（3）想象的新颖性。新颖性是指想象所构成的形象的新异程度。想象的新颖性通过表象的改造而实现，其过程带有分析和综合的性质。为了构成一个新颖的想象，一方面要从许多已有的表象中，通过分析选取某些有用的表象；另一方面，又通过综合，把分析出来的表象联合起来，构成一个新的形象。想象所构成的形象越是出乎意料，它就越富有新颖性。有的人想象所构造的形象几乎是依葫芦画瓢；有的人的想象既是标新立异，又能自圆其说。想象的新颖性是进行创造性活动的重要条件。

4. 记忆能力

记忆是人脑对过去经验反映的心理过程。记忆是指记和忆的完整过程，从记到忆包括识记、保持、再认、回忆四个基本环节。记忆过程的四个基本环节是相互联系、相互制约的。识记和保持是再认和回忆的前提与关键，没有识记就没有对经验的保持，没有识记和保持就不能对经历过的事物进行再认和回忆，而再认和回忆是识记和保持的结果，也是检验识记和保持的指标。研究记忆的目的，就在于揭示记忆过程的特点和规律，科学地提高人的记忆效果。

一体两翼三沟通语文教学对教师记忆能力的要求。

（1）记忆的敏捷性。记忆的敏捷性是指一个人在识记事物时的速度方面的特征。能够在较短的时间内记住较多的东西，就是记忆敏捷性良好的表现。记忆的这一品质，与人的暂时神经联系形成的速度有关：暂时联系形成得快，记忆就敏捷；暂时联系形成得慢，记忆就迟钝。在敏捷性方面，有的人可以过目不忘，有的人则久难成诵。但各人的特点不同：有的人记得快，忘得也快；有的人记得慢，忘得也慢。记忆的敏捷性是记忆的品质之一，但它不是衡量一个人记忆好坏的唯一标准。在评价记忆敏捷性时，应与记忆的其他品质结合起来才有意义。

（2）记忆的持久性。记忆的持久性是指记忆内容在记忆系统中保持时间长短方面的特征。能够把知识经验长时间地保留在头脑中，甚至终生不忘，这就是记忆持久性良好的表现。记忆的这一品质，与人的暂时神经联系的牢固性有关：暂时神经联系形成得越牢固，则记忆得越长久；暂时神经联系形成得越不牢固，则记忆得越短暂。在持久性方面，有的人能把识记的东西长久地保持在头脑中，而有的人则会很快地把识记的东西遗忘。一般来讲，记忆的敏捷性与记忆的持久性之间有正相关，记得快的人，保持的时间较长。但也不尽然，有的人记得快，但保持的时间短。

（3）记忆的准确性。记忆的准确性是指对记忆内容的识记、保持和提取时是否精确的特征。它是指记忆提取的内容与事物的本来面目相一致的程度。记忆的这一品质，与人的暂时神经联系的正确性有关：暂时神经联系越正确，记忆的准确性就越好；暂时神经联系越不正确，记忆准确性就越差。准确性是记忆的重要品质，如果离开了准确性，敏捷性、持久性就失去了意义。

（4）记忆的准备性。记忆的准备性是指对保持内容在提取应用时所反映出来的特征。记忆的目的在于实际需要时，能迅速、灵活地提取信息，回忆所需的内容并加以应用。记忆的这一品质，与大脑皮层神经过程的灵活性有关：由兴奋转入抑制或由抑制转入兴奋都比较容易、比较灵活，记忆的准备性的水平就高；反之，记忆的准备性的水平就很低。在准备性方面，有的人能得心应手，随时提取知识加以应用，有人则不然。记忆的这一品质是上述三种品质的综合体现，而上述三种品质只有与记忆的准备性结合起来评价，才有价值。

（二）教师的教学能力

一体两翼三沟通语文教学对教师教学能力的要求。

1. 良好的语言表达能力

表达能力可以分为语言表达和非语言表达能力两大类，两者都是教师用来进行人性陶冶和知识传授的重要工具。语言表达特别是口头语言表达能力的强弱，直接影响着教师主导作用的发挥，也直接影响着学生语言和思维的发展。非语言表达主要包括除语言表达之外的其他方式的表达，诸如身体姿势，眼神等。

2.组织管理能力

为了保证教育教学工作顺利而又生动活泼地进行，教师应具备较强的组织能力。例如，开展教育活动，教师必须善于制定计划、动员发动、培养和使用骨干、组织指挥、总结评比等；组织教学活动，教师必须善于启发诱导，能激发学生兴趣，集中学生注意力，善于机智地处理偶发事件等。教师组织教育教学活动的能力，包含一定的创造性，既需要知识经验，又需要满腔热情，更需要在实践中坚持不懈地研究、总结、磨炼。现代教育视域中的教师管理能力，不应把学生仅仅作为一个抽象的、被动的管理对象把他们管死，而是要把学生组织起来，积极为他们创设各种有利条件，充分发挥他们每个人的个性潜能或特长，为形成一个有利于每一个学生都能得到生动活泼发展的集体，为人人能在集体中有自己的平等地位，能为集体做出自己的奉献，又能从集体中汲取力量、感受温暖、学会协作而共同努力。教师的管理能力主要体现在能够确立符合实际的活动的预期目标，拟订周密的教育教学工作计划，充分发挥学生的积极性、主动性与创造性，从而保证良好效果的产生。

3.处理教材的能力

处理教材的能力主要是指教师具有全面掌握并正确处理教材的能力，教师全面地了解教材体系，弄清教材的重点、难点和关键，对教材内容的理解和掌握达到懂、透、化的程度，分析教材内涵，并从实际出发，对教材内容进行增删、选择操作等。在理清教材知识的基础上，要根据学生的思维特点和接受能力，学生的知识水平和年龄特点对教材进行科学的组织加工，选择和运用最佳的教学方法，采用学生易理解和感兴趣的形式来进行知识的传授，在此基础上，发展学生的智力、培养能力。

4.处理作业的能力

学生的语文作业在一定程度上检验教与学的质量，它帮助教师发现教学中的经验与问题，促使教师改进教学。正因为如此，处理学生作业不能停留在只判断正误，只打分数，要做到：

（1）明确学生作业是教学的有机组成部分，是课堂教学的延伸和反馈，不过方式是学生独立操作，独立训练，以巩固或加深理解课内所学的内容。处理时要加强目的性，了解学生掌握的情况，重视反馈教学质量的信息。

（2）对不同类型的作品，如口头的、书面的，单项的、综合的等等，采用不同的处理方法。可分别处理，可集体讨论，可互批互改。无论采用什么方法，都要落到实处，使学生一步一个脚印往前走。

（3）批改作业要以正面鼓励为主，积极引导为主，千方百计树立学生学习的信心，激发他们克服困难的勇气，切忌横加指责，对错误与不足要说得具体，指引修改的路子。

（4）因材施教。对不同的学生可采用不同的方法，如对有的学生的作文可面批面改，重点帮助。从学生的实际出发，有目的分阶段地采用不同方法处理，以求得最佳效果。

5.课程开发的能力

现代教师不但要有现代课程意识，而且必须具备课程开发的能力，只有教师充分了解学生的知识、能力、兴趣和特点，并按学生的需要设计教学活动。课程开发的能力主要是指课程资源的开发和利用的能力，对课程的解读和对教材的变通能力，课程评价和研究能力。

6. 了解学生的能力

了解学生的能力是指教师对教育对象的个性特征，心理素质，道德行为，学习能力及身体状况等方面具有把握的能力。在多元化社会条件下学生的道德、精神等已发生了一定的变化，因而，教师充分地了解学生的能力在时下显得更为重要。同时，科技的发展也对教育冲击，复杂的社会环境、生活背景等主客观条件，使学生内心意念、学习能力、学习方式方法等千差万别，所以了解学生也是教师的必修课，有效地了解学生也是教育教学能否最优化的重要前提。现代教育要求弘扬学生的主体精神，开发学生的内在潜能，促使学生在不同方面不同程度地得到发展。多元智能理论给我们的一个重要启示是：人才是多样化的，所以要有多元的评价标准和多元的成才观。美国哈佛大学心理学教授加德纳提出的"多元智能理论"认为每个人至少有7种智能，即语言、数理逻辑、音乐、空间、人际交往、身体运动、自我认识等，不同的人形成了不同的优势智能和弱势智能的组合，从而在不同的学习环境中表现出不同的学习效益。所以，重要的是怎样构建一种较为理想的教育，让学生有充分展示自己长处的时空，使其能充分发挥自己的才能和尽可能牢牢掌握自己的命运。

7. 与人交往的能力

现代教学论认为：教学过程是师生交往，积极互动，共同发展的过程。没有交往，没有互动，就不存在或未发生教学，那些只有教学的形式表现而无实质性的交往发生的教学是"假"教学，是一种抽象的工具性存在，而没有其应有的生命活力与创造性意蕴，是一种本真人的缺失或空场，而没有对人性的尊重与张扬。良好的交往能力是教师适应环境、做好工作、实现自我价值的需要。教师不仅必须具有理解学生并与学生进行有效地交往与沟通的能力，而且还需要能够建立与家长合作和相互支持的关系，与社区有关机构人员的关系。

8. 自我监控能力

自我监控能力是指为保证教育教学的成功，达到预期的教学目标，教师在教学的全过程中将教学活动作为意识的对象，不断地对其进行积极主动地计划、检查、评价、反馈和调节的能力。其表现有三：一是教师对自己教学行动上的事先计划与安排；二是对自己进行的教学活动进行有意识地监察、评价和反馈；三是对自己的未完活动进行调节，校正和有意识地自我控制。教师自我监控能力的生成，就可面对变化的环境，灵活自如地处理教学过程中可能遇到的问题，从而保证教育教学的正常进行。

二、一体两翼三沟通语文教学的教师素养

一体两翼三沟通语文教学的语文教师，除了要具备一般教师的能力结构外，还要具备下面的知识和能力。

（一）一体两翼三沟通语文教学的教师应具备的知识素养

1.要有比较深厚的文学知识

文学作品是语言的艺术，是运用语言的精华，通过文学作品学习语言，是学习语言的重要途径，中学语文课本中选编了大量的文学作品，在通过这些文学作品向学生传授语文知识、培养语文能力的同时，语文课也应该培养学生一定的文学素养。这样就要求教师应该具备中外文学史方面的知识、文学理论知识、文学创作知识，文学批评知识，等等。教师文学素养高，文学知识深厚，语文课就会上的生动活泼，学生鉴赏文学作品的能力就会很快地提高。相反，教师文学素养低，文学知识浅薄，学生就很难受到有益的熏陶和应有的教育。

2.要有丰富的应用语言学方面的知识

语文教学的终极目的是培养学生听说读写的能力、即理解运用祖国语言文字的能力，开发智力，培养创造性思维。这样就要求语文教师对语言发生的规律（其中包括古今汉语的联系与区别）、语言学的理论、现代汉语的听说读写知识、逻辑学常识（这是教师应该学的）等有比较深入的了解，这样才能适应教学的需要。人们常常习惯于把备课比喻为"一桶水"，把教课比喻为"一杯水"，因为想上好课，我们教师平时就要有大量的知识储备。尤其是在今天科技不断进步、知识不断更新的时代，我们还应当敢于说"如果我有一杯水，我就应当给学生引来自来水、长流水"。作为中学语文教师，必须在本专业上要精深，但绝不是讲课越深越好。深得与学生脱离实际了，学生觉得太深奥，没有了兴趣，反而会出现不良后果。只有具备丰富的专业知识，才能详略得当，左右逢源，深入浅出，得心应手。

3.要有广泛的自然科学知识

现代社会中缺乏科学意识、对科技知识一无所知的人，几乎是寸步难行。语文教师虽不直接向学生教授系统的自然科学知识，但无论如何不能是"科盲"。小而言之，要教好语文教材中有关介绍自然科学知识的说明文，就必须弄懂文中所介绍的有关科学知识，如宇宙学、气象学、物候学、生物学、建筑学、物理学等等；大而言之，我们要培养21世纪在世界上有竞争能力的建设者，从小就要培养很强的科学意识，对科学技术有浓厚的兴趣，有积极参与的愿望和行动。课内启发，课外阅读推荐，在学生心灵深处播撒科学的种子。语文教材中涉及的自然科学知识很广，可说是上自天文，下至地理，包罗万象。语文教师当然不可能通晓各门科学，但是读一点科普读物，关心与了解现代科学技术的迅猛发展，读一点科技发展史，对某一门或某几门科学知识了解稍多一些，是应该的，也是必要的。

4.要有广泛的社会科学知识

语文教材有广泛的社会内容，教学时要把文章的思想内容和语言形式有机地统一起来，使学生学有成效。语文教师除需具有很强的理解语言的能力外，还需有丰富的社会科学知识，才能准确地把握思想内容。要熟悉我国的国情，学习中国历史，尤其是近代史，现代史；学习经济学，了解社会主义市场经济的本质与特点；学习法学，尤其是有关教育的法令、法规；学习文化学，了解中华文化的形成与发展，中外文化的比较；学习民族习俗，风土人情，学习人际交往，等等。总之，要博览群书，以百科知识丰富自己，做知识富有的人。

（二）一体两翼三沟通语文教学的教师的教学能力

一体两翼三沟通语文教学的教师教学能力是一个立体结构。语文教师要练就多项本领，在教学中综合运用，充分发挥，才能取得理想的教学效果。

1.制订语文教学计划能力

语文教学须有目的有计划地进行，切忌随意性。学生在一定的阶段，完成一定的学习任务，教学缺少切合学生实际的计划，就会顾此失彼，贻误学生学业。语文教师要重视语文教学计划的制订，并提高制订的能力。制订语文教学计划要从学生的实际出发。要研究学生语文的实际水平，学习语文的主要心态，学习语文的方法与能力，以此来调整教学要求的高低，调整训练项目的难易，调整教学的进度。例如，初中义务教育阶段三年是一个整体，根据学生语文程度，可采取先慢一点，后快一点的做法，也可匀速发展。不管怎样安排，读、写、听、说应各自形成系统，有明显的坡度，又相互渗透，相辅相成。年级语文教学计划、学期语文教学计划须认真制定。把握三年总体要求的情况下，分年级、分学期制定的教学计划应目的明确，内容具体，重点突出，线条清晰，可操作性强。制定的教学计划不是一成不变。在主客观条件的影响下，可作适当的增删，可作部分的调整，目的在有利于教学取得良好的效果。

2.钻研教材的能力

教材是教学的依据。语文教师能否正确地掌握语文教材，关系到语文教学大纲能否得到贯彻，语文教学质量能否提高。掌握教材是提高教学质量的基本条件，要切实掌握，须有独立钻研的能力。一是从总体上把握。对语文教材的编写意图、体例安排、知识结构，范文特色，梳理得一清二楚，做到心中有全局。通晓全套教材的思路，脑中就会有教文育人的大框架；二是把握单元组合的规律。在通读全册教材的基础上，弄清楚每一单元的内部组合以及单元与单元之间的关系。研究单元的内部组合，要正确把握读、写、听、说的知识点和训练点；研究各单元之间的关系，要妥贴地把语文知识和读、写、听、说能力的训练分别联点成线，做到纵线清晰，横向能有机联系；三是把握课文的个性。一篇课文写什么，怎么写，为什么要这样写，须透彻理解。要从语言文字入手，探究思想内容，又从思想内容的高度推敲语言文字的表达；反复琢磨，领悟作者遣词造句、谋篇布局的匠心，剖析语言文字独特的表现力，洞悉课文的个性。共性寓于个性之中，写文章的内在规律在一篇篇具体课文中有各自不同的特点，语文教师要善于用慧眼识特点。语文教师对课文的钻研要能由表及里，见人之所未见，把握到细微之处，须具有入深渊探取骊龙之珠的勇气和劲头；四是正确查阅资料。涉及课文中的种种知识，要查阅各类工具书，查阅有关书籍，力求准确无误，力求真正弄懂。切不可搞教学参考书搬家。钻研教材的过程，应该是教师精读课文的过程，广泛学习的过程，应该是教师自觉提高教学业务的过程。在独立钻研的基础上借鉴他人，才有真提高；照抄别人，只会在原地踏步，

体会不到获得真知的欢乐。

3.设计教学的能力

吃透教材是教学的第一步，与此同时，必须了解学生，研究学生。教学须有的放矢，有很强的针对性；只从教材出发，忽视学生实际，不可能收到良好的教学效果。教学，教学，就是教学生学，教学生学会，教学生学好，因此，设计教学必须对教学对象作认真的了解与研究。当代中学生与过去的比，在年龄、生理等方面有共同之处，但在思想、心理、习惯、追求等方面有许多明显的区别。要了解和研究当代学生的特点，他们的理想、志趣、爱好、性格特征，他们的语文基础、学习方法，他们的可塑性等等，在课内外做有心人，眼看，耳听，心想，让一个个活泼的学生形象印在脑子里，既能抓住他们的共同点，又了解他们各自的个性特征。

从教材实际和学生实际出发设计教学，应包括以下一些内容。

（1）确定教学目的。不管是单元教学目的还是课文教学目的，不管是新授课还是复习课的教学目的，都应体现语文的性质，语文的工具性、思想性、实践性和综合性的特点。教学目的不能"泛"，要紧扣课文或单元的特点；不能面面俱到，要集中又单一；不能任意拔高，要切合学生的实际水平。"准星"定得准，教学就不会偏离。

（2）确定教学重点、难点。根据教学目的确定教学重点。不管是知识点还是训练点，不能平均使用力量；突出重点，兼顾一般，教学目的才能真正达到。难点的确定一是视教材本身，如某篇课文的某个段落、某些词句难以理解；二是视学生实际水平，大部分学生感到困难的地方。难点可能就是重点，但也不一定就是重点。教学设计时要注意剖析难点，化难为易。

（3）安排教学程序。教学思路不等同于写作思路，要根据教学目的、教学重点、难点和学生学习心理安排教学程序。先教什么，后教什么，教师如何引导，学生如何训练，均要妥善筹划，力求取得最佳教学效果。各个单元在每册教材中的地位和作用不相同，各篇课文有各自的体裁，各自的特色，学生学习各类课义的兴趣，学习方法不尽相同，因此，安排教学程序不能拘泥于一个模式，要有效果第一的观念，要有创新的意识。

（4）选择教学方法。方法是实现目的的桥梁，选择怎样的教学方法受教学目的的制约。讲述法、讲读法、问答法、讨论法等，各有优点，也各有局限性。教学设计时，要根据教材特点、学生实际加以选择。教学方法不宜单一，应根据教学目的选择多种教学方法，加以优化组合。不管选择怎样的教学方法，有一点应特别注意，就是：设计启发学生积极思考、深入思考的问题。语文教学中难度最大而又必须切实解决的，是如何使学生开动脑筋，主动积极地学习语文知识，进行读、写、听、说能力的训练。"问题"是学生通往阅读课文、深究课文的铺路石子，设计得精彩，学生就会兴趣盎然，求知欲旺盛，举一而反三。

（5）设计语文作业。语文作业的设计不能只理解为新课结束以后的作业和课外的作业。语文作业的主旋律是语文能力的训练，因此，在教学全过程中应该在适当的教学环节里安排训练的作业。设计语文作业应着眼于突出重点，落实教学目的；应有启发性，避免机械操练，抑制学生的创造性；应着眼于素质教育，力克进入应试误区；应形式多样，开发学生智力；应分量适当，避免学生过重负担；应具有弹性，使各个层面的学生均能得到有效的训练。

（6）设计板书。板书是教学的重要手段之一，它对学生的学习起提示、启发、强调作用，帮助学生理解课文，加强记忆。板书大致可分两种情况：一种是就课文、就单元复习进行总体设计的；另一种是随写随擦的。前者重提纲挈领，重醒目，后者往往是生字、难词，须说明的，须强调的。板书可用不同色彩的粉笔，但忌五彩斑驳，使学生眼花缭乱。成功的板书源于对教材的深刻理解，对学生的了解、熟悉，源于教学思路的清晰、新颖。

4.驾驭课堂的能力

以班级为单位的课堂教学，是语文教学的主要形式。教学设计的蓝图能否有效地实现，决定于课堂教学中教师主导作用发挥得如何。要使所有的学生在课堂上思维积极，主动进行语文训练，须着意提高以下几种能力。

（1）组织能力。语文教师是学生学习语文的组织者和指导者，面对班里几十个学生，如何把他们组织到教学过程之中，调动每个学生的学习积极性，这是科学，也是艺术。教学过程应是师生共同参与的一个脑力劳动过程，教师的脑力劳动应当跟学生的脑力劳动相结合，而最终目的是激励学生开展积极的脑力劳动，因此，教师和全班学生在课堂教学中应该有合理的关系。这种合理关系就是：教师的"教"作用于全班所有的学生，学生积极性极大的调动，既向教师反馈，又与同窗交流；课堂里形成思想、知识、情感、能力交流的网络，传递信息的渠道通畅；在特定的教学活动中，学生之间不仅可切磋琢磨，而且能充分发展个性与才能，能者为师。这种合理关系的主导者是教师。语文教师要善于组织这种辐射式的教学网络，创造活跃的课堂气氛，优化学习情境。驾驭课堂的组织能力不能误解为只是课起始阶段的集中学生注意力，只是为了维持良好的课堂纪律，它应该贯串一节课的始终，为实现教学目的服务。

（2）应变能力。课堂教学是教与学的组合体，在教学进程中，教与学的矛盾，教师与教材的矛盾，学生与教材的矛盾，教学内容与教学时间的矛盾等时有发生，语文教师要善于调控，妥善处理多种矛盾，使教学秩序井然，教学目的实现。其中尤以教与学的矛盾为多，教师须具有教育机智，善于应变。学生学习积极性调动，思想高度集中，会对教材的思想内容与语言文字提出种种疑难，会对教师的讲解、同学的看法持不同意见。教师应充分认识到这是课堂教学中闪光的所在，应把握时机，充分肯定正确的意见，把学生组织到讨论的热潮之中，促使学习深入，促使课的质量提高。应变能力强不强，受以下几个因素的影响：一是对教材熟悉的程度，理解的程度；二是反应的灵敏度，能及时组织学生开展讨论，及时综合来自众多学生的正确意见，去粗取精，去伪存真，能及时调整或修正自己的看法，使学生信服；三是有相当的知识储存，并能信手拈来为我教学所用。摆脱照本宣科的死板教学，加强教学的针对性，使课堂教学活起来，取决于教师应变能力发挥得如何。

驾驭课堂的能力是教师教学的重要的基本功，课堂教学能否闪发光彩，教学质量能否提高，关键就在于此。这种能力的培养靠精心的探索研究，靠长期的持之以恒的磨砺。

5. 组织语文课外活动的能力

教师组织和指导学生学语文，要树立大语文的观念，不能封闭在课堂小天地里。从大语文的观念看，可探讨的问题很多，这里不赘述，但作为语文教师，必须有这样的意识。要在思想上重视，明确语文课外活动是语文教学整体中的有机组成部分，纳入教学计划。语文课外活动内容要具体，形式要多样，要有助于激发学生兴趣，开阔学生视野。语文课外活动应有相对的独立性，不能搞课堂教学的延伸，不能以规定的作业束缚学生，加重他们的负担。要让学生做语文课外活动的主人，培养他们的组织能力，主持能力，实践能力。教师当参谋，充分发挥学生的聪明才智。组织活动时，应积极争取学校、家庭和社会有关方面的支持。

语文教学能力表现在众多方面，上面仅仅就几项主要的加以简述，其他如考核学生语文程度的能力、对教学评价的能力、运用教具的能力等，也都应该积极锻炼，不断提高。

（三）一体两翼三沟通语文教学教师的教学研究能力

教学研究能力是一体两翼三沟通语文教学对语文教师的基本要求。进行语文教学研究是语文教师提高自身理论水平和教学能力的必由之路，是指示语文教学规律、提高语文教学质量的必由之路，语文教师要克服畏难情绪，勇于在这条路上迈开大步。作为一名合格的语文教师，不仅应具备比较强的教学能力，而且应具备一定的教学研究能力。语文教学研究并不仅仅是语文研究机构中研究人员的事，也是广大语文教师的事。语文教师不仅要掌握教什么，怎么教，还要懂得为什么要这样教，怎样教可以提高教学效率和教育质量，这就需要认真研究，探索语文教学规律。语文教学规律是客观存在，它反映语文教学的内在联系。发现它，认识它，就能遵循它施教，就能取得良好效果。怎样才能发现，当然要研究；怎样才能深入地认识，当然更要研究。许多教师将教学研究神秘化，认为教学研究高不可攀。语文教师是教学第一线的实践者，有教学正反两个方面的经验，在教学过程中经常会遇到各种各样的问题，经常思考有关问题，寻求解决的途径与方法，提高到理论上来认识，就是进行研究。语文教师在这方面有足够的发言权，应该成为教学研究的主力军。

语文教师为了提高教学研究能力，应在以下几个方面积极锻炼。

1. 选题的能力

选题是教学研究活动的开端。课题一旦选定，研究的目标与方向，研究的对象与范围，研究的主要方法与步骤等等也随之在某种程度上被决定。语文教学研究的课题是指语文教学领域中具有普遍意义的特定问题，有明确而集中的研究范围、目的、任务的题目。所谓普遍意义，是指教学中有规律性的，能解决某一层面的，反映某些本质的；所谓特定问题，是指目标明确，讨论的对象和范围清晰。选题就是寻找研究语文教学问题的突破口。语文教学十分复杂，要探索其客观规律，必须有确定的着手点和突破口。先在一个方向上，通过一个具体课题突破，逐步扩展，逐步深入，才能对语文教学规律有越来越深的认识。选题要角度小，有价值，有新意。要根据语文学科性质、目的、任务，先搭选题的框架，形成选题网络，然后由总到分，纵横交错，找聚汇点，找熟悉点，确立课题。

2.收集资料的能力

围绕课题收集资料，力求范围广一点，内容实在一点。一是检索古今中外的文献资料，做摘记、笔记、卡片；二是开展调查。常用的调查方法有：问卷调查。面可宽些，取得数据，作定量分析。开座谈会。口问手写，取得具体的材料。访谈。抓住典型，作较细致的了解。资料是研究的依据，越具体，越典型，越有研究的价值。资料收集后须排列梳理，归类集中；须剖析材料意义，分清主次；须认真筛选，选取最有意义的。

3.撰写教学研究论文的能力

语文教学研究论文是语文教学研究的结晶，撰写时要注意四点：一是论证要以事实为依据。研究论文中列举的数据和例子，应该是千真万确的；二是内容的阐述要有逻辑性。论文内容的逻辑性是研究思路逻辑性的必然反映；三是语言要准确、明白，不能含糊其辞。四是引用文献资料要注明出处。

教学研究论文有论述性的，有描述性的。如果是开展教改实验以后形成的报告，那就是实验性研究报告。教学研究论文一般由论题即论文题目、引论、本论、结论四部分构成。文前可加"内容提要"，文中可加注，文末可说明写作时间。初稿完成后，应反复琢磨，认真修改。

第二节　一体两翼三沟通语文教学的课堂教学评价

一、一体两翼三沟通语文教学的课堂教学评价的意义和功能

课堂教学评价，是对照课堂教学目标，对教师和学生在课堂教学中的活动及由这些活动所引起的变化进行价值判断。课堂教学评价简称评课，它是教学研究活动的一个重要方面，也是提高教师综合素质和整体水平的有效途径之一。课堂教学评价的过程是对课堂教学透彻地分析和总结的过程，它可以促进和推动教学研究的深入发展。一体两翼三沟通语文教学通过课堂教学评价，及时与教者认真分析这节课的优缺点，提出改进意见，可以帮助教师总结先进的教学经验，克服不足，明确努力的方向，提高教育教学水平，转变教师的教育观念，促使教师生动活泼地进行教学。对其他教师的教学也会起到积极的启迪和带动作用。总之，课堂教学评价有利于端正教学思想，树立正确的教育观和质量观，有利于新课标精神的贯彻，进一步深化教学改革，全面提高教学质量。

课堂教学评价是加强教学常规管理，开展教研科研活动，深化课堂教学改革，推进素质教育的牛鼻子，抓住了这个牛鼻子就能促进整个教学改革向前发展。

课堂教学评价具有以下功能：

（一）教研科研功能

看似平常，并不平常的课堂教学，蕴含着众多的教学规律。教与学、讲与练、主导

与主体、学知识与学做人、学知识与提高能力、全面要求与因材施教等都是在课堂教学中引出，在课堂教学中展开，又在课堂教学中运行。它们以何种形式来组合，又以何种形式来优化就可能带来不同的教学效果。那么，怎样去认识教学规律呢？课堂教学评价是捷径。通过课堂教学评价就能帮助教师认识规律，掌握先进的教学经验和方法。

事实上，课堂教学评价既是教研活动，又是科研活动。它都在教学实践和教学理论之间架起一座桥梁。它既是一个验证理论，指导实践的过程，也是一个实践操作、升华为理论的过程。在课堂教学评价中可以学习吸收大量的教学理论、经验和先进的教改信息，在执教中去运用。也可把自己的经验总结概括形成理论。如此循环反复，教师的教学业务素质必然会有很大的提高。另外，课堂教学评价也是教育同行进行教材分析、教法研究、教学经验交流的一种好形式。一位哲学家说："你有一个苹果，我有一个苹果，彼此交换以后还是一个苹果；如果你有一个思想，我有一个思想，彼此交换以后，每个人就是两个思想。"所以，教师之间开展课堂教学评价活动，就能达到交流教学经验、切磋教艺的目的。

（二）激励发展功能

通常就教师教学能力的发展来说，可能有两条路可走（从相对意义来说）。一条是磨道式的循环，是走一条自我封闭的教学发展道路；一条是螺旋式上升，采取的是对外开放，对内改造的策略，是教学能力发展的道路。课堂教学评价对开阔教师的视野，激励他们上进，发展他们的教学能力，有着极其重要的作用，能引导教师走教学能力螺旋式上升的道路。

（三）教学诊断功能

20世纪六七十年代，美国哈佛大学教育家科根和戈德哈默首先提出"临床指导"技术。他们指出学校领导抓教师的教学有各种各样的途径，如临床指导、教师互相看课、组织教师讨论教育问题，鼓励教师学习专业书刊、函授进修、组织教学研究小组等。其中最主要的是临床指导。所谓临床指导是指学校领导深入到教室中去，诊断教师教学中的毛病，评估教师，帮助教师改进教学的一种具体技术。这里的"床"是指教室，"临床"是指深入到教室中去。"临床指导"的操作技术包括观察前活动、课堂观察、观察后材料分析与交谈等三个阶段。"临床指导"是对教师的一种形成性评价。

课堂教学评价就有"临床指导"的性质。为了查清教师教学质量一直很差的原因，有针对性地去听课，在课堂教学评价时，对课做出综合分析。分析过程中，在肯定优点的基础上，重点分析问题。要对教师钻研教材、处理教材、了解学生、选择教法、教学程序的设计诸方面做一透视，分析产生问题的原因。最后提出具体改进的意见。这是一个"诊—断—治"的过程。

（四）沟通协调功能

从广泛的意义上讲，课堂教学评价活动是人际间的群体活动。它具有协调角色、沟通意见、融洽感情的功能。对教师而言，可借以挖掘潜力、激励进取、培养良好的教学风气；对学生来说，可以调动学生的学习积极性，激励他们的创造性思维，稳定教学秩序。同时，也具有协调领导与教师之间的关系，融洽师生之间的感情的作用。

通过以上分析可以看出，课堂教学评价具有多功能性，是最直接、最具体，因而也是最有效地研究课堂教学的一种方法和手段。抓住了它，可以起到"牵一发而动全身"的作用。

二、一体两翼三沟通语文教学的课堂评价的策略和原则

（一）课堂评价的策略

1.把握课的评价角度

通过一定规模的公开课教学，开展评价活动，使教师不断改进课堂教学，确实是推进新课程行之有效的途径之一。然而，在这样的活动中，除遵循课堂教学评价的一般规律外，针对不同的授课目的、把握不同的评价角度尤为重要。

（1）刚从事教学工作或刚从事该学段教学工作的教师，公开课的目的在于锻炼他们的从教能力。因此，课堂教学评价的立意不要过高，要注重基础。在组织评价时，应特别注意以下几方面：第一，对授课人目前所具有的基本素质，应尽量给予充分肯定；第二，由于这部分教师一般具有可塑性，接受新生事物快、反应灵活，因此，在给予充分肯定的同时，各方面还要从严要求，评说中从严把握，使他们明确要求，找出差距，继续努力。

（2）评价研究课，无论授课、课堂教学评价，都要从研究的角度出发，在主持人的正确引导下开展研讨，并要特别注意如下几点：第一，听课之前明确交代该研究课侧重研究什么问题以及该项研究的意义，使评课人在听课时有重点；第二，要创设一种探讨、切磋问题的氛围。既然是探讨，就应允许各抒己见，既然是切磋，就应提倡互相商讨；第三，研究课对授课的教师来讲具有风险性，因此，不管效果如何，都应在评课现场给予精神上的鼓励。

（3）评优课的要求、范围、形式各有不同，但归根到底是要评出高低优差来。对不限定名额的，要严格依据统一的评价标准或评价方案评出优秀课或分出等级，每一位评价者要细致考察教学。活动的全过程，进行有理有据的价值评判，然后在集体讨论的基础上确定评价结果，所评出的优秀课应是出类拔萃、独具特色的，否则不如空缺，以确保评优的严肃性。

2.发挥课堂教学评价的激励功能

发挥课堂教学评价的激励功能，有助于调动教师的教研工作热情，展示教师的教研工作才能。

（1）唤醒"胜任内驱力"。一般来说，人们对胜任的工作会越做越感兴趣，越干越好，尤其是在工作中时常得到同行的赞誉、认可和鼓励，就会引发强烈的胜任内驱力，从而不断进取。评课时要先让其得到适当程度的认可。缺点多，可归类，抓主要的说，或点出缺点的根源，或进行鼓励式的探讨，使讲课人感觉到评在点子上，谈在情理中。

（2）激发"创新内驱力"。当人们在某种活动中获得成功，并引起他人特别关注的时候，往往会产生心理上的满足感，甚至是自豪感，这种良好的感觉可以激发起强烈的创新内驱力，使其树立更高层次的理想目标，追求更好的表现。在课堂教学评价活动中，评出优点，可以对教师产生特殊的激励作用；点出特色，可以培养他的成就动机，还可唤起

其他听课人对特色的注意，使他们产生学习效仿的心理。

3.让学生加入课堂教学评价序列

让学生参与课堂教学评价，发表自己对老师一堂公开课的想法和要求，这对主讲老师和其他听课老师都会很有启发和帮助。同时，由于学生的参与，课堂教学评价的主体呈现多元化、民主化，对一堂公开课进行多角度、全方位扫描，有利于增强课堂教学评价的针对性、科学性和实效性。

4.把听课者定位为教学活动的参与者、组织者

要让听课者有"备"而听、并参与到教学活动中，和授课教师一起参与课堂教学活动的组织，并尽可能以学生的身份参与到学习活动中，才能获取第一手的材料，从而为客观、公正、全面地评价一堂课奠定基础

5.努力把握课堂教学评价的三要素

努力把握新课程下课堂教学评价的三要素，即"三度"：学生学习的参与度、思维的激活度和三维目标的达成度。学习的参与度。评价时看班级中的全体学生是否积极投入学习，主动思考问题；看教师是否努力创设平等、民主、和谐的气氛，给学生以学习轻松自由、乐趣无限的感觉；看教师是否能采取各种有效的手段和方法，调动学生积极性，点燃起学生浓厚的学习兴趣，让学生广泛参与到自主学习、合作探究中去；思维的激活度。评价时要看课堂上教师设计的问题是死板、机械、单调还是生活化、灵活化、丰富化，要看教师是否善于激发学生积极思维，让学生在丰富多彩的活动和实验中不知不觉地学到知识、增强能力，让师生富有个性的发现迸发出思维的火花，并在师生亲切的合作交流、探索中得以修正、补充和完善；三维目标的达成度。新课程下课堂教学必须从过去重认知轻情感、重结论轻过程、重教书轻育人转化到知识与技能、方法与过程、情感态度价值观三位一体全面发展。课程的功能变了，课堂不再只停留在知识技能的训练上，更应创设氛围情景，注重学习的方法传授，思维的过程展示，给学生体验和领悟的机会看教学是否促进了发展并是否引发了继续学习的愿望，让学生在潜移默化中受到高尚情感的熏陶和感染，为学生形成良好的价值取向和人生观奠定基础。只有抓住新课程课堂教学评价的根本点，才能评好课，才能使每一个老师真正能从公开课中受益。

（二）课堂教学评价的原则

课堂教学评价是对教师课堂教学情况的评价、反馈、探讨和交流，是进行教学研究活动的一个重要方面，对于提高课堂教学效果，提升教学质量有着十分重要的意义。那么，在落实新课标的前提下，如何客观有效地评价一节课堂教学，是一个值得研究的课题。它是进行课堂教学评价活动时评价者必须遵循的基本准则和指导思想。它反映了课堂教学的客观规律和个人对课堂教学的客观认识。

义务教育语文课程标准提出了以人为本的理念，课堂教学评价要以提高教师的业务素质和课堂教学水平为目的，倡导交流研讨式课堂教学评价。课堂教学评价要坚持以下六个原则。

1.激励性原则

课堂教学评价要从调动教师教学的积极性、主动性和创造性出发，要善于发现教师

教学过程的闪光点，要给教师理论上指导，方法上点拨，过程上反馈，使教师在课堂教学评价的过程中得到启发，受到教益。课堂教学评价的最终目的是要激励执教者（特别是年轻的教师）尽快成长，成为课堂教学直至课程改革的中坚力量。

2. 层次性原则

因执教者情况各异，课堂教学形式的不同，评价侧重点的不同，课堂教学评价也要有一定的区别和特色。课堂教学评价不能搞"一刀切"，要根据课堂教学评价对象区分对待。对于骨干教师课堂教学评价的标准要适当高一些，对于新任教师标准适当可以低一点，要逐步提高标准要求。抓住个性特点，挖掘教学特长，激发个人教学风格的形成。要根据"优质课""研讨课""汇报课""过关课"的不同要求区分对待。

3. 针对性原则

课堂教学评价要讲究效果，不要空话、大话、好话连篇，面面俱到，不深入实际。要抓住关键和要害，突出重点，讲究针对性，要提倡"一课一得"的课堂教学评价。

4. 客观性原则

课堂教学评价要实事求是，客观公正。要一分为二，坚持两点论，不能走向极端。实话实说对于听课堂教学评价教师来讲，是一种很重要的责任心问题。它是执教者与其他与会者学习借鉴的一个机会。只有本着客观公正、实事求是的精神，课堂教学评价才有实在的意义。这里面可能会出现"话重"的情况，所以实话实说也要讲究方法与策略，讲究谈话的艺术。教学是一门艺术，艺术的追求是无止境的，因此，课堂教学是没有最好的，只有更好的。课堂教学也要与时俱进，要不断创新，不断适应新的教学理念对课堂教学的要求。

5. "心理零距离"原则

课堂教学评价者要站在执教者与帮助促进者的角度去分析考虑问题，给执教者一个中肯的指导意见，特别是要用一种十分诚恳的态度去评价课堂教学。让别人特别是执教者在一种融洽的氛围中，在充满"轻松"的心理状态下感觉到你的善意，容易接受你的意见，这样才有助于执教者反思自己的教学，有助于教师教学水准的提高。应该承认，教师上的每一节课，都是经过认真备课，精心设计，花了很大工夫的。每位教师都想把课上好，但由于教师个体的差异，不可能都十全十美。因此，我们在课堂教学评价时，要多侧面地去考虑问题。评价要能让教师接受，达到肯定成绩，克服不足，鼓励奋发向上的目的。

6. 艺术性原则

课堂教学评价也要讲究艺术，要掌握心理学理论，掌握"谈话的策略，不以成败论英雄，而且要注意评议的尺度，从帮助、教育、促进的角度去考虑，把课评足，少议论人。

三、一体两翼三沟通语文教学的课堂教学评价的内容和标准

（一）课堂教学评价的内容

1. 评教学思想

教学思想支配着教师的教学行为。教学思想正确与否，直接影响着教学的成败。因此，对教师教学思想的评议是很重要的。我们可从以下四个方面来衡量教师的教学思想。

（1）看是否体现了"以学生为主体"的思想。传统的教学反映的"教师本位"的思想观念。教师应正确处理好"教"与"学"的关系，真正当好组织者、引导者的角色，为学生语文素养的形成与发展服务。学生是学习的主人。在课堂教学的一切活动中，教师应为学生主动、积极地学习创造和谐的氛围，为学生探求知识提供良好的条件。在课堂上应看到学生有足够的阅读时间，有"自主、合作、探究"的机会，是学生在教师必要的点拨、引导下，主动地获取知识，而不是被动地接受。

（2）看是否具有"开放教学"的意识。新课程标准指出："语文课程应该是开放而富有创新活力的。"因此，语文课堂教学应打破原有教学模式的束缚，树立大语文教学观，根据学生学习的需要，为学生提供开放的教学内容，开放的教学空间，开放的教学时间等等，合理运用语文课外资源，开启学生的思维，引导学生探索，激发学生的创新活力。

（3）看是否从"权威教学"观念转变为"共同探索"观念。语文课程标准强调："语文教学应在师生平等对话的过程中进行。"教师应放下权威的架子，和学生建立平等和谐的关系。教学中创设一种民主、平等、和谐、自由的教学环境，将教学过程变成师生共同探索的过程，师生平等对话，尊重学生独特的见解，鼓励学生在学习过程中主动发现问题，提出问题，研究问题，解决问题，探索中获得新知识。

（4）看是否关注学生的成功感。教学是为学生服务的。教师价值的体现也是在学生身上。一节课下来，如果教师只考虑自己的板书是否完整，教学环节是否一步一步完成，而不去考虑学生是否有什么收获，这样的教学就往往是只有"教"而没有"学"的、不完整的，甚至是不成功的教学。我们应注意教师在教学中是否把着眼点放在学生身上，更多地去关注学生学习的收获，尽可能地让每个学生在课堂上都能够有成功感。我们的课堂，只有使学生不断地产生成功的感觉，才有活力，才有生命力。

2.评教学目标

教学目标是教学的出发点和归宿，它的正确制订和达成，是衡量一堂课好坏的主要尺度。所以，课堂教学评价要评教学目标。

（1）从教学目标制订来看，是否明确、准确。明确，主要指语文知识、能力，过程、方法和情感、态度、价值观以及学习习惯等几个方面要有明确要求，体现语文学科特点；准确，指确定的教学目标，能以课标精神为指导，体现年段、年级、单元教材特点，符合学生年龄实际和认识规律，难易适度。

（2）从目标达成来看，要看教学目标是不是明确地体现在每一教学环节中，教学手段是否都紧密地围绕目标，为实现目标服务。要看课堂上是否尽快地接触重点内容，重点内容的教学时间是否得到保证，重点知识和技能是否得到巩固和强化。

3.评教材处理

处理好教材是上好一节课的关键。教学效果如何，主要就看教师在课堂教学中处理教材的能力。评析对教材的处理，一是看教师对教材理解是否深刻、正确。如，对课文中心思想、课文结构、词、句、段的理解是否正确，能否看出词句中蕴含的深意，是否准确地把握住教材的重点、难点和关键；能否发现作者遣词造句、谋篇布局等方面的良苦用心，深入理解词句段篇之间的内在联系等；二是看教师对教材的处理合理、得当。如，是否能根据教学目的、学生的知识基础、认知规律以及心理特点，对教材进行合理的调整充实与处理，科学安排教学程序。选择合理的教学方法，使教材系统转化为教学系统，形成明晰的教学思路。能否结合课文特点，捕捉教材中的或与教材有关联的甚至是各种迁移性质的能训练学生语言和思维能力的材料，用活教材，在听、说、读、写的实践中使学生把课文学活，把能力提高。

4. 评教学程序

教学目标要在教学程序中完成，教学目标能不能实现要看教师教学程序的设计和运作。因此，课堂教学评价就必须要对教学程序做出评析。教学程序评析包括以下几个主要方面。

（1）看教学思路设计。教学思路是教师上课的脉络和主线，它是根据教学内容和学生水平两个方面的实际情况设计出来的。它能反映出教者教学措施的编排组合，衔接过渡，教学内容的详略和讲练是怎样安排的。教师课堂上的教学思路设计是多种多样的。为此，我们评教学思路，一是要看教学思路设计，符合不符合教学内容实际，符合不符合学生实际；二是要看教学思路的设计，是不是有一定的独创性，能不能给学生以新鲜的感受；三是看教学思路的层次，脉络是不是清晰；四是看教师在课堂上教学思路实际运作的效果。

（2）看课堂结构安排。教学思路与课堂结构既有区别又有联系，教学思路，是侧重教材处理，反映教师课堂教学纵向教学脉络；而课堂结构，则侧重教法设计，反映教学横向的层次和环节。它是指一节课的教学过程各部分的确立，以及它们之间的联系、顺序和时间分配。课堂结构也称为教学环节或步骤。课堂结构的不同，也会产生不同的课堂效果。可见课堂结构设计是十分重要的。通常，一节好课的结构应做到结构严谨、环环相扣，过渡自然，预习、质疑、读讲、写练等环节是否有机结合。我们还要看在课堂教学中教师能否在围绕教学目标，有效地组织学生进行各种方式的语文实践活动。

在教学时间的分配上是否合理，密度适中，体现高效率。计算教者的教学时间设计，能较好地了解授课者的授课重点。授课时间设计包括：教学环节的时间分配与衔接是否恰当。① 计算教学环节的时间分配。要看教学环节时间分配和衔接是否恰当，要看有没有"前松后紧"或"前紧后松"的现象，要看讲与练时间搭配是否合理等。② 计算教师活动与学生活动时间分配。在课堂教学中，教师应努力为学生的主动学习提供足够的自主学习的时间。一堂课必须有二分之一以上的时间让每个学生都能进入读书、思考、练习、交流等学习活动。我们在课堂教学评价时就要看有没有教师占用时间过多，学生活动时间过少的现象。③ 计算学生的个人活动时间与学生集体活动时间的分配。要看学生个人活动、小组活动和全班活动时间分配是否合理，有没有集体活动过多，学生个人自学、独立思考和独立完成作业时间太少的现象。④ 计算优差生活动时间分配。要看不同层次学生活动时间分配是否合理，有没有优等生占用时间过多，后进生占用时间太少的现象。⑤ 计算非教学时间。要看教师在课堂上有没有脱离教学内容，做别的事情，和浪费宝贵的课堂教学时间的现象。

5.评教学方法和手段

在语文教学中渗透学法指导，让学生掌握一定的学习方法去进行语文实践，提高语文能力，达到自能读书的目的，这是课堂教学评价的又一重要内容。所谓教学方法，就是指教师在教学过程中，为完成教学目的、任务而采取的活动方式的总称。但它不是教师孤立的单一活动方式，它包括教师"教学活动方式"，还包括学生在教师指导下"学"的方式，是"教"的方法与"学"的方法的统一。评析教学方法与手段，包括以下几个主要内容。

（1）看是不是量体裁衣，灵活运用。我们知道，教学有法，但无定法，贵在得法。教学是一种复杂多变的系统工程，不可能有一种固定不变的万能方法。一种好的教学方法总是相对而言的，它总是因课程，因学生，因教师自身特点而相应变化的。也就是说教学方法的选择要量体裁衣，灵活运用。

（2）看教学方法的多样化。教学方法最忌单调死板，再好的方法天天照搬，也会令人生厌。教学活动的复杂性决定了教学方法的多样性。所以我们课堂教学评价，既看教师是否能够面向实际，恰当地选择教学方法，同时还要看教师能否在教学方法多样化上下一番功夫，使课堂教学超凡脱俗，常教常新，富有艺术性。

（3）看教学方法的改革与创新。评析教师的教学方法既要评常规，还要看改革与创新，尤其是评析一些素质好的骨干教师的课。更要看课堂上的思维训练的设计，要看创新能力的培养，要看主体活动的发挥，要看新的课堂教学模式的构建，要看教学艺术风格的形成等。

（4）看现代化教学手段的运用。现代化教学呼唤现代化教育手段。现在"一支粉笔一本书，一块黑板，一张嘴"的陈旧、单一的教学手段已有所改变。教师注意运用现代化教学手段，这是可喜的现象。但我们在课堂教学评价时，要看教师对现代化教学手段的运用，能否从教学的实际需要出发，做到适用、适时、适当，而不是搞花架子，赶时髦。

6.评教师教学基本功

教学基本功，是教师上好课的一个重要方面，所以我们课堂教学评价，还要看教师的教学基本功。通常教师的教学基本功包括以下几个方面的内容。

（1）看板书。好的板书，首先，设计科学合理，依纲扣本；其次，言简意赅，有艺术性；再次，条理性强，字迹工整美观，板画娴熟。

（2）看教态。据心理学研究表明：人的表达靠55%的面部表情+38%的声音+7%的言词。教师课堂上的教态应该是明朗、快活、庄重，富有感染力。仪表端庄，举止从容，态度热情，热爱学生，师生情感融洽。

（3）看语言。教学也是一种语言的艺术。教师的语言，有时关系到一节课的成败。教师的课堂语言，首先，要准确清楚，普通话标准，语言精当简练，生动形象，有启发性；其次，语调要高低适宜，快慢适度，抑扬顿挫，富于变化。

（4）看操作。看教师运用教具的熟练程度。有的还要看在课堂上，教师对实验的演示时机、位置把握得当，是否照顾到全体学生，并达到良好效果。

7. 评学法指导

（1）要看学法指导的目的要求是否明确。帮助学生认识学习规律，端正学习动机，激发学习兴趣，掌握科学的学习方法，养成良好的学习习惯，逐步提高学习能力，有效地提高学习效率。

（2）要看学法指导的内容是否熟悉并付诸实施。

8. 评能力培养

评价教师在课堂教学中对学生能力培养情况，可以看教师在教学过程中是否为学生创设良好的问题情景，强化问题意识，激发学生的求知欲；是否注意挖掘学生内在的因素，并加以引导、鼓励；培养学生敢于独立思考、敢于探索、敢于质疑的习惯；是否培养学生善于观察的习惯和心理品质；是否培养学生良好的思维习惯和思维水平，教会学生从多方面思考问题，多角度解决问题的能力等。

9. 评学生状态

（1）学生参与状态。学生没有参与，或参与得不够，就算不上主体。学生参与状态，既要看参与的广度，又要看参与的深度。就广度而言，学生是否都参与到课堂教学中来了，是否参与了课堂教学的各个环节；就深度而言，学生是被动、应付地学习，还是积极主动地探究，从这一点而言，表面上的热热闹闹，实际没有引起学生多少认知，冲突，学生思维没有恰当负荷的课不是好课。

（2）学生的交流状态。建立宽松的、民主的、平等的、和谐的学习环境，让学生感到在这个环境里是安全的、融洽的、自主能动的，他就能和同学、老师、教材进行平等的对话。他说错了没关系，他提出问题，有人关注，他不认同教师，不会受批评；他对教材有异议也没有指责。当他学习困难时，会得到善意的帮助；当他取得成功时，会得到诚挚的祝贺。在这样的环境里，学生迫切想与大家交流自己的学习体会。课堂成为学生放飞心灵的天空。

（3）学习目标的达成状态。学生需要获得丰富的知识，更要有真挚的情感与探索体验。在课堂上，主要考查学生有无切实掌握这些知识，并将这些知识纳入自己原有的知识体系中融会贯通。同时还要了解获得知识的过程，看学生在学习过程中是否积极主动跟进、投入；是否能让"暂困生""吃得了"，"优秀生""吃得饱"。

10. 评教学效果

一位教育家曾经说过："分析一节课，既要分析教学过程和教学方法方面，又要分析教学结果方面。"经济工作要讲效益，课堂教学也要讲效果。看课堂教学效果，是评价课堂教学的重要依据。课堂效果评析，包括以下几个方面：一是教学效率高，学生思维活跃，气氛热烈；二是学生受益面大，不同程度的学生在原有基础上都有进步。知识和能力、过程和方法以及情感、态度和价值观等目标都能达到；三是有效利用45分钟，学生学得轻松愉快，积极性高，当堂问题当堂解决，学生负担合理。课堂效果的评价，有时也可以借助于测试手段。也就是当上完课时，课堂教学评价者出题对学生的知识掌握情况，当场做测试，而后通过统计分析，对课堂效果做出评价。

（二）课堂教学评价的一般标准

课堂教学评价作为一种质量分析，首先应该有一种质量标准。这就如同一种产品的质量验收，在验收应有质量标准一样。什么是一节好课的评价标准，因为学科不同，年级不同，每次课堂教学评价的目的任务不同，很难有一个通用的标准。我们只能探讨一个一般性的评价标准。

1.教学目的（体现目标意识）

（1）教学目标全面、具体、明确、符合大纲、教材和学生实际。

（2）重点和难点的提出与处理得当，抓住了关键，能以简驭繁，所教知识准确。

（3）教学目标达成意识强，贯穿教学过程始终。

2.教学程序（体现主体意识）

（1）教学思路清晰，课堂结构严谨，教学密度合理。

（2）面向全体，体现差异，因材施教，全面提高学生素质。

（3）传授知识的量和训练能力的度适中，突出重点，抓住关键。

（4）给学生创造机会，让他们主动参与，主动发展。

（5）体现知识形成过程，结论由学生自悟与发现。

3.教学方法（体现行为意识）

（1）精讲精练，体现语言和思维训练为重点，落实"双基"。

（2）教学方法灵活多样，符合教材，学生和教师实际。

（3）教学信息多项交流，反馈及时，矫正奏效。

（4）从实际出发，运用现代教学手段。

（5）教学民主，师生平等，课堂气氛融洽和谐，培养创造新能力。

（6）注重学生动机、兴趣、习惯、信心等非智力因素培养。

4.教学基本功（体现技能意识）

（1）用普通话教学，语言规范简洁，生动形象。

（2）教态亲切、自然、端庄、大方。

（3）板书工整、美观、言简意赅，层次清楚。

（4）能熟练运用现代化教学手段。

（5）应变和调控课堂能力强。

5.教学效果（体现效率意识）

（1）教学目标达成，教学效果好。

（2）学生会学，学习生动，课堂气氛活跃。

（3）信息量适度，学生负担合理，短时高效。

第三节　一体两翼三沟通语文教学的学生素质评价

一体两翼三沟通语文教学的学生素质评价，就是学生学习效果的评价，是教育评价的归宿，是一切教育活动的终结评价。

一、学生语文素质评价的功能

语文成绩的评价，是教育评价的重要内容。教育评价的功能在语文素质评价的功能中同样得到显现。

语文素质评价的功能是指语文素质评价活动本身所具有的能引起评价对象变化的作用和能力。它通过评价活动与结果，作用于评价对象而体现出来。其功能的内容取决于评价活动的结构及运行机制。因此说作为教育管理本身一个不可缺少的一部分的语文素质评价在教育管理的过程中起着十分重要的作用，实践证明语文素质评价对于提高语文教学质量，促进语文教学改革的深化具有重要功能和作用。

（一）鉴定功能

语文素质评价的鉴定功能是指语文素质评价认定、判断评价对象合格与否、优劣程度、水平高低等实际价值的功效和能力，它是与语文素质评价活动同时出现并始终伴随着语文素质评价存在的。这是所讲的鉴定功能，主要是指通过语文素质评价提供的证据，对学生的学习成绩或教师的工作业绩做出相应的评定，为学校决定学生升留级、高一级学校招生选拔、教师是否得到聘用、晋级、奖励等的基本依据。由于语文素质评价是依据一定的标准进行的，这就决定了语文素质评价具有对评价对象鉴定优劣、区分等级、排列名次等鉴定功能。鉴定功能是教育评价的基本功能，其他功能是在科学鉴定的基础上实现的，只有认识对象才能改变对象。"鉴定"首先是"鉴"，即仔细审查评价的对象，然后才是"定"结论。科学的鉴定应该在事实判断之后才作价值判断。语文素质评价的鉴定功能，既能为领导决策提供参考依据，在语文教学中发挥积极的促进作用；也能使学生增加课业负担和心理负担，产生一定的消极影响。目前推广的取消小学百分制，实行"等级＋特长＋评语"的学生评价制度改革，正是为了消除这种消极影响。

（二）导向功能

语文素质评价的导向功能是指语文素质评价本身所具有的引导评价对象朝着理想目标前进的功效和能力，这是由评价标准的方向性决定的。语文素质评价提供了衡量语文教学结果好坏的标准，自然它对整个教育教学活动具有一种导向或指导作用。它就像一根"指挥棒"一样支配着或引导着教育教学工作者的各个环节，包括教育目标的制定、教育内容与方法的选择、教育过程的展开等。因为在语文素质评价中，对任何被评对象所作的价值判断，都是根据一定的评价目标、评价标准进行的。这些评价的目标、标准、指标及其权重，对被评价对象来说，起着指挥导向作用，为他们的努力指定方向。被评价对象必须按目标努力才能达到合格的标准，否则就达不到合格标准，得不到好的评价。其中的评价目标（课程标准）是由目标制定者（国家）根据社会需要而制定的，是评判者对被评价对象应达到的社会价值的反映，也是社会需要的体现。

（三）激励功能

语文素质评价的激励功能是指合理有效运用语文素质评价，能够激发和维持评价对象的内在动力，调动被评价者的内部潜力，提高其学习的积极性和创造性，从而达到提高教育质量的目的。评价的激励作用是分等鉴定的必然结果，它也包括对后进与个人的督促作用。这是因为在被评价对象比较多的情况下，这种不同的等级会使个人与个人、单位与单位之间进行不自觉的比较。这对被评价对象来说，是一个积极的刺激和有力的推动。因为在一般情况下，被评价对象无论是个人还是单位，都有获得较高评价和实现自身价值的愿望，这是人类普遍存在的一种心理趋向。恰如其分的评价结果能给人以心理上的满足感，从而激励人们不断进取。对于先进的单位和个人来说，评价的结果是对自己过去成绩的肯定与表扬，会对成功的经验起强化作用，使被评价者更加努力更加主动，以保持或取得更大的成绩；对于落后者则是一种有力的鞭策，如果仍不努力就会被落得更远。

（四）诊断功能

语文素质评价的诊断功能是指语文素质评价对语文教学的成效、矛盾和问题作出判断的功效和能力。评价作为一种反馈——矫正系统，它能够帮助教师发现教育教学过程中所存在的各种缺陷与问题，能够帮助教师弄清、查明影响教育效果的各种因素，从而为教师适当处置学生、改进自己的教育教学工作提供依据。因此，良好的教育评价能为学校或教师的决策提供诊断性的咨询服务。科学的评价的过程是评价者利用观察、问卷、测验等手段，搜集被评价者的有关资料并进行严格的分析，它能够根据评价标准作出价值判断，分析出或者说出、诊断出教育活动中哪些部分或环节做得好，应加以保持和提高，同时也能指出哪些地方存在着问题，找出原因，再针对这些原因提供改进途径和措施的过程。医生看病需要"望闻问切"，语文素质评价过程与看病就医一样，只有经过科学的诊断才能"对症下药"。语文素质评价的这一作用使其在提高语文教学质量上具有特殊重要的作用。

（五）发展功能

语文素质评价的发展功能是指语文素质评价对评价对象的发展起推动促进作用的功效和能力。从发展性评价观出发，语文课程评价关注的不应仅仅是学生学习语文的效果如何，而应该关注学生的语文知识是怎样获得的，语文能力是怎样培养的，语文素养是怎样形成的，把促进学生的发展作为语文课程开发的前提。在语文课程评价的内容和技术手段上也要有利于学生的全面发展，如要从注重读写能力的评价转向注重语文综合素养的评价；从注重语文知识的评价转向注重语文实践能力的评价；从面向学生过去的评价转向面向学生现在和未来的评价；从注重认知领域的评价转向注重对认知领域和情意领域的综合评价，等等。

（六）调节功能

语文素质评价的调节功能是指语文素质评价对评价对象的教育教学或学习等活动进行调节的功效和能力。这种功能表现在两个方面：一是评价者为被评价者调节目标及进程。例如，通过评价，评价者认为被评价者已达到目标并能达到更高目标时，就会将目标调高，将进程相对调快；认为被评价者几乎没有可能达到目标时，就会将目标调低，将进程相对调慢，使之符合被评价者的实际。总之，要让他们在不同水平上朝目标前进，避免发生达到目标者停滞不前、达不到目标者沮丧气馁的情况；二是被评价者通过评价了解自己的成绩、问题，明确努力方向及改进措施，以实现自我调节。

（七）教育功能

语文素质评价的教育功能是指语文素质评价本身所具有的影响评价对象的思想、品质、思维的功效和能力。语文素质评价的教育功能主要是通过评价目标体系，采用他评和自评结合的方式，在形成性评价过程中得以充分体现的。良好的语文素质评价既能促进学生的发展，又能促进教师自身的专业发展。对学生而言，评价可以督促学生复习、巩固已学知识，对所学知识进行重新组织或再加工，提高已有知识经验的可分辨性、可利用性、清晰性。对教师而言，评价可以帮助教师发现问题，不断改进教育教学工作，促进教师在专业上不断成长与进步。首先，评价目标系统体现着一定的教育思想、教育方针和价值取向，无论是何种评价都要以此为基准，评价对象在评价过程中必然受其熏陶和影响；第二，现代教育评价重视动态的形成性评价，静态评价与动态评价相结合，注重即时反馈和调整的过程发展；第三，现代教育评价重视发挥评价对象的主体作用，重视他评语自评相结合，注重自我调节的过程发展，评价对象在评价过程中，按照评价目标体系，使评价过程成为"学习—对照—调节—改进—完善"的过程，有利于评价对象及时看到成绩，受到激励和鼓舞，找到差距，及时改进和提高，有利于促进评价对象的自我认识、自我改进、自我提高、自我完善。

评价的各种功能都不能忽视，但首先应充分发挥其诊断、激励和发展的功能，不应片面地强调评价的鉴定、甄别和选拔功能。语文课程评价重在激发学生提高语文素养的热情；并有利于教师发现学生学习上的优势，在此基础上提出有针对性的发展建议，同时反思自己的教学行为，不断调整和完善教学过程，促进自身的发展。

二、语文成绩评价存在的问题

长期以来语文成绩评价存在着许多问题，与教育的深入发展不相适应，在某种程度上阻碍着教改的深化。

（一）评价的目的功能狭隘化

语文成绩评价的根本目的在于促进教育教学工作的改进和教育质量的提高，评价不是为了证明，而是为了改进。然而，由于人们在教育评价的过程中极端强化终结性评价，相对忽视形成性评价、诊断性评价，从而在多数场合下教育评价最终只能起到各种意义上的分等划类的作用，造成了不是为了教育的评价，而是为了评价的教育现象。在实践中表现为把考试、测验、分数作为评价的主要工具，评价的功能被窄化到仅仅是对被评对象作出某种资格证明，如选拔评优、分级排名次等，忽视了评价的诊断、调节功能和教育、改进功能。评价主要被用来鉴定、区分学生、选拔适合进一步升学的学生，而不是创造适合学生发展的教育教学。

（二）评价的价值标准片面化

学生语文成绩的评价发展到今天，许多方面由于人们极端化的苛求而走向它的反面。不仅无助于促进学生的健康发展，而且还阻碍、肢解着学生的发展，使学校教师、学生成为评价的"奴隶"。因为评价片面强调知识的价值，忽视学生的主体价值，导致学生的畸形发展。最明显的表现就是学生语文成绩的评定演变成纯粹的升学考试的分数竞争，而根本不顾及作为学习成果的现实所达到的能力、学习的全面考核，评价被限制在测定记忆、理解有关知识为中心的极其狭隘的领域。而且在许多情况下这种极端片面、狭隘的评价结果不仅被视为整体学力的代表，甚至还被看成是学生个人价值的代表。因此，越来越多的学校为了得到能在外观上反映出来的更为理想的评价结果，甚至不惜牺牲有助于学生发展的活动，而只将教学与学习限制在狭小范围之内。最能说明这一问题的现象就是在升学竞争中，无论教师还是学生都只重视同提高升学考试分数有关系的课程的学习，至于与升学考试无关的课程、活动则被忽视甚至取消。不仅如此，即使升学考试科目的学习也是偏重知识的理解记忆以及单纯的运用，而忽视这些科目本来的认知能力、情感态度、价值观念的综合培养。所以在这种情况下，即使制定了比较均衡的课程学习计划，但实际的教学与学习活动也会在升学考试的压力下失去平衡。

（三）评价的内容体系片面化

现行对学生语文成绩的评价内容体系是不全面的。成绩的评价只重视认知系统，在这一系统中更重书本知识，忽视智力、情意、动作技能领域；重视智力因素范围，忽视非智力因素，看不到各个领域之间的相互联系与协调发展。即使重视的书本知识，也仅仅依赖于一张闭卷测试一锤定音。这种重视闭卷考，忽视开卷考，重视笔试成绩，忽视口试成绩，重视终结测试，忽视形成测试的成绩评定是十分片面的。

（四）评价结果使用片面化

从评价的性质来看，现行语文成绩的评价主要有两个基本职能：一是选拔人才，二是总结教学。无论是哪一项职能，都将学生人为地分成好、中、差三类，教师眼中只有学习成绩好的学生，对于大多数学习成绩中、差的学生很不公平，并且认为分数高学生的智力高，聪明，是可造之才，分数低学生的智力低，是扶不起的猪大肠，应该淘汰。考试是一种测量，凡是测量都存在着误差，这种误差产生的原因很多，有命题的原因，有评卷的原因，还有测试时的条件误差和随机误差。因此只凭一两分的差距就断定谁好谁坏，或轻易地对58分或59分的学生断言为不合格，是很片面的。评价结果的片面使用，诱发了一种"反教育"现象，使大多数学生看不到自己的进步而放弃进一步的学习机会，积淀成一种自甘落后的失败心理。随着失败心理学生数量的剧增成为社会的主流，他们带着的失败心理，可能形成一种可怕的社会失败心理。这是有良心、有责任的教育者所不愿看到的。

由于现行的学生语文成绩评价的弊端，已从根本上束缚了学校教育，成为奴化教师和学生的异己力量，一定程度上阻碍着教育改革的深化，不利于人才的培养，不从根本上改变这种状况，教育评价很难发挥积极的促进作用。因此必须改革现行的语文成绩评价，确立语文素质评价的理念，充分发挥其应有的作用，使学生的语文素质评价成为推动教育教学改革的杠杆，成为推动应试教育转变为素质教育的强有力的手段。

三、一体两翼三沟通语文教学的语文素质评价的内容与方法

一体两翼三沟通语文教学的语文素质评价的内容，主要依据语文学科的课程目标确定。

（一）语文学科的课程目标

1. 语文教育阶段的语文课程目标

《义务教育语文课程标准（2011年版》指出："课程目标从知识与能力、过程与方法、情感态度与价值观三个方面设计。三者相互渗透，融为一体。目标的设计着眼于语文素养的整体提高。"

（1）在语文学习过程中，培养爱国主义、集体主义、社会主义思想道德和健康的审美情趣，发展个性，培养创新精神和合作精神，逐步形成积极的人生态度和正确的世界观、价值观。

（2）认识中华文化的丰厚博大，汲取民族文化智慧。关心当代文化生活，尊重多样文化，吸收人类优秀文化的营养，提高文化品位。

（3）培育热爱祖国语言文字的情感，增强学习语文的自信心，养成良好的语文学习习惯，初步掌握学习语文的基本方法。

（4）在发展语言能力的同时，发展思维能力，学习科学的思想方法，逐步养成实事求是、崇尚真知的科学态度。

（5）能主动进行探究性学习，激发想象力和创造潜能，在实践中学习和运用语文。

（6）学会汉语拼音。能说普通话。认识3500个左右常用汉字。能正确工整地书写汉字，并有一定的速度。

（7）具有独立阅读的能力，学会运用多种阅读方法。有较为丰富的积累和良好的语感，注重情感体验，发展感受和理解的能力。能阅读日常的书报杂志，能初步鉴赏文学作品，丰富自己的精神世界。能借助工具书阅读浅易文言文。背诵优秀诗文240篇（段）。九年课外阅读总量应在400万字以上。

（8）能具体明确、文从字顺地表达自己的见闻、体验和想法。能根据需要，运用常见的表达方式写作，发展书面语言运用能力。

（9）具有日常口语交际的基本能力，学会倾听、表达与交流，初步学会运用口头语言文明地进行人际沟通和社会交往。

（10）学会使用常用的语文工具书。初步具备搜集和处理信息的能力，积极尝试运用新技术和多种媒体学习语文。

2.普通高中阶段的语文课程目标

通过高中语文必修课程和选修课程的学习，学生应该在以下五个方面获得发展：

（1）积累·整合

能围绕所选择的目标加强语文积累，在积累的过程中，注重梳理。根据自己的特点，扬长避短，逐步形成富有个性的语文学习方式。了解学习方法的多样性，掌握学习语文的基本方法，能根据需要，采用适当的方法解决阅读、交流中的问题。通过对语文知识、能力、学习方法和情感、态度、价值观等方面要素的融汇整合，切实提高语文素养。

（2）感受·鉴赏

阅读优秀作品，品味语言，感受其思想、艺术魅力，发展想像力和审美力。具有良好的现代汉语语感，努力提高对古诗文语言的感受力。在阅读中，体味大自然和人生的多姿多彩，激发珍爱自然、热爱生活的感情；感受艺术和科学中的美，提升审美境界。通过阅读和鉴赏，深化热爱祖国语文的感情，体会中华文化的博大精深、源远流长，陶冶性情，追求高尚情趣，提高道德修养。

（3）思考·领悟

根据自己的学习目标，选读经典名著和其他优秀读物，与文本展开对话。通过阅读和思考，领悟其丰富内涵，探讨人生价值和时代精神，以利于逐步形成自己的思想、行为准则，树立积极向上的人生理想，增强为民族振兴而努力的使命感和社会责任感。养成独立思考、质疑探究的习惯，发展思维的严密性、深刻性和批判性。乐于进行交流和思想碰撞，在相互切磋中，加深领悟，共同提高。

（4）应用·拓展

能在生活和其他学习领域中，正确、熟练、有效地运用祖国语言文字。在语文应用中开阔视野，初步认识自己学习语文的潜能和倾向，根据需要和可能，在自己喜爱的领域有所发展。增强文化意识，重视人类文化遗产的传承，尊重和理解多元文化，关注当代文化生活，学习对文化现象的剖析，积极参与先进文化的传播和交流。注重跨领域学习，拓展语文学习的范围，通过广泛的实践，提高语文综合应用能力。

（5）发现·创新

注意观察语言、文学和中外文化现象，学习从习以为常的事实和过程中发现问题，培养探究意识和发现问题的敏感性。对未知世界始终怀有强烈的兴趣和激情，敢于探异求新，走进新的学习领域，尝试新的方法，追求思维的创新、表达的创新。学习多角度多层次地阅读，对优秀作品能够常读常新，获得新的体验和发现。学习用历史眼光和现代观念审视古代作品的内容和思想倾向，提出自己的看法。在探究活动中，勇于提出自己的见解，尊重他人的成果，不断提高探究能力，逐步养成严谨、求实的学风。

（二）语文素质评价的基本内容

语文课程的目标与内容，实际上是规定了学生语文素质的总要求。所以，从语文课程的目标与内容出发，对学生语文成绩的评定，实际上就是对学生语文素质水平的评定。

构成学生语文素质的基本内容主要有：

1.语文基本功

一体两翼三沟通语文教学的语文基本功包括语文基本能力、语文基本知识和文化常识。

（1）语文基本能力。

一体两翼三沟通语文教学的语文基本能力包括阅读能力、写作能力和口语交际能力。

① 阅读能力。考查学生阅读现代语文的能力。即阅读一般政治读物、科技读物和文艺读物的能力。包括识字、理解词义、领会句子和句群的深层含义的能力，分析文章层次结构及写作特点、概括段意和文章中心、对全文进行评价、鉴赏等能力。考查学生阅读浅易文言文的能力。包括文言文的字、词、句的理解，对文意的领会及对文言作品的评价、鉴赏等。

② 写作能力。对写作的评价，应关注学生的写作态度和写作水平。论述类文本写作的评价，应考查能否恰当地表达自己的观点，并能用可靠的材料支撑观点。实用类文本写作的评价，应考查学生能否根据此类文本中常用文体的特点和要求，完成常见实用文的写作。主要从构思、表达、修改等几个方面评价学生写作一般记叙、议论、说明的文章的能力。

③ 听的能力。考查学生对于听读或听讲材料的语言感受能力、理解能力、分析综合能力和评价鉴赏能力。

④ 说的能力。考查学生用普通话朗读、背诵的能力、复述的能力、答问的能力，讲述、演说的能力、辩论的能力。

（2）语文基本知识。

一体两翼三沟通语文教学的语文基本知识，包括语言知识、读写知识、文学知识工具书使用知识等。

① 语言知识。包括现代汉语的语音、文字、词汇、语法、修辞、标点符号使用知识等。

② 读写知识。包括文章的中心与材料、篇章结构、表现方法、语言运用等方面的知识。还有常用的文章体裁知识，如记叙文、议论文、说明文、应用文的知识等。

③ 文学知识。主要是著名作家作品、各类文学体裁的知识和一般的文学史、文学理论知识。

④ 工具书使用知识。考察了解工具书的分类和各类工具书的特点情况。包括字典、词典、百科全书、索引、年鉴、手册、文摘、表谱、图录、类书、政书等。

（3）文化常识。

一体两翼三沟通语文教学的文化常识，主要是我国古代的文化常识，主要包括称谓、历法、节气、职官、地理、科举、宗法、礼俗、古代音律等基本知识。

2.语文交际能力

语文交际能力的评价，注重提高学生对口语交际的认识和表达沟通的水平。考察学生参与口语交际实践活动的态度，能否把握口语交际的基本要求，善于倾听，在交流中捕捉重要的信息，清楚、准确、自信地表达自己的思想和感情。考察口语交际水平的基本项目可以有讲述、应对、复述、转述、即席讲话、主题演讲、问题讨论等。测试学生对于听读或听讲材料的语言感受能力、理解能力、分析综合能力和评价欣赏能力。测试学生用普通话朗读、背诵的能力，复述的能力，答问的能力，讲述、演说的能力，辩论的能力。

3. 语文思想熏陶

语文思想熏陶考查的项目包括正确的思想观念、科学的思维方式、高尚的道德情操、健康的审美情趣、积极的人生态度和学习语文的态度等。

4. 语文心理品质

语文心理品质考查的项目包括观察、感受、分析、判断能力，语文习惯的养成。重点关注学生思考问题的深度和广度的思维品质。

5. 语文特长

语文特长主要考查学生在各级竞赛中的获奖情况。

（三）一体两翼三沟通语文教学的语文素质评价的方法

根据学生语文素质的构成要素，全面地评价学生语文素质。

1. 开卷考与闭卷考相结合

开卷考试，重点测定学生综合应用语文知识的能力，查阅工具书和使用有关资料的能力。开卷考试实际上是步入社会前语文应用的模拟训练，对提高工作能力有重要的意义。因此，开卷考试越来越受到人们的重视。一般地，开卷考试试题难度大，灵活性强，答案不能从书本上直接找到，因而对学生语文的实践能力，是一个极好的检测方式。

闭卷考试，这种考试的重点是测定学生掌握语文知识情况和阅读能力、写作能力。这种测试方法比较简单易于操作，而且测试的效果较好，所以是语文教学传统的测试方式。

2. 口试和笔试相结合

口试和笔试各有长短，测定学生的语文素质，必须使这两种方式互相配合，互相补充。

笔试是语文测试最常用的方法，通常的开卷考试和闭卷考试一般都采用笔试的方式。

口试，一般将听与说结合起来测试。口试主要测试学生的口头表达能力，这是笔试无法替代的。通过口试，可以直接了解学生对语文知识的理解程度、运用能力，直接了解学生阅读分析理解能力，可以直接测定学生语言表达的敏锐性、准确性和条理性，从而测定学生的语文心理品质。口试是个体测试，因此测试前要编制题目，做成题签，供学生测试时随机抽取。

口试的主要内容有：朗读、背诵、讲述、对话、答问、演讲、口头作文，还可以是看图像说话，看实物说话，听录音复述、归纳要点等。口试的题目要有启发性。每题要求学生回答的要点和要达到的程度，要有详细的要求。

3. 终结性评价与形成性评价相结合

终结性评价是学段结束、学期结束或学习阶段结束时的总结性水平测试。测试的主要方式可以有笔试、口试、开卷考试、闭卷考试等。

形成性评价是指对学生在日常学习中，语文能力、习惯、态度等方面的考查。形成性评价包括课堂观察记录和作业完成情况。教师要随时对学生学习习惯、学习态度、心理素质、作业及练习的情况进行记录，跟踪评价，定期分析。

4.特长测试

特长测试是对学生某方面的语文特长、才能进行的价值判断。特长测试一般采用语文单项竞赛。

四、科学评价学生语文素质发展水平

（一）学生智能水平评价

开卷与闭卷测试，口试与笔试，终结性与形成性评价，特长测试，构成了学生的智能水平。将学生的智能水平中各要素所得分数，按其重要程度进行加权，所得数值就是学生语文素质水平发展的"智能值"（表一）。

学生语文智能水平发展评价量表（表一）

项目	要素	评分方法	应得分	实得分
语文基本功 100分	开卷考试	考试总分 × 0.15	15分	
	闭卷考试	考试总分 × 0.50	50分	
	听说测试	考试总分 × 0.15	15分	
	平时成绩	应得总分 × 0.20	20分	
语文特长（加分）20分	校（乡）竞赛	一等5分、二等3分、三等1分	5分	
	市级竞赛	一等10分、二等7分、三等5分	10分	
	地级竞赛	一等15分、二等10分、三等7分	15分	
	省级及以上竞赛	一等20分、二等15分、三等10分	20分	
合　计			120分	

语文基本功按100分计算，其中开卷考占15%，闭卷考占50%，听说测试占15%，平时成绩占20%。语文基本功测试由专家或学校命题，进行统一测试。语文特长作为附加分，按竞赛级别，分等次分别加分。学生持有多个证书时，在同一级别中，获奖者按对应的最高等次加给相应的分数；在不同的级别中，按最高级别的最高等次对应的分值加给相应分数，每人只有一次加分资格，不能累计加分，20分封顶。

（二）学生意向水平评价

构成学生语文整体素质，除"智能水平"外，还有"意向水平"。学生"意向水平"包括语文交际能力、语文思想熏陶和语文心理品质。学生意向水平的评价，主要由学生自我评价、小组评价和语文教师评价共同完成。

自我评价。学生对自己的语文素质水平是比较了解的，通过自我评价，使学生明确自己的优劣所在，有利于自己语文素质的进一步提高。

小组评价。小组里的同学，整天在一起学习，其语文水平是相互了解的。小组评价时，先要小组讨论评价标准，明确评价的范围，端正评价态度，然后依据标准实事求是地评价小组成员。

语文教师评价。学生语文素质的高低，各个侧面的基本情况，语文教师在平时教学过程中，在学生语文活动实践中，在学生平时的语文应用中，观察得最真实、最清楚。教师所掌握的正是综合的、深层的、能动的学生素质的反映。

学生自我评价、小组评价和语文教师评价使用下表（表二）。

学生语文意向水平发展评价量表（表二）

项目	要素	评价标准	应得分	实得分
语文交际能力 30分	生活中应用语言能力	优 15–14 分，良 13–12 分，中 11–9 分，差 8–4 分	15 分	
	交际中语言感受能力	优 15–14 分，良 13–12 分，中 11–9 分，差 8–4 分	15 分	
语文思想熏陶 30分	语文学习态度	优 15–14 分，良 13–12 分，中 11–9 分，差 8–4 分	15 分	
	语文审美情趣	优 15–14 分，良 13–12 分，中 11–9 分，差 8–4 分	15 分	
语文心理品质 40分	语言思维、情意品质	优 20–18 分，良 17–16 分，中 15–12 分，差 11–5 分	20 分	
	语文习惯	优 20–18 分，良 17–16 分，中 15–12 分，差 11–5 分	20 分	
合　计			100 分	

学生自我评价、小组评价和语文老师评价分别按 40%、20%、40% 的比例加权计算，所得数值即为学生语文素质发展水平的"意向值"。

将"智能值"和"意向值"进行叠加，形成一个"学生语文素质发展水平积分表"（表三）。

学生语文素质发展水平积分表（表三）

项目	应得分	实得分	分数与等级换算标准	等级
语文基本功	100 分		优 100–90 分，良 89–80 分，中 79–60 分，差 59–25 分	
语文交际能力	30 分		优 30–28 分，良 27–24 分，中 23–18 分，差 17–7 分	
语文思想熏陶	30 分		优 30–28 分，良 27–24 分，中 23–18 分，差 17–7 分	
语文心理品质	40 分		优 40–36 分，良 35–32 分，中 31–24 分，差 23–10 分	
语文特长	加分		优 20–10 分，良 9–5 分，中 4–1 分，差 0 分	
总评价	220 分		优 220–190 分，良 189–165 分，中 164–120 分，差 119–50 分	

依据"学生语文素质发展水平计分表"编制"学生语文素质发展水平报告单"（表四），向学生和家长报告学生语文素质发展水平情况。

学生语文素质发展水平报告单（表四）

学校（公章）：　　　　　班级：　　　　　学生：

评价项目	水平等级	教师评语
语文基本功		
语文交际能力		
语文思想熏陶		
语文心理品质		
语文特长		
综合评价		

教师（签章）：　　　　　　　　时间：　　年　月　日

学生语文素质发展水平报告单，改变了以往"成绩通知书"中对学科只有一个考试分数的方法，体现了语文成绩评定的全面性和科学性。它综合考虑了多种因素、多种层面的关系：从考查形式上看，既有开卷考又有闭卷考；从考查的内容上看，既有听说，又有读写，语文习惯等心理评价；从考查的项目上看，既有智能考查，又有意向考查；从考查的方式上看，既有他人评价（教师评价、同学评价），又有自我评价。这样多层次、多角度的考查，全面地、科学地、客观地反映了学生语文素质发展的真实水平。

（参见《科学评定学生语文成绩推动应试教育向素质教育的转变》，作者戴红顺。原载中国昆明云南省教育委员会教材教学研究室《教材教学研究》，1996 年小学版第 5 期，第 15—16 页。）

第十一章　一体两翼三沟通语文教学的教师发展

一体两翼三沟通语文教学促进教师的发展，教师的发展又推动着一体两翼三沟通语文教学的实施，这就是一体两翼三沟通语文教学过程中的"教学相长"。一体两翼三沟通语文教学教师的发展，主要包括教师师德师风的树立、教师教育观念的更新和教师的专业发展。

第一节　一体两翼三沟通语文教学的师德师风要求

教师职业道德是从事教学工作的脑力劳动者在教学实践中所应遵循的道德规范，知识分子职业道德之一。教师职业道德，又称"教师道德"或"师德"。是教师在从事教育活动中所遵循的行为准则和必备的道德品质。它是社会职业道德的有机组成部分，是教师行业特殊的道德要求。它从道义上规定了教师在教育活动过程中以什么样的思想、感情、态度和作风去待人接物，处理问题，做好工作，为社会尽职尽责。他是教师行业的特殊道德要求，是调整教师与教师，教师与学生，教师与学校领导，教师与学生家长以及教师与社会其他方面关系的行为准则，是一般社会道德在教师职业中的特殊体现。

一、教师职业道德的历史发展

教师职业道德的产生和发展，是同人们教育活动的发展直接相联系的，它对形成教师的职业心理和职业理想，形成教师特有的道德习惯和道德传统，起着重要作用。教师的职业道德，是教师职业的从业人员在长期的教育活动中形成的。教育活动是社会生活的一个重要领域，是新一代的成长和社会生活的继承与发展不可或缺的重要手段。在教育活动过程中，教师和其他有关方面的人结成了多层关系，为了调整这些关系，解决各方面的不同矛盾，便逐渐产生了教师职业道德。

（一）古代教师职业道德的发展

1. 教师职业道德的起源

人类的教育是一种极其古老的社会现象，它是人类社会生产和生活过程中逐渐产生的。在远古时期，由于生产力极其低下，教育不发达，学校尚未出现，教育一般是伴随生产和生活过程进行的，即人们根据生存最迫切的需要学习知识。这是人类教育的萌芽时期。在这一时期，没有专职的教师，教育工作由一些有经验的长者来担任；同时也没有专职的学生，教育的对象是部落内部的儿童、青少年和缺乏经验的生产者，充任教育工作的长者的职责，就是言传身教。教育的内容主要是种植、捕鱼、畜牧、狩猎等方面的劳动生产技能和生产经验。同时还传授宗教意识、舞蹈知识，讲述部落历史、英雄故事、风俗习惯等知识。教育要求是一些教育活动中的粗浅的行为习惯和朦胧的师德意识。与教育一样，这一时期是师德产生的萌芽时期。

随着文字的出现，开始出现了教育和学校，对师德提出了一定的要求。春秋以前，教师职业道德虽然已经出现，但很不系统，往往夹杂在政治道德之中。先秦时期是中国文化教育的开创时期。先秦诸子的道德学说，为中国道德的发展奠定了雄厚的基础，后来的文化教育、道德理论，其中包括师德理论，大都可以从先秦找到根芽。

春秋时期，孔子办私学，广收门徒，创立了许多有关教师职业道德方面的理论，并以《论语》一书集中反映了出来。其中较为著名、对后世影响较大的有："默而识之，学而不厌，诲人不倦，何有于我哉？"体现了一种有关"学""诲"的师德。"其身正，不令而行；其身不正，虽令不从。不能正其身，如正人何？"体现了一种"以身作则""言传身教"的师德。此外还有热爱学生、有教无类、不耻下问、知过而改、因材施教，循循善诱等有关教师职业道德方面的著名言论，形成了我国教育史上的第一个教师职业道德规范体系。孔子之后的百家争鸣时期，荀子、墨子、孟子等进一步发展了教师职业道德体系，如荀子在强调教师要以身作则的同时，又提出教师须具备的四个条件：尊严而惮、耆艾而信、诵说而不陵不犯、知微而论，实际上就是在德行、信仰、能力、知识等方面对教师提出了更高的要求。

2.教师职业道德的发展

秦统一中国，废除私学，推崇法家思想，坚持"以法为教，以吏为师"，对前人的文化教育、道德思想遗产盲目排斥。

汉代的董仲舒建议汉武帝"罢黜百家，独尊儒术"，实行教化和赏罚两手并用，提出德威共济、恢复周礼、贤人政治、传授经书、信守师法等主张，把"三纲五常"作为教师职业道德的核心要求，又说"善为师者，既美其道，有慎其行"，指的是教师的道德品质、知识才干、言谈举止等。他的主张被汉武帝采纳，从此推动了春秋战国以来的教育制度和教师道德。

唐朝是我国古代文化教育的鼎盛时期。学校制度已经相当完备，达到了空前的昌盛，加上唐代历代君主都十分重教重学，尊师重道，师德得到了进一步发展。唐代韩愈在《师说》中提出"师者，所以传道授业解惑也"，将师德列于对教师要求的首位，同时提出"弟子不必不如师，师不必贤于弟子，闻道有先后，术业有专攻，如是而已"，要求教师培养学生的超越性质，要求教师甘为人梯，不要妒忌学生超越自己。

宋元明清又对教师的职业道德作了进一步的发展。如朱熹提出把"博学""审问""慎思""明辩""笃行"作为教师的道德规范。提出修身治国，为学做人的师德要求。明末清初的王夫之则认为"德以好学为极""欲明人者必须先自明"。

（二）近现代教师的职业道德的发展

从1840年鸦片战争到1919年"五四"运动，是中国近代资产阶级民主主义革命时期。在民众反封建、反侵略的斗争中，从封建士大夫阶层中分化出一些有识之士。他们要求改革弊政，抵抗侵略，御辱图强。他们反对宋学、汉学空疏无用、厚古薄今、舍本逐末的学风，主张学术"经世致用",解决实际问题。他们批判旧的纲常名教,提倡新的伦理思想,对职业道德的发展起了积极的推动作用。例如康有为在《大同书》中对不同对象的教师提出不同的要求:小学教师"当选德性仁慈,威仪端正,学问通达,诲诱不倦者完之。""中学之师,尤当妙选贤达之士,行宜方正,德性仁明,文学广博,思悟通妙,而又诲人不倦,慈幼有恒者,方当此任。"我国著名教育家蔡元培先生要求教师的行为和品质成为学生的楷模,他在就任北京大学校长时的演说中指出:"什么是师范?范就是模范,为人的榜样。"

"五四"运动后,马克思主义在中国传播,开辟了教育文化发展的新纪元,我国教师职业道德的发展进入了一个新时代。人民教育家陶行知先生被誉为"人之模范",他放弃城市安适的生活,到贫穷落后的农村创办"乡村教育",为农民大众服务。陶行知先生一生中,处处以身作则,作为学生的楷模,他倡导实践的"知行合一""以身立教",为自己定下了师德的标准。

中华人民共和国成立后,在社会主义条件下,教师是工人阶级的一部分,是人类灵魂的工程师,担负着培养共产主义事业接班人的艰巨而光荣的任务。社会主义的教师职业道德批判地继承了古代师德的优秀遗产,以共产主义道德的基本原则和行为规范为指导,从根本上区别于以往的教师职业道德,是最先进、最高尚的教师职业道德。教师职业道德发展到一个新的阶段,增添了崭新的内容,成为社会主义道德体系的一个重要组成部分,它对形成教师的职业心理,形成教师特有的道德习惯、道德传统,推动教师的工作起着重要的作用。

(三)当代教师职业道德的发展

改革开放以来我国教师职业道德建设正逐步迈向专业化发展的道路。在新的形势下,我国制度规范不断完善,教育内容和方法趋于丰富、实效,吸取传统师德的精髓,借鉴他国师德教育的先进理念,建立真正意义上的教师专业伦理,打造出高水平的教师专业队伍。

1. 教师职业道德从经验到法规

党的十一届三中全会之后,社会主义精神文明建设被重新提上日程。1983年,全国教育工会召开老教育工作者座谈会,讨论教师职业道德问题,对各地学校开展师德教育起了有益的推动作用。1984年,在总结各地学校制订师德教育规范、开展师德教育经验的基础上,教育部、全国教育工会联合颁发了《中小学教师职业道德要求(试行草案)》。该试行草案对教师职业道德提出了六点要求,规定了教师个人在处理与国家、社会、家长、学生以及同事之间的关系时理应遵循的道德规范。《中小学教师职业道德要求(试行草案)》尝试吸取各地方院校师德教育的经验和教训,是改革开放以来我国首次以明确的法规对教师职业道德进行规范的文件,对推动我国教师职业道德建设具有重要意义。

2. 教师职业道德规范的明确和完善

1991年,国家教委和全国教育工会在总结1984年《中小学教师职业道德要求(试行草案)》的基础上,重新修订、颁布了《中小学教师职业道德规范》。该规范的基本精神与1984年《中小学教师职业道德要求》保持一致,但也反映了新的时代要求。1997年,市场经济体制的建立和改革开放政策的实施对我国传统道德价值观产生重大冲击,一部分教师受到"全民经商"浪潮的影响。这种新形势对教师队伍建设提出新的要求。1991年,国家教委、全国教育工会修订并颁布《中小学教师职业道德规范》，新增"廉洁从教"条目，旨在引导教师抵制社会不良风气的影响，形成良好的道德风尚。《中小学教师职业道德规范》中规定的师德内容已经逐步渗透到教师生活的方方面面，这次修订的规范成为我国教师职业道德建设的基本规定，一直沿用至今。

3.教师职业道德凸显专业性和务实性

进入 21 世纪以来，我国师德规范逐步凸显其专业性、务实性和可操作性，对各类不同性质的学校提出了各自的师德教育规范。2000 年，教育部、全国教育工会颁布《中等职业学校教师职业道德规范（试行）》，进一步完善我国教师职业道德教育的内容。该规范对中等职业学校教师在职业道德方面提出六项要求。特别突出强调青年教师的师德建设工作。中等职业学校、高等学校等不同类型学校教师的职业道德标准及其教育机制受到重视。2008 年 5 月，四川汶川大地震发生之后，关于师德问题再次引起社会的热议。同年 6 月，教育部在其官方网站上公布新修订的《中小学教师职业道德规范》征求意见稿，"保护学生安全"这一条被首次纳入其中。新修订的"规范"增强了可操作性，这正是过去的"规范"薄弱的一环。其中的条目是教师经过努力可以养成的良好行为习惯，且每一条目的最后都列举出教师不应该做的行为。"如在'热爱学生'条目中，要求教师关心、爱护全体学生，不讽刺、挖苦、歧视学生，不体罚或变相体罚学生等。"

二、新时期教师职业道德的要求

（一）中小学教师职业道德规范（师德八条，1997 年 8 月 7 日修订）

1.依法执教

学习和宣传马列主义、毛泽东思想和邓小平同志建设有中国特色社会主义理论，拥护党的基本路线，全面贯彻国家教育方针，自觉遵守《教师法》等法律法规，在教育教学中同党和国家的方针政策保持一致，不得有违背党和国家方针、政策的言行。

2.爱岗敬业

热爱教育、热爱学校，尽职尽责、教书育人，注意培养学生具有良好的思想品德。认真备课上课，认真批改作业，不敷衍塞责，不传播有害学生身心健康的思想。

3.热爱学生

关心爱护全体学生，尊重学生的人格，平等、公正对待学生。

对学生严格要求，耐心教导，不讽刺、挖苦、歧视学生，不体罚或变相体罚学生，保护学生合法权益，促进学生全面、主动、健康发展。

4.严谨治学

树立优良学风，刻苦钻研业务，不断学习新知识，探索教育教学规律，改进教育教学方法，提高教育、教学和科研水平。

5.团结协作

谦虚谨慎、尊重同志，相互学习、相互帮助，维护其他教师在学生中的威信。关心集体，维护学校荣誉，共创文明校风。

6. 尊重家长

主动与学生家长联系，认真听取意见和建议，取得支持与配合。积极宣传科学的教育思想和方法，不训斥、指责学生家长。

7. 廉洁从教

坚守高尚情操，发扬奉献精神，自觉抵制社会不良风气影响。

不利用职责之便谋取私利。

8. 为人师表

模范遵守社会公德，衣着整洁得体，语言规范健康，举止文明礼貌，严于律己，作风正派，以身作则，注重身教。

（二）中小学教师职业道德规范（2008 年修订，师德六条）

1. 爱国守法

热爱祖国，热爱人民，拥护中国共产党领导，拥护社会主义。全面贯彻国家教育方针，自觉遵守教育法律法规，依法履行教师职责权利。不得有违背党和国家方针政策的言行。

2. 爱岗敬业

忠诚于人民教育事业，志存高远，勤恳敬业，甘为人梯，乐于奉献。对工作高度负责，认真备课上课，认真批改作业，认真辅导学生。不得敷衍塞责。

3. 关爱学生

关心爱护全体学生，尊重学生人格，平等公正对待学生。对学生严慈相济，做学生良师益友。保护学生安全，关心学生健康，维护学生权益。不讽刺、挖苦、歧视学生，不体罚或变相体罚学生。

4. 教书育人

遵循教育规律，实施素质教育。循循善诱，诲人不倦，因材施教。培养学生良好品行，激发学生创新精神，促进学生全面发展。不以分数作为评价学生的唯一标准。

5. 为人师表

坚守高尚情操，知荣明耻，严于律己，以身作则。衣着得体，语言规范，举止文明。关心集体，团结协作，尊重同事，尊重家长。作风正派，廉洁奉公。自觉抵制有偿家教，不利用职务之便谋取私利。

6. 终身学习

崇尚科学精神，树立终身学习理念，拓宽知识视野，更新知识结构。潜心钻研业务，勇于探索创新，不断提高专业素养和教育教学水平。

三、《中小学教师职业道德规范》解读

（一）师德规范修改背景

《中小学教师职业道德规范》是在我国社会经济和教育发展进入新的历史阶段这样的重要背景下修订的。在 2002 年召开的党的十六大报告中提出了要"发挥我国巨大人力资源的优势"，2007 年召开的党的十七大报告明确提出要"建设人力资源强国"这样一个

奋斗目标，这是了不起的一个决策。从这个目标出发认识教育，教育的作用就更突出了。而且，十七大报告把教育放在了"加快推进以改善民生为重点的社会建设"这一章中，显示党中央已经把教育作为民生议题来看待。

当前，在教育事业飞速发展的基础上，人民群众不仅要求"有学上、有书读"，而且进一步要求"上好学、读好书"。因此，教育质量的提高是学校的当务之急。而提高教育质量，关键在于我们教师。没有高水平的教师队伍，就没有高质量的教育。"十七大"强调要建设人力资源强国，实施素质教育，提高教育质量和水平，教师队伍师德和业务素质尤其重要。"百年大计，教育为本；教育大计，教师为本；教师大计，师德为先。"所以教师的师德是教师最重要的素质，师德水平也是人民群众对教育工作满意不满意的一个重要标尺，更是教育改革发展的内在需要

2004年中央8号文件第三条指出：全社会关心和支持未成年人思想道德建设的风气尚未全面形成，还存在种种不利于未成年人健康成长的社会环境和消极因素；……教师职业道德建设有待进一步加强；第十条中明确规定：要"切实加强教师职业道德建设"。2007年胡锦涛总书记"8.31"讲话中，对广大中小学教师提出："一个精神，四点希望"。一个精神：就是"教师应该体现胸怀祖国，热爱人民，学为人师，行为示范，默默耕耘，无私奉献的精神"；四点希望：就是要求教师"爱岗敬业、关爱学生；刻苦钻研、严谨笃学；勇于创新、奋发进取；淡泊名利、志存高远。甘为人梯、乐于奉献，静下心来教书，潜下心来育人。文件及讲话精神在一定程度上催生"规范"适应新形势进行修订。

改革开放以来，我国于1985、1991、1997年先后三次颁布和修改了《中小学教师职业道德规范》，对教师职业道德的发展起了积极的推动作用，最后一次颁布和修改《中小学教师职业道德规范》距2008年相隔11年，原"规范"条款中许多内容不能满足新时代要求，许多内容需要不断完善。少数教师师德缺失与滑坡，引起了人民群众强烈不满，引起了党中央和国务院高度重视。

（二）新"规范"体现的基本原则

1、坚持"以人为本"

新"规范"一共六条，不仅是在原有的版本基础上的深化和升华，而且提出了更高的目标和要求，充分彰显了以人为本的思想，充分体现"教育以育人为本，以学生为主体""办学以人才为本，以教师为主体"的理念。如"爱国守法"强调了教师要爱祖国和人民；"爱岗敬业"要求教师"忠诚于人民教育事业"；"关爱学生"强调"对学生严慈相济，做学生的良师益友"；"保护学生安全"更是注重以人为本的教育理念；"教书育人"进一步明确了教育要以学生的发展为中心；"为人师表"同样赋予了"以人为本"的时代含义，不仅与胡锦涛总书记的"八荣八耻"紧密相连，而且对教师的衣着和言行举止、协作精神、廉洁奉公、不谋私利等方面要求具体细致，还增加了对待家长态度方面的要求；"终身学习"更是人本思想的全面要求。

2、继承与创新相结合

新"规范"在认真总结了原"规范"的基本经验基础上，汲取了原"规范"中反映

教师职业道德本质的基本要求，如继承了师德规范主旨"爱"和"责任"，又充分考虑经济、社会和教育发展对师德提出的新要求，将优秀师德传统与时代要求有机结合。

3、广泛性与先进性相结合

"规范"修订从教师队伍现状和实际出发，面向全体教师，对教师职业道德提出了基本要求，使之成为每位教师自觉遵守的行为准则。如在师德规范修改征求意见过程中，新修订的"规范"中有"十五处"广大教师意见被采纳，从而使"规范"更加具体，更加实际，更有利于全面贯彻落实。同时，在新"规范"中还提出了体现时代精神的新的倡导性要求。如在新"规范"中首次加入"保护学生安全"、"教书育人"、"关心学生健康"、"激发学生创新精神"、"终身学习"等等，这些都是结合时代要求，与时俱进提出的新要求。

4、倡导性要求与禁行性规定相结合

本次修订实施的新"规范"是从教师职业道德的阶段性特征出发，针对当前师德建设中的共性问题和突出问题，在广泛征求意见的基础上，既作出了倡导性的要求，也作出了若干禁行性规定。

例如，倡导性的要求有：第一条"爱国守法"中，倡导"热爱祖国"、"热爱人民"；第二条"爱岗敬业"中，倡导教师"志存高远，勤恳敬业，甘为人梯，乐于奉献"。乐于奉献的精神特别需要提倡。陶行知先生曾说："在教师手里操着幼年人的命运，便是操着民族和人类的命运。"只有当教师把教育作为一项事业、作为自己的人生追求时，才可能默默奉献、甘为人梯，这是教育工作的核心价值所在。第三条"关爱学生"中倡导"做学生良师益友"。第四条"教书育人"中倡导"遵循教育规律，实施素质教育"。第五条"为人师表"中倡导"作风正派，廉洁奉公"。第六条"终身学习"中倡导"崇尚科学精神，树立终身学习理念"等。禁止性的规定有：第一条"爱国守法"中"不得有违背党和国家方针政策的言行"；第二条"爱岗敬业"中"不得敷衍塞责"；第三条"关爱学生"中"不讽刺、挖苦、歧视学生，不体罚或变相体罚学生"；第四条"教书育人"中规定"不以分数作为评价学生的唯一标准"；第五条"为人师表"中规定"不利用职务之便谋取私利！"。

5、他律与自律相结合

教师职业道德建设重"他律"、贵"自律"。如第一条中倡导"自觉遵守教育法律法规"、第二条中倡导"乐于奉献"、第五条中倡导"自觉抵制有偿家教"。新"规范"在注重"他律"的同时，强调"自律"，倡导广大教师自觉践行师德规范，把规范要求内化为自觉行为。从"他律"走向"自律"是师德建设的最终目的。

（三）新"规范"的突出特点

1.突出了重要性

"教书育人"，是旧规范第二条内的一句话，在新规范中升格为第四条的条目。这是非常必要的。因为，"教书育人"是教师的第一要务，是教师职业区别于其他任何职业的根本所在（如同"治病救人"最准确地描述了医生的职业特征）。

2. 体现了时代性

新规范新增了"志存高远""素质教育""知荣明耻""终身学习""探索创新"等词，这是21世纪对教师的时代要求，这也是与时俱进在新规范中的具体体现。

3. 提高了针对性

应该说旧规范有"热爱学生"这一条，"保护学生安全"本是题中之意。但还是被"范跑跑"这样的人钻了空子。这说明旧规范存在意思不明确、针对性不强的漏洞。新规范增加"保护学生安全"的内容，很有必要。类似意义上的增加，还有"自觉抵制有偿家教"等。

4. 增强了概括性

把旧规范中分散在五、六、七、八等四条内的主要内容，精简压缩到新规范第五条"为人师表"之内，也比较好。再就是删除了明显重复的词，如旧规范中的"以身作则，注重身教"，两词意思很近，新规范删去了"注重身教"。另将"探索教育教学规律"改为"遵循教育规律"，也稳妥一些。

5. 注重了操作性

新的"规范"不仅是增加一条"终身学习"，而且每一条都具体化了。比如，在"爱国守法"中，增加了"不得有违背和国家方针政策的言行"；在"爱岗敬业"一条中，又具体化为"三认真一不得"，即认真备课上课，认真批改作业，认真辅导学生。不得敷衍塞责。在"关爱学生"一条中，使用了多个四字词组，如，"关心爱护、平等公正、严慈相济、良师益友、歧视学生、变相体罚、保护安全、关心健康"等，通过这些词语，细化了关爱学生的具体做法。在"教书育人"一条中，增加了"不以分数作为评价学生的唯一标准"等词句。在"为人师表"一条中增加了"自觉抵制有偿家教，不利用职务之便谋取私利"。同时，还将"热爱学生"中的"热爱"改为"关爱"一词，将"无私奉献"改为"乐于奉献"等，更具有操作性。

（四）新"规范"的核心内容

新"规范"共六条，体现了教师职业特点对师德的本质要求和时代特征，"爱"与"责任"是贯穿其中的核心和灵魂。

1. "爱国守法"——教师职业的基本要求

热爱祖国是每个公民，也是每个教师的神圣职责和义务。建设社会主义法制国家，是我国现代化建设的重要目标。要实现这一目标，需要每个社会成员知法守法，用法律来规范自己的行为，不做法律禁止的事情。

2. "爱岗敬业"——教师职业的本质要求

没有责任就办不好教育，没有感情就做不好教育工作。教师应始终牢记自己的神圣职责，志存高远，把个人的成长进步同社会主义伟大事业、同祖国的繁荣富强紧密联系在一起，并在深刻的社会变革和丰富的教育实践中履行自己的光荣职责。

3. "关爱学生"——师德的灵魂

亲其师，信其道。没有爱，就没有教育。教师必须关心爱护全体学生，尊重学生人格，平等公正对待学生。对学生严慈相济，做学生良师益友。保护学生安全，关心学生健康，

维护学生权益。

4．"教书育人"——教师的天职

教师必须遵循教育规律，实施素质教育。循循善诱，诲人不倦，因材施教。培养学生良好品行，激发学生创新精神，促进学生全面发展。不以分数作为评价学生的唯一标准。

5．"为人师表"——教师职业的内在要求

教师要坚守高尚情操，知荣明耻，严于律己，以身作则，在各个方面率先垂范，做学生的榜样，以自己的人格魅力和学识魅力教育影响学生。要关心集体，团结协作，尊重同事，尊重家长。作风正派，廉洁奉公。自觉抵制有偿家教，不利用职务之便谋取私利。

6．"终身学习"——教师专业发展不竭的动力

终身学习是时代发展的要求，也是教师职业特点所决定的。教师必须树立终身学习理念，拓宽知识视野，更新知识结构。潜心钻研业务，勇于探索创新，不断提高专业素养和教育教学水平。

（五）新旧"规范"的区别

新旧"规范"的区别主要体现在四个方面。

1．条目数量由8条改为6条

教育部新修订的《中小学教师职业道德规范》在条目上由之前的8条改为现在的6条，但在具体内容上却得到了充实。比如，在第三条"热爱学生"中，旧条款要求教师对学生严格要求，新条款则修改成"对学生严慈相济，做学生的良师益友。"与此前公布的新规范征求意见稿相比，正式公布的版本基本构架相同，但在一些词语使用方面进行了微调。在征求意见稿中，第二条款为"敬业奉献"，而正式版中，改回到1997年版的"爱岗敬业"。"勤勤恳恳，兢兢业业"也被改为更为简练的"勤恳敬业"。而第三条款将"热爱学生"改为"关爱学生"，一字之差感觉更人性，更具亲情味。第四条款中的"勇于探索创新，不断提高教育教学水平"则被"循循善诱，诲人不倦，因材施教"所取代。

2．"保护学生安全"首次纳入新规

此次修订是根据近年来教育和教师工作的新形势作出的更加科学和有针对性的修订。是根据近年来教育和教师工作出现的新情况、新问题、新特点，在前期充分论证、广泛征求意见、深入研究的基础上进行的。值得一提的是，"保护学生安全"被首次写入了新规范第三条关爱学生中。写入该内容是在明确"保护学生安全"是教师应遵守的职业精神。

3．明确抵制有偿家教现象

有偿家教的恶果很明显：一是导致教师"拜金主义"，二是影响正常教学进行。此次修订的条款更加清晰和简洁，在具体内容上也得到了充实。"自觉抵制有偿家教，不利用职责之便牟取私利""不违规加重学生课业负担，不以分数作为评价学生的唯一标准"，也首次明确列入其中。

4．"终身学习"被单独提出

作为一名教师，只具备与教学相关的专业知识已远远不够。现在社会发展这么快，

几乎所有人都需要不断学习。更何况是教师这种特殊行业。所以在新规范中，"终身学习"被单独提出。

四、教师职业道德的特点和作用

（一）教师职业道德的特点

教师的道德具有社会主义职业道德的一般特点，但由于职业的特殊性，又有它自己的特点：

1.在道德意识上要求水准更高更全面

教师担负着培养下一代的任务，在传授知识的同时，又担负着学生思想品德方面的教育。它要求教师凭着自己的职业良心，尽可能地有选择地对学生进行品德教育。因此对教师道德的要求有更高的水准，教师要把培养五爱、四有新人等精神贯穿于教师道德的各个方面。

2.在道德影响上比其他行业更深远更广泛

教师的道德直接影响着儿童、少年、青年、成年，影响着社会的各个方面，它具有相当的广泛性。教师道德又有其深远性，直接影响着一个人的成长，关系着教育事业的成败，进而影响着国家的命运和未来。

3.在道德行为上要做"人之楷模"

教师的职业性质决定着教师在道德上要为人师表，做人之楷模。不然就得不到学生、家长和社会的信赖，起不到应起的作用，完不成应完成的职责。因此，为人师表是古今中外对教师道德的基本要求。

（二）教师职业道德的作用

能否遵守教师职业道德，是教育成败的重要条件。

1.教师道德使教师和教师集体获得了崇高威信

教师的威信越高，教育的效果越好。崇高威信获得的最基本条件，是崇高的道德品质和优秀的业务能力。因此对一所学校的领导者来说，要想管好学校，首要任务是培养建设一支良好的师资队伍。在师德建设上要从两方面入手：一是师德，二是师能。无德的教师得不到学生的尊敬和爱戴，无能的教师培养不出优秀的学生，会误人子弟。无德无能的人不配做教师。

2.教师的职业道德本身就是教学的重要内容和教育手段

青少年处在世界观、人生观、价值观形成发展时期，有着极强的可塑性和模仿性，而教师是学生道德的启蒙者、塑造者和设计者。学生观察老师的一言一行、一举一动，甚至老师脾气、秉性、爱好都逃不过学生的眼睛，都是学生模仿的对象。许多教学实践经验告诉我们，学生信得过哪位老师，他们就会刻意模仿哪位老师，包括老师举手投足的动作、爱好、文化品味和写字风格等。同样那些脾气暴躁、性格古怪、生活作风邋遢的老师也为学生不良行为的养成起到了相反的示范作用。因此，高尚的道德品质使教师提高了威信，使施教过程能够顺利进行。

3.激励教师形成良好的教风

教师爱岗的崇高的精神境界，主要来自优良的职业道德素养。具有良好的职业道德修养的教师，能够正确认识教师职业的社会价值。一个人的价值在社会中能否得到承认、实现和满足，重要的是看自己对社会尽职责的程度和贡献大小，无论在社会发展的各个阶段，丰厚的薪金，优越的物质生活条件，确实难以从教师职业中得到，但教师要充分认识到教师职业是一种自我牺牲和无私奉献的职业。它平凡艰苦，不涉名利，选择教师职业就意味着燃烧自己、照亮别人、启迪智慧、甘当人梯、两袖清风、默默奉献。所以兢兢业业、任劳任怨、严谨求实、急社会所急，想学生所想，确实是教师应尽的职责。教师充分认识自己所承担的重大社会责任，明确教育是人类社会生活不可少的组成部分，这一切没有较高的职业道德意识和水平是很难做到的。

五、一体两翼三沟通语文教学教师的政治思想修养和道德情操修养

语文教师与其他理科教师不同，思想政治素质是教师整个素质结构中的统帅，在很大程度上支配着教师职业活动的目的、方向和动力，对学生的成长有着深远的影响。作为语文教师，要有坚定正确的政治方向，要高举爱国主义伟大旗帜，要不断学习马克思主义理论。

语文教师对社会文明的承前启后起着重要作用，是人类科学文化知识的传播者，理应一身正气，为人师表，道德情操高尚，堪为学生的楷模。

（一）热爱学生，献身语文教育

教育的事业是爱的事业。师爱超越亲人之爱，友人之爱，因为它包蕴了崇高的使命感和责任感。爱不是姑息，不是迁就，爱是"严"的孪生兄妹。没有规矩，不能成方圆。教书育人，要有严格的要求，要以党的教育方针为准绳，以语文教学大纲为规矩，不能凭主观臆造。"爱"是"严"的基础，爱是对事业的忠诚，是对莘莘学子的无限期望；有了爱满天下的胸怀，"严"才会有效果，"严"要严在"理"上。"爱"中有"严"，"严"中有"爱"，学生就会健康成长。

语文教师对学生要满腔热情满腔爱，对所教的学科同样要满腔热情满腔爱。语文是工具，是学习其他学科和从事各项工作的基础工具，要教会学生正确理解和运用这个工具表达情意。要做到坚持不懈地对语文教学探索、追求，必须对学科倾注极大的爱心。对祖国语言文字有深切的爱，对语言文字宝库中无数瑰丽璀璨的名著佳作心向往之，才会有钻劲，才会有持久的内驱力，也才会真正体味到其中的甘甜。

（二）遵纪守法，情操高尚

孔子在《论语·子路》中说："其身正，不令而行；其身不正，虽令不从。"语文教学质量的高低与语文教师在学生心目中形象高大与否成正比，教师言行一致，表里如一，堂堂正正，温文尔雅，学生就崇敬，就信服。"桃李不言，下自成蹊"，教师良好的道德、良好的言行对学生起潜移默化的作用。

（三）团结协作，互相尊重

任何一个学生健康成长离不开教师群体的智慧和指导。一个班级语文教师再出色，

也离不开其他学科教师的支持与帮助。正因为如此，语文教师要具备尊重别人，善于与别人团结协作的道德。

要善于团结教研组里的语文同行，共同探索语文教学的规律；要善于团结班级教学中的各学科任科教师，互相支持，齐心协力搞好工作。要做到团结协作，提高教育质量，须明确奋斗目标，尊重别人，以诚相待。要善于联系学生家长，与他们团结协作，相互配合，教育学生成长。

第二节　一体两翼三沟通语文教学的教师观念更新

教育观念是指教师在教育、教学实践过程中形成的，对相关教育现象，特别是对自己所教的学科、对自己的教学能力和所教学生的主观认识。它直接影响教师对教学问题的知觉、判断，进而影响教师的教学行为。行为是思想的直接反映，有什么样的思想就有什么样的行为，有什么样的教育观念，就有什么样的教育行为。一体两翼三沟通语文教学非常重视教师的观念更新。

一、教育观念更新的意义

我们经常对一些教育专家和优秀教师的成功事例进行分析时，就不难发现这样一个结论，作为教育工作者，他们之所以出色，固然因为他们有着执着的追求、高尚的师德和精湛的教育艺术。但我以为，他们的成功更是因为他们有着比普通教育工作者更为超前的教育观念，他们总能超前地认识到一个时代应该具备什么样的教育观念。魏书生老师的"商量，商量，再商量"，丁榕老师的"以心理教育为突破口"，等等，都是以人为本的教育理论在实际教育工作中的具体体现。这种先进的教育理论促使他们最终走向了成功。从这个意义上讲，树立先进的教育观念，比具体的教育行为更为迫切和重要。

（一）对教育观念性质的认识

教师观念的转变与教育观念自身的性质密切联系，探索有效的教师观念转变的培训教学方法，必须对教育观念的性质有个全面的了解和把握。

1.教育观念的主观性

由于教师已有教育观念、面对的教育实际问题以及其认知结构、思维方式、情感等因素的影响，教师对接受教育观念具有选择性，带有认识主体的主观色彩。它决定了教育观念的转变必须是基于教师个人的已有观念，重在帮助教师以自己的言行为对象，增强教师自我发现的意识和敏感性，使内隐的观念清晰化，并加以分析、批判和提升、更新。任何寄希望于通过"专家的外铄"和"理论的灌输"就能完成教师观念转变的做法注定都要失败的。

2.教育观念的内隐性

教师的教育观念大多来自于感性经验，存在于教师的心灵深处，不易察觉。这种心理层面的教育观念不但对教育行为有很大的影响，甚至决定着理论层面教育观念和制度层面教育观念的有效落实。因此，教师观念转变的首要任务是揭示教师的隐性观念，促其自醒和反思。

3.教育观念的实践性

人们认为观念总是现在地指导行为。事实上，行为不只是教师观念的外化和反映，它也有助于观念的理解、内化和升华，正如教育家杜威所主张的，教师教育观念的转变和教育能力的提升必须在对具体问题的主动探究过程中实现，外部的环境和引导是必要的，但不是主要的。也就是说更深层的观念转变是在不断的教育教学实践中发生的。教师经常会用所从事的操作去解说观念的性质和用这些操作所产生的后果去检验这些观念的有效性。

4.教育观念的情感性

人对变化的天然防御为教师观念的转变设置了情感障碍。由于每个人都有自己的舒适地带和熟悉的活动范围与经验，一旦逾越，则可能会遇上麻烦、困难、危险和挑战。这种天然的防御机制使得教育观念的转变困难重重。当教师的根本信念受到挑战时，不管这种挑战来自何方，在情感和认识上都被看作是对自我的攻击，教师最初的反应一般都是维护和固守自己的信念体系。因此，教师培训中的观念转变必须为教师提供安全的心理氛围，以削弱强势观念对教师个人观念造成的威胁和由此引起的对立情绪，使他们在自由的课程氛围中醒悟、发现、反思和改进。

（二）落后的教育观限制了创新人才的培养

在升学重压下，传统教育观念仍束缚着大批教师。首先是传统的教师观。在当今的中小学中，教师的形象是知识的传播者，靠一张嘴、一本书和一支粉笔打天下，俨然一个"传教士"；其次是陈旧的教学观。教师单向灌输知识，学生消极被动地接受知识，如仓库一般储存知识和积累知识，并以既定的答案为最终和惟一的结论，使学生变成书本和分数的奴隶；最后就是"惟师是从"的专制性的师生观。许多教师在听到学生不同意见时，常用自己的想法束缚学生，或给予伤害自尊心的批评，造成学生不敢于提出和老师不同的意见，创造性思维便无从产生，最终变成一群只会听人吩咐，不会思考也不愿思考的学生。

在这种旧教育观念的桎梏下，学生只是分数和书本的奴隶，个性很难充分舒展，思维不能健康发育，导致思想依附，灵魂萎缩，那种唯师是从，唯书本是从已经成为普通性的精神现象，这不能不令人痛心和担忧。这些不具有独立性，变通性和创造性的接班人又怎能适应科技突飞猛进、知识日新月异的当今时代，又怎能担负起21世纪富国强民之重任。因此，教师教育观念的更新非常重要，只有教师具有新的教育教学观念，才能在教学中不断进行改革和创新，才能以优异的素质去主动适应并深入开展蓬蓬勃勃的素质教育，才能培养出新世纪所需要的创造性人才。

（三）网络时代对教育观念提出了新要求

网络时代，知识更新速度加快，网络把距离和时间缩小到零，信息可以便捷地获得和使用，社会发展也进入了空前的加速期。因此，对于教育，必须用现代化的教育理念替代传统的教育观念，把为未来社会培养人才作为重要的教育目标。教育必须要现代化，具有"未来"意识，这是网络时代赋予教育的新任务。网络社会飞速发展，不但不允许我们留恋"过去"，而且也不允许我们停留于"现在"，"现在"的东西马上就要变成"过去"，留恋"现在"在一定程度上说就是面向"过去"。我们唯有选择"未来"，面向未来，才能培养未来社会所需要的人才，并创造更美好的未来。面对这种新时代需要，教师应从知识的传授者转变为学生人生的引路人，引导学生沿着正确的人生道路前进。随着高科技的发展，现代信息技术的开发，学生获取知识的渠道多样化了，学生的知识来源已不光是书本知识和教师的知识，我们教育从业者应树立全新的教育观念，全面地认识新形势下的教育发展趋势，社会对人才素质结构和规格标准的要求，以及新形势下教师和学生的心理特点、心理需求，为自己的为师之道确立正确的出发点。

二、教师教育观念转变的条件

教师教学观念的转变绝不是线性的、简单的过程，而是一个非线性的、复杂的系统工程，它的转变依赖于一些客观和主观的条件。唯物辩证法认为，事物的发展与变化是外因和内因相互作用的产物，外因是影响性的力量，内因是决定性的力量，外因是通过内因起作用的。因此，只有具备外因和内因的力量，即客观和主观的条件，教师的教学观念转变才有可能。

（一）教师教学观念转变的客观条件

1.反思性教学文化的形成

要理解反思性教学文化，首先要了解反思性教学。反思性教学最早是由美国学者舍恩于1983年在其著作《反思实践者：专业人员在行动中如何思考》一书中正式提出的，他认为，反思性教学是教师从自己的教学经验中学习的过程。反思性教学是教师在教学过程中，以创造性地解决教学问题为出发点，实现教学过程最优化为目的，形成教师的教育智慧，进而推动师生全面发展的过程。反思性教学不是简单地回忆或回想教学中的整个过程，而是深究、检测处于教育过程中的问题和困惑以及探寻产生这些问题和困惑的理论背景、教学机制和学校文化等。通过反思性教学，教师不断地发现其在教学过程中的问题，从而积极主动地寻求解决问题。在这个过程中，教师自觉或不自觉更新自己的教学观念。实质上，教师的反思性教学过程就是教师不断更新自己教学观念的过程。反思性教学与教师教学观念的转变是一个问题的两个方面。然而，反思性教学主要突出和反映教师个体在教育教学过程中的反思意识和行为，其具有主观性和个体性。而教师教学观念的转变更需要学校反思性教学文化的形成。反思性教学文化与反思性教学不同，它突出反思性教学作为教学文化的事实和存在，表现出教学文化的一种反思性的品质与"性格"及教学活动各环节中教师的反思意识和反思行为。反思性教学文化是一种学校教育教学过程中的普遍"弥漫"和"渗透"的文化存在，具有客观的性质。有了教师的反思性教学，不一定形成学校教育中的反思性教学文化。只有当反思性教学成为每个教师或者大部分教师的行为方式时，反思性教学文化才会真正地形成，并最终为教师教学观念的转变提供教学文化的基础。

2. 校本研修制度的建立

校本研修是在新课程改革背景下产生的，基于以校为本的教学研究和教师培训，它是以教师参与为基础，以解决教师在教育教学过程中遇到的真实问题为对象的实践性活动。教师通过校本研修，围绕教学的问题，进行反思、调查、分析和研究。在这个过程中，教学的问题逐步变得清晰，问题产生的根源不断得到明确。为了提高教学水平，促进教学效果，教师会果断地改变那些促使其教学行为问题的教学观念，进而寻求和建构有利于问题解决的教学观念。因此，学校推广校本研修对于教师的教学观念转变会有很大的促进作用，并为教师的教学观念转变提供坚实的平台。当前，在基础教育新课程改革背景下，积极推动校本研修制度的建立，已经得到广大一线教师的认可。只有校本研修成为一种制度，而不是表面的"文章"时，才会真正给教师带来校本研修的兴趣和动力，教师教学观念的转变才具有可靠的基础。

3. 考试评价制度改革的推进

长期以来，考试作为教学的"指挥棒"，一直对学校教育教学产生直接的影响。广大教师的教学观念直接受制于考试的影响和制约。"考什么，教什么""怎么考，怎么教"的教学观念，已经嵌入教师的教学思维中，并已经成为大家比较赞同的学校教学哲学，这在我国基础教育教学过程中得到充分地反映和佐证。考试作为教学的"指挥棒"，这个逻辑本身并没有问题，考试应该作为教学"指挥棒"，现在是这样，将来仍然会是这样，这是我国国情和考试作为评价的手段所决定的。否则，教师的教学就会因为失去评价的标准，而会变得混乱，也就不利于社会对人才的要求和学生的全面发展。需要指出的是，赞同考试是教学的"指挥棒"，只是从它的内在逻辑来看的。如果从考试评价制度内容来看，当它滞后于社会和人对它的要求时，它就只能成为具有负面影响的教学的"指挥棒"，不会促进教学的真正发展。现阶段，许多地方领导甚至学校领导都将考试成绩作为评价教师成绩和水平的唯一标准，引起了广大教师的不满。因此，考试评价制度必须依据社会和人的需要，不断作出改革。实质上，考试评价制度改革的过程，就是教师教学观念不断转变的过程。考试变了，更进一步地说，考试内容和考试形式变了，教师教学观念就会或早或迟地发生转变。

（二）教师教学观念转变的主观条件

1. 批判精神的形成

教师教学观念的转变是以批判旧观念、理解新观念为前提的。通过批判，教师逐渐地检视、修正和改造自己的教学观念。教师的批判精神是指教师在教育教学活动中所体现出来的反思和质疑意识，它集中体现教师从事教学活动的主体性和创新性。而教师批判精神的形成是以其反思能力形成为前提的。在教育教学实践过程中，教师对自我行为表现及其行为之依据的"异位"解析和修正，进而不断提高自身教育教学效能和修养。只有教师不断地对其教学行为进行反思、质疑，才能逐步形成教师的批判精神，才有利于教师教学观念随着时代的改变而转变。不具备批判精神的教师，其在教学观念的转变过程中，要么信仰权威，人云亦云；要么满足现状，消极对待。因此，教师批判精神的形成，才能从教师个人主观上为教师教学观念的转变提供基础。

2.教学理论素养的提高

教学理论是人们在思考与实践教学过程中所形成的，旨在解释、探索和预测教学现象的观念体系，它是人们对各种教学现象及隐藏其后的各种教学关系和矛盾运动的自觉的、系统的反映。教学理论具有解释教学现实、探索教学规律、预测教学未来等诸多功能，其中很重要的一个方面是教学理论能够为教师提供关于教学的各种知识，使教师正确全面地理解和把握教学，帮助教师纠正错误的教学观念，确立正确的教学观念。教学理论素质高的教师往往借助科学教学理论去检视新、旧教学观念，进而作出自己的观念选择。实质上，教师教学观念的转变是教师教学观念结构的调整与转换。要实现观念结构的调整与转换，就必须向此结构中注入新知识，用新知识、新观点去冲击或剔除旧知识、旧观点。因此，对教师而言，不断地学习教学理论，补充教学新知识，并以此审视自己的教学活动，进而调整自己的教学观念结构，对于其教学观念的转变就显得十分重要。

3.思维方式的转换

思维方式是一定时期人们的理性认识方式，是人的各种思维要素及其结合，按一定的方法和程序表现出来的相对稳定的定型化的思维模式，是主体认识和改造客体的工具，它主要由观念要素、知识要素和智力要素等部分构成。实质上，思维方式本身是观念化的事物。就教师的教学观念而言，其本身也是一种思维方式。因此，思维方式的转换就意味着观念的转变。也就是说，教师思维方式的转变一定会引起其教学观念的不断变革。这是思维方式的内涵和性质所决定的。一般认为，线性、实体、二元对立、简单性等思维方式不利于教师教学观念的转变，而非线性、关系、多元并存、复杂性思维方式则有利于教师教学观念的转变。这就要求教师要从线性思维方式向非线性思维方式转换，从实体思维方式向关系思维方式转换，从两元对立的思维方式向多元并存的思维方式转换，从简单性思维方式向复杂性思维方式转换，以适应教学观念转变对思维方式的需要，从而加快转变速度，增强转变的实效。

三、确立新的教育理念

教育理念，就是人们在理性思考和亲身体验基础之上形成的，关于教育事物本身及其价值和价值实现途径的根本性判断与看法。教育理念就是一种教育的信念。新的教育理念包括：

（一）教育决策层面的新理念

1.开放性理念

当今时代是一个空前开放的时代，科学技术的日新月异，信息的网络化，经济的全球化使世界日益成为一个更加紧密联系的有机整体。传统的封闭式教育格局被打破，取而代之的是一种全方位开放式的新型教育。它包括教育观念、教育方式、教育过程的开放性，教育目标的开放性，教育资源的开放性，教育内容的开放性，教育评价的开放性等等。教育观念的开放性即指民族教育要广泛吸取世界一切优秀的教育思想、理论与方法为我所用；教育方式的开放性即教育要走国际化、产业化、社会化的道路；教育过程的开放性即教育要从学历教育向终身教育拓宽，从课堂教育向实践教育、信息网络化教育延伸，从学校教育到社区教育、社会教育拓展；教育目标的开放性即指教育旨在不断开启人的心灵世界和创造潜能，不断提升人的自我发展能力，不断拓展人的生存和发展空间；教育资源的开放性指充分开发和利用一切传统的、现代的、民族的、世界的、物质的、精神的、现实的、虚拟的等各种资源用于教育活动，以激活教育实践；教育内容的开放性指教育要面向世界、面向未来、面向现代化设置教育教学环节和课程内容，使教材内容由封闭、僵化变得开放、生动和更具现实包容性与新颖性；教育评价的开放性指打破传统的单一文本考试的教育评价模式，建立起多元化的更富有弹性的教育评价体系与机制。

2. 多样性理念

现代社会是一个日益多样化的时代，随着社会结构的高度分化，社会生活的日益复杂和多变，以及人们价值取向的多元化，教育也呈现出多样化发展的态势。这首先表现在教育需求多样化，为适应经济社会发展的要求，人才的规格、标准必然要求多样化；其次表现在办学主体多样化，教育目标多样化，管理体制多样化；再次还表现在灵活多样的教育形式、教育手段，衡量教育及人才质量的标准多样化等等。这些都为教育教学过程的设计与管理提出了更高的要求与挑战，它要求根据不同层次、不同类型、不同管理体制的教育机构与部门进行柔性设计与管理，它更推崇符合教育教学实践的弹性教学与弹性管理模式，主张为教育事业的发展提供更加宽松的社会政策法规体系与舆论氛围，以促进教育事业的繁荣与发展。

3. 系统性理念

随着知识经济的来临，学习化社会的到来，终身教育成为现实。教育成为伴随人的一生的最重要的活动之一。因而，教育不再仅仅是学校单方面的事情，也不仅是个人成长的事情，而且是社会进步与发展的大事，是整个国民素质普遍提高的事情，是关乎精神文明建设及两个文明协调发展的全局性、战略性大业，它是一项由诸多要素组成的复杂的社会系统工程，涉及到许多行业和部门，所以需要全社会普遍参与、共同努力才能搞好。因此，与传统教育不同，转型时期我国正在形成的是一种社会大教育体系，它需要在系统工程的理念指导下进行统一规划、设计和一体化运作，以培养人们的学习能力，提升人们的生存和发展能力为目标，以实现社会系统内部各环节、各部门的协调运作、整体联动为基础，把健全教育社会化网络作为构成教育环境的中心工作来抓，促进大教育系统工程的良性运行与有序发展，以满足学习化社会对教育发展的迫切要求。

（二）教育实施层面的新理念

1. 以人为本的理念

21世纪的今天，社会已经由重视科学技术为主发展到以人为本的时代，教育作为培养和造就社会所需要的合格人才以促进社会发展和完善的崇高事业，自然应当全面体现以人为本的时代精神。因此，现代教育强调以人为本，把重视人，理解人，尊重人，爱护人，提升和发展人的精神贯注于教育教学的全过程、全方位，它更关注人的现实需要和未来发展，更注重开发和挖掘人自身的禀赋和潜能，更重视人自身的价值及其实现，并致力于培养人的自尊、自信、自爱、自立、自强意识，不断提升人们的精神文化品味和生活质量，从而不断提高人的生存和发展能力，促进人自身的发展与完善。鉴于此，现代教育已成为增强民族凝聚力的重要手段，成为综合国力的基础并日益融入时代的潮流之中，倍受人们的青睐与关注。

2.全面发展的理念

现代教育以促进人的自由全面发展为宗旨，因此它更关注人的发展的完整性、全面性，表现在宏观上，它是面向全体公民的国民性教育，注重民族整体的全面发展，以大力提高和发展全民族的思想道德素质和科学文化素质，提高民族的知识创新和技术创新能力，增强包括民族凝聚力在内的综合国力为根本目标；表现在微观上，它以促进每一个学生在德、智、体、美、劳等方面的全面发展与完善，造就全面发展的人才为己任。这就要求人们在教育观念上实现由精英教育向大众教育、由专业性教育向通识性教育的转变，在教育方法上采取德、智、体、美、劳等几育并举、整体育人的教育方略。

3.素质教育的理念

现代教育扬弃了传统教育重视知识的传授与吸纳的教育思想与方法，更注重教育过程中知识向能力的转化工作及其内化为人们的良好素质，强调知识、能力与素质在人才整体结构中的相互作用、辩证统一与和谐发展。针对传统教育重知识传递、轻实践能力，重考试分数、轻综合素质等弊端，现代教育更加强调学生实践能力的锻造，全面素质的培养和训练，主张能力与素质是比知识更重要、更稳定、更持久的要素，把学生综合素质的培养与提高作为教育教学的中心工作来抓，以帮助学生学会学习和强化素质为基本教育目标，旨在全面开发学生的诸种素质潜能，使知识、能力、素质和谐发展，提高人的整体发展水准。

4.创造性理念

传统教育向现代教育的重要转型之一，就是实现由知识性教育向创造力教育转变。因为知识经济更加彰显了人的创造性作用，人的创造力潜能成为最具有价值的不竭资源。现代教育强调教育教学过程是一个高度创造性的过程，以点拨、启发、引导、开发和训练学生的创造力才能为基本目标。它主张以创造性的教育教学手段和优美的教育教学艺术来营造教育教学环境，以充分挖掘和培养人的创造性，培养创造性人才。现代教育主张，完整的创造力教育是由创新教育（旨在培养学生的创新精神、创新能力与创新人格）与创业教育（旨在培养学生的创业精神、创业能力与创业人格）二者结合而形成的生态链构成。因此，加强创新教育与创业教育并促进二者的结合与融合，培养创新、创业型复合性人才成为现代教育的基本目标。

5.主体性理念

现代教育是一种主体性教育，它充分肯定并尊重人的主体价值，高扬人的主体性，充分调动并发挥教育主体的能动性，使外在的、客体实施的教育转换成受教育者主体自身的能动活动。主体性理念的核心是充分尊重每一位受教育者的主体地位，"教"始终围绕"学"来开展，以最大限度地开启学生的内在潜力与学习动力，使学生由被动的接受性客体变成积极的、主动的主体和中心，使教育过程真正成为学生自主自觉的活动和自我建构过程。为此，它要求教育过程要从传统的以教师为中心、以教材为中心、以课堂为中心转变为以学生为中心、以活动为中心、以实践为中心，倡导自主教育、快乐教育、成功教育和研究性学习等新颖活泼的主体性教育模式，以点燃学生的学习热情，培养学生的学习兴趣和习惯，提高学生的学习能力，使学生积极主动地、生动活泼地学习和发展。

6.个性化理念

丰富的个性发展是创造精神与创新能力的源泉，知识经济时代是一个创新的时代，它需要大批具有丰富而鲜明个性的个性化人才来支撑，因此它催生出个性化教育理念。现代教育强调尊重个性，正视个性差异，张扬个性，鼓励个性发展，它允许学生发展的不同，主张针对不同的个性特点采用不同的教育方法和评估标准为每一个学生的个性充分发展创造条件。它把培养完善个性的理念渗透到教育教学的各个要素与环节之中，从而对学生的身心素质特别是人格素质产生深刻而持久的影响力。个性化理念在教育实践中首先要求创设和营造个性化的教育环境和氛围，搭筑个性化教育大平台；其次在教育观念上它提倡平等观点、宽容精神与师生互动，承认并尊重学生的个性差异，为每一位学生个性的展示与发展提供平等机会和条件，鼓励学习者各显神通；最后在教育方法上，注意采取不同的教育措施施行个性化教育，注重因材施教，实现从共性化教育模式向个性化教育模式转变，给个性的健康发展提供宽松的生长空间。

7.和谐性理念

自然物的生长需要良好的自然生态环境，人才的健康成长同样也需要宽松和谐的社会生态环境的滋润。现代教育主张把教育活动看作是一个有机的生态整体，这一整体既包括教育活动内部的教师、学生、课堂、实践、教育内容与方法诸要素的亲和、融洽与和谐统一，也包括教育活动与整个育人环境设施和文化氛围的协同互动、和谐统一，把融洽、和谐的精神贯注于教育的每一个有机的要素和环节之中，最终形成统一的教育生态链整体，使人才健康成长所需的土壤、阳光、营养、水分、空气等各种因素产生和谐共振，达到生态和谐地育人。所以，现代教育倡导"和谐教育"，追求整体有机的"生态性"教育环境建构，力求在整体上做到教学育人、管理育人、服务育人、环境育人，营造出人才成长的最佳生态区，促进人才的健康和谐发展。

第三节　一体两翼三沟通语文教学的教师专业发展

教师专业化是职业专业化的一种类型。一体两翼三沟通语文教学要求，教师的发展走教师专业化的道路。所谓教师专业化，就是教师个体专业水平提高的过程以及教师群体为争取教师职业的专业地位而进行努力的过程。从这一概念的界定和解释中不难看出，教师专业化在本质上强调的是成长和发展的历程。这个历程包括三个层次：一是指教师个体的专业水平提高的过程；二是指教师群体的专业水平提高的过程；三是指教师职业的专业地位的确立和提升的过程。三个层次紧密联系，相互促进，共同发展。在推进教师专业化的过程中，既要强调教师个体的专业发展，又要提高教师群体整体的专业化水平，还要重视教师职业专业地位的确立和不断提升。忽视任何一个方面，就会阻碍教师专业化的进程。

一、教师专业化发展的背景和意义

（一）教师专业化发展的背景

1. 教师专业化是世界教师教育的发展趋势和潮流

确认教师职业的专业性、推进教师专业化进程，一直是有关国际组织和各国政府努力的目标，也是世界各先进国家提高教师质量的共同战略。1955 年，世界教师专业组织会议召开，率先对教师专业问题进行了研讨，推动了教师专业组织的形成和发展。1966 年国际劳工组织和联合国教科文组织在法国巴黎召开"教师地位之政府间特别会议"，在会上提出并通过了《关于教师地位的建议》，首次以官方文件的形式对教师专业化做出了明确的说明，即"应把教育工作视为专门的职业，这种职业要求教师经过严格地、持续地学习，获得并保持专门的知识和特别的技术。"强调了教师的专业性质。20 世纪 80 年代以来，以"教师"和"教师教育"为主题的研究构成了教育研究的重大领域，"教师专业化"成为许多国家关注的中心和焦点主题之一。世界"教师专业化运动"也由此兴起并成为提高教育质量的保障。

在"教师专业化运动"中，美国的规模最为浩大，引起了国际教育界的关注。1986 年，美国的卡内基工作小组、霍姆斯小组相继发表《国家为培养 21 世纪的教师做准备》《明天的教师》两个重要报告，同时强调以确立教师专业性为教师教育改革和教师职业发展的目标。1971 年，日本中央教育审议会提出了著名的《关于今后学校教育的综合扩充与整顿的基本措施》，指出："教师职业本来就需要有极高的专门性，作为教育工作者的素质，要求必须具备对教育宗旨和人的成长与发展的深刻理解；对学科内容有专门的知识；并对取得教育效果有实践的指导能力；还要求有高度的素质和综合处理问题的能力"。在英国，随着教师聘任制和教师证书制度的实施，教师专业化进程不断加快。20 世纪 80 年代末建立了旨在促进教师专业化的校本培训模式，1998 年教育与就业部颁布了新的教师教育专业性认可标准"教师教育课程要求"。我国的香港和台湾分别从 20 世纪 80 年代后期开始加大教师专业化教育制度的改革，教师专业化的观念成为社会的共识。

由此可见，培养具有专业化水准的教师已经成为世界教师教育发展的趋势和潮流。

2. 教师专业化是实施科教兴国战略的需要

教师专业化是现代教育发展的要求和必然趋势，不断提高我国教师专业化水平也是实施科教兴国战略、实现中华民族伟大复兴事业的现实需要。改革开放以来，中国社会发展程度和人民生活水平日益提高，以素质教育为核心的教育改革日益深入。社会发展和教育自身的改革都对教师质量提出了新的要求。按照教育部《面向21世纪教育振兴行动计划》和《中共中央国务院关于深化教育改革全面推进素质教育的决定》，2010年全国人口受教育年限将达到发展中国家的先进水平，"具备条件的地区力争使小学和初中专任教师的学历分别提升到专科和本科层次，经济发达地区高中专任教师和校长中获得硕士学位者应达到一定比例。"国家原有的三级师范教育体制（中专、大专、本科）将逐步向新的三级师范教育体制（大专、本科、研究生）过渡。改革开放带来的巨大社会进步，使中国教育及其对于教师需求的重点从量的扩展转向了质的提高。当前，随着教育整体水平的提高，特别是随着基础教育改革的不断深化，我国的教师质量与全国实施素质要求的差距明显表现出来。教师迫切需要不断更新教育观念，适应以学生发展为本的新观念；提高将知识转化为智慧、将理论转化为方法的能力，适应综合性教学、研究性教学、实践性教学的新要求；提高将学科知识、教育理论和现代信息技术有机整合的能力，充分利用信息技术的发展为教育和学习提供广阔的空间；增强理解学生和促进学生道德、学识和个性全面发展的综合水平，既要做"经师"，又要做"人师"。这些都是对教师职业的特别要求。教师应努力提高自己的专业化水平，以适应社会发展的需要。

（二）教师专业化发展的意义

1. 教师专业化发展加速了教师个人的成长

教师的专业发展离不开本人的努力和外部环境的协同作用。一个老师如果满足于为衣食而教，最终也只能成为一个教书匠；如果他把教育当作事业，认真地去做其中的每一件事，那么，他必然要去钻研业务，去学习新的教育教学理论，去研究教育教学规律，反思教育实践，追求教学艺术，不断提升教育理念和素养，提高教育教学水平。教师应该学会学习、与时俱进，养成苦耕不辍、终身学习的习惯。从某种角度说，学习已经成为每个现代人的生存和发展的一个要素。作为一名教师在专业成长的道路上学会学习尤为重要，而教师专业化发展加速了教师个人的成长。学校努力推进实现教师队伍专业化，固然是为了造就一支优秀的教职工队伍，以能担负起建设现代化特色学校的任务。同时，也是为了实现每一位教职工的人生价值和生命的意义，推动学校广大教职工特别是青年教师在实践中不断地成长、进步和成熟，以进步的观念、高尚的师德、良好的修养、丰富的经验，走到我国整个教育工作者队伍的最前列。在社会变革的大潮中，能始终立于潮头，使教师有较强的适应能力和竞争能力，使教师有顺利的职业生涯，美好的职业前程。

2. 教师的专业化发展有利于教师队伍的整体发展

教师的发展是一个长期被忽略的问题。在传统学校，教师中心、师道尊严的背后，掩盖着的常常是对教师发展的漠视或遗忘。不仅传统的理解总是把学校仅仅作为学生发展的场所，甚至在许多重要的教育改革的理论和运动中，在强调学生的发展、学生的主体地位时，也没有关注到教师发展的问题。显然，这是出于把教育理解为仅仅是单向度的知识传递的旧观念。加强教师队伍建设，提高教师队伍整体素质，正是为了适应教育从单向度知识传递到多向度文化融合的历史性变革。教师应该学会合作，双赢共进，形成取长补短的协作氛围，共创美好前景。知识经济时代，告别了单枪匹马闯天下的"孤胆剑客"时代而成为携手并肩走天涯"联手合作"的时代。所以，关注教师专业化发展，提高教师队伍整体素质，是形成一个具有凝聚力和战斗力的团队的关键。

3.教师专业化发展有利于学生的发展

通过专业化发展，教师有鲜明的教学特色与专业特长。在教学中教师应不断积累经验、吸取教训、勇于创新，苦练教学基本功，提升业务素质，逐步形成自己的教学风格和特色。一是教师应具有顺合学校特色的能力。积极参与学校特色建设，起到带头与示范作用，将个人特长与学校特色有机融合，共同发展。通过专业化发展，教师知识面更加宽广。一方面教师勇于和其他学科拥抱，从"点性学习"到"线性学习"，提升对本学科知识的理解层次。另一方面要利用敏锐的触角和目光，随时关注知识的变化发展动态，及时捕捉新信息，创造更宽阔的思维空间；二是指教师要有宽容的教学氛围，培养自信、乐观、豁达的情趣，升华自己的情感，构建民主、平等、合作的师生交流平台。通过专业化发展，教师具有较高的思想觉悟和崇高的职业道德，表现出高度的事业心和强烈的责任感，忠诚于党的教育事业，为人师表，热爱学生。教师具有前瞻的理念与高深的学识。教师在专业化发展中应该严谨求真务实，养成恪尽职守，精益求精的习惯，做教人求真的真人。教师的教育对象是正在成长的、具有鲜明个性的活生生的个体，他们世界观、人生观、价值观都在逐步形成。教师通过专业化发展，有效地促进了学生的全面发展。

二、教师专业化发展的基本内容

2012年2月10日，教育部发出了《关于印发＜幼儿园教师专业标准（试行）＞＜小学教师专业标准（试行）＞和＜中学教师专业标准（试行）＞的通知》〔（2012）1号〕，要求各地各校结合实际认真贯彻执行。下面抄录《小学教师专业标准（试行）》《中学教师专业标准（试行）》于后。

（一）小学教师专业标准（试行）

小学教师是履行小学教育教学工作职责的专业人员，需要经过严格的培养与培训，具有良好的职业道德，掌握系统的专业知识和专业技能。《小学教师专业标准》是国家对合格小学教师专业素质的基本要求，是小学教师实施教育教学行为的基本规范，是引领小学教师专业发展的基本准则，是小学教师培养、准入、培训、考核等工作的重要依据。

1.基本理念

（1）师德为先。热爱小学教育事业，具有职业理想，践行社会主义核心价值体系，履行教师职业道德规范，依法执教。关爱小学生，尊重小学生人格，富有爱心、责任心、耐心和细心；为人师表，教书育人，自尊自律，做小学生健康成长的指导者和引路人。

（2）学生为本。尊重小学生权益，以小学生为主体，充分调动和发挥小学生的主动性；遵循小学生身心发展特点和教育教学规律，提供适合的教育，促进小学生生动活泼学习、健康快乐成长。

（3）能力为重。把学科知识、教育理论与教育实践有机结合，突出教书育人实践能力；

研究小学生，遵循小学生成长规律，提升教育教学专业化水平；坚持实践、反思、再实践、再反思，不断提高专业能力。

（4）终身学习。学习先进小学教育理论，了解国内外小学教育改革与发展的经验和做法；优化知识结构，提高文化素养；具有终身学习与持续发展的意识和能力，做终身学习的典范。

2．基本内容

（1）专业理念与师德。

① 职业理解与认识：贯彻党和国家教育方针政策，遵守教育法律法规。理解小学教育工作的意义，热爱小学教育事业，具有职业理想和敬业精神。认同小学教师的专业性和独特性，注重自身专业发展。具有良好职业道德修养，为人师表。具有团队合作精神，积极开展协作与交流。

② 对小学生的态度与行为：关爱小学生，重视小学生身心健康，将保护小学生生命安全放在首位。尊重小学生独立人格，维护小学生合法权益，平等对待每一位小学生。不讽刺、挖苦、歧视小学生，不体罚或变相体罚小学生。信任小学生，尊重个体差异，主动了解和满足有益于小学生身心发展的不同需求。积极创造条件，让小学生拥有快乐的学校生活。

③ 教育教学的态度与行为：树立育人为本、德育为先的理念，将小学生的知识学习、能力发展与品德养成相结合，重视小学生全面发展。尊重教育规律和小学生身心发展规律，为每一个小学生提供适合的教育。引导小学生体验学习乐趣，保护小学生的求知欲和好奇心，培养小学生的广泛兴趣、动手能力和探究精神。引导小学生学会学习，养成良好学习习惯。尊重和发挥好少先队组织的教育引导作用。

④ 个人修养与行为：富有爱心、责任心、耐心和细心。乐观向上、热情开朗、有亲和力。善于自我调节情绪，保持平和心态。勤于学习，不断进取。衣着整洁得体，语言规范健康，举止文明礼貌。

（2）专业知识。

① 小学生发展知识：了解关于小学生生存、发展和保护的有关法律法规及政策规定。了解不同年龄及有特殊需要的小学生身心发展特点和规律，掌握保护和促进小学生身心健康发展的策略与方法。了解不同年龄小学生学习的特点，掌握小学生良好行为习惯养成的知识。了解幼小和小初衔接阶段小学生的心理特点，掌握帮助小学生顺利过渡的方法。了解对小学生进行青春期和性健康教育的知识和方法。了解小学生安全防护的知识，掌握针对小学生可能出现的各种侵犯与伤害行为的预防与应对方法。

② 学科知识：适应小学综合性教学的要求，了解多学科知识。掌握所教学科知识体系、基本思想与方法。了解所教学科与社会实践、少先队活动的联系，了解与其他学科的联系。

③ 教育教学知识：掌握小学教育教学基本理论。掌握小学生品行养成的特点和规律。掌握不同年龄小学生的认知规律和教育心理学的基本原理和方法。掌握所教学科的课程

标准和教学知识。

④ 通识性知识：具有相应的自然科学和人文社会科学知识。了解中国教育基本情况。具有相应的艺术欣赏与表现知识。有适应教育内容、教学手段和方法现代化的信息技术知识。

（3）专业能力。

① 教育教学设计：合理制定小学生个体与集体的教育教学计划。合理利用教学资源，科学编写教学方案。合理设计主题鲜明、丰富多彩的班级和少先队活动。

② 组织与实施：建立良好的师生关系，帮助小学生建立良好的同伴关系。创设适宜的教学情境，根据小学生的反应及时调整教学活动。调动小学生学习积极性，结合小学生已有的知识和经验激发学习兴趣。发挥小学生主体性，灵活运用启发式、探究式、讨论式、参与式等教学方式。发挥好少先队组织生活、集体活动、信息传播等教育功能。将现代教育技术手段整合应用到教学中。较好使用口头语言、肢体语言与书面语言，使用普通话教学，规范书写钢笔字、粉笔字、毛笔字。妥善应对突发事件。鉴别小学生行为和思想动向，用科学的方法防止和有效矫正不良行为。

③ 激励与评价：对小学生日常表现进行观察与判断，发现和赏识每一位小学生的点滴进步。灵活使用多元评价方式，给予小学生恰当的评价和指导。引导小学生进行积极的自我评价。利用评价结果不断改进教育教学工作。

④ 沟通与合作：使用符合小学生特点的语言进行教育教学工作。善于倾听，和蔼可亲，与小学生进行有效沟通。与同事合作交流，分享经验和资源，共同发展。与家长进行有效沟通合作，共同促进小学生发展。协助小学与社区建立合作互助的良好关系。

⑤ 反思与发展：主动收集分析相关信息，不断进行反思，改进教育教学工作。针对教育教学工作中的现实需要与问题，进行探索和研究。制定专业发展规划，积极参加专业培训，不断提高自身专业素质。

3. 实施建议

（1）各级教育行政部门要将《小学教师专业标准》作为小学教师队伍建设的基本依据。根据小学教育改革发展的需要，充分发挥《小学教师专业标准》引领和导向作用，深化教师教育改革，建立教师教育质量保障体系，不断提高小学教师培养培训质量。制定小学教师准入标准，严把小学教师入口关；制定小学教师聘任（聘用）、考核、退出等管理制度，保障教师合法权益，形成科学有效的小学教师队伍管理和督导机制。

（2）开展小学教师教育的院校要将《小学教师专业标准》作为小学教师培养培训的主要依据。重视小学教师职业特点，加强小学教育学科和专业建设。完善小学教师培养培训方案，科学设置教师教育课程，改革教育教学方式；重视小学教师职业道德教育，重视社会实践和教育实习；加强从事小学教师教育的师资队伍建设，建立科学的质量评价制度。

（3）小学要将《小学教师专业标准》作为教师管理的重要依据。制定小学教师专业发展规划，注重教师职业理想与职业道德教育，增强教师育人的责任感与使命感；开展校本研修，促进教师专业发展；完善教师岗位职责和考核评价制度，健全小学教师绩效管理机制。

（4）小学教师要将《小学教师专业标准》作为自身专业发展的基本依据。制定自我专业发展规划，爱岗敬业，增强专业发展自觉性；大胆开展教育教学实践，不断创新；积极进行自我评价，主动参加教师培训和自主研修，逐步提升专业发展水平。

（二）中学教师专业标准（试行）

中学教师是履行中学教育工作职责的专业人员，需要经过严格的培养与培训，具有良好的职业道德，掌握系统的专业知识和专业技能。《中学教师专业标准》是国家对合格中学教师的基本专业要求，是中学教师开展教育教学活动的基本规范，是引领中学教师专业发展的基本准则，是中学教师培养、准入、培训、考核等工作的重要依据。

1.基本理念

（1）师德为先。热爱中学教育事业，具有职业理想，践行社会主义核心价值体系，履行教师职业道德规范，依法执教。关爱中学生，尊重中学生人格，富有爱心、责任心、耐心和细心；为人师表，教书育人，自尊自律，以人格魅力和学识魅力教育感染中学生，做中学生健康成长的指导者和引路人。

（2）学生为本。尊重中学生权益，以中学生为主体，充分调动和发挥中学生的主动性；遵循中学生身心发展特点和教育教学规律，提供适合的教育，促进中学生生动活泼学习、健康快乐成长，全面而有个性地发展。

（3）能力为重。把学科知识、教育理论与教育实践相结合，突出教书育人实践能力；研究中学生，遵循中学生成长规律，提升教育教学专业化水平；坚持实践、反思、再实践、再反思，不断提高专业能力。

（4）终身学习。学习先进中学教育理论，了解国内外中学教育改革与发展的经验和做法；优化知识结构，提高文化素养；具有终身学习与持续发展的意识和能力，做终身学习的典范。

2.基本内容

（1）专业理念与师德。

① 职业理解与认识：贯彻党和国家教育方针政策，遵守教育法律法规。理解中学教育工作的意义，热爱中学教育事业，具有职业理想和敬业精神。认同中学教师的专业性和独特性，注重自身专业发展。具有良好职业道德修养，为人师表。具有团队合作精神，积极开展协作与交流。

② 对学生的态度与行为：关爱中学生，重视中学生身心健康发展，保护中学生生命安全。尊重中学生独立人格，维护中学生合法权益，平等对待每一个中学生。不讽刺、挖苦、歧视中学生，不体罚或变相体罚中学生。尊重个体差异，主动了解和满足中学生的不同需要。信任中学生，积极创造条件，促进中学生的自主发展。

③ 教育教学的态度与行为：树立育人为本、德育为先的理念，将中学生的知识学习、能力发展与品德养成相结合，重视中学生的全面发展。尊重教育规律和中学生身心发展

规律，为每一位中学生提供适合的教育。激发中学生的求知欲和好奇心，培养中学生学习兴趣和爱好，营造自由探索、勇于创新的氛围。引导中学生自主学习、自强自立，培养良好的思维习惯和适应社会的能力。尊重和发挥好共青团、少先队组织的教育引导作用。

④ 个人修养与行为：富有爱心、责任心、耐心和细心。乐观向上、热情开朗、有亲和力。善于自我调节情绪，保持平和心态。勤于学习，不断进取。衣着整洁得体，语言规范健康，举止文明礼貌。

（2）专业知识。

① 教育知识：掌握中学教育的基本原理和主要方法。掌握班级、共青团、少先队建设与管理的原则与方法。掌握教育心理学的基本原理和方法，了解中学生身心发展的一般规律与特点。了解中学生世界观、人生观、价值观形成的过程及其教育方法。了解中学生思维能力、创新能力和实践能力发展的过程与特点。了解中学生群体文化特点与行为方式。

② 学科知识：理解所教学科的知识体系、基本思想与方法。掌握所教学科内容的基本知识、基本原理与技能。了解所教学科与其他学科的联系。了解所教学科与社会实践及共青团、少先队活动的联系。

③ 学科教学知识：掌握所教学科课程标准。掌握所教学科课程资源开发与校本课程开发的主要方法与策略。了解中学生在学习具体学科内容时的认知特点。掌握针对具体学科内容进行教学和研究性学习的方法与策略。

④ 通识性知识：具有相应的自然科学和人文社会科学知识。了解中国教育基本情况。具有相应的艺术欣赏与表现知识。具有适应教育内容、教学手段和方法现代化的信息技术知识。

（3）专业能力。

① 教学设计：科学设计教学目标和教学计划。合理利用教学资源和方法设计教学过程。引导和帮助中学生设计个性化的学习计划。

② 教学实施：营造良好的学习环境与氛围，激发与保护中学生的学习兴趣。通过启发式、探究式、讨论式、参与式等多种方式，有效实施教学。有效调控教学过程，合理处理课堂偶发事件。引发中学生独立思考和主动探究，发展学生创新能力。发挥好共青团、少先队组织生活、集体活动、信息传播等教育功能。将现代教育技术手段整合应用到教学中。

③ 班级管理与教育活动：建立良好的师生关系，帮助中学生建立良好的同伴关系。注重结合学科教学进行育人活动。根据中学生世界观、人生观、价值观形成的特点，有针对性地组织开展德育活动。针对中学生青春期生理和心理发展特点，有针对性地组织开展有益身心健康发展的教育活动。指导学生理想、心理、学业等多方面发展。有效管理和开展班级、共青团、少先队活动。善于应对突发事件。

④ 教育教学评价：利用评价工具，掌握多元评价方法，多视角、全过程评价学生发展。引导学生进行自我评价。自我评价教育教学效果，及时调整和改进教育教学工作。

⑤ 沟通与合作：了解中学生，平等地与中学生进行沟通交流。与同事合作交流，分享经验和资源，共同发展。与家长进行有效沟通合作，共同促进中学生发展。协助中学与社区建立合作互助的良好关系。

⑥ 反思与发展：主动收集分析相关信息，不断进行反思，改进教育教学工作。针对教育教学工作中的现实需要与问题，进行探索和研究。制定专业发展规划，积极参加专业培训，不断提高自身专业素质。

3. 实施建议

（1）各级教育行政部门要将《中学教师专业标准》作为中学教师队伍建设的基本依据。根据中学教育改革发展的需要，充分发挥《中学教师专业标准》引领和导向作用，深化教师教育改革，建立教师教育质量保障体系，不断提高中学教师培养培训质量。制定中学教师准入标准，严把中学教师入口关；制定中学教师聘任（聘用）、考核、退出等管理制度，保障教师合法权益，形成科学有效的中学教师队伍管理和督导机制。

（2）开展中学教师教育的院校要将《中学教师专业标准》作为中学教师培养培训的主要依据。重视中学教师职业特点，加强中学教育学科和专业建设。完善中学教师培养培训方案，科学设置教师教育课程，改革教育教学方式；重视中学教师职业道德教育，重视社会实践和教育实习；加强从事中学教师教育的师资队伍建设，建立科学的质量评价制度。

（3）中学要将《中学教师专业标准》作为教师管理的重要依据。制定中学教师专业发展规划，注重教师职业理想与职业道德教育，增强教师育人的责任感与使命感；开展校本研修，促进教师专业发展；完善教师岗位职责和考核评价制度，健全中学绩效管理机制。中等职业学校参照执行。

（4）中学教师要将《中学教师专业标准》作为自身专业发展的基本依据。制定自我专业发展规划，爱岗敬业，增强专业发展自觉性；大胆开展教育教学实践，不断创新；积极进行自我评价。

三、教师专业化发展的途径与方法

（一）树立远大的理想和坚定的信念

树立远大的理想和坚定的信念是教师专业能力提升的基石。成就事业的根本是人的理想信念，形成什么样的理想信念，就会形成什么样的事业。什么是信念？信念是行为的动机，信念表现为人们对自然和社会的理论原理、见解和知识力量的真实性是坚信无疑的。理想是魂，支配人的行动；理想是火，能点燃进取之心；理想是灯，能照亮前进的方向。所以，教师要成就自己的事业、促进专业的发展，必须树立远大的理想和信念。怎样追求自己的教育理想？人生的意义究竟是什么？不同的人可能会有不同的回答。

人一生中有两件大事最能表明生命的质量：一是事业的成就，二是婚姻的美满。而在这两者中，有所作为，实现做人的价值又是人生的最高境界。有人问全国优秀班主任于漪老师："你如何看待生命和生活？"她说："生命的价值在于创造和奉献，生活的道路在于开拓和踏平坎坷。"有人对120名优秀教师进行问卷调查,问"您一生最大的追求是什么?"119人认为自己人生最大的追求是"工作成功,作出贡献"。这对正在成长中的中青年教师而言是很有启发意义的。树立崇高而远大的生活理想和信念,并为之奋斗,在奋斗中享受快乐,这就是有意义的人生。

人要有成就感。成就感是一种人生体验,也是一个人努力奋斗的原动力。成就感与认识、情感、动机行为等多种因素相关,并通过成功带来积极的情绪来调节自己,进而产生积极向上的行为表现。教师这个职业对社会和自身而言最大的价值就是创造。教师通过培养学生的创造力来体现人生的价值。要有成就感就要培养研究兴趣。有这样一个故事:有人曾问三个砌砖工人"你们在做什么?",第一个工人说"砌砖",第二个工人说"我正在赚工资",第三个却说"我正在建造世界上最富特色的房子"。简短的回答,使每个人的工作态度跃然纸上:第一个工人是为工作而工作;第二个工人是为赚钱而工作;第三个工人则是为创造目标而工作。据说到了后来,前两个人一生都是普通的砌砖工人,而第三个人却成了著名的建筑师。人生数创造最幸福,正如苏霍姆林斯基所说:"如果你想让教师的劳动能够多给教师带来一些乐趣,使天天上课不致变成一种单调乏味的义务,那你应引导每一位教师走上研究这条幸福的道路上来。"教师努力改变自己的角色定位,变教书匠为研究者、探索者、创造者,收获的不仅是一批成才的学生,还能收获科研成果,并在其中享受科研成果的快乐!

(二)做一个积极的研究者

1.语文教师要做到五研究

一体两翼三沟通语文教学要求教师做到五研究,即研究教学的凭借,研究教学的对象,研究教学的方法,研究教师自己,研究社会生活。

(1)研究教学的凭借就是研究语文课程标准和语文教材。语文课程标准是由国家制定的指导语文教材编写、语文教学实施、语文教学评价的纲领性文件,代表的是国家的意志。研究语文课程标准,掌握语文课程标准,执行语文课程标准,是每位语文教师必做的功课。但是现实却不容乐观,有的学校从来就没有购买过课程标准,许多语文教师手里就没有一本课程标准,更不用说学习课程标准、研究课程标准了。这种现象应该引起我们的关注。研究语文教材是语文教学的基本要求。不同的教材编者,其编写的思想不同,编写意图不同,训练体系不同。研究教材就是把握编者的指导思想,教材的编写意图,能力的训练序列,能力点、训练点的分布。研究教材就是教学内容的选择与重构。

(2)研究教学的对象就是研究学生。一体两翼三沟通语文教学要求研究学生的性格特征、研究学生的家庭环境、研究学生的学习习惯、研究学生的学习能力、研究学生的知识掌握情况。研究学生,有利于因材施教,有利于寻找发现学生的"最近发展区"。维果斯基的"最近发展区理论",认为学生的发展有两种水平:一种是学生的现有水平,指独立活动时所能达到的解决问题的水平;另一种是学生可能的发展水平,也就是通过教学所获得的潜力。两者之间的差异就是最近发展区。教学应着眼于学生的最近发展区,为学生提供带有难度的内容,调动学生的积极性,发挥其潜能,超越其最近发展区而达到下一发展阶段的水平，然后在此基础上进行下一个发展区的发展。

（3）研究教学的方法包括研究教师的教法和研究学生的学法。研究教法就是选择教法。我们在"吃透了"课程标准、教材、学生的基础上，教法用不着反复挑选，应当用什么方法，采取什么策略，它自然而然地就会浮现在我们的脑际当中。现阶段容易忽视的是学生学习方法的研究和指导，所以加强学习方法的研究和指导，是我们要做的重要工作。

（4）研究教师自己就是教师进行自我研究。自我研究的目的是了解自我，战胜自我，超越自我。自我研究的内容是研究自己的知识结构，发现自己的知识缺陷，进行及时学习及时补救；研究自己的能力缺陷，进行专门训练培养；研究自己的性格缺陷，进行及时地矫正。教师要有自我实现的追求。自我实现既然是自我价值的实现、自我需要的满足，也就决定了其自身的无限性。因为只要一个人身心健康，通过不断的学习，他的自我价值就会不断增加，他的更高层次的需要也会永无止境。做到自我实现，就必须充分认识自我，做到不断奋力登攀，并同整个社会和时代结合起来，树立起正确的人生观、价值观，去更大限度的发挥自己的所学、所知、所能、所创。自我实现要进行不断地自我突破。自我突破是一个艰难的过程，要有目标，要有毅力，要有恒心。千里之行，始于足下。有理想才会有奋斗目标。让我们从现在开始，从一点一滴开始，踏踏实实地，一步一个脚印地前进，这是实现自我价值的唯一阶梯。

（5）研究社会生活是一体两翼三沟通语文教学对教师的必然要求。语文是学习和工作的基础工具，语文学习的外延与生活相等，语文课程的性质决定了语文与生活的必然联系。语文教学是培养学生语文能力的过程，是提高学生语文素养的过程。在这个过程中起主导作用的语文教师，必须对社会生活进行研究。研究社会生活中的语文现象，吸取社会生活中的语文教育因素作为语文教学的课程资源；研究社会对语文的需求，明确语文教学培养的目标。

2.积极开展校本研修活动

积极开展校本研修，搭建教师专业能力提升的平台。新课程校本研修是为解决学校教育教学实际问题而进行的研究和培训，是一种学习、工作和研究三位一体的学校活动和教师行为。它不仅是一种教师的专业发展活动，也是一种经验的理论提升过程；不仅是教师的个人行为，也是学校提高教育质量，创建个性化、特色化学校的主要途径之一。它能为学校学习型组织的创建和教师的专业发展，搭建一个建立在教师自身实践基础上的发展平台。一定的教学研究能力是教师专业水平持续发展的保证。教师不能停留于娴熟的教学基本功上，要实现最终的事业成熟，教师必须是一名教学的研究者。校本研修能促使教师自主地、自觉地进行教育理论的学习，为其自身素质的优化铺垫基石；校本研修能促使教师形成科学的态度和探索精神，形成讲究科学、勇于探究的工作作风；校本研修能促使教师练就吸纳、筛选和运用信息的能力，从而不断吸收新知识，更新自己的知识体系；校本研修能促使教师逐步学会将自己的经验和体会理性化，实现理论层面的升华。教师作为研究者，在校本研修中将获得多方面的专业发展。

校本研修的平民性和互动性使"教师成为研究者"成为可能，使教师从后台走到了前台，从被动变为了主动。新课程校本研修必须与教师的教育教学工作紧密联系。教师要针对教学中出现的新问题进行研究，并将研究成果应用到实际教学中。教师在工作中学习、研究是新课程校本研修的主要形式，也是校本研修的根本点，研究不影响教师的工作，反而促进教师的工作和专业发展，成为教师专业能力提升的平台。

3. 积极开展课例研究活动

课例研究活动是教师专业能力提升的"磨刀石"。课例研究是提高教师教学技能，引领教师专业成长非常好的中介与平台。它可以营造一个相互信任，相互支持，让老师们感到安全，愿意敞开心扉公开自我的研究氛围。它应该被每一位老师所接受，成为提升教师专业素养，磨砺教学技艺的"磨刀石"。课堂是教学活动的场所与环境，是教学现象发生与教学规律呈现的领域，是课程与教学活动的综合体。如果说，课堂研究是理论研究，重在回答"是什么""为什么"；那么课例研究则是实践研究，立足于解决课堂教学中存在的问题，改变课堂教学的不良状况，提升课堂教学的质量和水平，重在回答"做什么""怎么做"。课例研究是围绕如何上好一节课而展开，研究渗透或融入教学过程，贯穿在备课、设计、上课、评课、反思等教学环节之中，活动方式以同伴成员的沟通、交流、讨论为主，研究成果的主要呈现样式是文本的教案和案例式的课堂教学。

课例研究要突出以下三个特点：一是教学性。课堂的本质是教学，而不是展示。教学重过程，展示重结果。教学过程不仅是一个教师引导学生掌握知识、发展智力的认识过程，同时也是一个师生情感共融、价值共享、共同创造、共同成长、共同探索新知、共享生命体验的完整的生活过程；二是研究性。课堂不仅是课程实施的场所，更是进行课程发展与教学研究的实验室，每一间教室都是教师教学理论和方案的实验室。研究性意味着课堂不仅要成为教师自我反思的对象，同时也要成为教师同行或专家共同讨论的领域；三是实践性。课例研究的出发点和归宿是解决教学实际问题，课例研究是教学观念不断更新、教学行为持续不断改进、教学水平不断提升的过程。课例研究是没有终点的。

课例研究重在对教学规律的研究把握，而不能在展示性技巧上着力过多。少一些评比，多一些研究；少一些判断，多一些诊断。课例研究是提升教师教学实践智慧最有效的方法之一，它与教师的专业成长密切相关。从日常听课、评课到主题课例研究的开展，是一种课堂研究方法的改进，更是一种学习文化和研究文化的重建。立足课堂，找准专业发展的切入点、生长点、发展点和成功点，让课例研究真正成为提升教师专业能力的"磨刀石"。

（三）做一个积极的反思者

反思的过程就是不断否定自我、战胜自我、超越自我的过程。长期的、及时的、有效的教学反思，是教师专业能力提升的必备条件。波斯纳认为：没有反思的经验是狭隘的经验，至多只能是肤浅的知识。他提出了教师的成长公式："成长 = 经验 + 反思"。相反，如果一名教师仅仅满足于获得经验而不对经验进行深入的思考，那么即便他有几十年的教学经验，也许只是一年工作的 20 次重复；除非善于从经验反思中吸取教益，否则就不可能有什么改进。因此，反思对教师改进自己的工作有独特作用，是教师专业能力提升的必备条件。教师在教学中应该反思什么？

1.反思教学的闪光点

我们在教学中的教材处理、教学方法、学法指导等方面都有自己的独特设计，定会出现许多闪光点。这些闪光点，可以是激发学生学习兴趣的精彩导语，可以是有效问题的设计，可以是对学生赞赏的评价语，可以是富有挑战性、创造性的一个练习题，也可以是使学生思维放飞时的智慧火花等。凡是能给我们启发、振奋，甚至有些得意之处，都是我们教学过程中的"珍珠"，都是值得我们反思的经典内容。

2.反思教学的遗憾点

在我们的教学中，总有一些不如意的地方，它可能是教学中的一个疏漏点，可能是一个不合时宜的知识处理，可能是一种不切实际的教学方法，可能是一种较为沉闷的课堂氛围，可能是对学生学习创造积极性的一次挫伤，也可能是期待精彩而现实糟糕的一个教学设计。捕捉并记录课堂中的"遗憾"，反思诊断"为什么激发不起学生的思维""为什么课堂教学会失败……为什么教学内容处理会显得不妥"，寻找原因，改变策略，可以避免重复自己的错误。同时不断审视自己，发现不足，找出差距，在一次次的自我否定中，实现教育水平和教育能力的不断提升。

3.反思教学的疑惑点

在我们的教学中，一定会遇到许多疑惑，这些疑惑可能是来自教材的编写方面，也可能是来自某一个知识点的理解，可能是来自课堂上一个颇有争议的问题，可能是来自一种没有达到预期效果的教学设计，也可能是来自学生的异常表现，等等。俗话说得好，"小疑则小进，大疑则大进"。以疑促思，有利于促进我们积极主动地学习教育理论，促进新课程理念的教学行为方式转变，有利于我们追问疑惑，捕捉灵感，透彻全面地把握教学内容，从而有效促进教学的尽善尽美。

4.反思设计的空白点

空白点，就是事先没想到、没估计到，可在进行教育教学时却发生的现象。如学生在课堂中出人意料的不遵守纪律的表现，又如学生提出了一个令教师措手不及的问题，再如教师对知识讲授出现卡壳现象等。抓住空白点进行反思，一方面能促进我们了解学生、钻研教材，扬长避短，精益求精；另一方面，可以在反思中拓宽教学思路，提高教学机智，补充今后教学的丰富养分，以达到真正提高课堂教学效率的目的。

5.反思学生的错误点

学生在学习中，总会暴露出这样或那样的错误。这些错误，可能是教师讲不清造成的，可能是教学不到位、引导铺垫不够而引起的，可能是由于学生的粗心大意埋下的，也可能是学生对知识内容的含糊茫然而产生的。教师要珍视这来自学生一线的错误，善于在学生的学习过程中发现问题，也可以通过与学生交谈或学生作业的形式了解学习中的困难、错误所在。反思这些错误，引导学生思考，会对教材的处理更准确、对学情的把握更到位、对课堂的驾驭更有效，从而对症下药地指导学生的学习，更进一步提高教学效果。

（四）做一个有个性的教师

做一个有个性、有特点的教师。没有个性的老师，就没有个性的学生。教师的个性发展是教师专业能力提升的"保鲜剂"。教师的个性发展，是根据教师的自身规律特点，依据自身的兴趣、爱好、追求，塑造不同的个性。在以人性化教育促进个性化的发展中，教师不仅要有独立的人格，更要有独特的个性，它不仅影响其自身教育教学活动的效果，而且在很大程度上影响着学生个性的健康发展。

1.教学机智的个性化

现在的教学与传统的教学最大的不同之处在于强调教师的教学机智。教学过程成为教师与学生追求主体性、获得解放与自由的过程，这种"解放"将使教学过程真正成为师生富有个性化的创造过程。例如，在语文阅读中，教师可以运用引导、指导、点拨的具体做法，体现教师教学机智的个性。

2.教学语言的个性化

有的教师语言幽默，有的教师语言精练，有的教师善于抒情，有的教师长于阐理，教师的语言应该在集百家之长的同时，正视自己的"专长"，实现自身发展的个性化。张扬个性不仅需要勇气，也需要智慧，我们要学会在张扬中保护，在保护中张扬，要让个性转化为成长的优势。教师的个性是教师知识、技能、素养的综合表现和情感、意趣、人格的集中展示，是不墨守成规的探索，不人云亦云的创造，是对现实的强烈追问，对保守的透彻批判，是对困惑坚韧的思考、对体制顽强的挑战，是对现状踏实的开拓、对理想执着地攀登。其核心价值表现为一种崇高的精神追求，其终极目标表现为一种破中有立的建设。教师的个性应该是符合教育规律、有利于促进学生发展、建立在教师良好的品德、人文素养的基础上的，是不过分计较得失、不轻易畏惧强权、动摇屈从，保持独立人格的尊严、捍卫和发展真理的。只有在融会贯通中保持并形成个性，教学之树才会常青。

（参见《教师专业发展导引》教师的专业能力。张洪亮主编，天津教育出版社出版）

后 记

本书是我对语文教学（主要是中学语文教学）思考和研究的结果，有的内容曾在各种刊物上发表。由于本人的认识局限，水平局限，阅历局限，视野局限，本书肯定存在不妥之处，甚至有错误的地方，希望得到各位的批评指正。

本书写作中参阅并引用了许多研究者的成果和资料，在此谨向有关作者及出版社、杂志社表示诚挚的感谢！

本书中的一些探索实践，有许多教师参与其中，凝结着他们的心血和汗水！

本书在写作过程中，家人为我默默地奉献，付出了心血！

本书的出版，得到了曲靖师范学院周均东教授的指导和帮助，在此一并表示感谢！

戴红顺

2017 年 4 月于曲靖